权威·前沿·原创

皮书系列为
"十二五""十三五""十四五"时期国家重点出版物出版专项规划项目

BLUE BOOK

智库成果出版与传播平台

文化产业蓝皮书
BLUE BOOK OF CULTURAL INDUSTRIES

中国文化产业发展报告（2021~2022）

ANNUAL REPORT ON DEVELOPMENT OF CHINA'S
CULTURAL INDUSTRIES (2021-2022)

顾　问／叶　朗
主　编／向　勇
副主编／唐金楠　唐璐璐
执行主编／闫　楚　王韶菡

社会科学文献出版社
SOCIAL SCIENCES ACADEMIC PRESS (CHINA)

图书在版编目(CIP)数据

中国文化产业发展报告.2021~2022/向勇主编
.--北京：社会科学文献出版社，2022.7
（文化产业蓝皮书）
ISBN 978-7-5228-0066-0

Ⅰ.①中… Ⅱ.①向… Ⅲ.①文化产业-研究报告-中国-2021-2022 Ⅳ.①G124

中国版本图书馆CIP数据核字（2022）第073259号

文化产业蓝皮书
中国文化产业发展报告（2021~2022）

顾　　问 / 叶　朗
主　　编 / 向　勇
副 主 编 / 唐金楠　唐璐璐
执行主编 / 闫　楚　王韶菡

出 版 人 / 王利民
组稿编辑 / 恽　薇
责任编辑 / 冯咏梅　孔庆梅　胡　楠
责任印制 / 王京美

出　　版 / 社会科学文献出版社·经济与管理分社（010）59367226
　　　　　 地址：北京市北三环中路甲29号院华龙大厦　邮编：100029
　　　　　 网址：www.ssap.com.cn
发　　行 / 社会科学文献出版社（010）59367028
印　　装 / 天津千鹤文化传播有限公司

规　　格 / 开　本：787mm×1092mm　1/16
　　　　　 印　张：23.25　字　数：348千字
版　　次 / 2022年7月第1版　2022年7月第1次印刷
书　　号 / ISBN 978-7-5228-0066-0
定　　价 / 188.00元

读者服务电话：4008918866

版权所有 翻印必究

本书得到北京大学文化传承与创新研究院（抚州）设立的中华文化传承与创新智库研究基金资助

《中国文化产业发展报告（2021~2022）》
编 委 会

编撰单位　北京大学文化产业研究院（文化和旅游部
　　　　　"文化和旅游研究基地"）
　　　　　北京大学文化传承与创新研究院（抚州）

顾　　问　叶　朗

主　　编　向　勇

副 主 编　唐金楠　唐璐璐

专家委员会　（按姓氏笔画排序）
　　　　　王一川　北京师范大学
　　　　　王向华　香港大学
　　　　　祁述裕　中共中央党校（国家行政学院）
　　　　　花　建　上海社会科学院
　　　　　李天铎　台湾实践大学
　　　　　李凤亮　南方科技大学
　　　　　李向民　南京艺术学院
　　　　　李　炎　云南大学
　　　　　肖永亮　云南大学
　　　　　张胜冰　中国海洋大学

　　　　　　邵明华　山东大学
　　　　　　范　周　中国传媒大学
　　　　　　金元浦　中国人民大学
　　　　　　金时范　韩国安东国立大学
　　　　　　单世联　上海交通大学
　　　　　　胡　钰　清华大学
　　　　　　贾旭东　中国传媒大学
　　　　　　顾　江　南京大学
　　　　　　徐秀菊　台湾东华大学
　　　　　　高宏存　中共中央党校（国家行政学院）
　　　　　　彭　锋　北京大学
　　　　　　傅才武　武汉大学
　　　　　　蔡尚伟　四川大学
　　　　　　熊澄宇　清华大学
　　　　　　魏鹏举　中央财经大学

执行主编　闫　楚　王韶菡

编　　委　陈　芳　花　建　洪志生　李尽沙　李婉春
　　　　　　秦　晴　宋　菲　王立新　王璐珩　解学芳
　　　　　　周城雄　宗祖盼

撰　　稿　陈　芳　陈舒萍　陈泳桦　高嘉琪　何凌云
　　　　　　洪志生　花　建　黄碧玲　解学芳　李典峰
　　　　　　李尽沙　李梦楠　李婉春　秦　晴　宋　菲
　　　　　　王惠冰　王立新　王璐珩　向　勇　闫　楚
　　　　　　于悠悠　余　文　张艺璇　赵晨霄　赵剑缘
　　　　　　郑雨琦　周城雄　朱　粲　宗祖盼

主编简介

向　勇　北京大学艺术学院教授、博士生导师，北京大学文化产业研究院院长，国家社科基金重大项目首席专家。兼任北京大学文化传承与创新研究院执行院长，北京大学信息技术高等研究院数字创意实验室主任，文化和旅游部"文化和旅游研究基地"副主任，中华文化交流与合作促进会理事，联合国教科文组织国际创意与可持续发展中心咨询委员。主要从事艺术管理、审美经济、对外文化贸易和文化产业的理论研究与文化实践，出版专著9部、译著3部、编著50余部，发表各类学术论文200余篇。先后入选杭州市"钱江特聘专家"、北京高等学校"青年英才计划"、教育部"新世纪优秀人才支持计划"、中宣部全国文化名家暨"四个一批"人才和国家高层次人才特殊支持计划哲学社会科学领军人才。

摘 要

《中国文化产业发展报告（2021~2022）》为国家社科基金重大项目"丝绸之路经济带沿线国家文化产业合作共赢模式及路径研究"（17ZD043）的阶段性成果。本报告归纳、总结和梳理了2021~2022年中国文化产业的特征与趋势，并结合13个行业和2个热点专题总结发展现状与相关经验，探讨我国文化产业发展热点、核心特征以及未来走向，为促进中国文化产业可持续发展提供智库支持。本报告分为总报告、行业篇、区域篇和专题篇共四个部分。

报告指出，近年来，社会经济发展工作统筹推进并取得显著成效，我国文化产业发展总体稳步复苏。2020年，全国规模以上文化及相关产业企业实现营业收入98514亿元，比2019年增长2.2%。2021年上半年，全国6.3万家规模以上文化及相关产业企业实现营业收入54380亿元，按可比口径计算，比2020年上半年增长30.4%，比2019年上半年增长22.4%，年均增长10.6%。分行业来看，2019年上半年至2021年上半年，新闻信息服务年均增长20.3%，内容创作生产年均增长11.8%，创意设计服务年均增长17.4%，文化传播渠道年均增长3.8%，文化投资运营年均增长8.6%，文化娱乐休闲服务年均下降4.3%，文化辅助生产和中介服务年均增长4.4%，文化装备生产年均增长6.4%，文化消费终端生产年均增长11.5%。

总的来说，我国文化产业发展呈现稳步复苏的态势，但高质量发展有待加强。数字技术与文化产业深度融合，深刻改变着产业结构和生产消费关系；文化产业发展与多个国家战略协同推进，体现出文化产业的平台驱动效

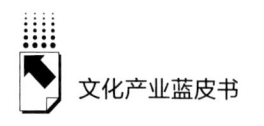

应，文化消费成为扩大内需的新引擎；文化产业发展立足人民群众文化需求，进一步寻求社会效益与经济效益的统一。

2021~2022年，我国文化产业整体与国家战略方向紧密联动，在文化数字化、文化消费、文旅融合、文化传承、文化出海等领域呈现新的特征。第一，文化数字化发展迅速，传统文化产业积极寻求数字化转型，文化科技新业态繁荣发展，文化数字化领域投融资活跃；第二，文化消费市场整体规模优势明显，"直播+文化""潮玩文化""联名文化"等持续催生新的市场热点和现象式文化消费热潮，破圈层作品获得更多群体关注，文化供给破圈力凸显，文化消费价值性需求增长，文化市场规模效应逐步形成，拉动产业量质"双提升"；第三，文旅融合助推乡村全面振兴，乡村文旅发展成为提振乡村产业的重要抓手，乡村文化建设成为乡村文化振兴的重要推动力；第四，传统文化资源依托日常生活的活态性传承与"非遗+"的创造性保护等多重路径，在多元领域体现其创意活化价值；第五，对外文化贸易受到新冠肺炎疫情以及国际关系的影响，《区域全面经济伙伴关系协定》（RCEP）的签署给文化出海带来了机遇，数字文化产业成为文化出海的旗舰行业，全面助力文化国际交流。

报告建议，"十四五"时期我国文化产业应坚定走高质量发展道路，既要以创新融合带动产业发展动能，满足多样化文化消费需求，加速国内文化消费循环，也要深入推进供给侧结构性改革，激发文化生产新活力，促进产业全面转型升级，推动经济社会文化发展开创新局面，在国际竞争合作中表现出更强的竞争力。

关键词： 文化产业　文化数字化　文旅融合　文化传承　文化出海

目 录

Ⅰ 总报告

B.1 2021年中国文化产业发展报告 …………… 向 勇 闫 楚 / 001
  一 宏观环境 ………………………………………………… / 002
  二 年度特征 ………………………………………………… / 006
  三 发展建议 ………………………………………………… / 013

Ⅱ 行业篇

B.2 出版发行业发展报告……………………………… 陈泳桦 / 018
B.3 广播电视业发展报告……………………………… 郑雨琦 / 033
B.4 电影业发展报告……………………………… 李梦楠 余 文 / 057
B.5 演艺业发展报告…………………………………… 于悠悠 / 079
B.6 文化旅游业发展报告……………………… 赵晨霄 朱 粲 / 099
B.7 艺术品业发展报告………………………………… 何凌云 / 112
B.8 节庆会展业发展报告……………………………… 黄碧玲 / 127
B.9 创意设计服务业发展报告………………………… 陈舒萍 / 139

B.10 网络文化业年度发展报告 …………………………… 张艺璇 / 156
B.11 动漫产业年度发展报告 ……………………………… 李尽沙 / 180
B.12 游戏产业年度发展报告 ……………………………… 李典峰 / 197
B.13 艺术培训业年度发展报告 …………………………… 秦　晴 / 213
B.14 体育产业年度发展报告 ……………………………… 赵剑缘 / 223

Ⅲ 区域篇

B.15 成渝地区双城经济圈文化产业发展报告 …… 王立新　王璐珩 / 241
B.16 粤港澳大湾区文化产业发展报告 …………… 宗祖盼　王惠冰 / 256
B.17 长三角区域文化产业发展报告 ……………… 解学芳　高嘉琪 / 272
B.18 京津冀文化产业发展报告 …………………… 宋　菲　李婉春 / 291

Ⅳ 专题篇

B.19 文化艺术与数字科技推动数字中国建设
　　　…………………………………… 周城雄　洪志生　陈　芳 / 308
B.20 新国际格局下的国家软实力提升
　　　——基于城市群视角 ………………………………… 花　建 / 322

Abstract ……………………………………………………………… / 333
Contents ……………………………………………………………… / 336

总报告

General Report

B.1
2021年中国文化产业发展报告

向勇 闫楚*

摘　要： "十三五"时期，我国文化产业加速发展，极大地促进了文化繁荣。站在"两个一百年"奋斗目标的历史交汇点，"十四五"规划提出了文化强国远景目标的"时间表"，为产业发展指引方向。首先，本报告回顾了2020~2021年我国文化产业发展的宏观环境：文化产业稳步复苏，高质量发展有待加强；数字技术与文化产业深度融合，深刻改变着产业结构和生产消费关系；文化产业发展与多个国家战略协同推进，体现出文化产业的平台驱动效应，文化消费成为扩大内需的新引擎；文化产业发展立足人民群众文化需求，进一步寻求社会效益与经济效益的统一。其次，本报告总结出近年来我国文化产业发展主要呈现以下特征：文化数字化发展助推产业变革，不断催生新业态；文化消费市场规模

---

* 向勇，北京大学艺术学院教授、博士生导师，北京大学文化产业研究院院长，主要从事艺术管理、审美经济、对外文化贸易和文化产业的理论研究与文化实践；闫楚，清华大学新闻与传播学院、清华大学国家形象传播研究中心博士后，北京大学艺术学院艺术学博士，主要研究方向为国际传播、城市品牌、企业品牌与跨文化传播。

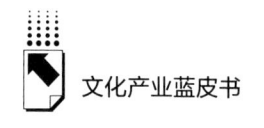

优势明显，促进产业量质"双提升"；文化产业在脱贫攻坚、乡村振兴中发挥更大效力；文化传承通过多元活化路径实现价值再生；文化出海危机共存，行业在理性应对中求发展。最后，本报告从融合创新、文化消费、深化改革、文化供给、国际合作等维度提出文化产业发展建议。

关键词： 文化产业 文化数字化 文化消费 产业转型

一 宏观环境

（一）发展状况：产业稳步复苏，由降转增持续

2020年，在疫情防控常态化下，社会经济发展工作统筹推进并取得显著成效，我国文化产业逐季稳步恢复，文化企业营业收入增速实现由负转正。国家统计局数据显示，全国规模以上文化及相关产业企业营业收入为98514亿元，比2019年增长2.2%。[①] 2021年上半年，全国6.3万家规模以上文化及相关产业企业实现营业收入54380亿元，按可比口径计算，比2020年上半年增长30.4%，比2019年上半年增长22.4%，年均增长10.6%。[②]

分业态看，2020年，文化产业新业态特征较为明显的16个行业小类实现营业收入31425亿元，比2019年增长22.1%，占规模以上文化及相关产业企业营业收入的比重为31.9%，比上年提高9.0个百分点，增长态势良好。其中，其他文化数字内容服务、娱乐用智能无人飞行器制造、互联网广

---

① 《国家统计局社科文司统计师辛佳解读2020年全国规模以上文化及相关产业企业营业收入数据》，国家统计局网站，2021年1月31日，http://www.stats.gov.cn/tjsj/sjjd/202101/t20210129_1812935.html。

② 《2021年上半年全国规模以上文化及相关产业企业营业收入增长30.4% 两年平均增长10.6%》，国家统计局网站，2021年7月31日，http://www.stats.gov.cn/tjsj/zxfb/202107/t20210730_1820143.html。

告服务、可穿戴智能文化设备制造、互联网其他信息服务 5 个行业小类的营业收入增速均超过 20%。[①] 2021 年上半年，文化产业新业态特征较为明显的 16 个行业小类实现营业收入 18204 亿元，比 2020 年上半年增长 32.9%，比 2019 年上半年增长 57.1%，年均增长 25.3%。[②]

分区域看，2020 年，西部地区文化产业实现营业收入 9044 亿元，比 2019 年增长 4.1%，增速较前三季度提高 3.2 个百分点；东部和中部地区文化产业营业收入分别为 73943 亿元和 14656 亿元，增速由降转增，分别为 2.3%、1.4%；东北地区文化产业营业收入为 872 亿元，比 2019 年下降 8.6%。[③] 2021 年上半年，东部地区文化产业营业收入比上年同期增长 31.5%，中部地区增长 27.6%，西部地区增长 26.2%，东北地区增长 28.2%。[④]

分行业看，2020 年，在文化及相关产业 9 个领域中，创意设计服务和新闻信息服务营业收入增速超过两位数，分别为 11.1%、18.0%；内容创作生产、文化投资运营、文化消费终端生产 3 个领域分别增长 4.7%、2.8%、5.1%，实现稳步复苏；文化装备生产由降转增，增长 1.1%；文化辅助生产和中介服务、文化传播渠道、文化娱乐休闲服务 3 个领域分别下降 6.9%、11.8%、30.2%。[⑤] 2019 年上半年至 2021 年上半年，新闻信息服务

---

① 《国家统计局社科文司统计师辛佳解读 2020 年全国规模以上文化及相关产业企业营业收入数据》，国家统计局网站，2021 年 1 月 31 日，http：//www.stats.gov.cn/tjsj/sjjd/202101/t20210129_ 1812935.html。
② 《2021 年上半年全国规模以上文化及相关产业企业营业收入增长 30.4% 两年平均增长 10.6%》，国家统计局网站，2021 年 7 月 31 日，http：//www.stats.gov.cn/tjsj/zxfb/202107/t20210730_ 1820143.html。
③ 《2020 年全国规模以上文化及相关产业企业营业收入增长 2.2%》，中国经济网，2021 年 2 月 2 日，http：//www.ce.cn/culture/gd/202102/02/t20210202_ 36282001.shtml。
④ 《2021 年上半年全国规模以上文化及相关产业企业营业收入增长 30.4% 两年平均增长 10.6%》，国家统计局网站，2021 年 7 月 31 日，http：//www.stats.gov.cn/tjsj/zxfb/202107/t20210730_ 1820143.html。
⑤ 《国家统计局社科文司统计师辛佳解读 2020 年全国规模以上文化及相关产业企业营业收入数据》，国家统计局网站，2021 年 1 月 31 日，http：//www.stats.gov.cn/tjsj/sjjd/202101/t20210129_ 1812935.html。

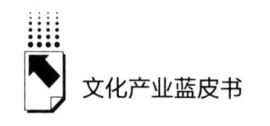

年均增长20.3%，内容创作生产年均增长11.8%，创意设计服务年均增长17.4%，文化传播渠道年均增长3.8%，文化投资运营年均增长8.6%，文化娱乐休闲服务年均下降4.3%，文化辅助生产和中介服务年均增长4.4%，文化装备生产年均增长6.4%，文化消费终端生产年均增长11.5%。①

（二）发展动向：融合创新推动全面高质量发展

党的十九届五中全会指出，现如今我国已经进入向第二个百年奋斗目标迈进的新阶段。②"十四五"规划将推动高质量发展作为国家经济社会发展的主题，而数字化发展将赋能高质量发展，在文化产业中表现为催生多种新业态、传统文化产业焕发生机等方面。

数字技术与文化产业深度融合，催生多种新业态。数字技术、互联网技术以及5G、人工智能、VR、AR等技术迅速迭代更新，为文化内容提供了更丰富的载体形式以及更广泛的技术基础设施。同时，线上、线下文化消费场景联动，拓宽了新业态、新模式的产业化孵化路径。此外，新技术不断激发创作活力，改变产业传统的线性生产方式，持续塑造开放性、网络化、智能化的文化产业生产体系，促使大型文化企业与中小微文化企业之间形成立体化的协同分工网络。③

数字化发展助推产业转型升级，传统文化产业焕发生机。受新冠肺炎疫情影响，主要依靠线下消费的文博、文旅、演艺、出版等传统文化产业积极寻求自救措施，借助数字化技术实现转型升级，涌现出了数字博物馆、数字出版、超高清视频、短视频、云展览、云旅游、直播带货等文化新业态。此外，文化数字化发展持续进行长远布局，在精准对接供需关系、引导市场要

---

① 《2021年上半年全国规模以上文化及相关产业企业营业收入增长30.4% 两年平均增长10.6%》，国家统计局网站，2021年7月31日，http://www.stats.gov.cn/tjsj/zxfb/202107/t20210730_1820143.html。
② 《习近平：把握新发展阶段，贯彻新发展理念，构建新发展格局》，河北新闻网，2021年5月1日，http://world.hebnews.cn/2021-05/01/content_8491340.htm。
③ 张玉玲：《专家解析"2020年文化蓝皮书"：建构全新文化生态体系》，中国孔子网，2020年12月31日，http://www.chinakongzi.org/whyw/202012/t20201231_513506.htm。

素高效配置、促进多元优质供给等方面进一步深化传统文化产业供给侧结构性改革，给行业发展带来新增长。

（三）政策动向：整合协同助力国家战略实施

文化产业作为国家战略性产业，积极响应国家发展战略，并以此为依托，与乡村振兴、构建双循环新发展格局、数字化发展等国家战略动向紧密联系，其战略地位和整合协同效应在政策制定中愈加凸显。

在文化产业与乡村振兴方面，文化振兴在乡村全面振兴中具有不可替代的重要作用，涉及乡村公共文化服务、乡村文化人才培养、乡村非遗和民间文化传承、历史文化村落保护等多个方面。在文化产业与构建双循环新发展格局方面，党的十九届五中全会提出，要加快构建以国内大循环为主体、国内国际双循环相互促进的新发展格局。文化经济就是双循环中的重要环节。2020年3月，国家发展改革委等23个部门联合印发《关于促进消费扩容提质加快形成强大国内市场的实施意见》，指出要实现文旅休闲消费的品质升级；2020年7月，国家发展改革委等13个部门联合印发《关于支持新业态新模式健康发展激活消费市场带动扩大就业的意见》，指出要推动15种数字经济新业态发展，广泛涵盖线上服务模式、产业数字化、个体经济、共享经济等领域，进一步为新兴文化产业提供发展土壤，实现文化消费拉动内需。在文化产业与数字化发展方面，2020年《政府工作报告》指出，要重点支持新型基础设施建设。在文化领域，2020年5月，中宣部文改办下发的《关于做好国家文化大数据体系建设工作通知》指出，建设国家文化大数据体系是新时代文化建设的重要基础性工程，将从供给端、生产端、需求端、云端等多端发力来促进体系构建。2020年11月，文化和旅游部发布《关于推动数字文化产业高质量发展的意见》，提出要重点做好培育新型业态、优化产品供给、构建产业生态、促进文旅融合等方面的工作，从产业层面提供发展指引，力求促进消费升级，积极融入以国内大循环为主体、国内国际双循环相互促进的新发展格局。

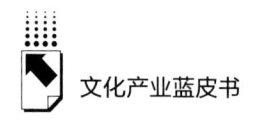

二 年度特征

2020年，在多种因素的影响下，我国文化产业发展呈现一些新热点、新动能与新场景，产业整体与国家战略方向实现更紧密的联动，在文化数字化、文化消费、文旅融合、文化传承、文化出海等关键领域呈现新的特征。

（一）文化数字化：积极求变与繁荣生发

科技进步以及文化科技深度融合的尝试为文化产业数字化、科技化打下了坚实基础，新冠肺炎疫情的突袭倒逼行业转型升级，也相应地扩展了数字科技与互联网技术的应用场景。在此背景下，传统文化产业积极寻求数字化转型，文化科技新业态繁荣发展，文化数字化领域投融资活跃。

传统文化产业积极寻求数字化转型。新冠肺炎疫情的突袭，对以线下场景为主的传统文化产业产生了很大冲击。但与此同时，也促使传统文化产业加速向数字化转型，催生了云展览、云旅游等数字化新业态，为行业发展注入了强劲动力。此外，国家发展改革委和中央网信办启动了"上云用数赋智"行动，旨在通过提供全面的数字化转型公共服务、搭建虚拟产业网络化协同平台和提供普惠性金融支持来助力中小企业加快数字化转型。

文化科技新业态繁荣发展。新冠肺炎疫情对直播、短视频、动漫、游戏、网络文学等依托线上消费场景的行业的冲击较小，甚至可以说从侧面引导了受众的线上文化消费，体现在线上流量的增长上。2020年，移动互联网接入流量达1656亿GB，比2019年增长35.7%[1]；2021年上半年，移动互联网接入流量达1033亿GB，同比增长38.6%，连续4个月实

---

[1] 《2020年通信业统计公报》，中华人民共和国工业和信息化部网站，2021年1月22日，https://www.miit.gov.cn/gxsj/tjfx/txy/art/2021/art_057a331667154aaaa6767018dfd79a4f.html。

现提速增长。① 电商直播、短视频、网络游戏等领域增长迅速，云录制、云展览、云音乐、云旅游等新业态蓬勃发展。丰富多样的文化数字科技产品与服务大规模涌现，文化大数据、媒体融合、数字内容、人工智能、智慧文旅、数字文博等领域成为产业融合的新热点，并逐步向文化遗产资源、演艺娱乐、场馆教育、全媒体等行业渗透，由此不断催生新场景、新模式、新业态。②

文化数字化领域投融资活跃。《2012~2020年中国文化产业投融资报告》显示，2020年中国文化产业投融资市场在经历3年下行后开始回升，其中数字文化经济投融资市场先于市场整体恢复。③ 当前数字文化经济投融资中的热点主要有VR、5G、电商、文旅融合等，这些热点也将引领产业未来发展趋势。④

（二）文化消费：规模优势明显，拉动量质"双提升"

整体来看，我国文化消费市场规模优势明显，特别是互联网、数字文化消费市场增长强劲。中国互联网络信息中心（CNNIC）发布的第47次《中国互联网络发展状况统计报告》显示，截至2020年12月，我国网民规模达到9.89亿人，网络支付用户规模达到8.54亿人，网络视频用户规模达到9.27亿人，其中短视频用户规模为8.73亿人。一方面，以"互联网+文化"为主的文化新业态与千禧一代、Z世代等新兴消费群体的多元需求对接，不断拓宽文化消费空间；另一方面，政府层面的重视与引导也为新兴文化产业发展提供了土壤。市场规模效应对文化消费的"量"与"质"均有

---

① 《2021年上半年通信业经济运行情况》，中华人民共和国工业和信息化部网站，2021年7月20日，https://www.miit.gov.cn/gxsj/tjfx/txy/art/2021/art_31a33539354543daa87325f089cfdb1f.html。
② 《第三届"文化和科技融合热点和趋势"论坛举行》，央广网，2020年10月23日，http://js.cnr.cn/2011jsfw/jssx/20201023/t20201023_525307743.shtml。
③ 《2020年下半年文化并购市场探底回升 5G+文旅成文化产业投融资新热点》，每经网，2020年12月25日，http://www.nbd.com.cn/articles/2020-12-25/1580593.html。
④ 《报告：文化产业投融资市场拐点已现 5G将成产业重要驱动》，腾讯网，2020年12月25日，https://xw.qq.com/cmsid/20201225A0C4NW00。

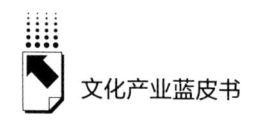

显著影响，表现为文化消费现象频生、文化供给破圈力凸显、文化消费价值性需求增长。

文化消费现象频生。"直播+文化""潮玩文化""联名文化"持续催生新的市场热点。2020年直播带货行业飞速发展，直播电商规模达到约1万亿元。[①] 直播向教育、综艺、音乐、游戏、影视等行业下沉渗透，催生多元内容生态，并基于垂直深耕不断挖掘市场潜力。以盲盒为代表的新型文创潮玩迅速走红，泡泡玛特、52TOYS、寻找独角兽等品牌在海内外引起消费热潮；文创联名持续火爆，覆盖范围不断扩大，故宫博物院在故宫建成600年之际与网易合作打造手游《绘真·妙笔千山》，敦煌博物馆与卡姿兰、李宁、良品铺子、拼多多、网综《这！就是街舞》等众多品牌IP开展广泛合作。

文化供给破圈力凸显。在固定受众群体之外，小众文化、地域文化、传统文化往往以小切口、小人物、精细化内容反映历史现实，以破圈层作品促进主流文化与其他各类文化碰撞交流，展现出对年轻化审美需求的观照。例如，《中国军魂》《钢铁洪流进行曲》等红色精神题材作品在B站2020年跨年晚会上演出；戏曲艺术与短视频创意相结合，15秒京剧老生表演收获了2000万人次观看和80万人次点赞。[②] 此类作品的出现，体现了文化创作能力的提升空间，也展现出不同圈层群体之间的审美共识。[③]

文化消费价值性需求增长。2020年受新冠肺炎疫情影响，数字技术与文化传播加速融合，也逐渐培养了用户对高质量内容的消费习惯，呈现从娱乐性消费向知识性文化消费的升级转变，知识传授、技能分享、资讯普及、文化传承等实用性、价值性内容成为新主流。此外，各圈层群体对品质化内容付费的消费习惯进一步形成。例如，2020年第二季度，腾讯视频服务会

---

① 《2020年直播电商规模近1万亿 资本看好文化与消费融合新赛道》，每经网，2020年12月28日，http://www.nbd.com.cn/articles/2020-12-28/1582192.html。
② 张子晗：《非遗传承，打破圈层》，《人民日报》2020年7月20日，第12版。
③ 马立新：《打破文化圈层壁垒 寻找审美的最大公约数》，东方网，2020年5月20日，http://news.eastday.com/eastday/13news/auto/news/enjoy/20200520/u7ai9289765.html。

员达到1.14亿人,同比增长18%;音乐服务会员达到4700万人,同比增长52%[①];快手教育付费课程累计学习时长超过339万小时。[②] 文化消费的价值性需求持续增长反过来促进文化消费生态的升级,必将助推更优质、更具价值性内容的持续生产。

(三)文旅融合:促进乡村产业全面振兴

2020年,我国脱贫攻坚战取得全面胜利,巩固脱贫攻坚成果、全面推进乡村振兴是实现"两个一百年"奋斗目标的必然要求。2021年,在我国已全面建成小康社会、"三农"工作重心转为乡村振兴的大背景下,文旅融合是乡村旅游发展的重点和方向,展现出强大的市场优势、强劲的造血功能和带动作用,是促进乡村产业全面振兴的重要抓手。

文旅融合依托其显著的辐射带动效应以及物质、精神"双扶贫"的良好效益成为推动脱贫攻坚的重要力量,受到各部门的重视和支持。文旅融合的核心是注重旅游过程中文化感体验的打造,结合现代人的旅游需求,既要关注参与者的身心愉悦,也要满足其精神文化需求。2020年2月,农业农村部办公厅印发《2020年乡村产业工作要点》,提出要培育休闲旅游精品,推介休闲旅游精品景点线路。2020年3月,国家发展改革委印发《消费扶贫助力决战决胜脱贫攻坚2020年行动方案》,以专项行动提升贫困地区旅游服务供给质量。2020年7月,农业农村部启动"2020年中国美丽休闲乡村推介活动",并于9月联动多省举办"中国农民丰收节",推动乡村文化活动在全国各地开展。以乡村文旅为代表的乡村文化消费推动乡村三次产业融合发展,引导乡村产业延长价值链条,以新业态、新模式丰富产业门类,促进城乡之间生产要素流动,提高产业效率,促进并完善产业基础设施配套,从而推动乡村整体产业升级。

---

① 陈宇曦:《日入4亿! 腾讯二季度游戏增收四成,微信月活账户数继续增长》,澎湃网,2020年8月12日,https://www.thepaper.cn/newsDetail_forward_8690720。
② 《快手大数据研究院:2021快手创作者生态报告》,新浪网,2021年4月30日,http://finance.sina.com.cn/tech/2021-04-30/doc-ikmxzfmk9772846.shtml。

乡村文化的良好建设是文旅融合的现实基础，也是乡村产业全面振兴的重要推动力。近年来，乡村文化建设通过不断完善乡村公共文化基础设施、统筹推进乡村公共文化服务均等化和标准化等举措聚焦"补短板"。截至2020年10月底，中央预算投资共安排"三区三州"深度贫困地区旅游项目327个，下达资金32亿元，大力推动改善贫困地区旅游基础设施条件和公共服务水平。① 在"补短板"之外，乡村文化建设的焦点逐渐向"促发展"倾斜，面向农民日益丰富的精神文化需求，在顶层设计上更加关注体系化建设和结构性升级，以实现乡村文化建设在乡村全面振兴中的内生性、联动性作用。2019年12月，文化和旅游部办公厅、国务院扶贫办综合司联合下发《关于推进非遗扶贫就业工坊建设的通知》，提出要大力推进非遗工坊建设，助力实现非遗传承与非遗扶贫双赢，以非遗促进就业和增收，巩固脱贫成果。2020年中央一号文件提出，要改善乡村公共文化服务，推动基本公共文化服务向乡村延伸，扩大乡村文化惠民工程覆盖面，从文化下乡、乡村文化人才培养、农村非遗传承、民间文化传承以及历史文化村落保护等方面提出了具体任务。②

（四）文化传承：活态性传承与创造性保护

习近平总书记指出，讲清楚中华优秀传统文化是中华民族的突出优势，是我们最深厚的文化软实力。传统文化资源依托数字技术的发展，创新价值提炼和传播方式，通过活态性传承与创造性保护双重路径，从留存、保护向活化、再生迈进，在多元领域体现其活化价值。

融入民众日常生活，保障活态性传承。非遗的活态性传承基于其特定文化基因的现实性以及在特定文化生态环境中的成长性，不仅要求单纯地

---

① 《做好旅游文章 助力脱贫攻坚》，中华人民共和国文化和旅游部网站，2020年10月29日，https://www.mct.gov.cn/whzx/whyw/202010/t20201029_889532.htm。
② 《2020年中央一号文件提出 改善乡村公共文化服务 发展富民乡村产业》，中华人民共和国文化和旅游部网站，2020年2月6日，https://www.mct.gov.cn/whzx/whyw/202002/t20200206_850663.htm。

保存原始特征，而且要保护、培育成长机制，保护文化群体的生命力延续与表达。① 非遗以文化空间为载体，整体性地与民众日常生活紧密融合。2020年12月，文化和旅游部非物质文化遗产司在全国拓展"非遗在社区"试点范围，支持北京、上海等8个城市开展"非遗在社区"试点工作，不仅促进了非遗文化扎根民间、回归生活，而且为社会治理提供了文化浸润的力量。2020年6月，"文化和自然遗产日"非遗活动在全国举行，活动以"非遗传承　健康生活"为主题，聚焦传统体育、医药和餐饮等大众关注的非遗项目，体现出近年来非遗文化融入民众日常生活、保障活态性传承的趋向。②

依托"非遗+"，实现创造性保护。非遗传承基于文化内核的有效提炼，通过"非遗+旅游""非遗+科技""非遗+电商"等形式拓展了非遗创造性保护的路径。在"非遗+旅游"方面，安徽黄山、北京东城、福建莆田等地的非遗与旅游融合发展优秀案例为各地提供了传统节庆旅游、非遗与景区合作、非遗旅游线路、非遗文化空间等方面的经验借鉴。在"非遗+科技"方面，非遗内容借助数字技术、新媒体传播手段以及动漫、游戏、直播等各种数字文化产业新业态，广泛且深入地联结更多人群，有效激活了非遗与现代文化产业之间的互动联系。在"非遗+电商"方面，2020年"文化和自然遗产日"期间，阿里巴巴、京东、苏宁等多家电商平台联合举办首届"非遗购物节"，使非遗文化以特色文化产品、品牌的形式获得了广泛的社会关注。

（五）文化出海：危与机共存，应理性应对

2020年，全球新冠肺炎疫情形势以及对外关系的变化都直接或间接地对对外文化贸易产生了不利影响，但全球区域贸易伙伴关系的推进为文化出海提供了可贵机遇。数字文化在对外文化贸易及对外文化交流方面的表现尤为突出。

---

① 高小康：《非遗美学：传承、创意与互享》，《社会科学辑刊》2019年第1期。
② 杨宝宝：《非遗在社区：让非遗活态传承，融入民众生活》，澎湃网，2020年12月17日，https://www.thepaper.cn/newsDetail_forward_10429535。

对外文化贸易发展危与机共存。一方面，受全球新冠肺炎疫情以及国际关系不稳定等因素的影响，各类对外文化贸易活动受到不同程度的冲击，并将随着全球疫情防控形势的愈加复杂而受到持续影响。另一方面，全球区域贸易伙伴关系的推进给对外文化贸易带来了可贵机遇。2020年11月15日《区域全面经济伙伴关系协定》（RCEP）的签署，意味着迄今为止全球最大的自贸协定诞生，这将促进文化贸易的全球合作。RCEP指出，签证便利化条款将拓展文旅产业发展空间，机构之间的多边文化旅游合作机制也将进一步释放红利。货物贸易达到90%的开放水平、零关税条款等都将给我国的文化商品出口带来便利。此外，RCEP中知识产权板块的内容更加丰富，涉及著作权、商标、专利、外观设计、传统知识、民间技艺等，对对外文化贸易知识产权给出了更加细化的规定。[1] 在新兴贸易领域，RCEP提出降低数字贸易壁垒，注重网络信息安全，进一步拓宽游戏、动漫等数字文化产业市场空间。

数字文化引领出海，助力文化交流。数字文化产业成为文化出海的新载体，以游戏产业为代表，相关数据显示，2020年，中国自主研发游戏的海外市场实际销售收入达到154.5亿美元[2]；2020年11月，30家中国手游发行商在全球吸金20.1亿美元，占当期全球手游总收入的30.2%。[3] 以手游《江南百景图》为例，优质数字文化内容及产品融入传统文化元素和东方图景，引发广泛关注。各界纷纷从政策支持、版权服务、出海保障、战略研究、贸易渠道等方面积极探讨数字文化企业出海路径。[4] 此外，数字文化对文化交流起到了促进作用，通过与共建"一带一路"国家开展线上文旅交

---

[1] 攸然：《日本游戏机进口零关税？ RCEP对文化产业还有哪些影响？》，腾讯网，2020年11月24日，https://new.qq.com/rain/a/20201124a0h1tf00。
[2] 《2020年中国游戏产业报告》，中国新闻出版广电网，2020年12月17日，https://www.chinaxwcb.com/info/568247。
[3] 《数字文化成中国文化出海新载体》，中国新闻网，2020年12月10日，https://www.chinanews.com/cj/2020/12-10/9359177.shtml。
[4] 唐玮婕：《聚焦数字文化创意内容出海，这场交易商洽会透露新趋势》，文汇网，2020年12月10日，http://wenhui.whb.cn/zhuzhan/cs/20201210/383630.html。

流、文艺演出、直播等活动，举办"线上+线下"展会等举措，实现多元文化之间的"云上"人文交流。

三 发展建议

站在"两个一百年"奋斗目标的历史交汇点，党的十九届五中全会审议通过的《中共中央关于制定国民经济和社会发展第十四个五年规划和二〇三五年远景目标的建议》提出要在2035年建成文化强国，为文化产业发展指引方向。①

进入新的发展阶段，文化产业也将面对新的机遇与挑战，高质量发展成为新时期文化产业发展的题中应有之义。既要以创新融合带动产业发展动能，满足多样化文化消费需求，加速国内消费循环，也要深化推进供给侧结构性改革，激发文化生产新活力，促进产业全面转型升级，推动社会经济文化发展开创新局面，在国际竞争合作中表现出更强的竞争力。

（一）融合创新驱动产业高速成长

文化与科技融合将驱动产业发展空间不断提升，开拓更加广阔的全球市场。文化产业数字化是"文化+科技"的重点方向，相关政策、产业、市场等层面体现出利好。"十四五"规划提出，要实施文化产业数字化战略，加快发展新型文化企业、文化消费、文化业态模式，从国家层面进行宏观战略部署。从市场层面来看，一方面，数字文化市场表现为供需两旺，个性化、网络化的文化消费需求持续攀升②；另一方面，新基建、产业深度融合的推进也将进一步激发市场供应潜能。这些因素都将助力文化产业数字化进程加速，包括促进产业供给结构调整、消费习惯巩固、新业态培育、数字化

---

① 金小碗：《"十四五"新目标来了！ 文化产业应该怎么做?》，文化产业观察公众号，2020年10月31日，https://mp.weixin.qq.com/s/K‐RMzKFKwxaIdUvP7GYPaw。

② 余俊杰、陈爱平：《数字赋能为文化产业高质量发展装上"加速器"》，新华网，2020年11月30日，http://www.xinhuanet.com/culture/2020‐11/30/c_1126801258.htm。

治理水平优化升级等。在基于新基建战略而实施搭建的底层体系架构中,文化与科技的融合将重点面向场景创新与民生应用,在线逛展、VR游戏、智慧旅游、沉浸展览、特效电影、直播带货、在线教育等业态将越来越多地出现在民众的日常生活场景中。①"文化+科技"的双轮驱动效应将进一步体现于改造提升传统产业、推动新兴产业裂变成长,以及与产业发展相适应的产业配套体系、金融服务体系、现代文化治理体系和制度创新中。②

(二)文化消费助推双循环新发展格局

构建双循环新发展格局要求供需两端同步进行内外循环的自我强化,即以产业升级为先导,以消费升级拉动供给端升级,助推经济高质量发展。文化产业以"文化+"为载体,在与数字、科技、旅游、康养等领域的融合中,生产端与消费端之间的边界逐渐模糊,文化消费结构发生深刻变革,文化消费对经济的促进力日益凸显,表现为数字化生产要素、新兴文化消费形态、圈层化消费模式、沉浸互动式文化场景、多样化媒介平台、现象级品牌等。特别是随着文化平台的兴起和文化基础设施建设的完善,文化消费在双循环新发展格局中的拉动作用将更加明显。

文化消费在下沉市场、存量市场中存在较大的发展空间,作为连接文化产业与文化事业的桥梁,对促进高质量发展具有极大的潜力。③ 下沉市场的用户基数大,且具有较高的市场活跃度,能够顺应乡村文化振兴和文旅融合政策趋势,整合科技与优质乡村文化资源,实现创新性发展,从而提升下沉市场的文化传播价值。此外,我国中等收入群体有4亿多人,作为消费的主力军,其文化需求多样,但目前受收入分配失衡、收入增速偏低等因素影响,其消费行为尚不活跃。随着"十四五"时期扩大中等收入群体行动计

---

① 《〈中国文化和科技融合发展战略研究报告(2020)〉发布》,中国经济网,2020年10月25日,http://www.ce.cn/culture/gd/202010/25/t20201025_35932480.shtml。
② 顾江、陈鑫、郭新茹、张苏缘:《"十四五"时期健全现代文化产业体系的逻辑框架与战略路径》,《管理世界》2021年第3期。
③ 傅才武、何鹏:《文化消费理论本土化进程中的"文化管理学"转向》,《湖北大学学报》(哲学社会科学版)2021年第3期。

划的实施,其消费潜力将进一步释放,文化消费助推双循环的效应也将进一步显现。①

(三)深化改革释放产业发展活力

深化推进文化产业供给侧结构性改革,促进文化产业体系与市场体系协同发展,从优化产业结构、合理化空间布局、畅通生产要素流动、激发市场主体活力等方面,进一步激活产业发展动力。②

在优化产业结构方面,继续提升文化服务业、文化核心领域占比,扩大新兴文化业态规模和影响力,形成集约效应,延长相关产业链条。各地区要依托自身资源禀赋及产业发展基础,打造独具特色的文化产业结构,形成比较优势。在合理化空间布局方面,依托京津冀协同发展、长江三角洲区域一体化、粤港澳大湾区建设等国家区域发展战略,把握文化产业发展特点、规律和资源要素条件,促进形成文化产业区域一体化合作发展新格局。在畅通生产要素流动方面,注重技术、数据等要素在公共文化服务、文化数字化战略中的价值,加强相应的产权认定、资源整合、价值开发,破除生产要素市场化配置的壁垒、商品服务流通的障碍,推进文化领域产权制度、管理体制等更深层次的改革。③ 在激发市场主体活力方面,通过促进市场主体兼并重组或合作,培育旗舰式文化生产主体、中小微文化企业联盟等,降低市场准入门槛,提高政策扶持的针对性和精准性,为中小微文化企业营造良好的营商环境,在金融服务、产权服务、信息服务、大数据支持、风险管理等方面提供完善的配套支撑。

---

① 李姝婧:《双循环格局丨消费中的文化力量》,言之有范公众号,2020 年 10 月 23 日,https://mp.weixin.qq.com/s/p9DR2_J0IsIu_YWzKo-40A。
② 潘爱玲、王雪:《现代文化产业体系与市场体系协同发展的机制和路径研究》,《华中师范大学学报》(人文社会科学版)2021 年第 1 期。
③ 傅才武、何璇:《四十年来中国文化体制改革的历史进程与理论反思》,《山东大学学报》(哲学社会科学版)2019 年第 2 期。

（四）多措并举提升文化产业社会效益

习近平总书记指出，要坚持社会主义先进文化前进方向，坚持把社会效益放在首位、社会效益和经济效益相统一，推动文化产业高质量发展。① "十四五"时期我国将进一步提高社会文明程度，提升公共文化服务水平，健全现代文化产业体系。加大公共文化服务供给，本质上就是为了更好地服务人民群众，提升人民群众的文化参与感、获得感和幸福感。以文育人、以文培元，公共文化服务提质增效能够集中呈现文化产业的社会效益，是进行社会主义文化强国建设的重要方面，要将公共文化数字化建设与传承中华优秀传统文化相结合，进一步提升文化产业的社会效益。

在推动公共文化数字化建设方面，要进一步完善公共文化服务基础设施建设，以数字化建设加快公共文化服务下沉，打破文化共享壁垒；加快数字化建设，加大线上数字文化资源开放力度，不断整合资源，创新提升服务质量，丰富文化产品与服务供给；建立政府主导、多元主体协同参与的文化供给体系，以精准优化目前公共文化服务在城乡之间、供需之间的结构性问题。

在传承中华优秀传统文化方面，习近平总书记指出，要努力实现传统文化的创造性转化、创新性发展，使之与现实文化相融相通，共同服务以文化人的时代任务。这就要求我们把握传统文化珍贵的独特性，深入提炼传统文化的核心与新时代文化的交叉点，通过创新生产方式为传统文化注入新活力，以文化区域空间为载体进行整体性保护，运用全媒体创新传播方式实现传统文化的保护与活化，延续中华民族的文化根脉。②

（五）深度融入国际合作提升产业竞争力

文化产业要通过深度融入"一带一路"国际合作，嵌入外循环扩展格

---

① 曹洪滔：《推动文化产业高质量发展 把社会效益放在首位》，求是网，2021年5月31日，http://www.qstheory.cn/qshyjx/2021-05/31/c_1127513282.htm。
② 刘颖：《创新与转化：对非物质文化遗产的最好传承》，求是网，2020年3月27日，http://www.qstheory.cn/llwx/2020-03/27/c_1125775830.htm。

局中，继续优化对外文化贸易结构。① 一方面，要以技术创新为文化贸易参与国际竞争提供助力。全球服务贸易逐渐趋向于创新主导的技术比较优势，特别是大数据、人工智能、云计算等技术与文化、休闲娱乐、教育等行业深度融合，对服务贸易结构优化的驱动作用日益明显。② 2020年8月，国务院批复同意商务部提出的《全面深化服务贸易创新发展试点总体方案》，试点范围涵盖28个省市（区域），大力推进数字服务、版权服务、在线教育等新兴业态和模式的发展，为对外文化贸易提供发展导向。随着共建"一带一路"国家5G建设的推进，以及互联网科技公司、文化平台企业在新技术领域的发展，以文化大数据为基础的文化生产新体系的构建将助力文化生产与消费的体系化升级，引领文化产业在国际市场实现新增长。另一方面，要发挥我国特色文化产业优势，不断提升产业国际竞争力。特别是要依托我国丰富的文化遗产资源内容，提炼文化符号，以文创表达、品牌效应提高文化贸易产品和服务的附加值，激活共建"一带一路"国家市场的文化消费力；通过提升文化旅游品质、强化地理标志互认，以城市、区域空间为载体，形成文化贸易和文化交流的枢纽、集聚地带，促进全产业链条发展；通过加强各国政策和发展战略的对接协同，制定更具针对性和专业性的对外文化贸易政策，加强国际贸易知识产权保护，为文化产业深度融入"一带一路"国际竞争合作提供必要支持。③

---

① 高宏存、纪芬叶：《区域突围、集群聚合与制度创新——"十四五"时期文化产业高质量发展的大视野》，《行政管理改革》2021年第2期。
② 《"十四五"时期服务贸易的趋势、机遇与提升路径》，新华网，2020年9月15日，http://www.xinhuanet.com/politics/2020-09/15/c_1126494108.htm。
③ 高宏存、纪芬叶：《区域突围、集群聚合与制度创新——"十四五"时期文化产业高质量发展的大视野》，《行政管理改革》2021年第2期。

行业篇
Industry Reports

B.2 出版发行业发展报告

陈泳桦*

摘　要： 受新冠肺炎疫情影响，2020年上半年出版发行业整体呈现下行趋势，实体书店等线下销售机构受到严重冲击。借助互联网平台，出版发行业逐步恢复元气。在近几年政策红利的支持下，出版发行业有了回暖趋势。但是线上、线下的差异使得出版发行业出现巨大的割裂，不利于自身的可持续发展。新一代信息技术促进了出版发行业线上、线下协同发展，推动了出版发行业法治化建设。面对疫情带来的机遇和挑战，出版发行业实现整体数字化转型势在必行。

关键词： 出版发行业　数字出版　融合发展

---

* 陈泳桦，深圳大学文化产业研究院博士研究生，主要研究方向为文化产业与文化创新。

2020年是全面建成小康社会和"十三五"规划收官之年，2021年是"十四五"规划开局关键的一年，将影响今后5年中国发展的走向。全球正经历百年未有之大变局，尤其是新冠肺炎疫情的发生，使全球经济发展下行明显，出版发行业也经历了一场大考。一些新业态、新趋势加速形成，市场上对多元化、多层次、细分化、多场景的内容需求日益增长。

一 行业发展的宏观环境及政策

（一）政策支撑出版发行业应对新冠肺炎疫情

2020年2月，国家新闻出版署发出通知，要求出版界进一步加强出版服务，助力打赢疫情防控阻击战。国家新闻出版署围绕加强正面宣传引导、精心策划安排战"疫"选题、加强网上出版传播、抓紧做好重点读物的印刷发行工作等方面做了大量工作，力图在这一特殊时期满足人民群众的精神文化生活需求。

2020年3月，国家新闻出版署印发《关于支持出版物发行企业抓好疫情防控有序恢复经营的通知》，要求各级新闻出版行政部门统一思想和行动，遵循习近平总书记和党中央对疫情防控及经济社会发展的重大部署，从严抓好疫情防控工作。在确保政策落地、加大支持力度、推动转型升级和做好服务保障等方面，积极应对疫情给出版发行业造成的冲击。

2020年4月，栗战书委员长主持十三届全国人大常委会第十七次会议。会议审议了国务院关于提请审议《著作权法修正案（草案）》的议案。其中涉及加强网络空间著作权保护、拟引入惩罚性赔偿制度、丰富执法手段、拟增加作品登记制度、强化法律衔接等内容。近年来，随着我国经济社会的发展，著作权保护领域出现了一些新情况、新问题，亟待通过修改完善著作权法予以解决。

2020年4月，《视听表演北京条约》正式生效。该条约是新中国成立以来第一个以中国城市命名的国际知识产权条约，对表演者权利保护给予了国

际性的关注，对视听表演者的权利进行了保障，这将有利于保护视听表演者的原创内容，有助于激发视听表演者的创作热情，让他们更愿意投入视听表演的创作中，促进视听表演产业的良性发展和多元文化的生成。

（二）加强出版质量管理，规范出版人才培育

2020年5月，国家新闻出版署、人力资源和社会保障部发布《关于〈出版专业技术人员继续教育规定（征求意见稿）〉公开征求意见的通知》，旨在贯彻落实《专业技术人员继续教育规定》，规范出版专业技术人员继续教育管理。

2020年6月，国家新闻出版署印发《关于进一步加强网络文学出版管理的通知》，要求规范网络文学行业秩序，加强网络文学出版管理，引导网络文学出版单位始终坚持正确的出版导向，坚持把社会效益放在首位，坚持高质量发展，努力以精品奉献人民，推动网络文学繁荣健康发展。

2020年9月，国家新闻出版署、人力资源和社会保障部发布《关于印发〈出版专业技术人员继续教育规定〉的通知》，对出版专业人员继续教育的总体原则、管理体制、内容形式、考核监督等做出明确要求。

2020年12月，国家新闻出版署发布《关于印发〈出版物鉴定管理办法〉的通知》，旨在加强出版物鉴定活动管理，规范出版物鉴定工作，保障出版物鉴定质量。

2021年1月，人力资源和社会保障部、国家新闻出版署出台《关于深化出版专业技术人员职称制度改革的指导意见》，旨在通过健全制度体系、完善评价标准、创新评价机制、促进职称制度与人才培养使用相结合、优化管理服务等措施，形成设置合理、评价科学、管理规范、服务全面的出版专业技术人员职称制度。

2021年3月，国家新闻出版署发布《关于开展图书"质量管理2021"专项工作的通知》，旨在促进全行业始终坚持正确的出版导向，进一步用心打造培根铸魂、启智增慧的精品力作，努力为广大读者生产更多内容过硬、文质兼美的"良心书"。

（三）加强出版工程建设，促进出版融合发展

2020年4月，国家新闻出版署发布《关于申报2020年全国有声读物精品出版工程项目的通知》，旨在充分发挥精品有声读物的示范引领作用。

2020年5月，国家新闻出版署发布《关于开展2020年"优秀现实题材文学出版工程"作品申报工作的通知》，旨在充分发挥优秀作品的引领示范作用。

2020年6月，国家新闻出版署发布《关于开展"优秀现实题材和历史题材网络文学出版工程"作品评选工作的通知》，旨在推动网络文学提高质量、多出精品。

2020年8月，国家新闻出版署发布《关于开展2020年度中国经典民间故事动漫创作出版工程申报工作的通知》，旨在从中国经典民间故事中提炼素材、挖掘题材，促进中华优秀传统文化创造性转化和创新性发展。

2021年5月，国家新闻出版署发布《关于组织实施出版融合发展工程的通知》，旨在以出版融合发展工程为重要抓手，聚焦重点领域和关键环节打造示范样本，引导带动全行业深化认识、提高站位，主动推进、系统谋划，形成融合发展、高质量发展的内驱动力和有效行动。

二 出版发行业发展概况

（一）整体情况和技术条件

1.整体情况

2020年，新冠肺炎疫情的发生导致全球经济发展呈现下行趋势，出版发行业也深受影响，受到较大冲击的是传统实体书店，其客流量呈现下滑趋势。图书零售市场规模增长趋势被打破，出现了自2015年以来的首次下降。2020年全国图书零售市场规模为970.8亿元，比2019年下降5.08%，这是自2000年以来的首次下滑。而2015～2019年，全国图书零售市场规模增速均超过了

10%。由于中国控制疫情较为得力,国内复工复产快速推进,中国成为全球实现经济正增长的主要经济体。2019年第四季度,出版发行业销售码洋同比实现正增长。① 受新冠肺炎疫情的冲击,出版发行业面临诸多外部挑战,但是随着国内疫情得到有效控制,市场信心逐步恢复。

2019年,国内数字出版产业整体收入规模为9881.43亿元,比上年增长11.16%。② 出版发行业经过近几年的产业布局,已经逐步形成了传统出版行业逐渐式微、数字出版产业繁荣发展的总体格局,并且数字出版产业对风险的抵抗能力强于传统出版行业。与此同时,单纯的内容供给服务已经不能满足市场的需要,跨界融合与多元服务成为当下和未来的整体趋势。图书的辅助性功能以及数字化的延展拓展了图书本身的内容空间,丰富了其表现形式,国内出版发行业已经逐步认识到内容供给的重要性。

2. 技术条件

随着新一代信息技术的应用与普及,出版发行业呈现"百花齐放"的繁荣局面。进入21世纪以来,新技术不断涌入生活的各个层面,推动出版发行业朝着提供多元化的供给服务方向发展。技术的迭代在不断提升用户体验水平的同时,也为出版发行业的多元化发展提供了契机。首先,数字化发展成为行业的主流。在引进和消化新技术方面,出版发行业不断探索和创新。当前阶段主要是深耕细作,不断优化新技术的应用。如AI(人工智能)技术背景下的CAT和MT③,对图书翻译能够起到辅助作用,出版者主动应用AI技术及管理系统,能够提高图书的翻译效率和质量。其次,随着5G、AI、大数据与物联网等技术的深度融合,不同领域之间的融合壁垒将逐渐被打破,业态复合化趋势明显。数字内容企业的品牌跨界能力不断增强,多层次、立体化受众体验和跨品类融合创新将成为企业品牌建设的重要途径。④

---

① 国家新闻出版署:《2019年全国新闻出版业基本情况》,2020年10月。
② 国家新闻出版署:《2019年全国新闻出版业基本情况》,2020年10月。
③ CAT,全称为Computer Aided Translation,即计算机辅助翻译;MT,全称为Machine Translation,是一种用计算机来实现不同语言之间翻译的技术。
④ 张峻:《5G技术在出版产业中的应用可行性研究》,《出版与印刷》2020年第4期。

再次，跨界融入成为常态，并且呈现规模化发展的态势。最后，区块链技术的应用，能够提高数字版权的可追溯性，对数字版权的保护有着极大的促进作用，同时能够形成良好的版权保护环境。

2020年4月，喜马拉雅发布"有声图书馆计划"，出版机构可借此计划获得更多流量、开辟新的收入渠道，加速孕育新产业、新技术、新模式等。同时，喜马拉雅将通过此计划加快版权布局，实现文化IP的多元开发。此外，喜马拉雅还将与各界共建有声图书馆，助力"在线新经济"腾飞。

(二)出版物出版

国家新闻出版署在统计出版物出版情况时将出版物分为图书、期刊、报纸、音像制品、电子出版物和数字出版物六个门类。

1. 图书

2019年，全国共出版新版图书22.5万种，较2018年下降9.0%。重印图书28.1万种，同比增长3.3%。图书出版实现营业收入989.7亿元，同比增长5.6%；利润总额为157.0亿元，同比增长11.2%。[①] 2019年全国出版新版图书品种下降，其实是2017年新版图书品种、印数首次双下降的延续，体现了我国图书出版正在由追求数量规模向提高质量效益转变，中国读者更加重视内容质量，这也与中国经济的高质量转型有着密切的联系，未来以内容、质量为王的竞争会推动图书出版朝精品化、经典化方向转变。

2. 期刊

2019年，全国共出版期刊10171种，较2018年增长0.3%。期刊出版实现营业收入199.8亿元，同比增长0.2%；利润总额为29.9亿元，同比增长11.6%。[②] 全国出版期刊在总印数下降的情况下，营业收入依然实现增长，说明期刊质量在提高。期刊的小篇幅、易携带等特点契合大众碎片化的阅读习惯，在提高内容质量的同时，也注重新一代信息技术的运用，其发展

---

① 国家新闻出版署：《2019年新闻出版产业分析报告》，2020年10月。
② 国家新闻出版署：《2019年新闻出版产业分析报告》，2020年10月。

前景不容小觑。

3. 报纸

2019年，全国共出版报纸1851种，较2018年下降1.1%。报纸出版实现营业收入576.1亿元，与上年基本持平；利润总额为38.2亿元，同比增长15.8%。[1] 2019年8月30日，中国互联网络信息中心（CNNIC）发布的第44次《中国互联网络发展状况统计报告》显示，中国网民规模达8.54亿人。中国庞大的网民规模使得人们获取新闻的途径不再完全依赖于电视和报纸，通过移动端阅读新闻成为日常，这在某种程度上会影响报纸的印刷与出版。可以预见，传统报纸的生存空间将被进一步挤压，电子报纸移动客户端将成为一种趋势。

4. 音像制品

2019年，全国共出版音像制品10712种，较2018年下降3.2%。音像制品出版实现营业收入29.4亿元，同比下降2.2%；利润总额为3.5亿元，同比下降6.5%。[2] 音像制品的发展与知识产权保护息息相关，盗版等问题若不能得到解决，也会进一步影响音像制品的出版。

5. 电子出版物

2019年，全国共出版电子出版物9070种，较2018年增长7.9%。电子出版物出版实现营业收入16.5亿元，同比增长8.6%；利润总额为2.5亿元，同比下降10.3%。[3] 从2019年电子出版物种类和出版数量上看，电子出版物仍然处于大发展时期，电子出版物易于传播和便于大量复刻的特点，奠定了其快速发展的基础。但从利润总额下降这一点也可以看出，知识产权等问题依然是电子出版物进一步发展的"拦路虎"。

6. 数字出版物

2019年，全国数字出版产业整体收入规模为9881.43亿元，较2018年

---

[1] 国家新闻出版署：《2019年新闻出版产业分析报告》，2020年10月。
[2] 国家新闻出版署：《2019年新闻出版产业分析报告》，2020年10月。
[3] 国家新闻出版署：《2019年新闻出版产业分析报告》，2020年10月。

增长11.16%。① 整体上看，国内数字出版呈现一片欣欣向荣的景象，中国网民数量持续增加，人们对数字出版的需求与日俱增，尤其是新冠肺炎疫情的发生，使人们对数字出版物的消费呈现大幅上升趋势。

（三）出版物发行

从图1可以看出，2015～2019年，出版物发行营业收入较为稳定，说明市场需求相对平稳。值得注意的是，2017年营业收入较2016年有所下降，但利润总额则出现了增长，说明图书市场成本下降，出版发行整体结构有所优化，不再单纯追求成交量，而是以质量为突破口，实现了利润的整体上升。

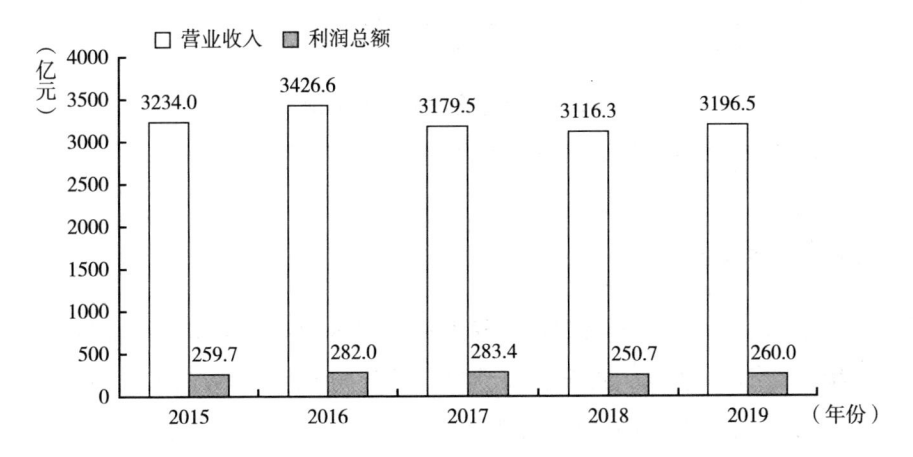

图1 2015～2019年全国出版物发行情况

资料来源：国家新闻出版署：《2019年新闻出版产业分析报告》，2020年10月。

（四）出版物进出口

从图2可以看出，2015～2019年，全国出版物进口数量呈现明显上升趋势，2019年进口数量比2015年增长了49.4%。与之相对的是，全国出版物出口下滑明显，尤其是2018年出口数量为1478.09万册，甚至低于2011

---

① 国家新闻出版署：《2019年新闻出版产业分析报告》，2020年10月。

年出版物出口1557.5万册的水平,2019年下滑趋势有所缓解,但是依然不容乐观。

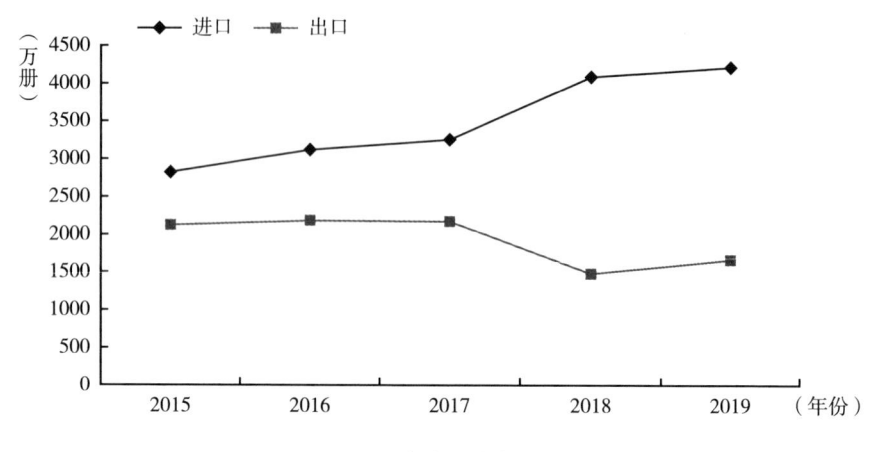

图2 2015~2019年全国出版物进出口情况

资料来源:国家新闻出版署:《2019年新闻出版产业分析报告》,2020年10月。

(五)版权贸易

中国版权产业对外贸易总体平稳发展。2019年,中国版权产业商品出口额为3653.30亿美元,占全国商品出口总额的比重为14.62%。[1] 中国版权产业实现增加值约73200亿元,同比增长10.34%。中国版权产业在国民经济中的比重稳步提升,总体规模进一步扩大。[2] 版权产业已经成为中国的支柱产业,在中国文化强国战略指导下,版权产业在提升文化软实力方面取得了不小的进步。尤其是与共建"一带一路"国家的版权贸易呈现较为明显的增长势头。2016~2019年,我国在与共建"一带一路"国家版权贸易方面整体上十分活跃,版权贸易尤其是版权输出数据迅猛增长,反映出国内出版业相关机构积极响应国家号召,加大开拓共建"一带一路"国家出版

---

[1] 《我国版权产业占GDP比重增至7.39%》,搜狐网,2021年1月4日,https://www.sohu.com/a/442267003_100012780。

[2] 《我国版权产业占GDP比重增至7.39%》,搜狐网,2021年1月4日,https://www.sohu.com/a/442267003_100012780。

市场的力度。① 中国版权贸易的繁荣得益于政府的政策指引与鼓励，如由国家版权局和世界知识产权组织于2008年共同设立的中国版权金奖取得了良好的社会反响。

2015~2019年，中国版权总体输入量呈先升后降趋势，而版权总体输出量则除2018年略微下降外不断增长，到2019年版权总体输出量与总体输入量呈现趋平态势（见图3）。2018年版权总体输出量下降与中美贸易摩擦有着极大关系。2018年中美贸易摩擦加剧，导致中美贸易之间的不确定因素增加，版权贸易也陷入困境。

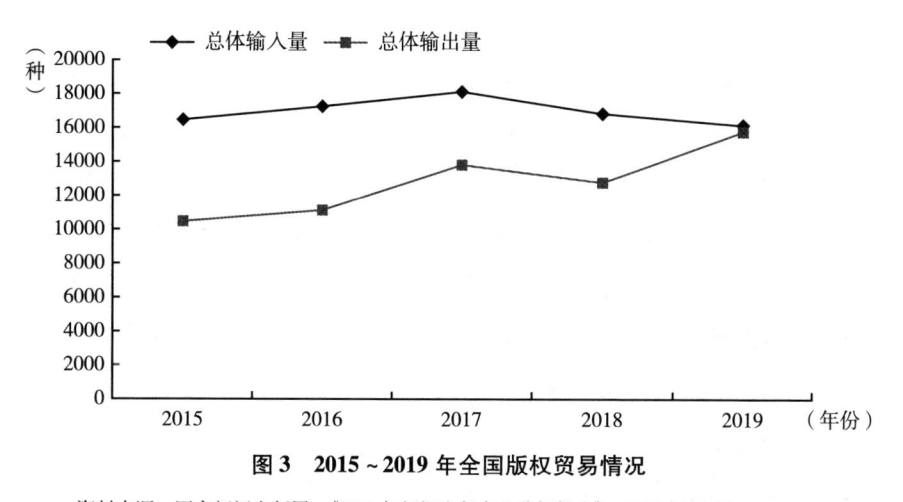

图3 2015~2019年全国版权贸易情况

资料来源：国家新闻出版署：《2019年新闻出版产业分析报告》，2020年10月。

在不断完善国内包括版权保护在内的知识产权保护体系的同时，文化"走出去"也促进了版权贸易的发展。自2007年起，我国公布了国家文化出口重点企业和重点项目，旨在培育文化贸易品牌，增强中华文化产品的国际竞争力。文化输出能够有效促进版权贸易的增长，以孔子学院为例，中国在海外建立的孔子学院数量持续增加，促进了我国版权贸易的增长。②

---

① 《"十三五"期间我国图书版权贸易数据分析》，搜狐网，2020年12月9日，https://www.sohu.com/a/437261524_120060294。
② 李凯伦、王炳心：《孔子学院建设与中国版权贸易发展关系研究》，《时代经贸》2020年第30期。

（六）国际交流

1.疫情导致国际书展大多被取消或推迟

与往年书展如火如荼的情况不同，2020年受新冠肺炎疫情影响，许多国际知名书展被取消或推迟，如台北国际书展、伦敦书展、莱比锡书展、巴黎国际书展等相继被取消，吉隆坡国际书展、布达佩斯国际书展、都灵国际书展、纽约图书展览会等相继推迟。新冠肺炎疫情对国际书展造成了较大的影响，国际书展面临极大的困境。

2.云书展成为疫情下的一抹"亮色"

在线下国际书展受疫情影响不断被取消或推迟的情况下，线上书展和云书展逐渐被人们所关注。2020年9月26日，第二十七届北京国际图书博览会首次移师线上，举办了自创办以来的首场云书展。借助"互联网+云平台"，云书展通过图文、视频、3D、VR、全景等多重数字展陈形式，在展示功能上做了进一步优化。截至2020年10月1日，第二十七届北京国际图书博览会云书展共吸引97个国家和地区的近1400家展商线上注册，展示了3.8万余种中外版权图书、30多万种实物贸易图书。[①] 受新冠肺炎疫情影响，春节期间举办的广交会也在线上进行。得益于近年来文化与科技的融合发展和进步，云书展成为大众乐于接受的方式，大幅提高了交易效益。

3.直播经济造成音乐版权侵权现象明显

受新冠肺炎疫情影响，直播经济成为2020年的热点，包括直播带货、短视频等在内的新业态使得版权保护问题成为人们普遍关注的焦点。以TikTok为例，2020年4月，美国音乐出版商协会（NMPA）向英国《金融时报》表示，TikTok上50%的音乐没有获得授权，协会成员正在考虑起诉TikTok。随着字节跳动在海外的影响力日益扩大，版权保护问题如果不引起重视，将制约其全球拓展能力。国外非常重视版权保护，这一点从以下例子

---

① 曾诗阳：《北京国际图书博览会"云"上继续》，搜狐网，2020年10月1日，https://www.sohu.com/a/422038230_120702。

中便可看出。2019年12月19日，美国的权利人和音乐行业机构在涉及美国电信服务公司Cox Communications因用户的侵权盗版超过1万首音乐作品而产生的长期版权侵权诉讼中胜诉，并获得了10亿美元的法定赔偿金。中国企业，尤其是跨国机构应引起足够重视。

三 存在问题及对策建议

（一）存在问题

1. 疫情冲击下线下书店受创严重，单一销售模式的抗风险能力弱

实体书店是人流密集的场所，考虑到疫情防控的需要，实体书店的运营受到了一定影响，尤其是2020年上半年实体书店遭受了巨大的经济损失。新冠肺炎疫情发生以来，86.97%的书店停业，几乎无任何收入来源。被调查者多为中小型民营书店经营者，如果疫情继续发展，77.62%的书店可能撑不过3个月，其中房租、人员成本、贷款可能是实体书店在此次危机中面临的最大负担。[①] 2020年上半年，实体书店图书销售码洋比2019年上半年下降31.47%至40.39亿元，动销品种同比下降5.25%，新书的动销品种同比下降32.57%，动销品种平均定价同比上涨6.81%至33.72元。

目前市面上绝大部分实体书店存在经营结构单一的问题，并不具备同时开展线上销售与线下销售的技术条件。新冠肺炎疫情的突袭，促使有些实体书店仓促上马，但线上销售不仅导致人员成本和运营成本增加，而且取得的收益也不甚乐观。众多实体书店集中开展线上销售，由于突围心切，出现了恶意竞争、低价竞争等现象，出版物线上销售状况也更加复杂。2020年两会期间，全国政协委员、中国新闻出版研究院院长魏玉山提议，国家应对图书交易价格进行立法，以遏制恶性竞争。图书销售价格混乱的根本原因是图书公平交易制度未得到有效的法律保障。在疫情蔓延的情况下，实体书店寻求转型，大量采用线上交易，但由于缺乏相应的监管机制，图书销售价格更

---

① 申晶：《疫情当下，关于出版行业的几点思考》，《记者观察》2020年第6期。

加混乱。

另一个不能回避的问题是，受线上销售渠道扩张、读者阅读习惯改变、经营成本上升等因素的影响，实体书店早在2002年就已经受到了倒闭寒流的影响。而新冠肺炎疫情的发生则加剧了这一趋势的恶化。虽然近年来在全民阅读浪潮和国家对图书批发零售环节免征增值税等政策的支持下，实体书店开始回暖，在数量上有所增长，在经营上趋于多元化，但是实体书店整体销售仍然呈现负增长的态势，2019年实体书店销售同比下降11.72%。

2. 新一代信息技术融合速度缓慢，网络平台建设不足

5G、大数据、云计算、人工智能等新一代技术与传统产业融合发展，能够有效促进各行各业加速转型，这已经成为人们的共识，但是新一代信息技术的利用并未普及。由于技术成熟度与成本问题，5G基站的建设进程还有待加快，其社会效益与经济效益并未明显显现。5G技术所描绘出的信息宏伟蓝图还有待进一步完善，与出版发行业联系最紧密的人工智能领域也不尽如人意。在人工智能编辑方面，人工智能尚未达到高水平层次，还需要人工的辅助才能完成大量的编辑工作。大数据、云计算等技术因其成本因素而未被广泛应用于出版发行业，目前采取的只是尝鲜、试水之举。例如，2018年百度发布的百度图腾引入区块链技术，旨在构建全链路版权服务平台，但是发布两年来其影响力有限。又如，直至2020年6月，澳大利亚昆士兰理工大学才开发出世界上第一个区块链出版原型系统，这说明新一代信息技术与传统产业融合速度比较缓慢。新一代信息技术与传统产业，尤其是出版发行业的融合发展还有很长的路要走，还有许多问题亟待解决。

3. 知识付费法治化建设滞后，版权保护执法有待加强

随着科技的进步和中国移动信息技术的普及，中国移动网络平台呈现整体繁荣的趋势。传统出版发行业突破了以往的限制，在内容制作与传播上凭借网络的便捷性，诞生了许多新业态。如网络平台打赏这一新的经营模式悄然出现，并且伴随着知识付费在中国的盛行，网络打赏呈现强大的生命力。现阶段我国网络平台的行业界限还比较模糊，导致其打赏收入的会计及税务处理存在确认尺度不一、同类交易事项处理结果千差万别、适用税率差异较大甚至偷税漏税等操作混乱现象和突出问题，亟待在新收入准则和相关税法的规范引导下不断优化改进。① 在知识付费繁荣发展的同时，其存在的问题也逐渐暴露出来，其中知识付费平台数字版权侵权问题尤为突出且更加复杂。例如，2020年12月，国际保护知识产权协会（AIPPI）中国分会版权热点论坛在北京举行，会议发布了2020年度AIPPI中国分会十大版权热点案件，其中人工智能生成作品著作权侵权及不正当竞争纠纷案中，腾讯公司以盈讯公司侵害腾讯机器人所生成作品的著作权为由，将被告诉至深圳市南山区人民法院。法院判令被告赔偿原告经济损失及合理维权费用1500元。随着人工智能技术的不断进步，这类侵权案件将会更加复杂。

（二）对策建议

1. 以"特色化"经营为抓手，实现服务精准化供给

网络销售平台对实体书店销售份额的挤压，使得实体书店经营面临巨大困难，这引起了政府相关部门的注意。为了提升实体书店的市场竞争力，政府给予实体书店许多政策红利，这无疑为实体书店转型升级提供了契机。"互联网＋"思维已经逐步被实体书店所认可，许多实体书店依托线下优势提升自身的服务水平。

新冠肺炎疫情的突袭，使得这一政策红利面临巨大冲击，许多转型较慢的实体书店陷入困境。在新冠肺炎疫情常态化背景下，单一的销售模式已经无法满足实体书店的长远发展，多元化经营模式将成为未来的主流，文创、餐饮、场地租赁等立体化销售模式更符合当下快节奏的生活，新冠肺炎疫情将对实体书店的发展转型起到催化作用。

实体书店要不断强化创新意识和融合意识，积极利用互联网平台推出特色化、精准化服务。例如，言几又书店开展"言读"项目，与饿了么合作推出外卖送书活动，同时与多家互联网平台合作拓展宣传渠道，这无疑为实

---

① 韩艳：《网络平台打赏的会税处理问题探讨》，《财会通讯》2021年第3期。

体书店的未来发展打开了新思路。实体书店应更加强调这种创新融合思维，强化与消费者的紧密度，进行精准化服务，在为消费者提供便利的同时提升消费者的购物体验。

2. 加快新一代信息融合速度，助力出版发行业整体转型

应加强新一代信息技术的基础建设，壮大信息技术整体力量，如加快5G基站建设，探索降低5G流量费用的途径，扭转原先流量费用高等制约电子出版物发展的情况，使越来越多的用户通过电子媒介完成相关的内容输入。出版发行业应加强自身的IP建设，将新一代信息技术作为未来发展的主要方向，而不是被动利用新一代信息技术。出版发行业应积极与科研部门合作，完善内容制作与传播的链式发展模式，如在当下有声书阅读的基础上实现视听的仿真体验。

与此同时，出版发行业应淡化行业前端与后端的界限，实现出版商向知识服务商的转变。利用新一代信息技术实现内容的创意孵化，提升出版单位的活力与创新能力。

3. 加强知识付费领域的法治化建设，强化版权保护意识

在支持知识付费这一新型经济业态的同时，应加强知识付费领域的法治化建设，如强化税务监管征收、对打赏等付费的税务进行认定等。同时，应通过专题研究并结合目前付费市场的情况，制定有利于促进知识付费经济发展的相关法律法规。最重要的是，应加强版权保护，提高对知识付费经济的整体认识。如果版权未能得到保护，知识付费将成为一句空话。

B.3
广播电视业发展报告

郑雨琦*

摘　要： 2020年以来，受新冠肺炎疫情的影响，我国广播电视行业的发展在受到一定影响的同时也迎来了变革的契机。同时，国家出台多项政策文件，从全面脱贫攻坚，建成小康社会、积极应对疫情等突发性公共事件以及在"十四五"规划目标下实现文化强国建设的需要等多个方面，推动广播电视朝着良好有序的方向稳步发展。综合来看，广播电视在疫情防控期间充分发挥了宣教引导与舆论把控的职能，不仅积极应对不断变化着的情况，起到了有效的公共服务作用，还进一步采取适应性调整，制作并播放以现实主义、主旋律题材为主的内容，同时推进与新媒体的融合发展。尽管当前广播电视行业中还存在诸如传统产业转型困难、地方电视台发展动力不足以及商业广告获取难度增加等现实问题，在今后的发展过程中，还是应当积极利用高新技术条件，实现进一步的深度融合，推动广播电视行业实现高质量的可持续性发展。

关键词： 广播电视业　传媒产业　媒体融合

2020年是全面建成小康社会和全面打赢脱贫攻坚战的收官之年，也是"两个一百年"奋斗目标的历史交汇点。在这一年，受到突发的全球性公共卫生事件影响，中国的广播电视行业迎来了全新的问题和挑战，也相应地提

---

* 郑雨琦，北京大学艺术学院博士研究生，主要研究方向为艺术管理与文化产业。

出了诸多新的变革要求。在这一大背景下，我们不仅需要确保广播电视摆正自己的主体位置，起到主流媒体的积极宣传作用，巩固好舆论的坚实阵地，还需要进一步转变发展方式与思路，优化广播电视的内容与产业结构，合理解决传统媒体与新媒体之间的矛盾性问题，积极融入全新的社会发展要求，实现高质量发展。

一 广播电视产业发展宏观环境分析

（一）国内整体经济形势分析

2020年是一个极具特殊意义的年份。这一年中，我们国家经历了许多的挑战，也取得了诸多的可喜成果，不仅展现出强大的风险应对能力，还在国际上展现出成熟的大国担当。

2020年上半年，我国文化产业显现出巨大的发展活力和韧性，不断克服新冠肺炎疫情带来的冲击和困难。受疫情及相关应对政策措施的影响，中国的整体消费水平在2020年第一季度开始下降，截至8月，中国社会消费品零售总额已恢复到上年同期水平。① 中国整体消费意愿和消费能力的恢复，以及加快形成以国内大循环为主体、国内国际双循环相互促进的新发展格局要求的提出，使得消费需求的潜力不断被挖掘和释放，为广播电视行业的发展消费提供了基础条件。

此外，在数字基建、数字经济、数字惠民、数字治理等方面，我国也都取得了显著进展。2020年末，我国互联网普及率已达到70.4%，尤其是5G大规模商用全面启动后，我国5G终端连接数已超过2亿个，居于世界第一，成为应对新挑战、建设新经济的重要力量。②

---

① 《2020年8月份社会消费品零售总额实现正增长》，国家统计局网站，2020年9月15日，http://www.stats.gov.cn/tjsj/zxfb/202009/t20200915_1789522.html。
② 《国家统计局局长就2020年全年国民经济运行情况答记者问》，国家统计局网站，2021年1月18日，http://www.stats.gov.cn/tjsj/sjjd/202101/t20210118_1812480.html。

(二)广播电视产业政策解读

1. 全面脱贫攻坚,建成小康社会

2020年,在全面建成小康社会的奋斗目标指引下,广播电视信号覆盖作为脱贫攻坚目标中重要的基础设施建设工作要求之一被不断推进。截至2020年底,有线电视实际用户达2.10亿户,其中有线数字电视实际用户2.01亿户。年末广播节目综合人口覆盖率为99.4%,电视节目综合人口覆盖率为99.6%。全年生产电视剧202部,共7476集,电视动画片116688分钟,与此同时,广播电视台、网络广播电视和移动多媒体构成的多元化传播新格局也已经基本建成。[①]

2020年1月6日,国家广播电视总局印发《关于加强广播电视公共服务体系建设的指导意见》,提出加快构建基本公共服务标准体系、扎实推进基本公共服务均等化、切实增强公共服务适用性、全面推进"智慧广电+公共服务"以及切实强化公共服务组织保障的要求,对于贯彻落实广播电视作为公共服务的公平性起到积极的指导作用。

2020年3月18日,国家广播电视总局又发布了《关于开展智慧广电专项扶贫行动的通知》,对扶贫问题提出了奏响脱贫攻坚新时代强音、打造脱贫攻坚新时代精品的口号,要求开展智慧广电消费扶贫、推动智慧广电教育扶贫、提供智慧广电健康扶贫、推进智慧广电公共服务以及实施智慧广电人才扶贫等切实全面的有效措施,要求积极发挥广播电视行业在脱贫攻坚中的重要作用,巩固脱贫攻坚的成果。

2. 应对突发疫情,出台防控措施

2020年初,面对国内的新冠肺炎疫情,广播电视行业也在相关政策意见的指导下积极有序地应对各种紧急情况。2020年3月13日,国家广播电视总局下发了《关于统筹疫情防控和推动广播电视行业平稳发展有关政策

[①] 《中华人民共和国2020年国民经济和社会发展统计公报》,国家统计局网站,2021年2月28日,http://www.stats.gov.cn/ztjc/zthd/lhfw/2021/lh_hgjj/202103/t20210301_1814216.html。

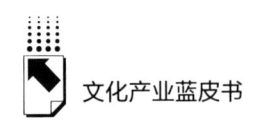

措施的通知》（以下简称《通知》），就广播电视行业面对突发的疫情状况提出指导性的意见。

《通知》强调，要加强疫情防控和复工复产的宣传舆论引导支持、加大对内容创作生产传播的支持力度。这一要求充分彰显了广播电视在宣传工作例会、舆情会商、议题设置、宣传调控等机制方面起到的积极作用，为疫情防控和经济社会发展营造良好的舆论氛围。

《通知》提出，应当优化业务审批流程和方式、进一步提升政务服务效率和水平、统筹提升广播电视应急能力、加快完善应急广播体系建设等针对突发情况的有效政策。

此外，《通知》也提到了加快推动全国有线电视网络整合和广电5G建设一体化发展，并要求强化"智慧广电"新产品、新业态、新模式支持，加强产业政策支持引导以及对公共服务体系建设和脱贫攻坚的支持，用足用好中央和地方减税降费、金融扶持、社会保障等扶持政策，充分调动各个渠道力量投入疫情防控和复工复产环节。这些措施的出台均有效指导了各单位在疫情防控期间的工作，增强了广播电视的社会服务能力。

3. "十四五"规划开局，建设文化强国

2020年10月29日，党的十九届五中全会审议通过《中共中央关于制定国民经济和社会发展第十四个五年规划和二〇三五年远景目标的建议》，明确提出要在2035年将中国建成为文化强国，"十四五"规划的制定，标志着我们进入第二个百年奋斗目标阶段。

2020年9月，中共中央办公厅、国务院办公厅印发了《关于加快推进媒体深度融合发展的意见》，强调全媒体时代背景下，推进媒体深度融合这项工作的重要性和紧迫性，要求各部门应结合实际认真贯彻落实相应政策，随后，国家"十四五"规划建议中提出了"推进媒体深度融合，实施全媒体传播工程，做强新型主流媒体"。为了响应这一号召，2020年11月26日，国家广播电视总局下发《关于加快推进广播电视媒体深度融合发展的意见》，文件要求打造具有强大影响力和竞争力的新型主流媒体、满足人民群众美好生活新需要、全面加强内容建设与供给、强化先进技术创新引领、加快深化体制机制改革、推动全媒体人才队伍建设、大力推进管理创新、加强组织保障和政策支持。此举不仅能够激励广播电视高质量创新性发展，还能确保壮大主流舆论，推动社会主义整体事业的良性发展。

二 广播电视产业发展发展概况

（一）广播产业产品服务

1. 传统广播

2020年，受到新冠肺炎疫情的持续性影响，作为传统媒体的广播在疫情期间触达人群规模有所减少。"赛立信全国70+城市收听率调查"数据显示，2020全年广播接触率同比下滑1.8个百分点，全国广播听众规模为6.62亿人，较2019年减少了2000万人；广播人均收听时长为63分钟，较上年相比减少了8分钟。① 这主要是因为疫情防控期间人们出行时间明显减少，尤其是在车辆禁行等政策规定下，上半年收听交通广播的用户数量明显下降，经常接触者占比仅为31.0%。相较于传统广播媒体的收听人数的减少，依托于移动互联网的广播媒体受到了越来越多的用户青睐。

随着广播融媒体的发展，构成广播听众的群体也朝着年轻化的方向发展。根据赛立信媒介研究数据，广播媒体吸引的新用户年龄大多为25~44岁，70后、80后和90后的听众累积比例超过75%。② 其中，80后和90后的收听比率和往年相比呈逐步攀升态势，显现了广播行业良好的市场发展前景（见图1）。

但是，媒体融合发展依然成为大势所趋，广播收听市场在其中也呈现利好的发展态势。CSM数据调查显示，2020年1~10月，中国50余个广播频

---

① 《2020年中国广播收听市场盘点》，赛立信媒介研究公众号，2021年2月22日，https://mp.weixin.qq.com/s/gCDiYXn1Sth67xfvdGevPQ。
② 《2020年中国广播收听市场盘点》，赛立信媒介研究公众号，2021年2月22日，https://mp.weixin.qq.com/s/gCDiYXn1Sth67xfvdGevPQ。

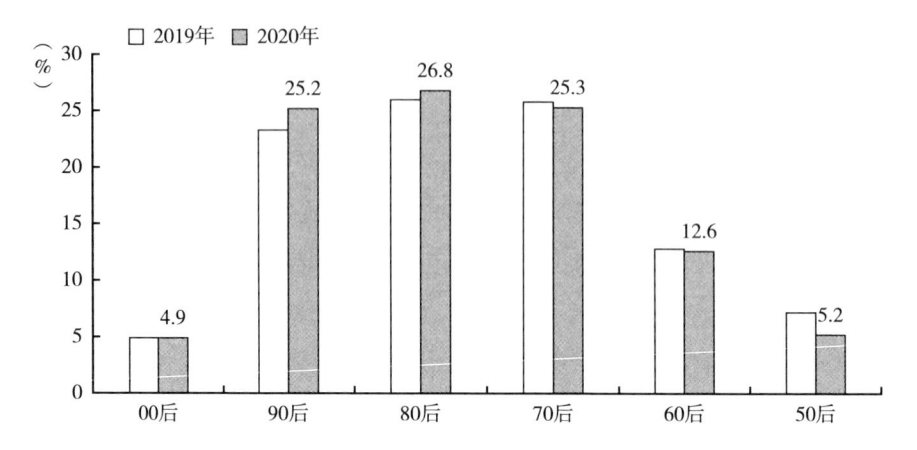

图 1　2019～2020 年广播用户的年龄构成

资料来源：《2020 年中国广播收听市场盘点》，赛立信媒介研究公众号，2021 年 2 月 22 日，https：//mp.weixin.qq.com/s/gCDiYXn1Sth67xfvdGevPQ。

率播出常态和非常态新节目共计 1600 余档，较 2019 年的近 1200 档明显增加。其中省级广播频率增长速度最为显著，高达 51.69%，中央级与市级广播频率新节目增长速度则维持在 20% 以上（见图 2）。

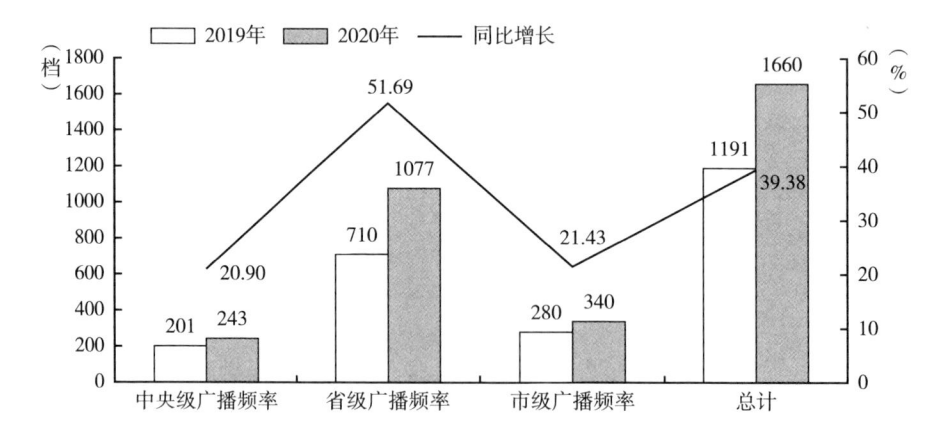

图 2　2020 年广播频率新节目分布及增长情况

注：2020 年为 1～10 月数据。

资料来源：《广播媒体节目创新观察：坚守媒体价值、拓展传播边界》，腾讯网，2021 年 1 月 14 日，https：//new.qq.com/omn/20210114/20210114A004T800.html。

从具体的用户收听时间段偏好来看,广播的收听时间呈现多峰值分布状态,高度集中段主要分布在上午7:00~9:00以及中午11:00前后。其中,中央级广播在晚21:00前后达到次高峰值。深夜段23:00至次日凌晨5:00的常态性节目分布相对较少(见图3)。

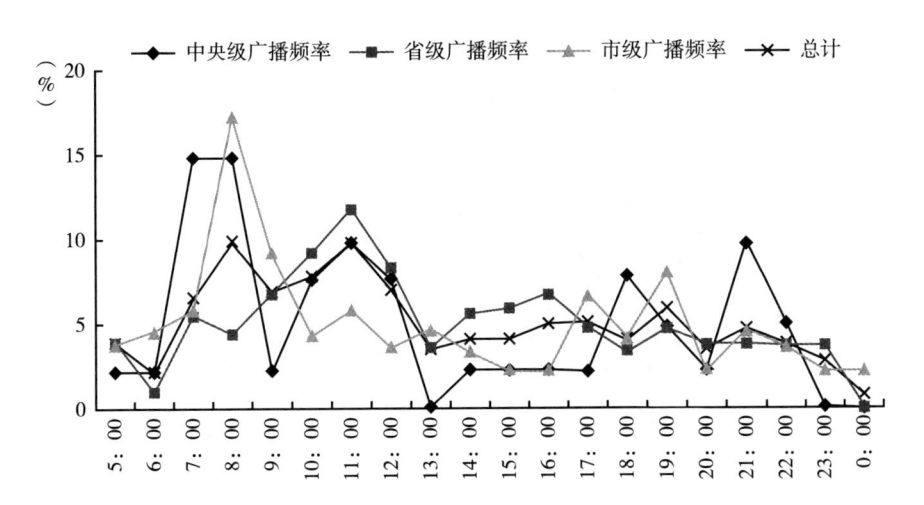

图3 2020年1~10月各级广播频率常态性节目播出数量时段分布

资料来源:《广播媒体节目创新观察:坚守媒体价值、拓展传播边际》,腾讯网,2021年1月14日,https://new.qq.com/omn/20210114/20210114A004T800.html。

2.移动电台

2020年上半年,中国在线音频的发展特征主要是传播方式便利化、应用场景不断扩大。2020年在线音频用户规模数约为5.4亿人,增长率较往年低,为10.2%,2021年用户规模数达到了6.4亿人。2020年3月,顺应音频市场发展趋势,中央广播电视总台的"云听"上线,入局音频赛道;2020年4月,腾讯音乐宣布进军长音频领域,推出长音频品牌"酷我畅听",到2021年,音频社交软件Clubhouse风靡全球,其爆红除了带动语音社交概念股股价上涨,也带动了一批相关应用走热。

iiMedia Research(艾媒咨询)对2020年上半年在线音频用户收听调查数据显示,以"播客"为代表的在线音频用户中,55.0%表示与上年同期相比收听时长增加了,仅有9.8%的用户表示与上年同期相比收听时长减少

（见图4）。这一方面说明移动电台具有一定的用户黏性；另一方面则表现出疫情期间特殊情况下用户对移动电台的收听依赖度有所提升，总体来看，用户数稳中有升，具有较大的发展前景。

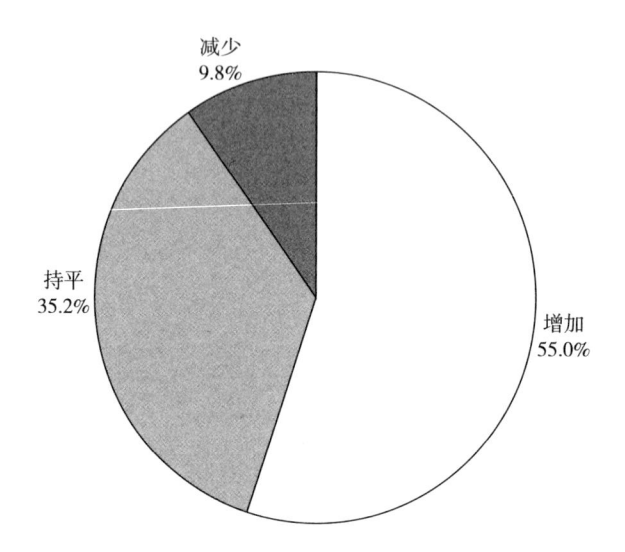

图4　2020年上半年中国在线音频用户收听时长与上年同期相比变化趋势

资料来源：《2020上半年中国在线音频市场研究报告》，艾媒网，2020年11月9日，https://www.iimedia.cn/c400/75159.html。

艾媒咨询调研的2021年数据统计则更好地显示了大众对在线音频具体类别的偏好。① 可以看到，娱乐内容占据了最大比例的偏好，高达42.3%，而知识学习与生活内容也高居其后，相比之下，广播节目等的受众则不再占据多数（见图5）。

从前景来看，由于5G的全面推广以及IoT技术的进步，将会整体上推动在线音频的发展，同时就行业动态而言，长音频行业也逐渐受到关注，尤其是在2020年4月，TME宣布将长音频纳入持续发力的战略领域，TME旗下的酷狗、酷我、QQ音乐等都对此战略有重要的响应动作，荔枝也大力引

---

① 《2020~2021年中国在线音频行业研究报告》，艾媒网，2021年3月31日，https://www.iimedia.cn/c400/77771.html。

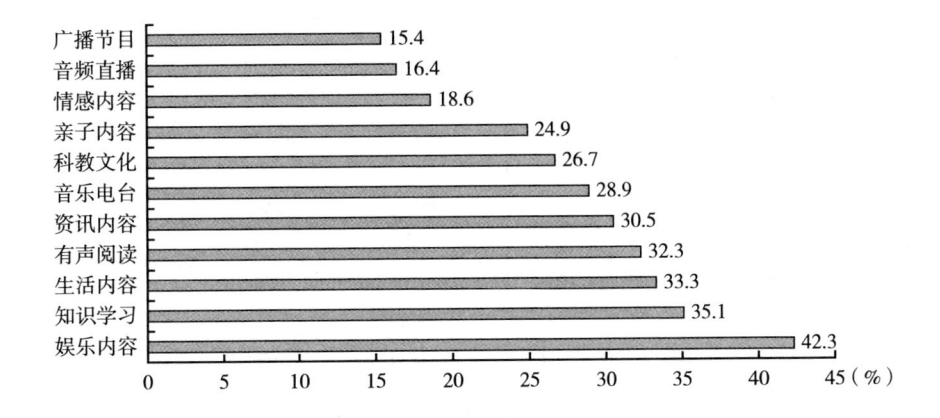

广播节目	15.4
音频直播	16.4
情感内容	18.6
亲子内容	24.9
科教文化	26.7
音乐电台	28.9
资讯内容	30.5
有声阅读	32.3
生活内容	33.3
知识学习	35.1
娱乐内容	42.3

图5　2021年中国在线音频用户收听内容偏好调查

资料来源：《2020~2021年中国在线音频行业研究报告》，艾媒网，2021年3月31日，https://www.iimedia.cn/c400/77771.html。

入长音频创作者。此外，字节跳动、网易云等多个主流平台也纷纷推出长音频应用或入口，长音频行业的商业逻辑得到了普遍认可。

（二）电视产业产品服务

1. 电视终端及服务

近年来，随着网络电视的不断普及，传统的有线电视用户总体呈现下降趋势。2020年，电视终端的相关数据也呈现同样的规律。根据《中国有线电视行业季度发展报告》的数据，第一季度整体行业发展特点具体表现为以下几点：一是有线电视用户下行压力显著，有线电视用户、有线数字电视用户、有线数字电视缴费用户数均出现负增长；二是有线高清用户持续增长，季度净增超200万户；三是广电宽带用户数出现负增长，用户小幅流失；四是有线智能用户数加速增长，同比增幅超35%，有线双向网络建设持续推进，双向网络覆盖用户突破1.8亿户，双向网络渗透率突破50%（见表1）。

表1　2020年第一季度中国电视行业数据

有线电视用户主要指标	单位	2020年第一季度	2019年第四季度	季度净增
有线电视用户总数	万户	20638.5	20948.9	-310.4
有线数字电视用户数	万户	18986.1	19188.1	-202.0
有线数字化率	%	92.0	91.6	0.4
有线数字电视缴费用户	万户	14203.1	14399.3	-196.2
有线数字电视用户缴费率	%	74.8	75.0	-0.2
有线双向网改覆盖用户数量	万户	18001.2	17864.0	137.2
有线双向覆盖率	%	87.2	85.3	1.9
有线双向网改渗透用户数量	万户	10359.5	10311.8	47.7
有线双向渗透率	%	50.2	49.2	1.0
视频点播用户数量	万户	7309.7	7121.8	187.9
视频点播渗透率	%	35.4	34.0	1.4
广电宽带家庭用户数量	万户	4186.9	4244.6	-57.7
广电宽带渗透率	%	20.3	20.3	0.0
有线高清用户数量	万户	11330.5	11091.8	238.7
有线高清渗透率	%	54.9	52.9	2.0
有线智能终端用户数量	万户	2786.1	2650.4	135.7
有线智能终端渗透率	%	13.5	12.7	0.8

资料来源：《中国有线电视行业季度发展报告（第20期）》，中国电影电视技术学会城市电视台技术分会网站，2020年5月14日，http://www.ttacc.net/a/news/2020/0514/61460_4.html。

此外，国家广电总局发布数据显示，2020年前三季度全国广播电视服务业总收入6047.66亿元，同比增长21.62%。其中，广播电视和网络视听广告收入1306.13亿元；用户付费、节目版权、短视频等网络视听收入1746.71亿元，同比增长259.28%；有线电视网络收入491.77亿元，同比增长1.30%。广播电视台播出的节目中，广播公益广告播出时长41.51万小时，电视公益广告播出时长73.93万小时，同比增长均超过50%；对农广播节目播出时长194万小时，对农电视节目播出时长195.89万小时，同比有小幅增长。①

---

① 《广电总局：2020年前三季度广播电视服务业发展态势良好》，智能电视网，2020年11月4日，https://n.znds.com/article/50205.html

2. 电视节目内容

从 2020 年电视收视时长统计情况来看，相较于 2019 年，户均收视数据都有显著增长。其中 2~3 月的增长率最高，即疫情期间因为防控隔离政策影响，大众的电视收看时间有较为显著的增长，收视时长也达到了全年的高峰（见图6）。

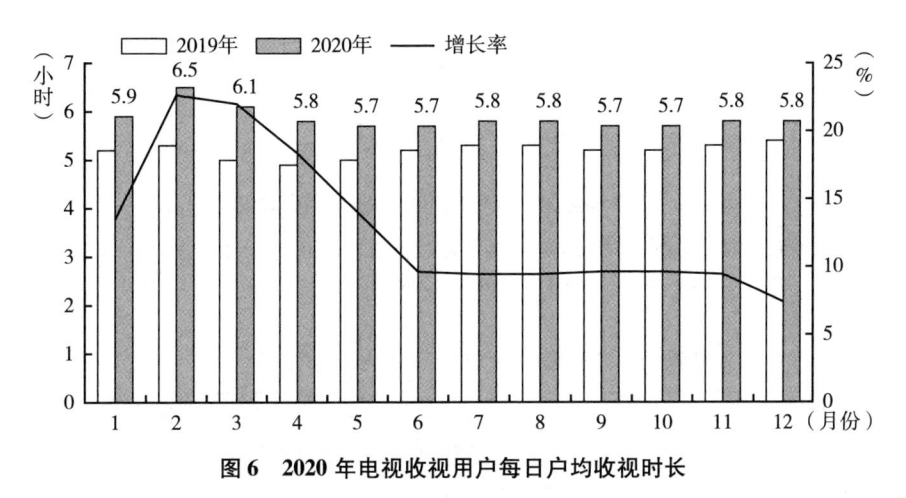

图 6　2020 年电视收视用户每日户均收视时长

资料来源：《中国视听大数据 2020 年度收视综合分析》，中国视听大数据公众号，2021 年 1 月 8 日，https://mp.weixin.qq.com/s/lpqJQeilxlpty2ZbBXXnMg。

从全国各地电视用户规模达到高峰时刻的数据来看，不同地域用户活跃的时段并不统一，其中东北地区的收视高峰在 19:40，为全国各区域中最早；华南地区的收视高峰则最晚，出现在 21:22，其余地区的收视高峰集中在 20:00 以后，20:00 也成为许多电视剧、热门晚会节目等首选的播出时间（见图7）。

此外，不同地区的用户在频道偏好上也有所差异。华南地区的观众对央视频道台组的偏好显著低于其他地区，而对地面频道台组的收视占比超过 50%；相比之下，华北和西北地区对地面频道缺少依赖性，对央视频道有较大的收视忠实度。整体而言，央视频道台组在各级别的收视频道中还是稳稳占据着主导性的地位，可见其在统一的舆论引导与内容宣传上仍起着主导性作用（见图8）。

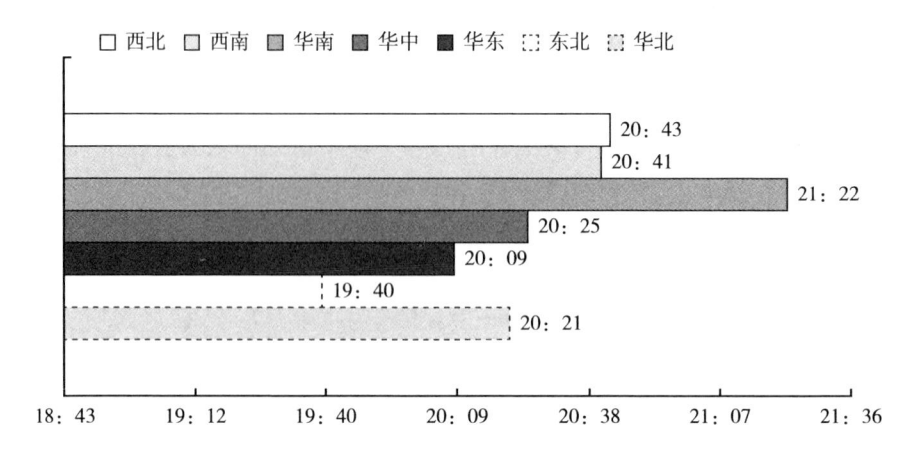

图 7　2020 年全国各地电视用户规模达到高峰的时刻

资料来源：《中国视听大数据 2020 年年度收视综合分析》，中国视听大数据公众号，2021 年 1 月 8 日，https：//mp.weixin.qq.com/s/lpqJQeilxlpty2ZbBXXnMg。

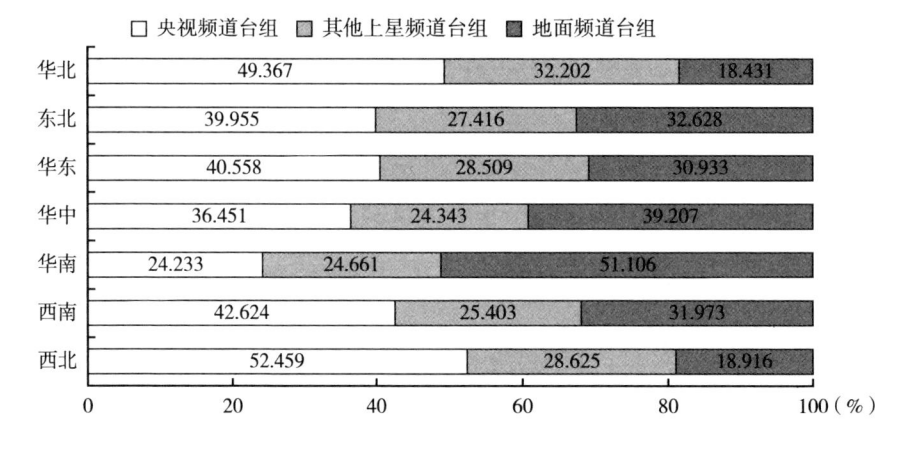

地域	央视频道台组	其他上星频道台组	地面频道台组
华北	49.367	32.202	18.431
东北	39.955	27.416	32.628
华东	40.558	28.509	30.933
华中	36.451	24.343	39.207
华南	24.233	24.661	51.106
西南	42.624	25.403	31.973
西北	52.459	28.625	18.916

图 8　2020 年不同地域用户频道偏好

资料来源：《中国视听大数据 2020 年年度收视综合分析》，中国视听大数据公众号，2021 年 1 月 8 日，https：//mp.weixin.qq.com/s/lpqJQeilxlpty2ZbBXXnMg。

此外，就 2020 年度全天（0：00～24：00）频道收视情况来看，仍然由 CCTV1、CCTV3、CCTV4、CCTV6、CCTV8 以及 CCTV13 等央视频道领衔，湖南卫视、东方卫视等头部卫视在收视份额的争夺上十分激烈（见表 2）。

表2 2020年全天（0:00~24:00）频道收视情况

序号	收视率		到达率		忠实度	
	频道名称	数值(%)	频道名称	数值(%)	频道名称	数值(%)
1	CCTV1	0.787	CCTV1	14.784	湖南金鹰卡通	6.583
2	CCTV4	0.663	CCTV4	11.444	北京卡酷少儿	6.415
3	CCTV13	0.644	CCTV6	10.272	CCTV8	6.414
4	CCTV8	0.526	CCTV13	10.037	广东嘉佳卡通	6.378
5	CCTV6	0.472	CCTV3	9.147	CCTV13	6.338
6	CCTV3	0.370	CCTV8	8.198	湖南卫视	5.988
7	湖南卫视	0.324	CCTV5	6.178	CCTV4	5.814
8	东方卫视	0.287	CCTV2	6.072	东方卫视	5.431
9	江苏卫视	0.245	湖南卫视	5.414	江苏卫视	5.424
10	湖南金鹰卡通	0.239	东方卫视	5.269	CCTV1	5.301

资料来源：《中国视听大数据2020年年度收视综合分析》，中国视听大数据公众号，2021年1月8日，https://mp.weixin.qq.com/s/lpqJQeilxlpty2ZbBXXnMg。

从各类型节目的全年覆盖电视收视用户比例来看，新闻和电视剧两大类型占据最大比重。其中，新闻类节目以直播收视为主，而电视剧、综艺以及体育类节目的回看比重则较高。前者以实时性为广大群众提供了必要的信息便民服务，后者则是观众对休闲娱乐性节目内容偏好的充分体现。

电视收视用户每日户均观看电视剧时长最长，为62.4分钟；其次为新闻和综艺节目，分别为46.2分钟和29.7分钟。2020年2月全民居家抗疫，电视剧和新闻每日户均收视时长均高于其余月份，分别为75.0分钟和62.0分钟。1月是春节，综艺节目的每日户均收视时长高于其余月份，为40.6分钟。同时，纪录片的每日户均收视时长为11.9分钟；动画片的每日户均收视时长为14.4分钟；电影的每日户均收视时长为13.2分钟；体育节目的每日户均收视时长为6.5分钟；公益广告的每日户均收视时长为211秒。2~4月，"防疫抗疫"类主题节目的播出与收视占比达到高峰；而在5~12月，"脱贫攻坚"主题节目的播出与收视占比非常高（见图9）。

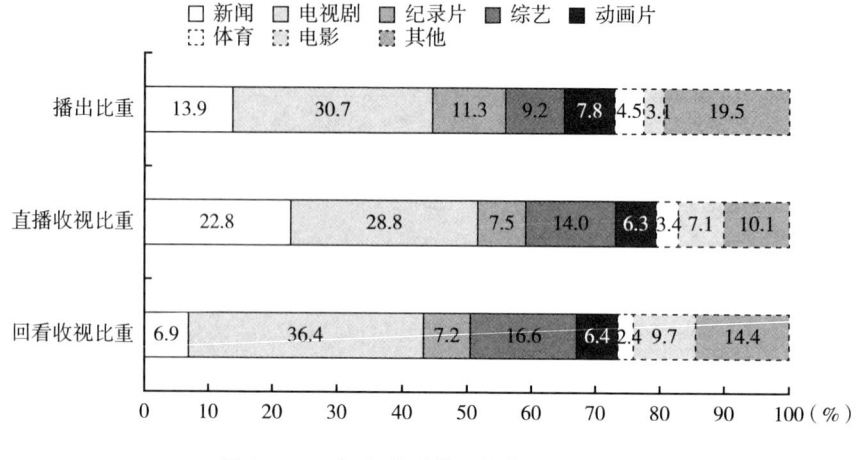

```
                □新闻     □电视剧    □纪录片    ■综艺    ■动画片
                □体育     □电影      □其他
```

播出比重	13.9	30.7	11.3	9.2	7.8	4.5 3.1	19.5	
直播收视比重	22.8	28.8	7.5	14.0	6.3	3.4 7.1	10.1	
回看收视比重	6.9	36.4	7.2	16.6	6.4	2.4 9.7	14.4	

图9　2020年各类型节目播出和收视情况

资料来源：《中国视听大数据2020年度收视综合分析》，中国视听大数据公众号，2021年1月8日，https：//mp.weixin.qq.com/s/lpqJQeilxlpty2ZbBXXnMg。

3. 电视连续剧

2020年是电视剧集精品力作与硕果丰收之年。电视剧主题贴合社会现实，与当下主流诉求呼应，防疫抗疫、脱贫攻坚、爱国奋进等不同题材类电视剧百花齐放，深受广大民众喜爱。2020年上星频道在晚黄金档共播出702部次电视剧，其中81部次平均收视率超过1.0%，比2019年增加29部次，高收视剧目占比明显提升，且主要集中于CCTV1、CCTV8和TOP5省级卫视；62部收视率为0.5%~1.0%，46部收视率为0.3%~0.5%，主要集中在安徽卫视、广东卫视、深圳卫视等，513部收视率则低于0.3%（见图10）。

在头部省级卫视中，晚黄金档剧目平均收视大幅提升超四成，湖南卫视、东方卫视涨幅在六成左右，安徽卫视、广东卫视、深圳卫视也紧随头部上星频道，实力不断加强。

从2020各频道黄金时间段电视剧收视情况TOP10（见表3）可以看到，以央视的CCTV为首的频道在收视率上占据绝对性的领先地位。居于其后的则包含东方卫视、湖南卫视、北京卫视、浙江卫视、江苏卫视以及山东卫视这几个头部卫视频道。其中，湖南金鹰卡通频道也以0.327%的平均收视率上榜。

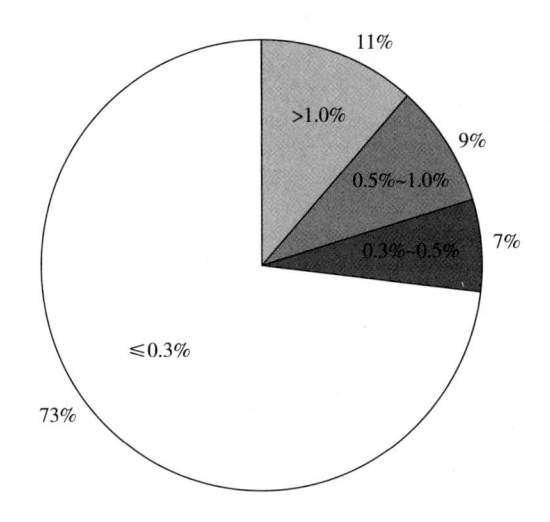

图10　2020年上星频道晚黄金档电视剧播出收视率情况

资料来源：《这份来自CSM的2020电视剧收视报告》，腾讯网，2021年2月14日，https://new.qq.com/omn/20210214/20210214A02FME00.html。

表3　2020年收视率前十的频道

序号	频道名称	黄金时段电视剧每集平均收视率（%）
1	CCTV1	1.450
2	CCTV8	1.118
3	东方卫视	0.853
4	湖南卫视	0.741
5	北京卫视	0.728
6	CCTV3	0.593
7	浙江卫视	0.448
8	湖南金鹰卡通	0.327
9	江苏卫视	0.296
10	山东卫视	0.291

资料来源：《中国视听大数据2020年年度收视综合分析》，中国视听大数据公众号，2021年1月8日，https://mp.weixin.qq.com/s/lpqJQeilxlpty2ZbBXXnMg。

2020年收视率前十五的黄金时段电视剧大都以CCTV1和CCTV8播出的内容为主（见表4），可见中央广播电视台在全国的广播电视中仍然具有不可撼动的领先地位。从题材来看，多是以近现代纪实性内容为主，具有较强的主流特色。尤其值得注意的是东方卫视播出的《安家》，在一众央视电视剧集中赢得了收视率第一的亮眼成绩，平均每集收视高达2.121%，并成为70后、60后以及50后等群体最喜爱的年度电视剧集，这也反映了当今人们对当代都市题材电视剧的关注。

表4　2020年收视率前十五的黄金时段电视剧

序号	节目	频道名称	收视率(%)	收视份额(%)
1	《安家》	东方卫视	2.121	7.112
2	《跨过鸭绿江》	CCTV1	2.086	7.840
3	《装台》	CCTV1	1.963	7.597
4	《奋进的旋律》	CCTV1	1.886	6.278
5	《最美的乡村》	CCTV1	1.668	6.830
6	《一诺无悔》	CCTV1	1.627	6.276
7	《远方的山楂树》	CCTV8	1.596	6.187
8	《我哥我嫂》	CCTV8	1.570	6.362
9	《谷文昌》	CCTV1	1.568	5.472
10	《大侠霍元甲》	CCTV8	1.533	6.280
11	《天涯热土》	CCTV1	1.523	6.071
12	《誓盟》	CCTV8	1.502	6.235
13	《什刹海》	CCTV1	1.476	5.994
14	《隐秘而伟大》	CCTV8	1.465	5.526
15	《湾区儿女》	CCTV1	1.448	5.916

资料来源：《中国视听大数据2020年年度收视综合分析》，中国视听大数据公众号，2021年1月8日，https：//mp.weixin.qq.com/s/lpqJQeilxlpty2ZbBXXnMg。

4. 综艺节目

结合决战决胜脱贫攻坚和疫情防控常态化背景，各大卫视频道通过定制主题晚会的形式为经济社会复苏贡献荧屏力量，相关主题晚会播出数量多、频次高，覆盖观众广（见表5）。2020年，全国卫视频道自办或与其他类型平台携手打造了25场促进经济社会复苏主题晚会，仅2020年"双11"前后，2台"双11"开幕晚会、4台"双11"电商主题晚会，分别吸引了3.976%、5.686%的电视观众。

表5　2020年促进经济社会复苏主题晚会收视数据

节目名称	频道名称	播出日期	收视率（%）	收视份额（%）
2020汽车之家818全球汽车夜	湖南卫视	8月18日	0.798	3.209
天猫"双11"开幕直播盛典	湖南卫视	10月31日	0.669	3.197
2020拼多多"12.12超拼夜"	湖南卫视	12月11日	0.628	2.802
抖音"美好奇妙夜"	浙江卫视	10月16日	0.622	2.581
2020拼多多"618超拼夜"	湖南卫视	6月17日	0.528	2.320
出手吧，兄弟！	湖南卫视	6月7日	0.458	1.977
2020天猫"双11狂欢夜"	东方卫视	11月10日	0.441	1.988
2020拼多多"双11超拼夜"	湖南卫视	11月10日	0.441	2.173
苏宁易购"618超级秀"	东方卫视	6月17日	0.411	2.034
百度好奇夜	浙江卫视	9月19日	0.394	1.744

资料来源：《中国视听大数据2020年年度收视综合分析》，中国视听大数据公众号，2021年1月8日，https://mp.weixin.qq.com/s/lpqJQeilxlpty2ZbBXXnMg。

可以看到，一方面随着电商的不断发展，互联网企业逐渐与电视综艺相结合，并不断以晚会入驻的形式融合发展；另一方面，受疫情影响，我国2020年的经济发展遇到一定的阻滞，而在疫情逐渐缓解之后，为促进经济复苏，各种晚会也助力经济复苏和购物节的预热。

除央视外，2020年收视排名前十五的地方卫视综艺节目中，头部卫视的优势非常明显，尤其是湖南卫视，在收视前十五的地方卫视综艺节目中占据了6席，收视份额占40%；紧随其后的东方卫视占据4席，且其《云端喜剧王》以破1的平均收视率占据榜首。浙江卫视以其往年成熟的品牌的系列延伸为依托，占据了3席，江苏卫视也凭借两季新相亲大会上榜（见表6）。

表6　2020年收视前十五的地方卫视综艺节目

序号	节目名称	频道名称	收视率(%)	收视份额(%)
1	《云端喜剧王》	东方卫视	1.006	3.924
2	《歌手·当打之年》	湖南卫视	0.946	3.481
3	《奔跑吧第四季》	浙江卫视	0.935	4.470
4	《声临其境》	湖南卫视	0.846	4.321
5	《欢乐喜剧人第六季》	东方卫视	0.837	3.442
6	《快乐大本营》	湖南卫视	0.820	3.241
7	《中国好声音2020》	浙江卫视	0.799	3.829
8	《嘿！你在干嘛呢?》	湖南卫视	0.790	3.284
9	《嗨唱转起来》	湖南卫视	0.778	3.118
10	《我们的歌》	东方卫视	0.765	3.535
11	《王牌对王牌第五季》	浙江卫视	0.760	3.419
12	《新相亲大会第三季》	江苏卫视	0.740	3.123
13	《新相亲大会第四季》	江苏卫视	0.725	3.482
14	《向往的生活第四季》	湖南卫视	0.688	4.221
15	《中国新相亲第三季》	东方卫视	0.659	2.486

资料来源：《中国视听大数据2020年年度收视综合分析》，中国视听大数据公众号，2021年1月8日，https：//mp.weixin.qq.com/s/lpqJQeilxlpty2ZbBXXnMg。

从内容主题上看，广受欢迎的综艺节目有这几类：歌曲比赛仍是一个重要的收视热点，包括湖南卫视的《歌手》《嗨唱转起来》、浙江卫视的《中国好声音》以及东方卫视的《我们的歌》等，均以音乐节目爆火市场；喜剧也成为一个新兴的元素，《云端喜剧王》《欢乐喜剧人》等节目广受大众追捧，而综合性游戏竞技类节目如《王牌对王牌》《快乐大本营》《奔跑吧》等，也意识到市场喜好，充分融入了幽默性元素吸引大众目光。近年来综艺节目还不断注重与生活实际紧密关联，如观察类的《向往的生活》《嘿！你在干嘛呢?》等，均以简单平实的生活细节记录给予观众温暖的代入感。另一个有较大受众的是相亲类节目，以"新相亲"的名号，侧面反映了民众对婚姻家庭问题的关注。

三 广播电视产业发展特点

(一) 公共卫生突发事件应对能力突出

自新冠肺炎疫情发生以来,我国的广播电视行业展现出了顽强的韧劲,并在应对处理相应突发情况中起到了积极作用,可以说,广播电视全面承担了主流媒体应有的社会责任,社会公信力得到了极大的提升。

首先,公共服务能力得到充分展现。在疫情防控期间,各地广播电视台在疫情防控、便民服务等方面发挥了重要作用。在此次疫情中我们可以发现,基层媒体是地方疫情信息传播的关键,如湖北卫视自2020年1月25日起推出的《众志成城战疫情》特别节目,在全天多时段播出,帮助观众了解封闭状态下武汉的实时情况。基层融媒体传播的信息具有较强的针对性和指导性,能够及时将当地疫情信息通报给当地民众,在疫情防治中信息传递更加具体明确、更具有实际效用。[1]

其次,为积极应对新冠肺炎疫情及落实相关防控防疫措施,广播电视的内容制作、播出模式等也发生了全新的变化。疫情期间,为积极响应落实"非必要不聚集、不接触"的政策,广播电视节目的录制也进行了灵活的调整,如采取"云录制""云观众"等形式,湖南卫视在2020年2月7日率先推出《天天云时间》,挑战此前从未有过的"云制作"综艺模式,并取得了良好的效果;浙江卫视也在2月中旬播出了"云录制"的节目《我们宅在一起》,陪伴大家在特定的环境中以积极乐观的心态面对特殊时期。

此外,广播电视还深化拓展了娱乐功能,各地方电视台纷纷推出以万众一心抗击疫情为主题的特别节目,不仅有效传递了积极能量,也丰富了人们的精神文化生活,起到了良好的调剂作用。

---

[1] 《疫情期间的融媒体传播特点分析》,人民网,2020年3月9日,https://baijiahao.baidu.com/s?id=1660674046918170079&wfr=spider&for=pc。

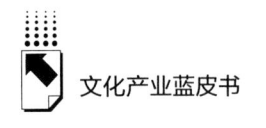

（二）从媒体融合发展走向深度大融合

新媒体时代要求我们在供给侧改革的主线下加速需求侧的挖掘，从简单的小范围融合向深度大融合发展。在关于媒体深度融合发展的意见出台后，媒体深度融合的进程不断加快，基于"台网并重，移动优先"的理念，广电媒体近几年持续进行供给侧改革，精办频率频道、优化节目栏目并开始整合新媒体账号，打造融媒头部账号和自有平台。如央视新闻在抖音、快手等商业化短视频平台上以高粉丝量进行内容的发放和传播，"芒果TV""中国蓝"等新媒体旗舰品牌齐头并进，不断探索深度融合规律，并实现了许多突破性进展。

深度融合的推进，还表现为从内容端的融合朝着用户以及社会资源的全面经营大融合发展。2020年的防疫抗疫、复商复市、脱贫攻坚为媒体机构提供了试练提升的机会，许多媒体机构已经能够熟练地使用社会化商业平台及直播带货等新技术，重新配置公共信息服务资源，从而极大地提升了政府部门及管理机构的社会治理水平。

此外，技术的发展和运用也为广电媒体融合发展提供了坚实支撑。包括5G、人工智能、大数据、云计算、区块链等新基建技术的运用，已经突破早期的辅助创新表达，更为深入地嵌入内容生产和分发、平台化建设和转型等一整套融合体系中，并向最终价值的重新聚合稳步迈进。

（三）现实主义题材与主流价值观的聚焦

近年来，随着我们不断关注与反思当下生活，对现实主义题材的追求不断提高，制作内容开始更多地反映现实，并引发共鸣。2020年，纪实性创作大量出现，综艺、电视剧等不再局限于大叙事、大背景，开始尝试以小见大，反映细微的生活点滴。

在2020年诸多现实主义题材中，女性主义的"她力量"崛起成为一个引人瞩目的亮点。对于女性的关怀题材，如综艺节目《乘风破浪的姐姐》、电视剧《三十不惑》《怪你过分美丽》，以及获得收视年冠的当代励志都市剧《安家》等，都从相对成熟的女性群体视角着眼，关注她们在社会当中的力量与作用，宣扬女性独立与自立精神。以女性为主的节目内容题材从过往的古装、夺权、大女主形象向现代、都市以及女子群像转化，所涉及的内容不再只是情爱纠葛，而更多地包含了职业、家庭、社会之间的矛盾与平衡等多重思考，从而打破了大众对女性的传统的刻板印象与偏见，反映了当代独立女性对自我价值的追求。

此外，从社会主旋律的角度来看，我国新冠肺炎疫情防控取得重大成果极大地提高了民众的制度自信与民族文化自信。2020年又恰逢与新中国成立70周年、建党一百周年等重大历史节点的年份过渡承续，抓住这一契机，引领主流价值观、助力文化强国建设成为年度一个重点，如抗美援朝纪录片《英雄儿女》《为了和平》，讲述脱贫攻坚故事的《从长江的尽头回家》等作品，在收视率上也获得了较好的成绩。

综上，2020年中国的传媒产业发展经受了疫情的洗礼和考验，以凝聚社会共识和深化人文关怀为融合着力点，不断拓展新媒体平台，以权威性聚合了利于疫情防控的焦点议程，借助创新驱动和跨界合作两大原力，持续推进传媒产业边界的扩张。①

四 广播电视产业存在的问题及对策

（一）传统广播电视行业局限，受到新媒体内容冲击

随着时代发展，传统广播电视模式不断受到新媒体冲击。一方面，随着各大视频网站如腾讯视频、爱奇艺、优酷等平台的崛起，以及短视频抖音、快手等平台对市场的瓜分，人们的关注焦点不断向新媒体领域转移，移动端视频、流媒体等中短小、轻快、新鲜而富有冲击力的内容争夺着有限的注意

---

① 《2021年传媒市场十大趋势》，流媒体网，2021年3月10日，https://lmtw.com/mzw/content/detail/id/198792/keyword_id/-1。

力资源，而传输方向单一、缺少足够交互性的广播电视在内容吸引能力上则显得相对不足。另一方面，传统的广播电视渠道受制于时空限制，缺少新媒体灵活的流量变现能力，只能依靠广告作为其主要收益模式，使其劣势尤为明显。此外，作为主流媒体，广播电视在内容审查机制上也相对更为严格，主流媒体不仅是大众休闲娱乐的途径，还要承担主流意识形态传播的社会职责，相较于新媒体的用户自发性参与，其审慎度与严谨度要求更高，也在一定程度上制约了其在纯粹的商业化市场上的竞争。

当下，因为兴趣分化以及内容端供给的不断扩大与繁荣，使得大众对主流媒体的需求减少，但是大众对电视仍有一定的需求量，广播电视要做的是实现传播运营模式转型和升级。因此，广播电视不能固守传统，应积极迎合新的发展需要。一方面，要积极利用科技手段，发挥广播电视独有的、不可替代的优势。例如，5G时代的应用和发展使大屏传播加速进入智能化时代，大屏电视可以呈现全然不同的视觉观看效果，相比于短平快的智能移动电子设备端具有更强的家庭场景传播特征和广电平台品牌优势。另一方面，要继续贯彻实施媒体深度融合的要求，完成广播电视产品的转型升级，向高质量创新性方向发展，起到引领性的积极作用。

（二）广播电视台头部垄断，地方性平台发展困难

根据2020年度卫视收视的排名情况可以看到，头部卫视几乎形成一种变相垄断，其网络传播影响力不仅包括收视覆盖，还涉及客户端下载量、媒体号粉丝增长等渠道。但是，一些地方频道，尤其是三、四线城市的广播电视台发展则相对迟滞。

在头部卫视及其所在城市地区，文化资源、资金渠道以及人才供应等都相对充足且集中。头部广播电视台的引领效应固然能激励产出高质量的新文化产品内容，但因此也会将社会舆论关注焦点过多地置于大型城市。而地方性电视台作为与当地民众生活密切相关的文化机构，同样需要充分履行其公共服务的职责。在电视观众加速向头部频道聚集的"马太效应"下，为促进资源整合、结构优化、精简精办，推动行业的高质量发展，广电机构必须

进一步改革创新。

因此，各级广电媒体在融合转型中应当根据自身优势加速需求侧挖掘，进行差异化定位，确立行业新身份。作为广电媒体的代表如中央广播电视总台、湖南广播电视台、江苏省广播电视总台等，本身已经具有一定的优质内容品牌，可以以此作为依托建设融媒体平台。而其他省市级广电媒体则可以借助多频道网络，在电商直播、短视频采集与制作、社区经济等领域进行探索，实现多样化发展。以城市广电、县级融媒为代表的区域媒体机构在做好新闻宣传主业的同时，还需要努力整合区域内的社会文化资源与社会治理大数据资源，打通线上与线下，成为可信任的信息枢纽和综合性服务平台，真正做好为人民服务的坚实后盾。①

（三）广告收入持续性下降，广播电视台发展动力不足

广播电视作为公共产品，其主要的盈利渠道来自基于产品内容的广告收入。随着网络时代到来，受到不同平台冲击和民众注意力分散的影响，广告商户的平台投入骤降，导致电视台的收入大幅减少。

受新冠肺炎疫情影响，2020上半年整个社会都按下了暂停键，CTR媒介智讯的数据显示，上半年整体广告市场同比下滑19.7%。与前几年的情况相比，这种应激性的下降态势是非常严峻的，广告投放的十个头部行业中，只有IT产品及服务行业的广告花费为正增长。② CTR从2009年开始追踪的广告主营销趋势中，在2020年首次出现了减少预算的广告主比例高于增加预算的广告主的情况。这固然有突发性公共卫生事件带来的影响，但也从侧面反映出广播电视基于广告投放收入上的压力在逐渐增大的事实。

为积极合理争夺广告份额，一方面，各大广播电视台需要积极提高产品内容质量，增强大众的兴趣，吸引其注意力；另一方面，还可以尝试借鉴与

---

① 《2021年传媒市场十大趋势》，流媒体网，2021年3月10日，https://lmtw.com/mzw/content/detail/id/198792/keyword_id/-1。
② 《"疫"外与回归丨CTR发布2020中国广告市场趋势》，百度百家号，2020年9月8日，https://baijiahao.baidu.com/s?id=1677269936131430924&wfr=spider&for=pc。

融合新媒体变现的模式。根据国家商务部的数据，2020年上半年整体直播场次超过1000万场，有40万活跃主播，有500亿人次观看，超过2000万件的商品上架，传统广播电视渠道可以参考借鉴这种充满活力的商业模式。① 例如，可以适当发展直播带货、综艺节目电商化，积极推动晚会庆典与电商活动推广的合作等，打通全媒体营销链路，多方面拓展盈利渠道，为产业保持高质量创新发展注入持续的动力。

---

① 《国务院办公厅关于以新业态新模式引领新型消费加快发展的意见》，中华人民共和国中央人民政府网站，2020年9月21日，http://www.gov.cn/zhengce/content/2020-09/21/content_5545394.htm。

B.4
电影业发展报告

李梦楠 余 文*

摘 要： 2020年，在新冠肺炎疫情冲击下，我国电影产业迎难而上，复苏进度赶超北美市场，首次成为世界第一大票仓，国产电影质量有了新提高。国家、地方出台一系列政策为电影产业发展保驾护航，积极帮助电影产业复工复产，助力电影产业走出发展困境。2021年上半年，电影产业发展态势良好。展望未来，行业需要通过进一步丰富题材、集中资本、创新经营等措施实现高质量发展。

关键词： 电影业 电影市场 院网融合

一 电影业政策环境分析

2020年，电影产业因新冠肺炎疫情而遭受重创，中央与地方出台了一系列政策措施帮助电影业走出困境，体制红利、改革红利、政策红利持续释放，促进了电影业的复苏与产业发展。

在资金支持、税费补贴方面，国家加大对电影业的扶持力度，助力影视行业渡过难关。2020年5月13日，财政部和国家税务总局发布《关于电影等行业税费支持政策的公告》，同时，财政部和国家电影局发布

---

* 李梦楠，四川大学文学与新闻学院硕士研究生，主要研究方向为影视艺术学；余文，西南民族大学新闻与传播学院，主要研究方向为广播电视学。

《关于暂免征收国家电影事业发展专项资金政策的公告》。两项政策相继公布，大大减轻了电影行业发展的经济压力，为影业生存发展提供了坚强后盾。

国家也通过指导影院工作，帮助影业复工复产。2020年7月16日，国家电影局发布《关于在疫情防控常态化条件下有序推进电影院恢复开放的通知》指出，在新冠肺炎疫情防控常态化条件下，有序推进电影院恢复开放，坚持分区分级的原则；严格落实属地管理和行业管理责任；精准科学落实防控措施。抓紧抓实抓细各项防控工作，稳妥有序推进电影院恢复开放。

继中央出台一系列扶持电影业发展的政策措施后，各地方深入学习贯彻中央相关会议精神，扶持政策相继出台，助力电影业走出寒冬。综合各地政府公示，可以总结如下几个亮点：一是通过资金扶持、财税减免、发放补贴等方式减轻电影行业的经济压力；二是优化行政审批业务，在新冠肺炎疫情期间实行网上办理，远程审批，新增顺延业务；三是鼓励电影创作，为电影高质量发展提供有力支撑。

在内容创作方面，国家政策扶持重点题材内容创作，鼓励电影行业产出精品内容。2020年8月7日，国家电影局、中国科学技术协会印发《关于促进科幻电影发展的若干意见》（以下简称《意见》）。《意见》提出了对科幻电影创作生产、发行放映、特效技术、人才培养等方面加强扶持引导的10条政策措施，致力于将科幻电影打造成为我国电影高质量发展的重要增长点和新动能。此举将推动我国由电影大国向电影强国迈进，对于我国科幻电影的发展具有长足的积极意义。

在行业监管方面，电影行业监管体制政策上没有丝毫松懈。严格把关影视内容，督促生产质量上乘的影视作品，遏制业内不良风气，促进电影业平稳有序发展。2020年1月22日，国家电影局、国家版权局联合发布春节档反盗版宣传片，众多明星电影人集体呼吁大家加强版权意识，共同助力电影业健康发展。按照国家版权局《关于进一步加强互联网传播作品版权监管工作的意见》及版权重点监管工作计划，根据相关权利人上报的作品授权情况，截至 2021 年 6 月 30 日，国家版权局共公布了十一批重点作品版权保护预警名单，未来将持续更新该名单。①

在行业交流方面，两岸交流与国际交流均有新发展。影视行业交流是两岸交流交往的重要组成部分，中央及北京市连续出台多项优惠政策措施，给予台胞同等待遇，其中包括支持台湾影视界人士共享大陆发展机遇，鼓励其参与大陆广播电视节目与影视剧创作，为台湾同胞来大陆发展搭建友好平台。

同时，在国家"一带一路"倡议下，到 2020 年，中国已经与全球 22 个国家签署电影合拍协议。由中央广播电视总台主办、中国国际电视总公司承办的"2020 丝绸之路电视国际合作共同体高峰论坛"于 2020 年 12 月 15 日在北京举行，丝绸之路电视国际共同体是以"一带一路"丝绸之路为沟通纽带，面向全世界、全媒体开放讨论的国际影视媒体联盟。丝绸之路电视国际合作共同体于 2016 年成立，到 2020 年已连续举办了 5 届高峰论坛，其共同体成员及伙伴已发展到 60 个国家和地区共 136 家机构，其中 G7 和 G20 国家成员占比近 60%，共同体规模还在持续扩大，其国际影响力也逐步提升，联盟促进了影视交流的繁荣，推动多种类型国际合作，产出更多优质合拍项目，成为文化交流碰撞融合的重要平台。②

电影是我国与中东欧国家深化人文交流合作的重要内容之一。2021 年 2 月 5 日，国家电影局主办的"2021 年中东欧国家优秀影片播映活动"正式开启。该活动在中国电影频道（CCTV6）播出的同时也在各电影院陆续播映中东欧国家的优秀影片，除此之外，全国艺术电影放映联盟也陆续引进上映一批中东欧国家电影。中国与中东欧国家的电影交流合作以及各国间的人文交流，通过此次活动得到了前所未有的深化与推进。

---

① 《2021 年度第九批重点作品版权保护预警名单》，国家版权局网站，2021 年 6 月 30 日，http：//www.ncac.gov.cn/chinacopyright/contents/12228/354621.shtml。
② 《2020 丝绸之路电视国际合作共同体高峰论坛举行》，百度百家号，2020 年 12 月 15 日，https：//baijiahao.baidu.com/s?id=1686137295221594314&wfr=spider&for=pc。

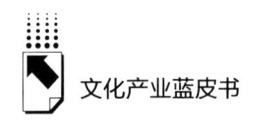

二 电影产业发展概况

(一)电影产业生产投资分析

受新冠肺炎疫情影响,2020年开年预计火热的春节档与情人节档纷纷失效,整个行业进入停产停工状态,电影产业发展滞缓。特殊时期的负面影响推动电影产业被迫改革和主动自救。原有产业发生巨变,严重依赖票房的电影企业面临倒闭和破产,产业整合趋势日渐明朗,通过集中资本、创新经营,让中小型电影企业渡过难关。同时,头部影视集团纷纷转换策略,积极实施自救策略,投资方面转投剧综平衡损失,进行产业整合、多线布局,逐渐探索出院网双赢的新型影院格局。整体来看,2020年我国电影行业主要呈现以下四个特点。

1. 艰难开局,生存挑战

2020年初,受新冠肺炎疫情影响,电影业面临艰难的开局与生存挑战,电影投资公司遭受巨大损失,剧组拍摄停工,2020年整体生产电影数量直线下降。

影视行业产业链上游首先受到冲击。2020年1月25日开始,横店影视城、象山影视城等多家影视基地相继闭园,全部剧组的拍摄活动停止,辖区内拍摄场景包括拍摄基地、外景拍摄基地和摄影棚等悉数关闭。[1] 据不完全统计,全国共有约50个剧组因疫情而停拍。[2] 据天眼查数据统计,与影视基地、影视城相关联的公司共计有61188家。[3] 截至2020年6月,从事与影视相关的公司中,已有13170家公司注销或吊销,远超2019年全年注销影

---

[1] 《2020年受疫情影响较大的行业分析系列之二——电影行业篇》,中商情报网,2020年3月5日,https://www.askci.com/news/chanye/20200305/1041361157644_2.shtml。
[2] 《疫情下,影视剧会不会断档?——探寻江苏剧组复工故事》,百度百家号,2020年3月30日,https://baijiahao.baidu.com/s?id=1662576144328330288&wfr=spider&for=pc。
[3] 夏天:《停摆月余,影视基地复工难在哪?》,搜狐网,2020年3月10日,https://www.sohu.com/a/379103113_436725。

视公司数量,可见电影业生存之艰难。① 对于电影行业这个庞大的实体产业链而言,剧组停工牵一发动全身,剧组停工使产业链下游的从业人员陷入生存困境。停工后,所有建筑场景和摄影棚的搭建都属于沉没成本,造成资源财产损失。

疫情使电影行业陷入生存窘境,盈利企业凤毛麟角。14家发布业绩预告的影视传媒公司的数据统计显示,其中11家亏损,3家盈利,总体亏损规模为120亿~150亿元(见表1)。②

表1 影视传媒公司2020年业绩预告情况

公司	业绩情况	公司	业绩情况
芒果超媒	盈利:19亿~20亿元	华策影视	盈利:3.75亿~4.25亿元
光线传媒	盈利:2.3亿~3亿元	万达电影	亏损:61.5亿~69.5亿元
文投控股	亏损:30亿~35亿元	华谊兄弟	亏损:7.4亿~9.2亿元
北京文化	亏损:6.4亿~7.9亿元	金逸影视	亏损:4.8亿~6.03亿元
中国电影	亏损:5.92亿~8.02亿元	上海电影	亏损:3.56亿~4.28亿元
横店影视	亏损:4.8亿~5.2亿元	慈文传媒	亏损:2.05亿~2.65亿元
欢瑞世纪	亏损:4亿元	幸福蓝海	亏损:3.23亿~4.53亿元

资料来源:根据观察者网调查整理。

受新冠肺炎疫情影响,多家影视上市公司暂停影院营业,撤档投资电影,春节档期撤档7部电影,情人节档期撤档12部,不仅减少了档期电影收入,并且造成了后期排片压力剧增。

2012~2019年我国电影年产量从893部增加到1037部。③ 但2020年受新冠肺炎疫情影响,全国电影产量共计650部,较2019年减少了387部,

---

① 《13000家影视企业"消失"了,2020年电影行业太难了》,搜狐网,2020年6月13日,https://www.sohu.com/a/401531453_119666。
② 胡毓靖:《影视业2020:万达电影巨亏60亿,芒果超媒一枝独秀》,观察者网,2021年2月4日,https://www.guancha.cn/ChanJing/2021_02_04_580374.shtml。
③ 《2019年中国电影市场发展现状回顾及2020年趋势预测》,百度百家号,2020年2月28日,https://baijiahao.baidu.com/s?id=1659766666326543813&wfr=spider&for=pc。

新上映电影294部,约为2019年的55%。① 可以看出,受疫情影响,电影生产数量直线下降。2021年上半年生产影片234部,与2019年上半年生产电影242部同期相比,可以看出电影生产恢复到以往正常水平,疫情防控常态化下的电影行业复工复产工作在2021年上半年初见成效。②

2. 产业上游多线策略,调整布局渡过难关

受新冠肺炎疫情冲击,电影行业遭受巨创。影院停业,影片无法上映变现,大量剧组拍摄延期,电影公司上半年全部处于亏损状态。在这样的情况下,一些电影公司不得不积极调整策略来渡过这个艰难的阶段。

转投剧作,明智自救。依赖院线的电影制片公司,在暂时失去院线放映收入之后,纷纷转战剧集拍摄与投资。相比起往年,2020年电影公司进军电视剧领域的力度明显加大。影视龙头企业万达影业、华谊兄弟、博纳影业、华策影视、阿里巴巴影业等企业纷纷加大对剧集的投入,以平衡院线的损失。

万达影业推出《唐人街探案》网剧,紧跟IP影视化风口,进行"影改剧"。由陈凯歌监制的网剧《青春创世纪》,也是万达影视出品的网剧。博纳影业出品的《阳光之下》,由言情小说改编成刑侦悬疑剧,引发大量话题讨论热点。华策影视出品了《特案追缉》《拾光里的我们》《锦绣南歌》。由华谊兄弟投资出品的《人间烟火花小厨》分账票房突破1亿元,创造了网络剧分账票房的新纪录。

新冠肺炎疫情期间观众需求向线上转移,各大网络视频平台网剧种类繁多,播出画质高清化,加以家庭影院、投屏播放、悬浮窗播放等多种播放手段,本身就为传统电影业增加了压力。对此状况,电影企业适时开拓多元化业务,转投剧综进行积极自救。同时,电影公司为网剧剧作带来更为专业的团队和制作流程,促进电视剧集行业的高质量发展,带来影视行业的双赢。

---

① 《2021年中国电影产业发展现状及区域市场格局分析电影票房超越北美居全球首位》,百度百家号,2021年5月25日,https://baijiahao.baidu.com/s?id=1700726988364555688&wfr=spider&for=pc。
② 《2021上半年我国电影市场现状及趋势分析,国产电影竞争力变强》,华经情报网,2021年7月9日,https://www.huaon.com/channel/trend/730605.html。

产业整合，共渡难关。部分中小院线与影院在新冠肺炎疫情期间面临倒闭破产的风险，一些国有院线提出整合院线，收购中小型电影企业，帮助其渡过难关。

上海市委宣传部于 2020 年 2 月 14 日发布了《全力支持服务本市文化企业疫情防控平稳健康发展的若干政策措施》，着力为上海 13 个文化细分行业、1600 多家企业纾困。

上海电影在 2020 年 3 月 8 日发布公告称，公司当日与控股股东上影集团、上海精文投资有限公司签署《合资公司合同》，共同投资设立上影资产管理（上海）有限公司。① 新设公司将通过并购、增资、参股等形式对长三角及周边区域内的影院进行投资与整合。对于本次合作，上海电影直言是为了保障电影产业的健康有序发展，缓解长三角及周边区域影院的经营压力，并推动影院终端产业的整合。

3. 电影行业逐渐回温，率先复苏

随着新冠肺炎疫情得到有效控制，我国电影产业也开始逐渐复苏。

2020 年 2 月 10 日，横店作为全国首个宣布复工的影视基地，发布了《关于确保新冠肺炎疫情防控期间影视企业（剧组）安全有序复工的指导意见》，除影视城之外，2 月 3 日起，华策影视、唐德影视、华夏影视等多家影视公司已经启动线上办公。

随着影视基地与影视公司的复工，电影行业终于复产，2020 年 6 月横店迎来了开机热：111 个剧组正在拍摄及筹备；剧组人员达 1.1 万余人，较上年同期增长 18%。横店 6 月的剧组数量及规模都已超越上年同期水平。②

在电影备案生产方面，2020 年的电影备案审批工作通过线上审批通道可以在新冠肺炎疫情下正常开展。通过整理国家电影局每月审批公示③可以

---

① 郑玮：《上海电影投资8000万成立资管公司 开启影院并购整合模式》，腾讯网，2020 年 3 月 10 日，https://new.qq.com/omn/20200310/20200310A06Y7D00.html。
② 《横店影视产业复苏"劲头足"》，浙江在线网站，2020 年 6 月 11 日，https://zjnews.zjol.com.cn/zjnews/jhnews/202006/t20200611_12043546.shtml。
③ 根据国家电影局电影备案立项公示2020年各月公示内容整理，http://www.chinafilm.gov.cn/chinafilm/channels/167.shtml。

得到：2020年全年规划备案影片数量2799部，对比2019年备案影片数量2978部和2018年备案影片数量3157部，2020年的电影备案生产数量有所下降。2020年上半年通过备案1734部，2021上半年通过备案1505部，对比2019年上半年影片备案生产数量1416部，电影备案生产已经完全恢复到以往水平并且有所增长。

从影城开业数量来看，影城从2020年7月进入复苏阶段，9月开业影城数量破万，截至2020年底，全国影城复工率已达到94.8%，呈良好复苏态势（见图1）。

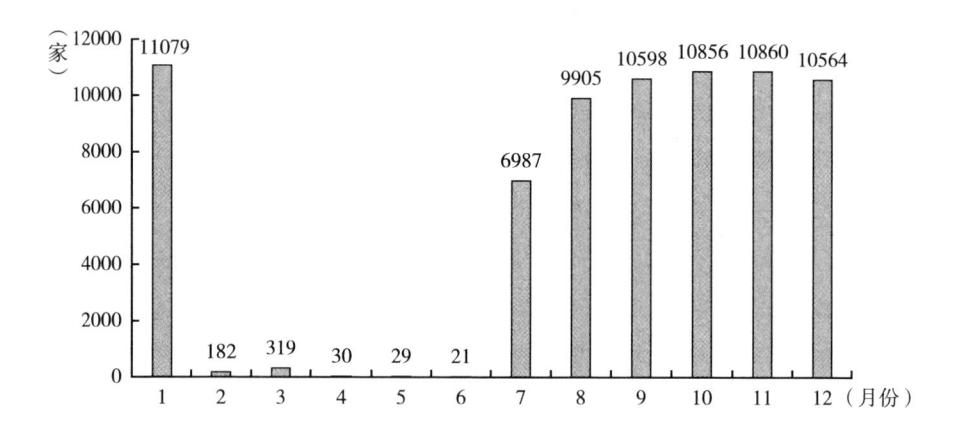

图1　2020年1~12月影城开业数量

资料来源：根据灯塔研究所数据整理。

电影产业的复苏是防疫工作取得阶段性进展的必然结果，并且电影市场恢复将观众目光再次聚集在电影行业，线下观影需求呈报复式增长，重燃了资方对电影生产投资的信心，电影生产重迎曙光。

（二）电影发行放映分析

在新冠肺炎疫情影响下，2020年电影产量与电影票房均较上年有大幅下降，但银幕数和影院数仍然保持着较为稳定的增长。受新冠肺炎疫情影响，进口片的数量锐减，这对国产电影来说是机会。加之影院停业，各大电影纷纷宣布撤档，新电影的囤积导致影院复工后影片扎堆放映，加剧了排片压力。在此期间，人们对影业的关注全部转移到了线上，线上影院迅速发展。"互联网＋"态势与电影深度融合发展，加以各大社交媒体平台的技术加持，为电影宣发大大赋能，催生了电影行业的新业态。

综观2020年与2021年上半年电影发行放映的发展状况，主要有以下几个特点。

1. 影片发行竞争激烈，院线排片成关键点

2020年受新冠肺炎疫情影响，上半年影院处于停业状态，致使许多新电影囤积在电影市场，片方与投资方都在寻找合适档期上映电影，出现热门档期扎堆上映的现象，排片竞争加剧。2020年共上映新片294部，较2019年上映总量548部减少254部。① 2020年上映的294部影片都是在7月复工以后才集中上映，只有6个月的完整放映时间，导致影片发行竞争激烈。发行方在下半年积极探索最佳档期以恢复企业经济，减少企业损失。

艺恩数据每月电影上映数据统计：2020年8月、11月和12月上映数量最多，各上映50部新片（见图2）。2019年上映新片最多的3个月份为11月、12月和5月，各上映新片66部、62部和56部。2021年上半年共上映234部，与2019年上半年上映数量242部相比，电影上映数量基本恢复至新冠肺炎疫情前同期水平。②

2. 院线市场寡头格局趋势不减，倒逼影院效率提高

院线市场寡头格局趋势不减。整理国家电影专资办的数据得到：2020年在全国50条院线中，万达影院以31.49亿元的票房产出稳居第一，广东大地院线和上海联合分别以19.6亿元和15.31亿元的票房产出居第二和第三位。前三名院线共产出票房66.4亿元，占全国总票房32.52%；前五名

---

① 《2021年中国电影产业发展现状及区域市场格局分析电影票房超越北美居全球首位》，百度百家号，2021年5月25日，https://baijiahao.baidu.com/s?id=1700726988364555688&wfr=spider&for=pc。

② 《2021年上半年电影市场研究报告》，拓普研究院公众号，2021年7月14日，https://mp.weixin.qq.com/s/LgqoUrkF4ocise1tEqdYlw。

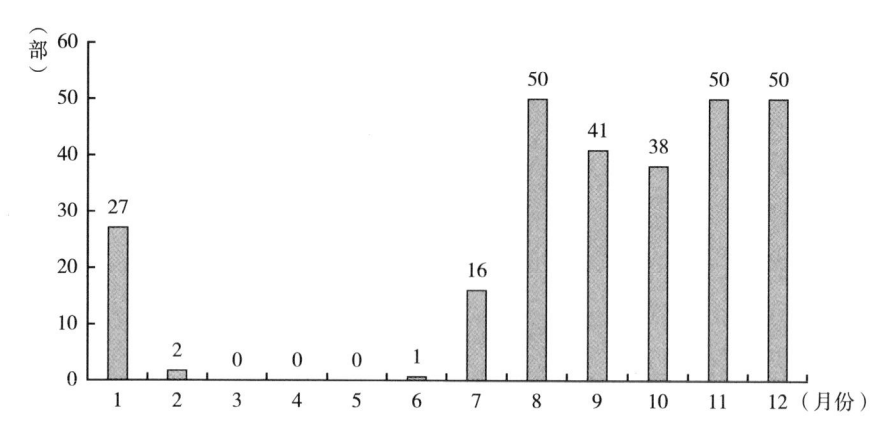

图 2　2020 年 1~12 月上映影片数量

资料来源：根据艺恩数据整理。

占比 46.67%，前十名占比 66.87%，剩余 40 条院线共享 33.13% 的市场份额，与 2019 年放映市场的分布格局基本保持一致。① 2021 年上半年，万达院线仍然保持龙头位置，排名前十院线票房份额高达 66.4%（见表 2）。可见行业寡头割据的趋势并未受到新冠肺炎疫情影响，反而因为小型公司抗风险能力较弱，行业集中度可能变得更高。头部院线以强大资本为纽带，在抗风险、可持续经营方面的实力在特殊的 2020 年显得尤为突出，提高院线集中度、破除资产流通障碍或是未来重资产院线行业降低风险的目标策略。

表 2　2021 年上半年排名前十院线

排名	院线	2021 年上半年新开影院数量（家）	票房（亿元）	票房份额（%）	票房比 2019 年上半年增长（%）	场均收益（元）	单影院产出（万元）
1	万达院线	33	42.0	15.2	-4.9	696.8	577.3
2	大地院线	36	26.9	9.8	-12.3	412.2	239.4
3	中影数字	54	20.8	7.6	-2.9	372.7	218.2
4	上海联合	40	20.4	7.4	-19.7	537.4	311.6

---

① 《2020 年度电影市场数据报告》，国家电影专资办公众号，2021 年 2 月 7 日，https://mp.weixin.qq.com/s/uu57WKyQzr6W4vsyzx59DQ。

续表

排名	院线	2021年上半年新开影院数量（家）	票房（亿元）	票房份额（%）	票房比2019年上半年增长（%）	场均收益（元）	单影院产出（万元）
5	中影南方	48	18.5	6.7	-20.9	388.7	208.5
6	横店院线	22	12.5	4.5	-6.1	411.1	264.3
7	金逸珠江	13	11.8	4.3	-24.8	484.7	274.6
8	中影星美	16	11.3	4.1	-33.0	443.7	260.9
9	幸福蓝海	55	11.1	4.0	-8.2	434.7	231.3
10	华夏联合	19	9.5	3.4	-18.3	396.9	222.1

资料来源：根据拓普研究院数据调查整理。

影院市场集中度较为分散，影院竞争更加激烈，倒逼影院提升管理效率。从单体影院的票房和分布来看，2020年全国票房超过5000万元的影院共有7家，2020年票房最高的前10家影院市场份额占全国票房不到2%。由于178天的影院空档期，影片映期扎堆下半年，发行方与影院排片更为谨慎，影片上映安排呈现精细定制化趋势。影片上映时间在往年多见于周四18:00，2020年复工以来，在重点档期，影片起片时间明显有更多考量。根据猫眼研究院数据，仅圣诞档至元旦档上映的7部热门影片便有5种起片时间。起片时间的精细运作是影院排片有限的倒逼结果，是放映市场愈加精细化的运营手段。

同时，影院市场停摆半年，截至2020年底，全国影院复工率已达到94.8%，面对前半年新冠肺炎疫情的影响，影院复工之后仍面临巨大的经营压力，因此反向倒逼影院重视放映效率，尤其体现在黄金时段与周末的经营重点。[①] 影院在经营上减少非黄金场的放映，控制成本；在工作日的排场相对减少，平均放映场次占比较2019年下降1.5个百分点。从票房占比来看，观众更偏向黄金场观影与周末观影，影院精细化放映管理带来效益的提升。

---

① 《猫眼研究院：2020中国电影市场数据洞察》，199IT中文互联网数据资讯网，2021年1月5日，http://www.199it.com/archives/1184882.html。

3. "互联网+电影"深度融合，催生宣发新业态

迈进互联网时代，电影的拍摄技术与艺术水平都在互联网的影响下迅速交融发展，同时推动电影产业发生新变化，形成新气象。"互联网+电影"深度融合发展，推动我国电影行业生态发生巨大改变：电影的数量不断增多，种类日益丰富，质量稳步提升，电影业的各个环节正在被重塑，人们更容易获取观影体验的同时，其观影习惯也在悄然变化。

限时购票对接市场。"互联网+电影"模式直接带来观众购票方式的改变。在猫眼、淘票票等购票软件上购票已经成为更多观众的首选。线上不仅有影院排片信息，还能购买周边服务，获取影院讯息。猫眼与腾讯合作，淘票票与天猫合作，使即时购票直接对接市场，减少中间环节，使用户与市场链接更为精准紧密。经过大数据用户库资料收集，结合算法进行受众行为分析与市场定向细化受众市场，按用户需求精确投放内容，并以同平台线上购票完成宣发到买单的购票循环，提升电影营销转化率。

多平台助力电影宣发。短视频平台、社交媒体平台、购票软件平台纷纷为电影宣发工作赋能。电影宣发已经迈入智能时代，通过大数据精准投放，结合算法搭建新生态，运用社交口碑反哺电影，开拓多元化沟通路径，不断创新电影宣发新形式。

2020年，票房排名前20位的华语电影全部开设了官方抖音账号。在票房过亿影片中，抖音参与宣发合作的电影票房累计达到174.99亿元，占过亿影片总票房的99.4%。可见抖音已经成为电影宣发的重要阵地。在抖音的话题讨论中，2020年的电影内容收获了94.6亿个赞、3.64亿条评论和1.96亿次转发，还有647万个相关话题短视频，各项指标增长率均超过100%。2020年抖音电影兴趣用户规模保持高速增长，较2019年增长了48.48%。① 直播电影路演已经成为新态势，在直播中知名导演、演员与观众粉丝直接互动，再设置小程序窗口购票，完成预售环节，此举取得了不错

---

① 《2020抖音娱乐白皮书》，搜狐网，2021年2月3日，https://www.sohu.com/a/448366552_99955982。

的反响。

4. 流媒体时代加速到来，网络电影成为重要选择

在 2020 年上半年新冠肺炎疫情的影响下，绝大多数观众选择线上观影，在此基础上，"院转网"带来更多可能性。在中国，视频网站在传统的爱优腾（爱奇艺、优酷、腾讯）和新秀 B 站、西瓜视频等平台的激烈竞争中也呈现新的态势。受疫情影响，几部原本定档 2020 年春节的电影纷纷宣布撤档，与此同时，徐峥导演的《囧妈》却打破原有的院网窗口期，率先转为线上免费首播，成为 2020 年开年最大的电影事件。

随着发行放映方式尝试院转网，网络电影也迎来爆发，票房体量不断增加，头部电影数量也得到显著提升。根据云合数据，2020 年票房超过 1000 万的网络电影共 70 部，与去年相比增幅达到了 43%。① 类型题材呈多样化，满足了不同观众的观影口味，战争、动作、喜剧、女性等题材也为观众提供了更多选择。

与此同时，越来越多的影视制作公司入局网络电影，助推网络电影迈向"亿级"票房时代。在 2020 年的分账票房前三十名的影片中，奇树有鱼、新片场、淘梦、众乐乐传统"四强"公司占据了半数席位。除头部效应更趋明显外，传统影企的身影也引发关注，万达影视、华谊兄弟、完美世界影视等传统影企均在多部网络电影中担任出品方。网络电影的发展或将吸引传统影视公司进军网络电影领域，院网结合将进一步发挥各自比较优势。

5. 农村主题放映带动效果强，数量质量收获佳绩

市场供给质量与数量持续稳步提升，主题放映活动助力效果明显。据统计，"十三五"期间，年度活跃院线数量约 270 家，年度活跃放映队数量稳定在 4.7 万支，在完成"一村一月放映一场电影"的任务基础上，向居民社区、广场、校园、厂矿、牧区等延展放映覆盖范围，截至 2020 年 12 月 31 日，累计订购影片 5044 万场、放映回传影片 4293 万场。2020 年"决胜小康 奋斗有我"主题放映活动中，仅浙江的启动仪式就累计有近 30 万人次

---

① 《2020 报告 | 中国网络电影行业年度报告》，云合数据公众号，2021 年 2 月 5 日，https://mp.weixin.qq.com/s/UFl7vmcz8G-3P0781N-E1w。

在线观看。2020年国庆中秋双节期间组织《此时此刻·2019大阅兵》千村万场放映活动，20余个省区市近50条农村院线放映该片16000余场。①

（三）电影票房分析

受新冠肺炎疫情影响，2020年全球电影市场均受到重创。国内市场迅速回暖，显现出强劲的韧性，首次成为全球第一票仓，国产电影表现优异，市场与口碑均收获佳绩。

1. 国内电影市场迅速回暖，显现活力与韧性

2020年1月23日，2020年春节档七部影片全部撤档，票务平台启动无条件退票服务，电影院暂停营业，中国内地电影市场停摆，至6月30日，2020上半年度票房仅为22.42亿元，比2019年上半年的311亿元暴跌92.8%，仅大致相当于2008年全国半年电影票房的体量。② 随着新冠肺炎疫情防控措施有效落实到位，7月20日起，低风险地区电影院有序恢复开放营业，中国内地电影市场在历经178天的停摆后有序复工，电影票房市场持续迎来好消息。

2020年8月21日全国单日票房重新破亿元，9月20日《八佰》登顶2020年度全球票房冠军，国庆假期首日全国票房突破7亿元，10月18日中国内地电影市场年度累计票房正式超越北美市场成为2020年全球第一大票仓，也接连在全球创下多项纪录：连续六个月获得全球月度票房冠军；10月份累计票房9.72亿美元为本年度全球单月最高票房；《八佰》《我和我的家乡》《姜子牙》《夺冠》等多部国产电影进入全球年度票房榜单前列。12月31日中国电影市场以204.17亿元的收入收官，2020年全球第一票房市场最终花落中国。③

---

① 《农村电影放映的"光影答卷"》，中国电影报网站，2021年3月3日，http://chinafilmnews.cn/Html/2021－03－03/5732.html。
② 《上半年票房22.4亿，比去年同期暴跌93%，中国电影一夜回到12年前》，搜狐网，2020年7月13日，https://www.sohu.com/a/407286320_421438?_f=index_betapagehotnews_3&_trans_=000018_mpcgame。
③ 《2020年全国票房204亿：国产电影票房超过8成》，光明网，2021年1月1日，https://m.gmw.cn/baijia/2021－01/01/1301992619.html。

得益于国内疫情得到有效控制，2021年上半年中国电影票房持续领跑全球，小长假档期表现尤其抢眼。根据中国电影数据信息网数据，截至2021年6月30日，中国电影市场票房为275.6亿元，与2017年同期票房（271.8亿元）持平，约相当于2019年同期票房的九成（311.7亿元）。① 2021上半年档期整体票房132.7亿元，与2019年同期档期票房（135.3亿元）基本持平。2021元旦档、春节档、情人节档、五一档较2019年同期票房分别增加30%、33%、119%、10%，表现较突出。2月、5月为近五年票房最高。其中，2021年春节档票房78.4亿元，较2019年春节档增长32.9%，打破春节档票房天花板，并首次连续五天大盘票房突破10亿元，大年初五全年累计票房突破100亿元，创历史新高。②

2.国产电影提质增量，进口影片比重走低

从2020年7月20日全国低风险地区电影院陆续恢复开放营业到2021年1月，大银幕放映超过300部影片（含复映影片），累计32部影片实现票房破亿元，其中国产影片高达23部。

2020年中国电影总票房达到204.17亿元，其中国产电影票房为170.93亿元，占总票房的83.72%，是近10年来国产影片达到的最高份额，2020年票房前十名的影片全部为国产片，首次实现全年票房TOP10的国产大满贯（见表3）。

表3 2020年中国电影市场票房TOP10名单

影片名称	票房(亿元)	场数(万场)	人数(万人次)	片种
《八佰》	31.07	412	8106	国产
《我和我的家乡》	28.29	394	7300	国产
《姜子牙》	16.03	210	4028	国产
《金刚川》	11.22	363	3025	国产
《夺冠》	8.36	205	2155	国产

① 根据中国电影数据信息网2020年度全国电影票房周报数据整理，https://www.zgdypw.cn/sc/sjbg/。
② 《2021上半年中国电影市场恢复近九成 持续领跑全球市场》，光明网，2021年7月7日，https://m.gmw.cn/baijia/2021-07/07/1302392623.html。

续表

影片名称	票房(亿元)	场数(万场)	人数(万人次)	片种
《拆弹专家2》	6.02	95	1575	国产
《除暴》	5.37	190	1448	国产
《宠爱》	5.10	182	1463	国产
《我在时间尽头等你》	5.05	90	1433	国产
《误杀》	5.02	197	1449	国产

资料来源：根据国家电影专项资金管理委员会办公室2020年度电影市场数据报告整理。

进口影片比重虽然持续走低，但在冷档期对电影票房有重要支撑作用。2021年上半年，《速度与激情9》《哥斯拉大战金刚》位列2021年中国电影票房TOP3、TOP4，成为电影票房市场不可或缺的力量。根据猫眼研究院数据，近三年下半年度进口电影票房占比在7月、9月、11月比例居高，是国内电影市场冷档期不可或缺的补充。[1] 进口电影丰富了观众观影选择，对国内电影创作、发行仍是重要的参考。

3. 国内市场类型更加多元，口碑与票房双丰收

2020年国产类型电影全面开花，上映的294部影片中，剧情片151部，占比达51%，产生电影票房41.43亿元，占全年总票房的20.3%。题材方面，以《八佰》《金刚川》等影片引领的战争和历史题材在2020年取得了较大突破。由于《八佰》《金刚川》等影片的热映，历史题材影片票房占比最高，达到27.12%。年度票房冠军《八佰》以31.07亿元的票房成绩，使得数量占比仅为3%的战争片，创造了15%的票房占比。喜剧片与动画片依然保持良好的发展态势，票房占比分别为21%和15%。2021年上半年，现实主义题材爆款频出，如《送你一朵小红花》；喜剧片单片效应提升，共上映喜剧片19部（较2019年同期减少9部），累计票房113亿元，其中，《你好，李焕英》《唐人街探案3》双片贡献88%；而动作片则因海外疫情引进

---

[1] 《猫眼研究院：2020中国电影市场数据洞察》，中文互联网数据资讯网，2021年1月5日，http://www.199it.com/archives/1184882.html。

数量锐减，市场供给大幅下降。①

口碑层面，由1905电影网、电影频道融媒体中心发起，多家院线参与，超3万名用户参与投票的"2020年度华语口碑佳片"调查结果显示，《夺冠》《我和我的家乡》《八佰》《一点就到家》《拆弹专家2》《紧急救援》《棒！少年》《除暴》《金刚川》《沐浴之王》成为观众心中的年度十佳。其中占票房TOP10的影片有5部。"中国电影观众满意度调查·2020年贺岁档"调查结果显示，贺岁档满意度84.0分，较上年同期提升了1.4分，刷新同档期满意度纪录。②淘票票评分前10影片中，国产电影占据8席，《我和我的家乡》以9.6的高分成为年度口碑电影。国产电影口碑与票房双丰收，均给中国电影市场注入了一剂强心针。

（四）电影观众分析

尽管在新冠肺炎疫情影响下，2020年观影人数为5.48亿人次，相比2019年下降68.2%③；2021年上半年影院观影人数为6.82亿人次，相比2019年下降15.6%，影院观影仍然是观众满足社交需求的重要方式。④观众越发年轻化，青少年观众扛起大旗，三、四线城市电影市场快速恢复，市场下沉效应显著，观众市场主要有以下几个特点。

1. 影院满足社交需求，观影习惯仍在培育

根据猫眼数据，2020年双人观影占比由2019年的54.4%增长至60.4%，增幅为6%。单人观影由24.7%降至21.5%，双人观影、多人观影反映了电影院社交属性，而七夕档、圣诞档、国庆档、贺岁档等重要档期，双人观影、多人观影提升明显，随着2020年7月20日后影院复工持续推

---

① 《2021上半年中国电影市场报告》，艺恩数据网，2021年7月6日，https://www.endata.com.cn/Market/reportDetail.html?bid=7da20304-65d1-450e-b97c-116a7b1c05fb。
② 《2020贺岁档满意度84分创新高》，《中国电影报》2021年1月13日。
③ 《2020年度电影市场数据报告》，国家电影专资办公众号，2021年2月7日，https://mp.weixin.qq.com/s/uu57WKyQzr6W4vsyzx59DQ。
④ 《2021上半年中国电影市场报告》，艺恩数据网，2021年7月6日，https://www.endata.com.cn/Market/reportDetail.html?bid=7da20304-65d1-450e-b97c-116a7b1c05fb。

进，上座率由50%上调至75%，至2021年春节档、元旦档、春节档、情人节档、五一档等重要档期，结伴观影的观众比例持续居高，显示重要档期观影的社交需求，影院观影仍是观众节假日期间重要的休闲娱乐方式，但非档期的观影习惯仍有待培育。根据国家电影局所发布数据，2020年中国电影总票房达204.17亿元，各档期票房总计122.69亿元，占总票房收入的60.22%（见表4）。非档期票房收入较少，档期与非档期的票房差距较大，反映观众倾向于档期观影，非档期观影行为偏少，观众的观影习惯有待养成。

表4 2020年中国电影市场各档期票房及占比

档期	票房（亿元）	总票房占比（%）
暑期档	36.16	17.71
七夕档	5.26	2.58
国庆档	39.67	19.43
贺岁档	41.60	20.38

资料来源：根据猫眼研究所数据整理。

2. 观众结构变化，观众年轻化

根据灯塔研究院《2020中国电影市场用户报告》，从复工首月数据来看，最先回到影院的是资深观影用户。2020年复工首月的观影用户，他们在2019年的人均观影频次为同期大盘人群的3倍。[①] 而复工后的观影用户中，对战争、犯罪和文艺片的"回归率"最高，其中在年龄分布上，20～29岁的观众占比为55%，年轻观众观影黏度较高。而在全年影片观众当中，新用户年龄分布逐渐年轻化，年轻观众占比逐渐提高，其中青少年观众由之前的17%（2018年）、21%（2019年）上升至24%（2020年），20～24岁观众持续稳定在23%，青少年观众占比于2020年正式超过20～24岁观众。

---

① 《灯塔研究院：2020中国电影市场用户报告》，199IT中文互联网数据资讯网，2020年12月14日，http://www.199it.com/archives/1171545.html。

3.三、四线城市快速恢复,下沉加速

相较于往年,三、四线城市票房占比总体稳步提高,2020年三、四线城市票房占比提高至18%(三线)、20%(四线)。① 2021年上半年三、四线城市票房占比为20.6%(三线)、18.6%(四线),人均观影频次恢复程度均高于一、二线城市,三、四线城市人次占比进一步提高,分别为17%、27.7%。② 三、四线城市观众购票占比从2019年的35%提升到了2020年的38%,下沉速度进一步加快,作为突出人群的三、四线城市观众仍能为院线电影市场的发展提供增量。

三 电影产业市场发展问题及对策分析

2020年整个电影产业经历了停业自救、积极复工、恢复生机等一系列发展阶段。在中国成为全球第一大票仓的繁荣现象背后,我们既应该看到国产影片质量提升,也需要审视2020年受新冠肺炎疫情影响的海外市场受创的国际环境因素。

综合考虑多种因素,冷静思考2020年电影业的新现象,我们应透过现象抓住电影业发展的本质问题,并积极探讨未来对策,助力电影业稳步高质量发展。

(一)电影产业发展的问题

1.市场抗风险能力弱,传统产业模式受到冲击

新冠肺炎疫情中的电影行业,从生产投资至发行放映全产业链都显现了抗风险能力弱的问题。传统的产业模式专注于影企投资、生产以及院线放映的上中下游产业链的终端输送,电影产品由影院交付观众,由此获得资金以

---

① 《猫眼研究院:2020中国电影市场数据洞察》,199IT中文互联网数据资讯网,2021年1月5日,http://www.199it.com/archives/1184882.html。
② 《2021上半年我国电影市场现状及趋势分析,国产电影竞争力变强》,华经情报网,2021年7月9日,https://www.huaon.com/channel/trend/730605.html。

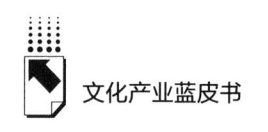

维持后续生产经营，其维持生存的最重要环节在于放映端市场。在新冠肺炎疫情冲击下，放映端市场受到冲击，缺乏市场抗风险能力的传统产业模式脆弱性显现。单一化经营、资金周转应急措施不足的影企或影院在新冠肺炎疫情之中受到的冲击更大。

2. 线上线下争夺放映资源，和谐共赢格局有待形成

2020年由于新冠肺炎疫情，人们减少了非必要外出与聚集性活动，院线观影需求被大大压制。影院停业，人们在家中无法满足观影需求，因此将目光纷纷转到线上。此时，《囧妈》抓住线上广大观众的迫切需求，字节跳动在抖音、西瓜视频、今日头条上发布《囧妈》全网独播的海报，在群众与业内引起了巨大的争议。广大观众认为《囧妈》网上播映是在为新冠肺炎疫情期间无法线下观影的观众"谋福利"，而院线方则强烈谴责《囧妈》院转网的行为损害了院线利益，属于违约行为，《囧妈》也因此遭到了院线的集体抵制和消极宣传。

通过《囧妈》院转网遭抵制的事件可以看出，院线放映端与线上影院还处于对立竞争的阶段，网络首播的新发行方式会造成同期院线电影的宣发压力与经济损失，双方还需共同推动和谐共赢格局的形成。

新冠肺炎疫情推动院网融合发展。2021年上半年，院网协同发展优势显现，诸多头部影视集团如阿里巴巴影业已经形成院网的双平台布局。探索院线放映端与线上影院的新型影院格局使优质电影内容不再受放映方式的束缚，院网协同发展使电影行业释放出新的活力。

3. 档期落差明显，观众观影习惯有待养成

影院复工后，观众们重新走进影院，新冠肺炎疫情期间被压抑的线下观影有报复性消费的可能，所以片方与投资方都希望自己的电影在复工后第一个节假日档期高峰国庆档放映。结果是2020年国庆档影片排片压力剧增，造成头部影片扎堆放映，票房繁荣的背后有部分影片属于档期"陪跑"。

由于档期高质量影片众多，观众倾向于档期观影，非档期观影行为少，日常观影习惯未完全形成。档期的佳片云集与观众的档期观影习惯是互为因果的，这其实反映的是我国电影消费市场发展不健全。

（二）电影产业发展的对策

1. 创新经营，增强产业抗风险能力

产业整合能够增强抗风险能力。通过产业横向整合，影视企业得以抱团取暖，共克时艰。同时进行产业纵向整合，向上整合上游企业，集合头部影视集团力量，帮扶电影产业链下游企业，提高资本集中度，增强资本周转能力。升级影院终端服务设施，提升影院终端的服务水平，优化放映端的资源配置，开发电影衍生产品，多方面创造收益，优化升级影院收入结构，形成多元收入格局。

2. 转换思路，构建新型影院格局

2020年，多部电影由院线放映转为网络点播放映，除了受疫情影响，同时也是线上化的大势所趋。随着用户需求的迭代和多样化，只有院网协同，打造新型影院格局，才能创造更多的市场增量、满足市场需求。线下影院需要践行足够高的行业标准，加强受众线下观影的沉浸式观影体验以实现影院的不可替代性，不断提高服务水平，满足对观影视觉效果有更高要求的受众需求。同时，致力于线下线上同时满足目标受众需求，构建新型影院格局，实现合作共赢。

3. 国家政策扶持，助力电影业成长

国家作为电影行业的支持者、领航者，适时制定助力电影业发展的政策，平衡电影市场生态，为我国电影业发展保驾护航。

在电影市场维稳方面，国家政府是一双"无形"的手，通过出台相关政策，宏观上调节电影市场，微观上有针对性地帮助电影企业规避经营风险，助力电影行业产业优化资源配置。

在电影的生产创作方面，优质内容正在成为市场核心驱动力。国家要加强创新政策扶持，保护制片方利益，助力电影优质内容的产出，保护电影人的合法利益，减轻电影人的压力，释放创作活力，鼓励电影人积极创作出多题材、高质量的电影内容。

在电影的发行放映方面，细化相关法律法规，尊重艺术规律和市场规律

是不变的基调。电影产业在院网融合发展的大背景下，需要国家加强基础设施建设，推动"互联网+电影"发展，制定相关政策法规推动院网协同发展，打造新型影院格局的坚实基础。

对于各地方政府来说，有针对性地发展本地电影业，因地制宜，制定符合自身电影业发展的政策扶持方案是关键。

新冠肺炎疫情将电影行业卷入寒潮，电影业面临诸多变革。2020年是电影业的破冰苏醒之年，相信在党和国家的关照与电影界人士的努力下，电影行业将探索出新发展模式，焕发出新的光彩。

B.5
演艺业发展报告

于悠悠*

摘　要： 2020~2021年，对于全社会乃至全人类而言都是特殊而艰难的一段时期。对文化艺术市场来说打击尤为严重，全行业面临严峻的生存困境。在探索生存路径中，演艺行业实现了多重突破，并且尝试演艺生态格局的多面转型和多维自救，开拓出四大演艺空间作为疫情防控常态化下演艺行业的发展路径，齐心协力走出寒冬，复苏演艺市场。

关键词： 演艺业　旅游演艺　云演艺　云剧场

2020~2021年，新冠肺炎疫情让我国的文化市场面临巨大挑战。剧院场馆停摆、演艺机构倒闭关停、演出活动延期甚至被迫取消、演艺从业者大面积停薪、裁员，整个演艺行业生态链一度处于断裂状态，全行业面临严峻的生存困境。在疫情防控常态化下，我们可喜地看到国内演艺行业展开多维自救，积极推动演艺生态格局多面转型，以抱团之势，齐心协力走出寒冬，复苏演艺市场。

一　演艺行业政策环境分析

利好的政策环境为舞台表演艺术的稳步复苏和繁荣发展奠定了重要基

---

* 于悠悠，北京大学艺术学院博士研究生，主要研究方向为艺术管理与文化创意产业。

础。2021年演艺产业相关的文化政策主要聚焦于以下几个方面：一是由新冠肺炎疫情引发的演艺市场管理调整的系列政策；二是重点扶持的艺术门类和创作主题的相关政策；三是进一步加强文旅融合、推动旅游演艺的相关政策。

（一）市场管理政策评析

新冠肺炎疫情使得2021年度演艺行业的发展轨迹出现迫不得已的转向。文化和旅游部连续发布了针对演艺行业的指导性政策和针对疫情防控的系列规范性政策《剧院等演出场所恢复开放疫情防控措施指南（第四版）》，这直接决定了疫情防控常态化下演艺市场的发展步调。疫情防控系列政策中明确要求观演"限流、预约、错峰"。恢复开放的演出场所应当严格执行人员预约限流措施，观众间隔就座，演职人员要保持一定距离。另外，暂缓审批涉港澳台、涉外营业性演出活动；暂停举办大中型的演出活动。不过，2021年5～9月，剧院等营业性演出场所座位最大荷载量开始逐步放开，从暂停营业到不超过最大座位数的30%（第一版）、50%（第三版）直至75%（第四版）。虽然仍未恢复满座上座率，但随着政策的调整，国内演出市场逐步回温，各类剧院场馆、文旅演艺活动已逐渐恢复到正常状态。

疫情防控常态化是基于疫情防控的艰巨性、复杂性和长期性而形成的，这决定了当前演艺市场的政策调整不只是为了解决短期的问题，而是要寻求长期稳定的发展与复苏。为了进一步激发演出市场活力，优化营商环境，不断增强文化企业发展的内生动力，文化和旅游部在2021年度对演出市场的管控继续实施简政放权。文化和旅游部在2020年9月颁布的《关于深化"放管服"改革促进演出市场繁荣发展的通知》中就已明确指出：简化巡演审批程序，提高审批效率，优化市场准入服务，落实外资准入政策。允许在全国范围内设立外商独资的演出场所经营单位、演出经纪机构。在"放管服"改革的同时，也对票务信息监管、在线演出等加强规范管理，为促进演出市场的健康持续发展、激活文化消费动能给予指导。2021年6月，文化和旅游部办公厅起草了《文化和旅游部办公厅关于简化跨地区巡演审批程序的通知（征求意见稿）》，对四个部分进行了明晰：一是明确适用范围，对跨地区巡演的概念进行明确；二是明确审批程序，以"首演地审批、巡演地备案"为主要原则，减少重复的内容审批环节；三是压实工作责任，加强执法巡查和政策沟通；四是明确了审批和备案材料。对演出审批的"放管服"，能更好地促进低迷时期面临不间断暂停、取消的文艺演出的复苏信心。

为了加强艺术人才培养，提高艺术创作的内在驱动力，人力资源和社会保障部、文化和旅游部在2021年度共同部署了艺术专业人员职称制度改革工作。2020年9月颁布的《关于深化艺术专业人员职称制度改革的指导意见》对新文艺组织、新文艺群体、新文艺聚落和新文艺个体工作者以及非体制内艺术从业者的职称评审渠道做了新的规范与明确。在健全职称层级设置、完善评价标准、推行代表作制度、建立职称评审绿色通道等方面提出了一系列有针对性的改革举措，着力破除现行制度中的机制障碍。该政策完善了不同层次艺术从业者的职称制度，在畅通艺术职业发展渠道、科学客观地评价艺术人才方面有了新的突破。

新冠肺炎疫情的发生，虽然限制了线下剧场的演出，但也间接促进了网络演艺、数字化表演的迅速发展。网络演绎已经逐步成为疫情防控常态化下新的网络文化业态。然而，大量演艺人才、艺术组织纷纷转战赛博空间，一时间也导致网络演艺空间乱象丛生。为了加强对经纪机构的管理，约束表演者行为，坚持正确的价值导向，治理娱乐圈乱象，文化和旅游部于2021年7月发布了《网络表演经纪机构管理办法（征求意见稿）》，对网络表演经纪机构从事演出经纪活动进行了明确规定。2021年9月，文化和旅游部开始起草《文化和旅游部关于规范演出经纪行为加强演员管理促进演出市场健康有序发展的通知（征求意见稿）》，明确将加强演员管理和演出市场健康监督。与此同时，中国演出行业协会也制定了《网络主播警示和复出管理规范》《演出行业演艺人员从业自律管理办法》《网络表演（直播）内容百不宜手册》，在演艺人员、主播、直播平台方面都制定了严格的行业自律规范，开展有效的行业自律行动。

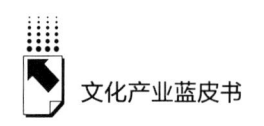

除了加强对艺术人才的培育和管理，民营文艺表演团体高质量发展在2021年度也被纳入重点。近年来，在政策举措和市场需求驱动下，民营文艺表演团体呈现欣欣向荣的发展态势：艺术门类多样，规模持续扩展，市场空间广阔，运行主体多元，艺术创作质量稳步提升。但是，民营文艺表演团体发展还很不平衡，存在排演设施设备简陋，创作演出能力不强，运营管理不够规范，人才储备不足等诸多问题。特别是新冠肺炎疫情的大肆流行，使民营文艺表演团体发展遭受较大打击。为了给民营文艺表演团体营造良好的发展环境，2021年6月，文化和旅游部政策法规司与民政部、财政部、人力资源社会保障部、国家税务总局、国家市场监督管理总局共同颁发了《关于营造更好发展环境，支持民营文艺表演团体改革发展的实施意见》，针对民营文艺表演团体改革发展目前存在的难点、痛点、堵点，提出了一系列的支持措施：一是进一步构建公平竞争的市场环境；二是提升民营文艺表演团体的整体创作生产水平；三是加大对民营文艺表演团体的政策支持力度等。除此之外，还要落实好小微企业普惠性税收减免等各项减税降费政策，减轻民营文艺表演团体的经济负担。

（二）艺术创作政策评析

如何实现艺术作品的社会价值、艺术价值和经济价值的统一，传播当代中国价值观念，体现中华文化精神，一直是近年来政府对文艺发展的核心关注点。党的十九届五中全会对文化建设给予高度重视，从战略和全局上做了规划和设计。

2021年文化和旅游部发布的《"十四五"文化和旅游发展规划》（以下简称《规划》）是落实文化强国战略的具体体现。《规划》提出到2025年，要实现艺术创作生产扶持资助体系进一步完善；加强建立健全新时代艺术创作体系，剧本质量明显提升，原创能力不断增强；高水平创作人才脱颖而出，层次分明、专业齐备的艺术人才培养体系逐渐形成；各艺术门类精品迭出，创作活跃，逐步实现从"高原"到"高峰"的跨越；艺术与科技的结合更加紧密，线上演播与线下演出融合发展，艺术作品的传播力进一步提升,国际影响力和竞争力实现显著增强。

在创作重点和主题上,《规划》继续强调要实施文艺作品质量提升工程,唱响爱国主义主旋律,聚焦中国梦时代主题,加强现实题材创作生产,不断完善艺术作品的创作生产、演出演播、评价推广机制,以促进社会主义文艺繁荣发展。要更多地推出优秀文化产品、优秀旅游产品和优秀文艺作品,以满足人民群众美好生活需要。从2021年度艺术创作的指导性政策中可见,艺术作品的社会效益仍被放在优先位置。

除了鼓励培育和弘扬社会主义核心价值观的艺术作品,2021年度艺术发展和创作的另一重点,依然是继续深入传承和弘扬中华优秀传统文化。文化和旅游部办公厅相继举办2021年全国舞台艺术优秀剧目网络演播、第九届中国京剧艺术节、2021年度"全国声乐领军人才培养计划"暨第十四届全国声乐展演、2021年度全国民族器乐展演、第二届全国优秀音乐剧展演、第八届中国昆剧艺术节、第四届中国歌剧节、2021"茶香中国"第二届全国采茶戏汇演出、第十二届评剧艺术节等;实施了2021年度全国戏曲表演领军人才培养计划、2021年度"中国杂技艺术创新工程"、2021年民族歌剧创作人才研修计划等。① 其中,以戏曲、杂技为代表的中华传族艺术门类继续得到国家大力扶持,尤其关注代表性戏曲院团和弱小曲种的传承发展。因此,文化和旅游部进一步完善戏曲保护传承工作体系,实施濒危剧种公益性演出项目;实施中国戏曲音像工程,录制了一批代表性经典剧目;支持无国办团体的105个剧种和仅有一个国办团体的121个剧种开展免费或低票价公益演出,以弘扬中华优秀传统文化,促进戏曲繁荣发展。②

(三)文旅演艺政策分析

在文旅融合的背景下,通过提高文旅产业的耦合度来进行相关的建设与

---

① 《政府信息公开目录》,中华人民共和国文化和旅游部网站,http://zwgk.mct.gov.cn/zfxxgkml/447/488/index_3081.html。
② 《"十四五"艺术创作规划图解》,中华人民共和国文化和旅游部网站,2021年7月14日,http://zwgk.mct.gov.cn/zfxxgkml/zcfg/zcjd/202107/t20210714_926427.html。

发展成为题中应有之义。《"十四五"文化和旅游发展规划》中明确强调坚持以旅彰文、以文塑旅，推动旅游和文化深度融合，培育旅游和文化融合发展新业态。具体到演出行业，表现在旅游演艺业的发展上：2019年3月文化和旅游部发布了《关于促进旅游演艺发展的指导意见》，明确指出到2025年，旅游演艺市场的发展布局更为优化，更加繁荣有序，应打造出一批有示范价值的旅游演艺品牌，形成一批竞争力强、运营规范、信誉度高的经营主体；旅游演艺管理服务体系基本健全，产业链更加完善。同时积极鼓励旅游演艺经营主体与旅行社、旅游公司等合作制作大中型驻场综艺演出。[①]

2020年6月，文化和旅游部发布的《文化和旅游部办公厅关于征集2020年"一带一路"文化产业和旅游产业国际合作重点项目的通知》中再次明确推动旅游演艺和数字文旅产业发展，支持"一带一路"文旅产业国际合作重点项目，鼓励企业与"一带一路"沿线国家和地区知名演出机构开展合作，依法引进境外资本投资国内旅游演艺市场，让旅游演艺也成为丝路精神、丝路文化对外传播的重要窗口。2020年10月，文化和旅游部、国家发展和改革委员会、财政部发布的《关于开展文化和旅游消费试点示范工作的通知》中提出：提高文旅产品、服务供给的质量，推动传统商业综合体转型升级为文体商旅综合体，完善博物馆、美术馆、演出场所等消费配套设施，将文化消费嵌入各类消费场所，打造群众身边的文化消费网点。2020年10月，党的十九届五中全会审议通过的《中共中央关于制定国民经济和社会发展第十四个五年规划和二〇三五年远景目标的建议》中提出推动文旅融合发展，打造一批文化特色鲜明的国家级旅游休闲城市和街区，建设一批富有文化底蕴的世界级旅游景区和度假区。以讲好中国故事为着力点，创新推进国际传播，加强对外文化交流和多层次文明对话。

沉浸式文化产品、沉浸式旅游演艺成为2021年度的政策热词。文化和旅游部办公厅在2021年度颁布的《关于组织开展2021年全国文化和旅游消

[①] 屈欣悦：《年度盘点：演艺产业的主要矛盾与工作转向》，腾讯网，2021年2月7日，https://xw.qq.com/amphtml/20210207A0DK0B00。

费季活动的通知》中,鼓励创新消费活动形式,强调大力发展旅游经济和夜间文化。引导文化和旅游市场主体创新营销手段和促销模式,打造消费新模式、新场景,吸引网络流量转化为实际客流。支持地方和有关机构举办剧场演出、线上演播、艺术展览、沉浸式体验等专题活动。2021年9月颁布的《关于进一步加强政策宣传落实支持文化和旅游企业发展的通知》强调要进一步释放文化和旅游消费潜力,打造沉浸式文化和旅游体验新场景,培育壮大文化和旅游消费新产品、新业态、新模式。支持文化和旅游企业发展线上演播、沉浸式体验、交互体验等新型业态,以激发市场主体活力。这些都标志着我国文旅融合将进入全面纵深发展阶段。而作为文旅核心之一的旅游演艺在一系列利好政策的帮扶之下,也顺利搭上"文旅融合、夜间经济、沉浸式业态"的快轨,开启转型升级之路。

二 行业年度发展概况

(一)行业数据分析

随着疫情防控取得显著成效以及文化产业开始有序恢复,各区域文化企业的经营状况开始逐步好转,尤其是文化服务业企业和文化核心领域企业的营业收入呈现大幅度提升。具体到演艺行业,我们可以从剧院场馆和旅游演艺这两个市场进行分析。

1. 剧院场馆演出

2020~2021年本应是演出"大年",就2019年第四季度的演出计划安排的活跃度,以及2020年第一季度演出场地争抢的白热化,不难预测2020年度本该有个火热的开局。然而突如其来的疫情给全行业按下了暂停键:1~2月演出相继取消或延期,随着3月疫情加剧,第二波全国演艺场馆关停、演出被迫取消的高峰到来。根据中国演出行业协会发布的2020年1~3月的不完全统计,全国取消或延期的演出近2万场,直接票房损失超过20亿元。除室内剧场演出关停之外,在露天举办的音乐节、演唱会等娱乐演出也频频变动。但值得注意的是，优质演艺项目的强大票房号召力并未因变动而减弱。根据大麦网数据，在全国超过800余场被延期的演出中，有平均66%的粉丝没有退票而是选择了保留订单，其中对一线艺人演唱会订单保留率达到了75%。① 据CCTV2财经频道报道，根据中国演出行业协会的初步统计，2020全年中国演出市场规模超过250亿元，同比降低约56%；票房收入约54亿元，同比降低约70%。数据断崖式跳水可见演出行业受疫情影响之大。但即便如此，大型户外音乐节的表现却格外亮眼。大麦平台数据显示，2020年国庆节期间举办的各类大型音乐节有20余场，场次同比上升130%，票房同比提升113%，被称为史上最强音乐节国庆档。②

2021年度新冠病毒发生变异，给旧伤未愈的剧场演艺又一次带来冲击。2021年上半年剧场演出逐渐放开，到"五一"小长假呈现观演小高峰。据中国演出行业协会统计，5月1~5日，全国演出场次约1.4万场，假期观演人数超过600万人次，演出票房总收入达8.6亿元。其中，旅游演艺观演人数占总人数的40%，演唱会、音乐节观演人次占总数的12%。"五一"假期，全国各地举办音乐节近30个，演出场次超过80场，曲风包含摇滚、流行、说唱等，覆盖体验、休闲亲子等多种节庆运作模式。音乐节呈现鲜明的北、中、南分布趋势，文旅融合效应明显。南部地区以海南为主力，将度假、旅游、休闲、亲子汇聚其中，海南万宁音乐节、小草莓亲子音乐节、海口S20泼水音乐节等多个音乐节在5天之内连番举办。中东部地区，旅游和文化娱乐融合更加明显，南京、杭州、常州、苏州等热门旅游目的地推出多个音乐节，带动当地旅游热度高涨。北部以山东省为中心，辐射河北、河南等省，中原地区成为2021年热门演出区域。

亲子性文化消费市场明显回暖，北京、上海、天津、广州、泉州等地的

---

① 田巧妍：《"暂停键"持续 3月份近8000场演出取消》，搜狐网，2020年3月3日，https://m.sohu.com/a/377331776_309168/。
② 《演出市场观察 演出市场"危中寻机"本土剧目或迎爆发期》，央视网，2021年1月3日，https://tv.cctv.com/2021/01/03/VIDE5jQwuXgyLbyV36nC4WEY210103.shtml。

剧场均多场次推出儿童剧演出。同时,户外亲子艺术体验活动也成为假期一大亮点,如为假期量身定制的儿童工作坊便成为假期"合家欢"的主要形式。

剧院市场继续响应红色主旋律号召。全国多家剧场围绕"建党百年"推出红色题材系列演出,艺术门类广、时间跨度大。歌剧《江姐》、话剧《十字街头》、京剧《红灯记》、舞剧《永不消逝的电波》等多个艺术种类的红色主题剧目在"五一"期间陆续上演。石家庄大剧院红色经典系列演出季、哈尔滨大剧院"红色脉动"系列展演等受到观众欢迎。

2. 旅游演艺市场

道略文旅产业研究院公布的《2019~2020中国旅游演艺年度报告》显示,2019年全国旅游演艺总数达340台,票房同比增长超15%,达到68亿元,观众达到9583.2万人次[1],由此可见旅游演艺的强劲发展势头。但是疫情的冲击与"居家令"使得2020年上半年我国文化旅游基本处于停滞状态。2020年近千家文娱公司注销,上万家旅游类企业注销、吊销经营。行业巨头如宋城演艺、丽江文旅等也受困严重,营业收入、净利润大幅下降,其旅游演艺相关的业务营收下降均超过70%,净利润下降均超过90%。相关行业也通过筹集资金、积极复演、缩减成本等方式来展开自救。随着防疫工作的有效推进,2020年下半年旅游演艺开始逐步复工复产,64%的旅游演艺剧目在2020年10月前复演。[2]

2021年的文旅演艺市场本来已熬过寒冬,在"五一"假期迎来全面复苏。受假期群众大规模出游等利好因素影响,"五一"假期全国共上演旅游演艺节目1600场,接待观众超过240万人次,实现票房收入3.6亿元,约占全国演出票房收入的42%。品牌项目仍是旅游演艺市场重头,以宋城演艺为例,《宋城千古情》一天演出16场,室内外演艺秀场场人气爆棚;《桂林千古情》一天连演10场,接待游客达6.23万人次。其他旅游演艺

---

[1] 道略文旅产业研究院:《2019~2020中国旅游演艺年度报告》,2020年11月。
[2] 道略文旅产业研究院:《2019~2020中国旅游演艺年度报告》,2020年11月。

项目也均在"五一"假期前实现复演，引发了"五一"假期旅游演艺观演热潮。①

但是2021年传染性更高的德尔塔、拉姆达病毒开始肆虐，使原本已复苏起色的文旅演艺产业遭遇二次停摆。由于文旅演艺每场观众多达上千人，一人感染就会导致整个景区甚至相关省市的旅游演出全部暂停。2021年7月湖南张家界魅力湘西剧场因出现4名无症状感染者而被紧急叫停，随后各地景区在"外防输入、内防反弹"的压力下，也纷纷闭园、暂停演出。截至2021年8月，文化和旅游部发布数据显示暂停开放1152家A级旅游景区，对景区演艺场所进一步加强疫情防控监管，尽量减少举办聚集性活动。②除了疫情的反弹，2021年全国各地的自然灾害也令原本就四面楚歌的文旅演艺雪上加霜。由王潮歌打造并于2021年6月正式营业的《只有河南·戏剧幻城》在3天的端午假期共接待游客2.3万人次，综合收入为713万元。这个项目总投入超过60亿元，却因河南的特大暴雨而在开演后不到1个月停演。疫情的反弹也加速了文旅演艺的洗牌升级，企业纷纷求新求变以求破局，于是从山水实景演艺，到主题乐园演艺，再到光影秀、沉浸式演艺、行浸式体验等，旅游演出在疫情制约下不断创新运行模式。

（二）行业重要突破

虽然演艺市场遇到了前所未有的寒冬，横亘在行业面前的持续性复工难题、文化消费动能减弱、产能恢复缓慢、市场活力不足等问题也尚未解决，但演艺行业也在以下几个方面实现了重大突破并取得良好成绩。

1. IP联动，聚力创新

经典文学IP在影视产业的开发已初步成熟，但在舞台演艺方面的转化还动能不足。因此，经典IP的深度舞台开发、IP粉丝向演出观众的转化已

---

① 《文旅部："五一"假期 全国演出票房收入8.6亿元》，百度百家号，2021年5月8日，https：//baijiahao.baidu.com/s?id=1699178055329210383&wfr=spider&for=pc。
② 《文旅部：截至8月4日暂停开放1152家A级旅游景区》，光明网，2020年8月6日，https：//m.gmw.cn/baijia/2021-08/06/1302465991.html。

成为业内共识。

首先,演艺市场发现了作为当下 IP 泛娱乐文化最重要的两大分支——音乐与游戏,都具有庞大的核心受众群。"游戏音乐"已然成为传递游戏内涵的最佳载体,并成为游戏 IP 长线运营的关键发力点,也成为舞台演艺 IP 开发和观众拓展的新突破口。演艺市场尝试将游戏受众与演出观众进行有机结合,延伸游戏 IP 的边界,丰富了舞台演出的受众群体。不仅让年轻人感受到了交响乐的魅力,更是通过音乐将游戏的影响力进一步扩大至更为广泛的圈层。以交响乐和游戏原声音乐结合的跨界创新形式,共同打造中国原创的数字文化 IP。[1] 由《王者荣耀》授权,联合出品方保利演艺打造的"王者荣耀交响音乐会"对这个国民级数字文化 IP 进行深度开发,一是想通过游戏 IP 吸引更多年轻人,让他们了解、认识交响乐;二是希望通过游戏 IP 中众多的中国元素,加深他们对中国传统文化的认识,重新了解中国文化。[2] 前期在剧院中已崭露头角的电影交响乐"哈利波特"系列也有异曲同工之妙。然而电影受众或游戏受众与交响音乐会观众毕竟存在一定差异,如何将两者有机结合还有待进一步的探索。

其次,不同表演艺术门类间横向开展了深度 IP 开发。2020 年 9 月,昆曲《浮生六记》与 2020 苏州国际设计周重头项目"Q4 设计消费季"艺术板块合作,将吴歌、评弹、江南丝竹等传统音乐和表演艺术及其他传统手工艺整合到民俗故事场景中。这是继园林版、舞台版、厅堂版、游船版等不同版本后,又一次进行 IP 深度开发的范例。厅堂版本,围绕着老洋房的特点,结合老洋房的独特环境,做了浸入式的编排;而舞台版用最简便的一桌二椅的方式,将昆曲用原汁原味的形式呈现出来。根据演出场地的不同因地制宜进行 IP 剧目开发,选择最适合演出场地的版本,已成为剧目 IP 深度开发的

---

[1] 《助燃游戏 IP 国民度 腾讯音乐娱乐集团"大玩+"熟龄用户比例持续提升》,中国日报网,2020 年 4 月 13 日,http://cn.chinadaily.com.cn/a/202004/13/WS5e942d84a310c00b73c76a88.html。
[2] 牛春晓:《被让渡的市场空间,如何填满?》,中国演出行业协会公众号,2020 年 11 月 4 日,https://mp.weixin.qq.com/s/g8K2hXbur33NmIEBi3675Q。

发展方向。①

2. 数字演艺，版权规范

传统在场演出的数字化转型并不是 2020 年才开始。网络演出、直播、录播、社交平台的演出传播等在前几年就已大批涌现，但业界对舞台表演艺术"在场"性的固有认知，使得数字化转型未能引起市场参与者的高度重视。加之演艺作品版权归属问题复杂，涉及创作人员、制作团队、演职人员、上演场所、传播平台等多个主体，尚未有完善的法律法规进行界定，因此，数字演艺的规模化发展在前几年一直举步维艰，难成气候。疫情迫使全行业集体快速上云上线，行业默认了这种"紧急避险"式的自救行为的合法性，但同时也暴露出数字演艺传播条件尚不完善等诸多问题，以及上云经营的各种模式弊病。当法律法规的制定滞后于市场时，后者会倒逼前者不断完善。于是，数字演艺版权问题在 2021 年得以火速完善与全面规范。

文化和旅游部在《关于深化"放管服"改革促进演出市场繁荣发展的通知》中指出：需规范在线演出管理、明确新业态监管规则。以营利为目的，通过互联网为公众实时提供现场文艺表演活动的，应当按照《营业性演出管理条例》等有关规定办理报批手续，并由取得《网络文化经营许可证》的互联网文化单位提供在线传播服务；通过个人直播频道提供的网络表演，按照《网络表演经营活动管理办法》进行管理。2020 年 11 月《中华人民共和国著作权法》重新修订，针对最新互联网环境中的艺术新形态、新模式、新业态，以及衍生出来版权归属问题进行了重新界定，这是演出行业取得的重大突破和阶段性进步。

3. 引进空档，本土机遇

由于海外疫情恢复较慢，大量国外剧目无法引进，"进口"剧目空缺，"国产"本土原创被看好的时代悄然而至。仅以国内规模最大的保利院线为例，目前保利院线运营的 70 余家大剧院，每年演出超过 10000 场次，其中

---

① 牛春晓：《被让渡的市场空间，如何填满？》，中国演出行业协会公众号，2020 年 11 月 4 日，https://mp.weixin.qq.com/s/g8K2hXbur33NmIEBi3675Q。

有超过 4000 场次为国外剧目。当空档出现，"国产"、原创剧目被关注、被重视，同时也被考验。这些作品能否实现文艺产品有效供给？如何满足市场需求？是否符合消费者的审美和喜好？[①] 如何把握住国际演艺产品让渡出来的市场空间？这些问题都值得每个从业者认真思考。

不少民营剧院开始向生产型剧院转型，通过投资、联合制作、独立制作等方式，借进口剧目空档的东风将力量聚焦在本土剧目的开发和加工上。国有文艺院团仍是国内本土化原创剧目供给的重要支柱和中坚力量。当疫情给演艺行业带来阵痛的同时，也给本土剧目创作沉淀和精细化加工提供了一个不可多得的空窗期，加之相关政策的助力，可以预测 2022 年将有更多的原创本土剧目在舞台上诞生，未来或将迎来本土原创剧目的井喷。

三 行业发展策略与展望

疫情封闭了传统意义上的演出场所，也迫使大家在近大半年的停摆中开拓非传统的演艺空间，寻求自救方式和未来转型出路。我们可以从四大演艺空间的转向中归纳出疫情防控常态化下演艺行业的发展路径：新题材——"剧院空间"的内容创新；新模式——"赛博空间"的云上演艺；新业态——"景区空间"的文旅融合；新场景——"城市空间"的观众辐射。

（一）剧院空间：内容创新

剧场空间里的传统演出方式限制最多、受疫情影响最大，如何提振观众回到剧场的信心，深耕内容依然是剧院演艺的未来发展重点。2020 年虽然剧院演出遇冷，剧目却在内容、题材上有了更多的沉淀、更细致的打磨。

[①] 牛春晓：《被让渡的市场空间，如何填满？》，中国演出行业协会公众号，2020 年 11 月 4 日，https://mp.weixin.qq.com/s/g8K2hXbur33NmIEBi3675Q。

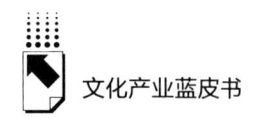

首先，抗疫主题舞台作品相继涌现。创编、制作、表演到传播的全过程中，从草根艺人、自由艺术家、民营艺术机构到国有艺术院团都全员参与，积极将动人的抗疫故事呈现于舞台，展现抗疫英雄们的担当与精神，表达对他们的致敬。自2020年3月以来，全国各地相继发出抗疫舞台文艺作品的征集：上海市文化和旅游局主办"爱与希望"；上海市群文"抗击疫情主题创作"优秀作品展演；广州发出了《关于开展"同舟共济 文艺战疫"文艺作品征集的启事》，建立了抗击疫情主题文艺作品库，诞生了粤剧《天佑中华》《平凡英雄》等一系列作品。各个艺术门类也相继涌现出优秀的抗疫作品：舞蹈类如北京歌剧舞剧院群舞《口罩》、青年舞者武帅创作的《曙光》，刘芳、曾明创作的《武汉，你好》，著名现代舞艺术家高艳津子创作的《默》；舞台剧类如致敬抗疫英雄的情景剧《只因为爱你》、南京市话剧团创排的《飞向春天的鸽子》、北京市首部抗疫题材话剧《抗疫12小时》；曲艺类如京韵大鼓《为逆行者点赞》、快板书《抗击疫情做防范》、河南坠子《抗魔利剑》、常德丝弦《打好疫情阻击战》、苏州弹词《沁园春·出征》、陕北说书《万众一心齐行动》、长子鼓书《夫妻出征》等。尽管抗疫舞台作品在艺术水准和审美层次上各有千秋，却是一种新的时效性的艺术题材，不但体现了我国艺术形态的多样化，也让全社会看到表演艺术的社会功能，以艺术的力量抚平伤痛、温暖社会、感动大众。

其次，特殊时间点原创内容集中爆发。反映时代风貌、回答时代课题、反映时代历史巨变、描绘时代精神图谱、符合时代主题的舞台艺术作品纷纷涌现、佳作连连。为庆祝建党100周年，正字戏《黄厝寮》、现代评剧《时期吾少年》、南京历史相关的原创谍战戏剧《长江路·代号1800》、中国国家话剧院根据"三湾改编"事件进行艺术化加工的《三湾，那一夜》等上百部原创作品正在筹备、排练中；为纪念抗美援朝70周年，改编自同名电影的新创舞剧《英雄儿女》、舞蹈与交响乐跨界同台呈现的《英雄赞歌》《我的祖国》《志愿军战歌》等经典旋律、由山东京剧院复排的展现尖刀班深入敌后的京剧《奇袭白虎团》、上海保利剧院首演的话剧《上甘岭》等众多作品展现了志愿军战士大无畏的精神和保家卫国的高尚情怀；为了展现扶贫攻坚的时代话题，中央芭蕾舞团大型原创芭蕾舞剧《花一样开放》、红河州歌舞团舞剧《流芳》等原创作品都从不同视角体现了全国为打赢扶贫这场硬战所做出的不懈努力。

（二）赛博空间：云端自救

疫情某种程度上加快了我国演艺产业与互联网对接、与新媒体融合的脚步，加速了现场演出的"数字化"进程。因此，赛博空间为观众提供了全新观演体验的新场景。中国演出行业协会在2020年2月发布的《致全国演艺同仁倡议书》中，针对新冠肺炎疫情给演出行业带来的严重影响，发起"演艺机构应利用线下市场的停滞期，加强利用互联网进行拓展推广；积极探索演艺内容线上传播和增值的新模式"的倡议。2020年11月文化和旅游部发布的《文化和旅游部关于推动数字文化产业高质量发展的意见》中明确指出培育云演艺业态包含以下五个方面。一是建设"互联网＋演艺"平台，加强互联网平台与演艺机构的合作，支持演艺机构举办线上活动，促进线上线下融合，孵化舞台艺术演播知名品牌。二是推动5G＋4K/8K超高清技术在演艺产业的应用，建设数字剧场、在线剧院等，引领全球演艺产业发展变革方向。三是培养观众线上付费习惯，探索线上售票、会员制等线上消费模式。四是推动演出经纪机构、演出经营场所、文艺院团数字化转型，促进曲艺、民乐、戏曲等传统艺术线上发展，鼓励文艺工作者、文艺院团、非物质文化遗产传承人在网络直播平台开展网络展演，适应青年人的习惯，让更多的青年人领略传统艺术之美。五是提高线上制作生产能力，设计生产一批符合互联网特点规律的，适合线上观演、消费、传播的原生云演艺产品，以惠及更多观众，拉长并丰富演艺产业链。在政策推动的同时，线下演出市场的停摆也激发了大众线上观演的娱乐需求。因此，在政策环境引导、市场需求激增和巨大生存压力的三重刺激之下，我国演艺机构纷纷上云上线，"云演艺""云剧场"成为演艺行业自救的有效途径已成为共识。

在数字技术的加持下，传统剧院已在网络平台全方位架起与观众的桥梁。疫情初期多是演出剧目在网络平台投放录播，后期更多维度的内容制作、互动体验、商业模式不断展开。例如，保利剧院将有版权的话剧、戏曲、交响乐等节目推送到线上，搭建"保利云剧场"；国家大剧院古典音乐频道打造24小时永不落幕的"线上大剧院"；上海戏曲艺术中心推出"云剧场"戏曲展演周；广州大剧院邀请全球近30个国家和地区的近150位艺术家逐一亮相，在云端为观众献上一场长达10小时的"云聚荟"网络直播演艺等。与此同时，依托赛博空间的虚拟表演（或称"赛博演艺"Cyberformance）也崭露头角。广州大剧院推出的线上戏剧《等待戈多》，以赛博空间为表演新场域，演员们利用网络技术进行实时舞台调度，为观众呈现一种空间切换、镜头带领的崭新戏剧观演模式。二次元文化催生出的虚拟偶像在疫情期间也势如破竹，虚拟歌手初音未来、洛天依、乐正绫等不仅拥有大批粉丝，线上演唱会、带货直播更是展示出其潜在巨大的商业价值，为数字演艺带来全新的文化消费场景。

（三）景区空间：激活文旅

旅游演艺是推动文旅融合、盘活演出、传播文化、添彩旅游的重要形式，也是讲好中国故事、展现本土人文历史风俗、推动文化艺术传播的重要手段。对于旅游业来说，旅游演艺的加盟使传统旅游从"看风景"的观光游逐步向"懂风情"的文化深度游迈进。就演艺行业而言，景区空间优势也成为行业可开拓的新蓝海。

目前，景区空间内的舞台演出主要有以下两种类型：①旅游演艺项目，包括户外实景演出，室内驻场演艺秀、主题公园演出等；②传统艺术院团走进景区，助力文化旅游深度融合。在疫情防控常态化下，相较于剧场演出的空间密闭、座位有限、受荷载量限制大等问题，户外景区演出则展现出了独特的空间优势：观众席基数大、票房收入受上座率管制影响相对较小，并且，旅游演艺的内容相较于传统剧场演出更加亲民、观众参与度高，便于为不同背景的观众群体携全家观演。

中国旅游研究院调查数据显示，"五一"长假期间，85.0%的游客参与了各类文化休闲活动。各大主题公园、景区和公共场所的群众文艺表演，尤其是艺术引领、科技支撑的旅游演艺项目受到了广大游客的喜爱。河南建业的《宋城千古情》、武汉的《夜上黄鹤楼》、西安大唐芙蓉园的《大唐追梦》、温州的《塘河夜画》、无锡的《运河夜游》等沉浸式夜间演艺项目广受游客追捧，往往多次加演还一票难求。① 此外，传统剧场演出、剧院院团也在剧院关停之际，转而走进各大景区。灵活的演出形式、沉浸式的体验和开放互动式的空间不仅让艺术不再隐于神秘的幕布之后，更让游客体会到了文旅融合带来的福利，为旅程注入深厚的家国情怀，提升了国民的文化自信。例如，贵州省话剧团走进六盘水野玉海山地旅游度假区，开展"2020多彩贵州景区（景点）驻场文艺演出"；重庆歌舞团在重庆大足石刻景区驻场演出8天16场，将以前在剧院、报告厅等室内演出的品牌音乐会《为美好发声》带进景区，并根据受众群体和舞台技术的不同，更换了部分节目，以适应游客的审美需求。

总的来看，发展景区空间的演艺活动不仅可以丰富文化旅游休闲活动，推动体验经济、夜间经济、数字经济在旅游业和演艺业的融合发展，而且在激活文旅业的同时，也为演艺业开拓新机、开创新局，搭建疫情防控常态化下更切实可行的舞台艺术消费场景。

（四）城市空间：点亮城市

以舞台艺术点亮城市、以城市空间为艺术搭台，是实现"艺术生活化""大审美经济"的重要路径。文化和旅游部发布的《关于促进旅游演艺发展的指导意见》中提出，支持各类经营主体利用室外广场、产业园区、商业综合体、老厂房等拓展中小型旅游演艺空间。以城市场景为多元舞台，不仅可以辐射多样社群、拓展观众，还可以带动周边的餐饮、住宿、零售等行业消费。

---

① 伍策、一丁：《解读：2020国庆、中秋假期旅游市场数据》，中国网，2020年10月9日，http：//travel.china.com.cn/txt/2020-10/09/content_76788233.html。

城市街角最先成为小型户外路演的孵化地。上海街艺节以"品味艺术之美，体验城市之魅"为主题，特别策划商旅文联动的演出活动，结合原有表演点位，与上海市商务委员会联动拓展新增街边转角的街艺表演。一个亮眼的名词"街艺流动剧场"诞生了。街头艺人逐渐向制作人转变，从零敲碎打的短节目到推出自己的原创节目，变得更加专业和成熟。在300多位持证街头艺人中，全职艺人超过30位，已然成为一项新型职业并催生出一条日趋成熟的产业线。①

打通"商旅演"，调整室内演艺的常规经营思路，充分发挥室外空间优势，以城市作为舞台背景，利用车站、商圈广场、生活区域等公共空间开展小型户外演出，更能在疫情防控常态化时期凸显其灵活性、包容性、可持续性。上海市文化和旅游局发布的《上海演艺品牌建设三年行动计划（2018～2020年）》提出"建设剧院集群"，通过现有剧院空间改造、商圈及生活区域开发等方式，增加剧院数量。2019年底，一批散落在商场、地铁站、书店、楼宇中的展演空间获授牌"演艺新空间"。截至2020年10月31日，已有13000余场演出在这片区域上演。因此，可以判断，在没有疫情的状态下，演出行业的发展将逐渐以城市发展特色作为主要驱动力。一方面，演出行业作为文化创造力元素，极易在"夜经济"的发展大背景下成为城市品牌塑造的赋能组成部分；另一方面，形成剧院为中心的城市文化圈辐射仍然是当前城市规划的主要方向。② 以点带面，串珠成线，以城市演艺空间带动城市的民俗文化发展，改良当地的旅游演艺，打破本地游客与外地游客的壁垒，传递城市文化，这是未来城市演艺空间的发展方向。③

---

① 向雯：《打通"商旅演"，户外演艺破局》，腾讯网，2020年10月26日，https://new.qq.com/rain/a/20201026A0DSP900。
② 屈欣悦：《年度盘点：演艺产业的主要矛盾与工作转向》，腾讯网，2021年2月7日，https://xw.qq.com/amphtml/20210207A0DK0B00。
③ 屈欣悦：《十四五演艺新模式：剧场外的剧场，场景中的场景》，文化产业评论公众号，2020年8月8日，https://mp.weixin.qq.com/s/UKUSnkWqMFgxi4xJQUZlxw。

四 行业两大转向的再思考

2021年，疫情的反复和病毒变异给我国演出市场的持续性发展带来了二次冲击，同时也引发了行业洗牌和产业模式的升级转型。2021年度，演艺行业的主要矛盾从需求侧转移到供给侧，攻坚重点也从"输血复苏"转到"回血造血"。

（一）从需求侧到供给侧

在新冠肺炎疫情发生之前，很多演艺市场主体对演艺产品需求侧关注更多，以观众口味、审美、需求为中心的演艺作品纷纷涌现，不少参与式演出、沉浸式戏剧、以舞台科技夺人眼球的演艺作品，都是以需求侧为导向，为了获得更快的投资回报、更好的市场收益，演观众所喜成为一种趋势。但疫情让市场运营戛然而止，使得很多原本并未打算倚靠数字技术、互联网、新媒体手段进行生产消费模式升级转型的演出市场主体，不得不重新回到供给侧的改良和迭代，对演艺产品供给内容、呈现方式、收益模式进行根本性突破，从"线下运营"逐步转向"线上经营"。这一大转向急迫而深刻，但未来该如何发展？从线下到线上，是今后演艺行业的常态化发展策略还是临时性补救措施？数字演艺会挤压线下消费空间还是助力剧场观演引流？这些不确定性和亟待商榷的议题将引发演艺行业从业者更多的思考。

（二）从"输血"到"造血"

疫情防控常态化下演艺产业如何走出寒冬、实现全面复苏？这是接下来很长一段时间绕不开的话题。为了快速缓解行业遭受的重创，各地政府都启动了政策扶持和专项补贴，出台了简化审批流程、减免房租场租等租金、加快补助资金兑现、降低贷款门槛以助资金周转，加大政府购买文化惠民服务等各类帮扶政策，帮助一部分演出团体撑过"严寒"。但是外力帮助毕竟有限，自上而下的政策帮扶反映到市场上周期较长，靠政府的"输血"行为

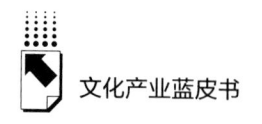

并不能支撑长远,如何由"外部输血"转变为"内部造血",培养行业内生驱动力,重新激发观演需求和消费信心,从供给端自身转型"造血"、从对需求端刺激转为供给端"回血"是从事演艺行业的每个人需要深思的问题。

新局已开,经过2020年的蝶变新生和2021年的披荆斩棘,相信我国的演艺行业一定会实现变革发展。

B.6
文化旅游业发展报告

赵晨霄 朱粲*

摘　要： 新冠肺炎疫情对中国以及全球文化旅游业造成了重大的打击和影响。活动暂停、采取隔离措施等举措使各国间以及国内的旅游停摆。与国际消费相比，国内的文化旅游市场复苏较快，这有助于文旅新格局的形成。与此同时，我国文化旅游产业也在危机中积极展开自救，寻找新机。本地游、周边游的深挖，以及对数字技术的运用拓展了文旅产业新业态，进一步激活了我国文旅市场的潜力，拓宽了市场空间。

关键词： 文化旅游　数字化　新业态

一　政策环境分析

新冠肺炎疫情发生以来，全国各省已陆续启动重大突发公共卫生事件一级响应，积极贯彻落实疫情防控的相关要求。2020年1月26日，文化和旅游部办公厅下发《关于全力做好新型冠状病毒感染的肺炎疫情防控工作暂停旅游企业经营活动的紧急通知》，要求机票酒店等线上旅游产品和旅游团全部停止运行，旅游企业的所有经营活动暂停，自此我国文化旅游业按下了暂停键。

---

* 赵晨霄，北京大学艺术学院硕士研究生，主要研究方向为创意制片与文化产业；朱粲，北京大学艺术学院博士研究生，主要研究方向为艺术管理与文化产业。

2020年4月23日,面对新冠肺炎疫情的影响,人力资源和社会保障部、教育部、司法部、文化和旅游部等7个部门联合发布了《关于应对新冠肺炎疫情影响部分职业资格"先上岗、再考证"阶段性措施的通知》,进一步强化了稳就业举措,为文化旅游业人才培养提供了支持和保障。

一方面,在保障游客安全和权益的前提下,文化和旅游部推出了暂返旅行社质量保证金等政策来支持旅游企业,从文化旅游产业端发力,指导地方旅游部门和相关行业组织争取政策支持和稳岗补贴。

另一方面,国家及各地政府化危为机,为对冲疫情影响,顺应数字文旅发展的时代大趋势,先后出台了相关政策举措来推进消费扩容提质,推动文旅产业尽快复苏,促进数字文旅产业的发展。2020年3月13日,国家发展改革委、文化和旅游部等23个部门联合印发了《关于促进消费扩容提质加快形成强大国内市场的实施意见》,提出要重点推进文旅休闲消费提质升级。通过数字技术的应用,抓住5G、VR、大数据、云计算等新技术的发展机遇,推动文化旅游与互联网的融合,实现我国文化旅游业的消费扩容。

以上政策和措施都有利于我国文化旅游业的复苏和振兴,提升产业发展的续航力,有助于增强我国旅游市场进一步发展的信心。

二 产业发展概况

(一)疫情期间文化旅游业情况

近年来,旅游行业逐渐成为我国经济支柱产业之一,据国家统计局核算,旅游行业总收入由2016年的39389.80亿元增加至2019年的57250.92亿元。受新冠肺炎疫情的影响,2020年中国国内旅游行业总收入为22286亿元,同比下降61.07%,呈断崖式下跌(见图1)。疫情发生时段正值旅游旺季,文化旅游市场均以防疫为主要任务,采取关闭景区、取消活动等措施,产业链条各环节接连停摆,酒店、旅行社等产业萧条停滞,应该说,新冠肺炎疫情对文化旅游产业链的冲击极大。

图1 2016~2020年中国国内旅游总收入统计情况

资料来源：国家统计局。

根据中国旅游研究院（文化和旅游部数据中心）发布的《中国出境旅游发展报告2020》和《中国入境旅游发展报告2020》数据，受疫情影响，出境旅游市场几乎处于停滞状态，同比增长率皆为负数。但由于2010~2019年，我国国内生产总值一直保持增长状态，我国国民经济虽然在2020年受新冠肺炎疫情影响，但是依然保持了强劲的韧性和坚定的增长态势，表明出境旅游的经济支撑依然坚固。出境目的地采取了切断交通、关闭边境等疫情防控措施，同时也对以中国为主要市场的旅游企业加以扶持。[1] 此外，新冠肺炎疫情也中断了入境旅游的增长通道，2020年上半年我国入境游客接待1454万人次，同比下降80.1%。市场主体积极开展自救，各级文旅部门为旅游从业者开启了线上培训、营销和海外推广，逐步开拓和适应以新媒体为主的传播途径。[2] 同时也有很多企业根据多年来自身积累的资源和基

---

[1] 《〈中国出境旅游发展报告2020〉在线发布》，中国旅游研究院（文化和旅游部数据中心）网站，2020年11月10日，http://www.ctaweb.org.cn/cta/ztyj/202103/87a492a44eda4038b7fe8f6428ed3d5d.shtml。

[2] 《疫情影响背景下旅游目的地形象的重塑——〈中国入境旅游发展报告2020〉在线发布》，中国旅游研究院（文化和旅游部数据中心）网站，2020年11月10日，http://www.ctaweb.org.cn/cta/ztyj/202103/bcab3f512fd843b9b6b12d59dbfded32.shtml。

础,拓宽新的业务模式和经营形态。例如,一些具备直连C端、有自有网站、品牌和口碑的中小旅游服务提供商,通过开发2B、2C业务,搭建多元化的经营生态。还有一些多元化的国有大型旅游服务提供商积极向国内业务转型,促进旅游的"内循环"。

从旅客数量和消费来看,据文化和旅游部对国内旅游的抽样调查统计,中国国内游客总数在疫情发生的2020年仅有28.8亿人次,同比下降52.1%(见图2)。其中,城镇居民出游20.65亿人次,下降53.8%;农村居民出游8.14亿人次,下降47.0%。中国旅游研究院(文化和旅游部数据中心)综合测算数据表明,2020年清明假日期间实现旅游收入82.6亿元,同比减少80.7%;国内旅游接待总人数4325.4万人次,同比减少61.4%。国内游客满意度指数为88.8,达到历史高位水平。[①]

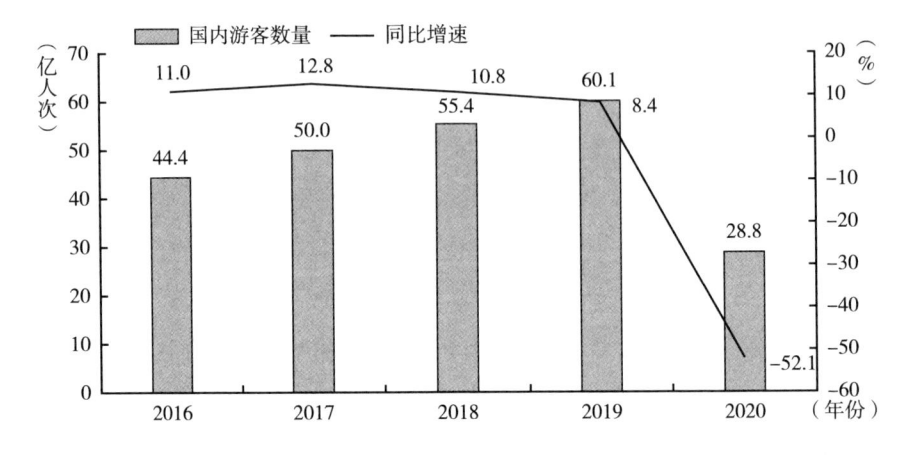

图2　2016~2020年国内游客人次及其增长速度

资料来源:国家统计局。

国家统计局数据显示,2015~2019年,我国居民人均旅游消费额占人均可支配收入比例稳定在3%以上,因新冠肺炎疫情冲击,2020年居民人均

---

① 《2020年清明节假日旅游市场研究报告》,中国旅游研究院(文化和旅游部数据中心)网站,2020年4月7日,http://www.ctaweb.org.cn/cta/mtjj/202103/45656b90d66f424cac7b9fa98a6f7f73.shtml。

旅游消费额占比降至1.14%（见图3）。2020年国内旅游收入2.23万亿元，比上年同期减少3.50万亿元，下降61.1%。其中，农村居民的出游支出额为0.43万亿元，城镇居民的出游支出额为1.80万亿元，分别下降了55.7%和62.2%。人均每次出游花费为774.14元，比上年同期下降18.8%。其中农村居民人均每次出游花费为530.47元，城镇居民人均每次出游花费为870.25元，分别下降16.4%和18.1%。[①] 可见农村和城镇居民出游除必要支出外，其他消费支出同比下降幅度较大。

2020年整个电影产业市场经历了停业自救、积极复工、恢复生机等发展阶段。同时也要注意到，我国消费结构的稳定性正在不断增强，人均可支配收入正在不断提升，总体而言，我国旅游业还有很大发展空间。

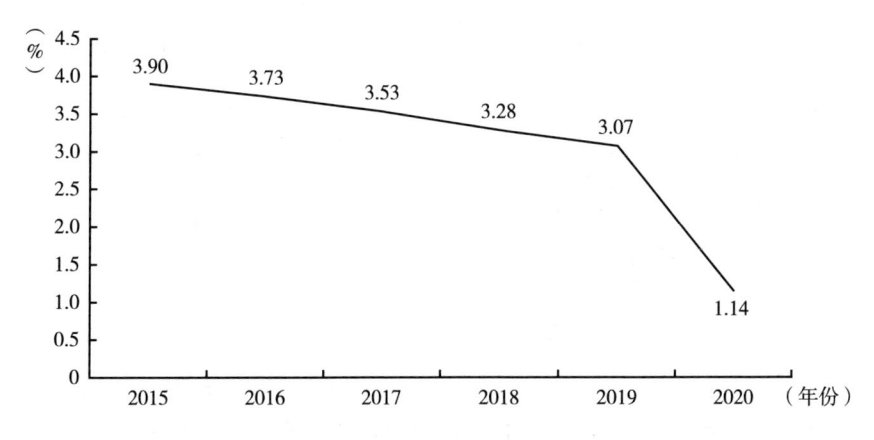

图3 2015~2020我国人均旅游消费占人均可支配收入比例

资料来源：国家统计局。

（二）疫情防控常态化时期文化旅游行业的复苏与转型

1. 国内文化旅游市场率先复苏，内循环为主的新格局逐步形成

中国旅游业虽然在2020年受到了新冠肺炎疫情的影响，但随着疫苗接

---

① 《2020年国内旅游数据情况》，中华人民共和国文化和旅游部网站，2021年2月18日，http://zwgk.mct.gov.cn/zfxxgkml/tjxx/202102/t20210218_921658.html。

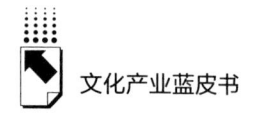

种的普及以及疫情防控常态化，旅游业呈现强劲的复苏态势。根据交通运输部数据，国内旅客运输量持续攀升。相比惨淡的出境旅游市场，国内文化旅游业市场率先复苏。自2020年2月起，中国旅客运输量稳步提升，从1.86亿人次增至年底的8.66亿人次（见图4）。其中，公路运输是大多数旅客选择的主要交通方式，其次为铁路运输。可见各景区客流结构以省内客流为主，大多数出行为一日游或近郊周边游，家庭自助游成为市场主力。

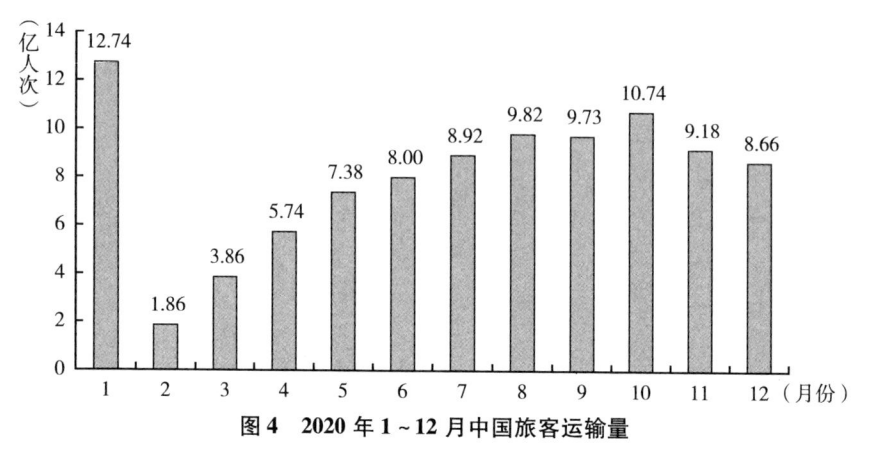

图4　2020年1～12月中国旅客运输量

资料来源：交通运输部。

据交通运输部统计，2021年4月3日~5日的清明假期，中国境内预计累计客流量1.45亿人次，比上年同期增长超过140%。其中，民用航空公司预计承担约4.33亿人次，比上年同期增长约250%（见图5）。中国旅游研究院（文化和旅游部数据中心）测算表明，在2020年国庆中秋假期期间，中国境内接待国内游客超6亿人次，按可比口径计算，游客量同比恢复约80%；实现国内旅游收入超4600亿元，按可比口径计算，收入同比恢复约70%。假期期间，全国各地文化和旅游市场复苏明显，例如，北京接待游客超过990万人次，同比增长8.4%；实现旅游总收入115亿元，同比增长2.9%。①

---

① 《2020年全国文旅市场分析及2021年展望》，新华网，2020年12月30日，http://www.xinhuanet.com/fortune/2020-12/30/c_1126926023.htm。

由于海外疫情的反复，国内游客开始挖掘"中国版"海外游的替代景点，如羚羊谷、恶魔之眼等国外热门景点，在国内也能找到相似体验的好去处。这些景点大多数分布于中国的中西部地区，具有独特的地域风情和地貌特征，此举可以让民众更多地领略我国的自然风光和大好河山，从而增强文化自信。另外，在此期间成长发展并形成较强竞争力和较大影响力的国内旅游目的地和高端旅游产品，在相当程度上产生了替代效应，成为一些出境目的地和出境旅游产品的替代品。

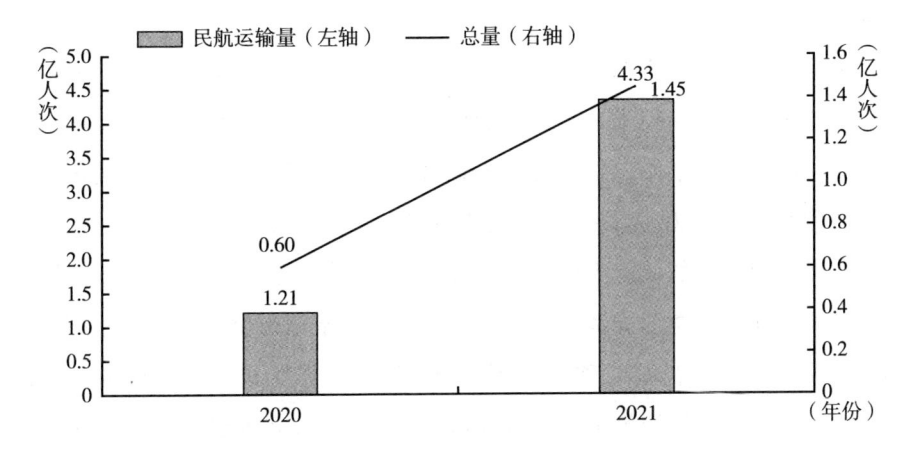

图5 2020年与2021年清明假期旅客运输量对比状况

资料来源：交通运输部。

2. 文化旅游业向线上延伸，孕育新经济模式应运而生

与此同时，文化旅游产业结合当下时代发展，寻求新方向、新定位、新机遇。虽然疫情限制了线下的文旅活动，却大大激发了线上市场的思维和需求。人们在居家隔离期间，逐渐适应了线上浏览、观看、活动的模式，消费习惯与观念逐渐改变，而这恰恰弥补了线下运营成本高、人工管理困难等问题。根据2020年3月发布的《旅游企业复工复产现状与趋势调研报告》，疫情期间，通过线上模式的运营，文化旅游产业开拓了数字化新业态，更具有网络化属性，提升了社交性与互动性。

线上活动百花齐放，线上主题沙龙、在线课堂、论坛交流等活动纷纷涌

现。例如，景域驴妈妈在腾讯课堂推出大型公益文旅直播课；巅峰智业则顺势推出旅豆学堂，联合文旅业内各大强势品牌共同举办文旅产业线上巅峰大会，开辟在线课堂，将文旅产业的"停业闭园期"转化为"闭关修炼期"，此外，还与峰物优选共同主办"文旅振兴公益同行"线上大会，与百城千县万企"云游美丽中国优选百城峰物"，助推文旅振兴。[①] 举办线上活动大大压缩了活动筹备的时间和人力成本，更具便捷性，活动也更丰富，即时性和互动性更强，也为疫情过后的行业复苏、转型升级、可持续发展夯实了基础。

虚拟云游新业态大放异彩，多景区创新"云游"新业态。虚拟旅游模式利用的是虚拟现实技术，具有高清晰度、实景还原、三维立体的效果，除最大限度地还原实景旅游目的地的美景风情外，还能实现从不同的视角在景区中"漫步行走"观赏。据悉，从2020年大年初二，全景客网站流量上涨，半天的浏览人数就已突破100万人次，可见线上云游的形式有较大的需求。除此之外，云游形式也在不断创新，例如，常德市桃花源景区在疫情期间推出的"云游桃花源"项目，网友们可以在导游的讲解中，线上探访桃花源景区，感受陶渊明笔下的桃源仙境，伴随着古文的细读，走进景区，走进陶渊明笔下的世界，开创了一种寓教于乐的形式。河南红旗渠景区利用5G技术，将讲堂向线上延伸，加入了"云宣誓"环节，便利而不失庄重，创新了红色教育的传承与传播。

虚拟云游不仅可以让游客看到实地旅游所能看到的美景，还能利用互联网的互动性、便捷性，增添诸多互动交流、知识导览等附加功能。这些功能在疫情防控常态化下可以与线下旅游同步进行，形成一定的延伸和补充。例如，线下游览对时间、人流量、游客的体力以及交通等因素具有较大限制，看不完、看不细的情况在所难免。"云游"的形式则可以成为线下游览后的一种补充，随时随地看到想看的风景甚至是看不到的细节，从不同视角进一

---

① 《2020年全国文旅市场分析及2021年展望》，新华网，2020年12月30日，http://www.xinhuanet.com/fortune/2020-12/30/c_1126926023.htm。

步了解景区的历史文化。这种线上与线下旅游融合的方式正在逐渐改变传统旅行模式，在丰富游客体验的同时，更加充分地实现文化和旅游的融合。

智慧营销，文旅宣传全媒体覆盖。诚然，透过手机屏幕的"云游"体验无法与实地旅游比肩，但线上的形式也正在发挥其独有的优势。首先，全网络化的展示发掘出了大量的潜在游客，线上形式是很好的用户积累与培养阶段，为实现向线下的转化打好基础。例如，湖南省文旅厅通过"云直播"开展"春暖潇湘"湖南文化旅游网络消费季活动，整合了景区门票、酒店、文创产品、演艺、美食等湖南文旅产品。网友们可以通过直播享受优惠，抢购全域旅游卡，实现旅游带货。该直播吸引了近320万"云观众"在线观看，为线上向线下转化提供了强大的基础。[①]除了直播，短视频、VR等新媒体形式也是推广景区的首选。通过全媒体曝光，展现不同地域、不同民族的文化，突破空间上的障碍，助推新经济模式的诞生。

大数据、云计算运营管理，信息处理方式更加便捷高效。人力成本高是文化旅游产业发展中的一大难题。在当下热门的应用技术中，云计算可以加快数据的分析速度以及隐私性，大数据可以实时监测统计客流的信息，为旅游发展提供有效的数据支撑和分析。可以更准确高效地为受众提供点对点服务，并且在景区实名认证、门票预订、人员限流等方面实施无接触、高速度服务。可见，数字技术手段的开发，正在大大创新文旅产业的运营管理模式。对数字技术的应用不只是应对疫情的一时之需，在疫情之后也将拥有广大的发展空间。尽管在疫情过后，线下旅游会逐渐回暖，人们对线上数字技术的需求会有所降低，但从宏观视角来看，"云技术"对文化旅游产业的扩容无可替代，先进的数字技术仍会进一步运用到文化和旅游行业的各个环节。线上与线下的一体化发展，将助推文化与旅游的深度融合与创新发展。

---

① 《2020年全国文旅市场分析及2021年展望》，新华网，2020年12月30日，http://www.xinhuanet.com/fortune/2020-12/30/c_1126926023.htm。

三 未来发展趋势

（一）国内周边游、本地游受青睐，自驾将成为出游首选

鉴于出境游、入境游持续暂停，未来国内游将成为旅游行业主引擎，游客们的需求也将集中在国内，为国内文化旅游业带来巨大发展机遇。民众出于对疫情的考虑，以及学校、单位"非必要不出省（市）"的出行约束，使得本地游、周边游成为疫情防控常态化背景下新的出游趋势。携程租车数据显示，国庆长假租车人数和消费额创下历史新纪录。车日量同比增长达到50%，单日用车突破了7万车日，远超2019年同期的水平。①

根据微热点大数据研究院发布的《2020年中国旅游行业网络关注度分析报告》，2020年在自驾游、跟团游、周边游、出境游、定制游等最热门的五种出游方式中，"自驾游"成为首选，全年热度为39.37，居首位。周边游和本地游异军突起，成为全国旅游出游方式的热门，居民对本地和周边旅游点的深挖，可以更好地体验平时成长、生活的地方，也能够提升幸福指数。短途的周边游和本地游将是疫情防控常态化下，文化旅游市场最直接、最优的选择。此外，根据人们对旅游的私密性和个性化的需求，更多的游客开始通过"定制游"完成自己的旅程计划，"定制游"全年热度为3.84，位列第五。截至2020年6月，我国共有2044家定制旅游相关企业，在业存续的企业有1759家。目前来看，定制旅游在中国仍处于初步发展阶段，但未来发展潜力不容小觑。②

（二）国内文化旅游产品将向精品休闲度假方式发展

疫情使得出入境旅游市场基本消失，原先选择跨境旅行、度假的用户需

---

① 《中国旅游研究院、携程联合发布"国内旅游复兴大数据报告"》，网易，2020年11月19日，https://www.163.com/tech/article/FRQI6QSK00097U7R.html。
② 《2020年中国旅游行业网络关注度分析报告》，腾讯网，2021年2月22日，https://new.qq.com/omn/20210222/20210222A07DS200.html。

求逐渐转向国内,加之国内游客对网红景点和海外替代景点的挖掘,国内休闲度假产品将越来越受到用户的青睐,且此趋势将持续一段时间。

2020年11月,中国旅游研究院、携程旅游大数据联合实验室发布《重新体验中国之美:2020国内旅游复兴大数据报告》。报告数据显示,旅游者的新需求正在形成,传统的旅游发展模式已发生改变。这主要表现为私家团小团旅游崛起成为新常态、定制游走向大众、高端定制分化、主题旅游兴起、预约成为习惯、景区消费从门票转向园内玩乐体验产品、租车自驾游成为年轻人的旅行生活方式等。

出于私密性与安全性等因素,如今人们的出游形式更多集中在基于兴趣爱好的主题游(如滑雪、潜水、游艇等)、以家庭为单位的自驾游、以好友圈为单位的自由行等自助模式,使得旅行团也开始不断开发创新出符合受众需求变化的旅行形式和内容,同时旅行团的规模也变得精简、精致,呈现消费升级的态势,疫情使得国内定制旅游实现了爆发式增长。根据携程定制旅行平台数据,国庆长假期间国内的定制需求单同比增长超过70%,特别是国内的高端定制需求呈现爆发式增长,跨省游同比上年增长125%,人均花费超过6000元。国庆高端定制需求同比上年增长300%。随着度假酒店、民宿市场的复苏,高端酒店的订房量正在快速回暖,成为行业复苏中的主力军。从携程自由行产品2020年11月的订单显示,选择五星酒店住宿的比例达到了76%,自由行游客更加注重酒店品质,人均住宿的消费额呈现上升趋势。可见消费者对旅游的个性和品质需求越来越大,而中高端酒店、定制游等服务还有待逐步完善升级。

(三)线上与线下一体,数字化成为文化旅游业新形态

在数字技术时代,数字化正逐渐成为文化旅游业的新形态。从线上筹备说起,产业链条以供给方的旅游中介平台(OTA)为开端,对一系列旅行社、航空公司、酒店、餐饮等进行甄选,为消费者带来定制化的线上旅游产品。

随着青年消费群体增加及其习惯于线上预定,OTA平台的优势也逐步

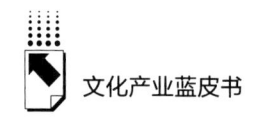

凸显，各旅游及相关企业纷纷依托第三方的OTA平台开拓自己的数字化产品，为消费者提供丰富的新式应用、个性化推送与位置服务。同时，一些文旅机构与线上平台通过"会员模式"等方式开展商业合作，合力打造数字文旅消费平台，强化线上线下的互动体验，包括采取游戏、虚拟游览、线上观展等方式来构建线上虚拟文旅空间，将旅游景区植入互动游戏中，引导线上用户转化为线下实地游览、消费的用户。

文化旅游业随着文旅融合的逐渐加深，逐步贯彻以人为本的理念，根据年轻消费群体青睐于自由行、定制游、自驾游等出游方式，文化旅游业也将向更加个性化的方向发展，结合更多形态的跨界融合，打造"旅游+"的复合型产品，进一步满足不同人群和受众对跨界旅行的期待。特别在新冠肺炎疫情防控常态化的条件下，旅游服务与体验不断向网络平台等在线场景延伸，全渠道融合的消费将成为行业的发展方向，线上与线下实地的消费边界将更加模糊。

随着互联网与旅游业的深度融合，依托网络平台的定制化旅游产品和服务更加普及，并推动旅游的生产方式、服务方式、管理模式创新升级，丰富文化旅游产品的业态。线上与线下的一体化发展也拓展了文化旅游的消费空间，加速旅游企业数字化、网络化、智能化转型升级。

从传播的角度来看，全媒体矩阵对消费者的影响在日益上升。各类在线社区和平台通过意见领袖发布作品吸引和改变着用户的决策。中国旅游研究院的调查研究发现，超过20%的企业在新冠肺炎疫情期间尝试在线上平台进行销售；超过40%的企业的主要营销渠道是网络平台。[1]

从线下游览的角度来看，随着疫情防控常态化，许多景区已经开始实行预约制度，并渐渐成为景区常态化管理的新手段。景区普遍采取与线上平台合作的方式实行预约，这也大幅度提升了景区市场的数字化水平。线上预约一方面可以加强客流量的监控，游客从入园预约开始选择入园的时段，此举

---

[1]《契约引领·人际分发·供应链变革——〈中国旅行服务业发展报告2020〉发布》，中国旅游研究院（文化和旅游部数据中心）网站，2020年11月5日，http://www.ctaweb.org.cn/cta/ztyj/202103/e7b949bd1a1a4676b93bf34097622364.shtml。

可以有效地对游客进行分时、分流的管理。另一方面，还能养成游客文明出行、预约游览的习惯。此外，预约旅游也有利于文旅市场的持续发展。预约、限流、错峰、有序，有助于游客理性出游、深度游览。随着空闲时间增多，人们出游的计划性也逐渐增强，预约旅游逐渐成为大家的普遍选择。疫情防控常态化下，文化与旅游的全流程将更加科学、安全、有效，相应地，文旅产业的品质也将有大幅度的提升。

B.7
艺术品业发展报告

何凌云*

摘　要： 2020年，受新冠肺炎疫情（以下简称"疫情"）影响，艺术品业线下活动与传统模式频繁遭遇挑战，同时在困境中不断发展创新，寻找机遇完成产业转型升级。在传统拍卖行业中，线下拍卖会举行场数与交易金额大幅缩水，成交作品类型版图三足鼎立；网络拍卖异军突起，艺术电商道阻且长。在艺术品一级市场中，画廊与艺博会在精品化线下场景的同时，也在努力拓展着线上渠道，以广州、海口等为代表的南方城市凭借新兴的艺展品牌逐渐成长为艺术重镇。在艺术家群体及其艺术创作中，潮流文化与艺术疗愈成为重要主题，艺术与现实生活、社会议题的互动更加广泛而深刻。整个艺术品行业在数字化与互联网化的道路上愈加精进，在千禧一代的成长下进行着自我革新，通过实践扩展着艺术形式与内容的边界，重塑着大众消费者与艺术的联结。

关键词： 艺术品业　拍卖　数字艺术

一　主体概况

（一）传统拍卖行业

拍卖作为最为古老的艺术品交易方式之一，长期以来依托线下实体的展

---

* 何凌云，北京大学艺术学院硕士研究生，主要研究方向为艺术管理与文化产业。

呈空间与竞价场所。疫情发生后，国内拍卖公司纷纷宣布推迟2020年春拍计划，部分公司甚至决定停办本年度春拍活动，线下拍卖会的大范围停滞导致拍卖市场进入"寒冬"。直至2020年中下旬，以苏富比（香港）、佳士得（香港）为代表的拍卖行业先锋率先开启系列性的线下拍卖，线下拍卖市场得以逐步复苏，但年度整体表现无法与往年同日而语。根据雅昌艺术市场监测中心发布的《疫情下的中国艺术品市场调研报告（2020年春）》，截至2020年8月，国内103家拍卖公司共举办了195场线下拍卖会，同比分别减少52.75%、38.29%，线下拍卖会上拍作品数量为67352件，成交36330件，成交总金额为105.89亿元，同比分别减少66.42%、61.68%、60.80%（见图1）。① 显而易见，疫情对于在场性、实时性的传统拍卖行业而言无疑是一桩关乎企业生死存亡的"黑天鹅"事件。

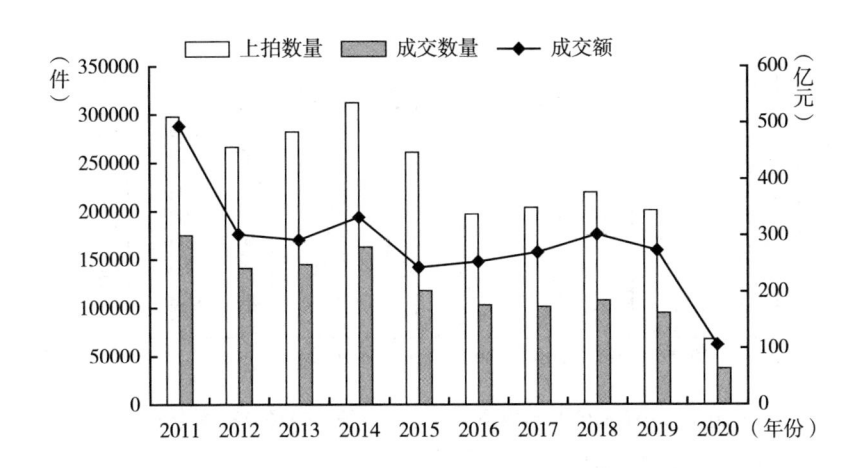

图1 2011~2020年中国艺术品线下拍卖市场走势

注：2020年为1~8月数据。
资料来源：雅昌艺术市场监测中心。

但值得注意的是，在急剧收窄的拍卖交易市场中，线下拍卖会的平均成交率逆势上涨，达到了53.94%，仅次于2011年的58.73%，在2011~2020

---

① 《疫情下的中国艺术品市场调研报告（2020年春）》，雅昌艺术网，2020年9月29日，https://amma.artron.net/reportDetail.php?id=79。

年的成交率排行榜中高居第二（见图2）。另一点值得注意的是，2020年线下拍品的成交均价达到了291455元/件（套），同比上涨2.29%（见图3）。①高成交率与高均价的背后，是进入拍卖市场艺术品的优质化与对口化。优质化体现在有限的拍卖场次倒逼拍卖公司对上拍品实行更加严格的"优胜劣汰"筛选机制，将更多精力投入"顶流"艺术家与头部作品的收揽和营销；对口化则是指经营压力的提升促使拍卖公司对藏家群体进行更加精细化的用户画像，提供更加符合买方需求的拍品。优质化是"良币驱逐劣币"的市场正向自我净化，对口化则有效地减少了买卖双方（藏家与拍卖公司）之间的沟通与协商成本。此外需要考虑的是，在疫情的冲击下，买卖双方基于经济考量的选择对艺术品市场流通性需求摇摆和要求严苛。

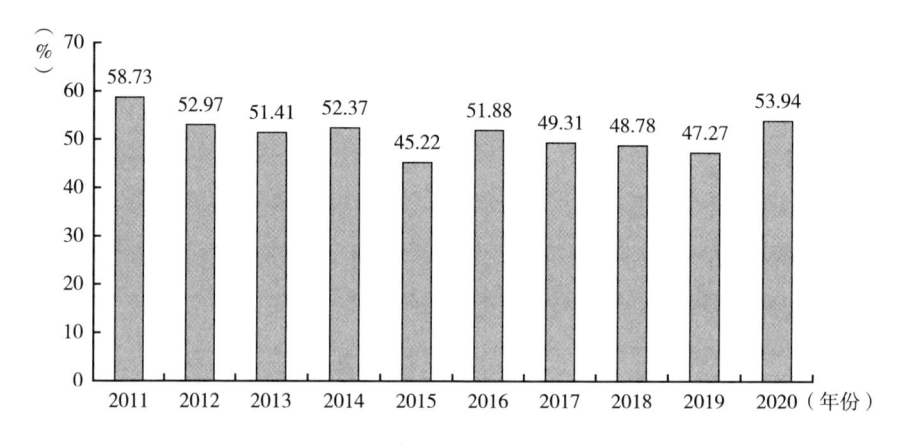

图2 2011~2020年中国艺术品线下拍卖市场成交率走势

注：2020年为1~8月数据。
资料来源：雅昌艺术市场监测中心。

2020年，全球艺术品拍卖市场成绩最终定格在了101亿美元，相比2019年减少了近25%，创下了十年以来历史最低成绩，疫情对传统拍卖行业的负面影响可见一斑。但值得注意的是，在全球拍卖版图中，2020年中

---

① 《疫情下的中国艺术品市场调研报告（2020年春）》，雅昌艺术网，2020年9月29日，https：//amma.artron.net/reportDetail.php? id=79。

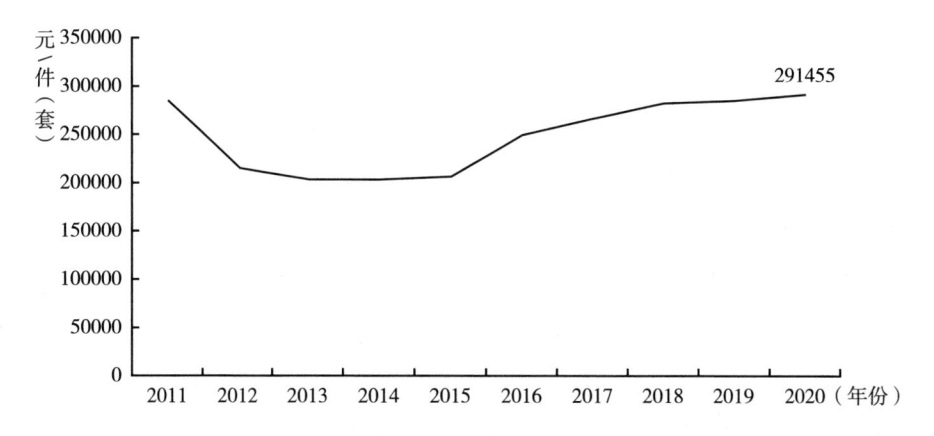

图 3　2011～2020 年中国艺术品线下拍卖市场均价走势

注：2020 年为 1～8 月数据。
资料来源：雅昌艺术市场监测中心。

国艺术品销售总额达到了 34 亿美元，超越美国成为世界最大拍卖市场；相比 2019 年，中国艺术品拍卖销售额仅同比下降 0.1%，而美国与英国等老牌拍卖市场则下跌了约 35%，中西方拍卖市场差距显著。[1]

2021 年上半年，在疫情防控常态化背景下，中国艺术品拍卖市场逐渐复苏、步入正轨，共计 156 家拍卖公司参与上拍，成交总额达 286.85 亿元，相比疫情发生前的 2019 年同期甚至增长了 31.48%，可见中国拍卖行业在经历疫情洗礼后的回血趋势。与上述 2020 年拍卖市场艺术品优质化与对口化变化相呼应，2021 年上半年中国艺术品拍卖市场仍然呈现"价增量减"的价值取向，共计上拍 119923 件拍品，相比 2019 年同期减少 20.06%，但平均成交价格为 43.22 万元/件（套），创十年以来新高。[2]

在 2020 年拍卖成交作品类型版图中，中国书画、油画及现当代艺术、瓷器杂项形成了"三足鼎立"的局面，占比分别为 38%、32% 和 30%。相

---

[1] 《Artnet2021 艺术市场情报春季版》，artnet 网站，https://news.artnet.com/market/the-intelligence-report。
[2] 《2021 上半年中国艺术品拍卖市场调查报告》，雅昌艺术网，2021 年 9 月 14 日，https://amma.artron.net/reportDetail.php? id=84。

较于往年的类型结构,其中油画及现当代艺术的占比首次超过30%,也是首次超过瓷器杂项的占比位居第二,原因可考虑为油画及现当代艺术板块多件重要拍品的上拍。重要拍品主要包括常玉的《绿色背景四裸女》(1950年代作)、常玉的《青花盆中盛开的菊花》(1940~1950年代作)、曾梵志的《面具系列1996 NO.6》(1996年作)等,分别在苏富比(香港)、佳士得(香港)、永乐拍卖的拍场上以235606992元、173224480元和161000000元的价格成交,均名列2020年中国拍卖市场成交榜单高位。① 如此的类型版图既反映了中国艺术品市场长期以来的鲜明偏好,又带有传统结构开始变化的偶然性与不确定性,折射出藏家群体内部结构的时代更替。

2021年上半年,中国书画、油画及现当代艺术、瓷器杂项三个板块仍然占据强势地位。中国书画板块共计上拍39042件拍品,成交23396件,较2019年同期分别下降了29.01%和13.47%,但成交额较2019年同期增长了46.76%,达到了115.77亿元,占2021年上半年中国艺术品市场成交总额的40.36%,稳居头部。油画及现当代艺术板块增势更加明显,成交总额较2019年同期上涨了58.87%,达到了65.02亿元,拍品均价从2019年同期的121万元/件(套)升至175万元/件(套)。中国书画、油画及现当代艺术板块拍品的均价提升再一次印证了中国拍卖市场"价增量减"的理性回归。2021年上半年唯独瓷器杂项板块成交总额有所下降,84.37亿元的成交总额较2019年同期下降14.24%,但依然在总体的拍卖市场占据较高份额。②

在地域方面,2020年中国各地区以拍卖市场成交额为标准的高低排序为港澳台地区、京津冀地区、长三角地区、国内其他地区和珠三角地区,各地区成交额占比分别为45%、36%、15%、3%和1%。③ 其中,港澳台地区和京津冀地区依然以明显的优势领跑全国,成为当之无愧的艺术品交易中

---

① 《疫情下的中国艺术品市场调研报告(2020年春)》,雅昌艺术网,2020年9月29日,https://amma.artron.net/reportDetail.php?id=79。
② 《2021上半年中国艺术品拍卖市场调查报告》,雅昌艺术网,2021年9月14日,https://amma.artron.net/reportDetail.php?id=84。
③ 《疫情下的中国艺术品市场调研报告(2020年春)》,雅昌艺术网,2020年9月29日,https://amma.artron.net/reportDetail.php?id=79。

心；长三角地区则主要依赖上海作为金融中心的带动作用，如何进一步扩大上海的城市辐射作用，是需要进一步考虑的问题；珠三角地区的垫底成绩则与之发展成为新兴艺术品交易中心的愿景尚有距离。

在拍卖公司方面，中国嘉德成功打破长期由苏富比（香港）和佳士得（香港）占领高地二分天下的局面，成为2020年中国拍卖市场成交额排名第二的拍卖公司（见表1）。中国内地拍卖公司的优异成绩体现了其对中国内地市场中的艺术品风格、藏家特征、市场机制、国际竞争等问题具有了更加成熟的认知与策略。另外值得一提的是，在苏富比（香港）、中国嘉德、佳士得（香港）等传统的拍卖巨头外，中国也正在兴起一批中小型拍卖公司，这批中小型拍卖公司走在并非复制拍卖巨头成功路径的道路上，而是具有自身的发展特色。中小型拍卖公司的发展特色主要体现在以下三个方面：一是更加聚焦非主流艺术家及其艺术作品的收揽与拍卖，以针对更加年轻、小众藏家为切口打开差异化竞争赛道，迎合藏家群体内部结构的变化；二是主要分布在中国南方沿海城市，借助中国（福建）自由贸易试验区、厦门保税区等区位优势形成独立于港澳台、京津冀、长三角等传统艺术品交易中心之外的另一聚集地，即前文提到的长三角地区；三是对于互联网、数字化的接受与应用程度更高，在疫情冲击下通过线上拍卖来维持运营的调整灵活性更高。

表1 2020年1~8月全国拍卖行成交额排行榜

单位：亿元

排名	拍卖公司	成交额
1	苏富比（香港）	29.21
2	中国嘉德	17.96
3	佳士得（香港）	15.14
4	西泠印社	10.75
5	永乐拍卖	8.17
6	富艺斯（香港）	3.73
7	上海匡时	2.10
8	北京诚轩	1.76
9	荣宝斋（济南）	1.24
10	保利（香港）	1.20

资料来源：雅昌艺术市场监测中心。

在疫情冲击下，线上拍卖成为拍卖公司维持生计的重要出口。但从线下拍卖到线上拍卖，不是简单地改变了拍卖场景，而是在重塑艺术品的呈现方式、藏家的消费习惯和市场参与者之间的互动关系。正如前文所说，中小型拍卖公司在价格保底、固定客户关系维护、内部机制调整、行业传统规则遵守等方面顾虑较少、压力较小，在2020年率先打开了线上拍卖井喷式的局面。2020年2月28日举行了首场"艺典夜场——现当代艺术"网络拍卖，首创"直播+夜场"形式，邀请嘉宾同步直播讲解拍品并与用户线上互动，单场吸引超过87万人次观看，创艺典中国成立8年以来单场成交额最高纪录，成交拍品共计39件，成交率高达95%，成交额共计7404870元。①2020年7月，老牌拍卖公司苏富比（香港）共举办24场线上拍卖，珠宝、钟表、红酒等非专业定义上的艺术品专场数量占到了50%，而到了2020年8月，苏富比（香港）线上拍卖专场数量骤减为9场，且以钟表专场为主。②不可否认，线上拍卖作为疫情冲击下的应急方案，尚未从真正意义上取代线下拍卖或者说与线下拍卖拥有同等的地位，主要体现在规模不稳定、上拍作品类型边缘化、上拍作品集中于低价区间等。由此，需要提出的一个问题是，线上拍卖之于传统拍卖行业而言，究竟是疫情冲击之下不得已而为之的被动选择，还是在疫情防控常态化下依然会主动选择的未来发展模式。

（二）画廊与艺博会

在疫情冲击下，一级市场的画廊与艺博会也纷纷面临困境。2020年，中国画廊数量共计4045家，同比下降3.59%。在存活的画廊中，北京地区拥有1219家，占比30.14%；山东地区拥有486家，占比12.01%，位居第二；上海地区拥有404家，占比近10%；随后分别是广东（371家）、江苏（176家）、浙江（135家）、河南（125家）、河北（85家）、四川（82

---

① 《2020春季第一场大拍 转战网络拍卖估价3000万以上》，搜狐网，2020年3月25日，https://www.sohu.com/a/383145894_99935345。
② 《疫情下的中国艺术品市场调研报告（2020年春）》，雅昌艺术网，2020年9月29日，https://amma.artron.net/reportDetail.php?id=79。

家)、福建(61家),见图4。① 可见,画廊分布依然主要集中于以北京为中心的京津冀地区和以上海为中心的长三角地区;值得注意的是以山东、广东、四川为代表的新兴的沿海地区和中西部内部地区。前文提到,借助中国(福建)自由贸易试验区、厦门保税区等区位优势,沿海地区在关税政策、交通运输等方面具有于艺术品交易市场中成为"后起之秀"的潜力。

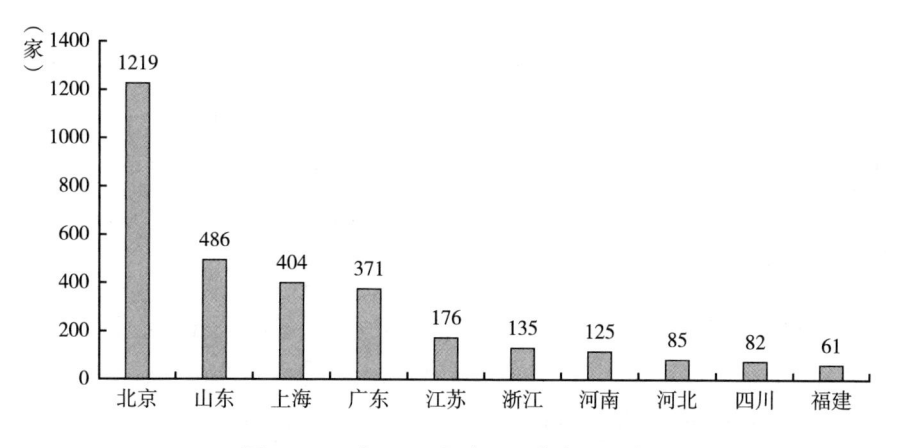

图4 2020年1~8月中国画廊主要分布

地区	数量(家)
北京	1219
山东	486
上海	404
广东	371
江苏	176
浙江	135
河南	125
河北	85
四川	82
福建	61

资料来源:雅昌艺术市场监测中心。

2020年,各地画廊的显著特征有如下两点。一是将自身业务从一级市场拓展到二级市场,通过承接艺术品的洽询购买和委托业务来弥补画廊传统业务的营收不足。不同于拍卖公司所建造的相对公开竞价的二级市场,以画廊为主体的二级市场体系在根据买家需求提供优质化和对口化的艺术品收揽、评估、购买和销售方面更加精益求精,更加能够满足买家个性化、私密性的购置需求。二是在线上经营领域发力角逐,与拍卖公司一样难逃疫情给线下实体空间经营带来的挫折。此外,与拍卖公司类似的情况是,画廊通过网络展呈与销售的艺术品多集中在低价位区间,单品成交均价与传统线下销售数据仍有差距。

---

① 《疫情下的中国艺术品市场调研报告(2020年春)》,雅昌艺术网,2020年9月29日,https://amma.artron.net/reportDetail.php?id=79。

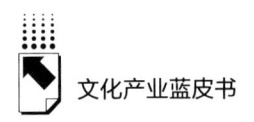

各地画廊在2020年显现的上述特征，一方面源于新手买家的入场。根据中金财富携手中央美术学院艺术管理与教育学院、AMRC艺术市场研究中心联合发布的《2020中国艺术财富白皮书》，中国的新经济、新动能推动着新富人群体的快速崛起，其中职业金领和二代继承人的比例在逐年攀升，后物质时代的高净值人群更加注重精神层面的消费。与之相伴的，是新高净值人群在艺术收藏品位方面的个性化和待体系化，以及依赖于互联网的消费方式。由文化经济学家克莱尔·麦克安德鲁（Clare McAndrew）博士撰写、巴塞尔艺术展与瑞银集团共同发布的第三版《巴塞尔艺术展与瑞银集团环球艺术市场报告》显示：艺术品线上交易中57%的订单来自新买家，48%的藏家具有时常使用线上平台购买艺术品的习惯，"00后"买家是最常使用网络渠道的用户，但65%的高净值藏家线上购买单品价格未超过50000美元。另一方面，画廊呈现上述特征源于线上渠道优点与弱项并存的现实状况。线上渠道虽然具有成本低、覆盖面广、不受时间和空间限制等优点，但在成长期不可避免地面临场景体验感被削弱、高价值商品无法现场品鉴、物流及售后问题不确定性高等弱项，使得艺术品线上交易模式与体系的建立成为一项机遇与挑战并存的探索。

与画廊在南方城市逐渐发展的趋势相呼应，以南方城市为基地的艺博会也不断涌现。2020年12月16～20日，首届广州当代艺术博览会在珠江岸边的海心沙展览馆举办，以"艺术共同体"为宗旨和理念，邀请了来自亚洲、欧洲、美洲的33家一线国内外画廊参加，成为填补南方艺博会空白的重要事件。广州当代艺术博览会创办人刘奕和艾海分别拥有广州33当代艺术中心和北京798艺术区的工作经验，以南北艺术运营经验相融合的优势在广州"拓荒"。① 同时，由翁菱担任创始人的"海口·海边的驿站"也于2020年开始筹划，并于2021年2月1日在海口成功落地。作为全球首创的公益的、联动的、开放的、自然的滨海艺文生活长廊，"海口·海边的驿

---

① 《首届"广州当代"启幕：南方重镇如何打造"艺术共同体"？》，artnet资讯公众号，2020年12月22日，https://mp.weixin.qq.com/s/U8iOu_IQJ66v6PfvVz0LUA。

站"以"自然·共生·未来"的理念,邀请了来自世界各地的艺术家在海口湾和江东新区起步区占地面积近1万平方米的海岸线区域里,建造了16个形态不一、功能多元、风格迥异的艺文主题服务性驿站,并联动形成一组海边带状地标建筑群。[①] 多个标志性艺博会和艺术项目的举行,突显着南方艺术重镇群的兴起。

各地艺博会(尤其是南方城市艺博会)在2020年的显著特征有如下两点。一是随着画廊举办艺术家个展成本的不断上涨(2020年1~8月,中国高达91%的画廊举办展览次数为零,见图5),综合性艺博会的地位与作用逐渐上升,艺博会作为集展呈、洽购、体验于一体的文化艺术交流平台,在疫情的夹缝之中显得弥足珍贵。二是艺博会的性质逐渐从一个阶段性的展呈与交易活动过渡到长期性的城市公共项目,逐渐与"创意城市"的概念相融合,在带动经济恢复的同时也更加追求品牌价值、公共效益与可持续发展性。如上文提到的"海口·海边的驿站"项目,其已经打破了传统的关于"艺博会"概念的定义,打破了固定的室内展呈空间局限,重塑了观众与艺术家之间的互动关系,拓展了艺术在城市生活中的边界与意义。

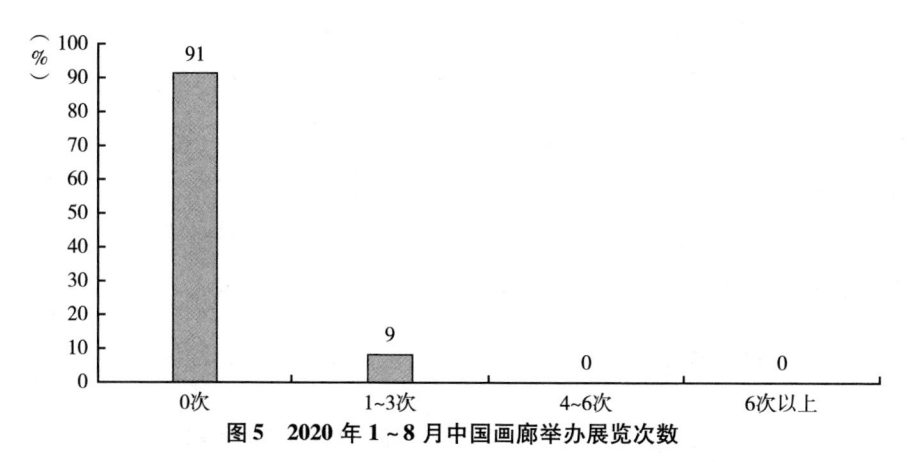

图5 2020年1~8月中国画廊举办展览次数

资料来源:雅昌艺术市场监测中心。

[①] 《首发"海口·海边的驿站":世界级建筑师VS艺术家的跨界浪漫》,搜狐网,2021年2月3日,https://www.sohu.com/a/448549174_162401。

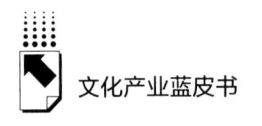

2021年上半年,各品牌艺博会强势回归。2020年因疫情停办的第十六届艺术北京博览会于2021年4月30日~5月3日、第三届JINGART艺览北京于2021年6月10~13日、第七届艺术厦门于2021年6月17~20日纷纷回归线下。2021年上半年线下艺博会整体呈现新参展画廊数量增多、参展画廊与作品类型多元化的特点。例如,2021年JINGART艺览北京新参展商数量达25家,其中不乏已经在国内积极布局的多家国际画廊,且NFT作品成为展览核心亮点之一,JINGART艺览北京通过线下艺博会场景积极探索艺术品交易市场前沿问题①;2021年艺术厦门参展画廊数量从2019年的70家增至90家,并且在深圳、武夷山、泉州、福州等南方城市落地了线下推介会,进一步拉动了南方艺术品交易市场,推进了南方艺术重镇全面发展进程。②

总体而言,艺术品藏家内部结构变化、画廊拓展二级市场与线上渠道、艺博会进军南方城市与融入城市公共生活等现象相互交织与影响。千禧一代的消费观念、生活方式、艺术品位、文化倾向正在以其对其他行业和领域同样强大的塑造力量对艺术品行业产生着深刻影响。面对愈加精细化的用户画像,画廊和艺博会需要开辟多条赛道,提供更加优质化和对口化的艺术品交易服务,尤其是在以名家大师的艺术作品占据主导的市场趋于饱和,以及疫情冲击加剧行业竞争的情况下。例如,刘奕和艾海对首届广州当代艺术博览会的定位和期待一方面是为展现中国南方历史与城市文化的艺术作品提供舞台,另一方面是挖掘与培养广州本土化的艺术家和藏家,也为长期以来低调、边缘但潜力巨大的本地藏家提供服务,并使两相密切联结,形成兼具地域性与国际交流性的"文化共同体",对艺术品市场不断进行扩容、丰富与创新。

(三)艺术家与艺术创作

根据2020年各拍卖公司成交作品的榜单,可见位于前列的依然是常玉、

---

① 《今年的JINGART艺览北京体现出怎样的"大环境缩影"?》,artnet资讯公众号,2021年6月11日,https://mp.weixin.qq.com/s/9AkZJ63NZvmP7fy-_UkB4w。
② 《调整、反思再升级:走入第七年,艺术厦门的"更新之路"》,artnet资讯公众号,2021年6月13日,https://mp.weixin.qq.com/s/TbjDg5ZQKT-zdPt5HczAaQ。

赵无极、曾梵志、齐白石等顶流艺术家的头部作品，但纵观整个艺术品交易市场，顶流艺术家头部作品的大众化和新锐艺术家当代性作品的潮流化，是不容忽视的显著变化。在长期以来遵照历史地位和专业评审而"论英雄"的艺术品市场中，更多富有争议性、圈层性的艺术作品开始发挥"长尾效应"，解构与重塑着消费者对于艺术家的认知和艺术创作的审美。在2020年，"涂鸦艺术""卡通玩偶""潮玩手办"等某种意义上在传统艺术品市场中无法登上"大雅之堂"的词汇及其类型作品不断涌入大众视野，并受到追捧。不同于顶流艺术家头部作品的原真性，涂鸦、玩偶、潮玩等类型的艺术作品通常采用"机械复制+限量发售"的方式在艺术品市场中流通，虽然消解了艺术品原作的"光韵"，但又在一定程度上保留了艺术品的唯一性，巧妙地在消费者的盲从性与个性化之间创造着平衡。

例如，曾梵志创作于1994~2004年的面具系列以呆滞、疏离的象征性人物挖掘20世纪90年代在现代性力量的推动下，城市幻象是如何集中于面具上，并与华丽的服饰共同构成都市景观。时至今日，这些在中国转型时期创作的作品仍多次参加国内外重要展览，并在拍卖市场上屡创天价。2020年12月18日，在绘画原作的基础之上，ArTy ReTro举办了"ArTy ReTro×曾梵志全新'The Mask'艺术玩偶"品牌发布会，并于同日在ArTy ReTro Official微信小程序上进行公开发售。艺术家平面画作上的经典人物以潮玩的形式走出画面，进入现实中的潮流阵地。ArTy ReTro的创始人周朣是中国"80后"艺术收藏群体中的一员，曾梵志的《无题——面具系列》（纸上色粉与彩色铅笔，2000年）便是其家族收藏序列中的一幅，但周朣希望将其转化为当下更为自己所喜爱，也为年轻人所接受的"潮流文化"。毋庸置疑，曾经被美术馆视为不够学术、往往被艺术市场忽略的潮流文化，正随着时代的发展和藏家群体的改变，悄悄发生变化。①

与此同时，艺术家及其艺术创作在2020年的另一显著特征是在疫情冲

---

① 《"面具人"怎样化身潮玩，走入现实？》，artnet资讯公众号，2020年12月13日，https：//mp.weixin.qq.com/s/s_IGwkwolwVVIZO6hHtZKQ。

击下对艺术疗愈功能的重视。新冠肺炎疫情对个体的日常生活、精神状态和价值观念，以及社会的运行模式都产生了突发性的强力塑造与潜移默化的根本性改变。观察2020年中国新冠肺炎疫情下的艺术实践，可发现两个重要变化：一是疫情防控常态化背景下的艺术实践对个体生命机体本身产生了更多关注，并以此为对象或载体进行艺术呈现；二是疫情防控常态化背景下的艺术实践对城市公共艺术的社会疗愈功能产生了更多关注，希望通过体验第一性而非审美第一性的城市公共艺术来吸引社会大众的参与，艺术家个体对艺术作品能够对社会大众产生精神抚慰功能的期望要高于精神启发功能。

例如，自2020年11月14日起，ART021、Cc基金会联合青年艺术家推出了"艺术疗愈"主题系列展览，即希望通过体验性、功能性择优的城市公共艺术为社会大众提供置身于集体事件中的精神泄压口。其中，王欣的《临时隔离屋》以颇具几何设计感的方寸"盒子"作为新冠肺炎疫情中"隔离屋"的象征，也作为容纳社会大众参与和进入"艺术疗愈"作用辐射范围内的空间。作品中，透明的"屋内"充满了明亮"墙色"，摆满了毛绒玩具，萦绕着声音，透明化的处理还能使整个暴露于室外的实体但虚构的"房间"完全沐浴在自然的阳光之中，与真实中的隔离屋形成了鲜明对比，以期社会大众通过对这样的城市公共艺术的体验来获得一种关于新冠肺炎疫情中创伤记忆的想象性解决方案。自2020年12月12日起，艺术家吴超和夏维伦在广东省工伤康复医院发起的"医院生成美术馆"主题展览，展出了包括影像装置、纪录片、档案资料、参与式艺术、绘画等在内的30多件艺术作品。这些作品基于艺术家所做的"植物人唤醒计划"，该计划希望通过对声音和光线等元素的采集对昏迷中的人进行持续的感知刺激，以提高社会大众对人文医疗服务的关注和参与。

二 趋势解析

根据前文所述的传统拍卖行业、画廊与艺博会、艺术家与艺术创作的概况，可见在艺术品行业的不同侧面，一些共通的变化正在成为未来显著的发展趋势。这些趋势在前文中已有提及或进行论述，现将其进行提炼、总结，形成2020年艺术品行业最为核心的5个关键词。

（一）"互联网+"

2020年，在疫情冲击下，线下艺术展览与艺术品交易活动遭遇停滞，更多展览与交易活动开始了线上形式或线上、线下相结合形式的探索。线上艺术展览帮助大众足不出户便能参与和欣赏艺术作品，不断拓宽艺术体验的边界；线上艺术品交易活动为拍卖行、画廊、艺博会等艺术机构或活动提供了新的推广与销售渠道，逐步建立了艺术品交易的新形式、新机制、新规范；艺术家、策展人通过线上平台与大众的交流和互动也在不断扩大艺术的公共影响力。在公共艺术和艺术市场领域，互联网愈加深度融合到艺术的各个领域和环节。

（二）数字化

2020年，数字技术在艺术展呈中的运用不断显现，乃至成为主导。虚拟现实技术（Virtual Reality，VR）、增强现实技术（Augmented Reality，AR）、混合现实技术（Mixed Reality，MR）、扩展现实技术/沉浸式体验技术（Extended Reality，XR）成为众多艺术家的创作灵感和艺术机构的探索方向（如UCCA尤伦斯当代艺术中心的"幻景：当代艺术与增强现实"展览、"非物质/再物质：计算机艺术简史"展览等）。此外，数字技术的不断进步打破了艺术家和艺术机构在布展等协作方面的时空限制，更加适用于在疫情下保持全球对话。数字艺术在观者亲临现场的同时使其与并不占据物理空间的作品进行互动，建立了观者与艺术之间的一种新联系，也进一步发展了艺术的媒介与语言。

（三）NFT

NFT是2020～2021年艺术品市场中绕不开的热点话题。NFT作为一种

数字科技的运算、分配与记录技术，通过对艺术品进行详尽的描述、摄影、度量、建模等方式，建立一套独立的数字文件夹，透过区块链的分布式账本加密成为存证档案。NFT 打破了传统艺术品交易中的"中心化"现象，使艺术品交易平台不再仅仅是实体物质的交易场所，更是艺术品集中曝光、艺术家获取流量、艺术爱好者建立虚拟社群的重要场合。目前，NFT 主要面临成本居高、版权争议、破坏性内容、环境风险等问题，如何进一步营造安全、健康的 NFT 生态是艺术品行业未来的重要课题。

（四）千禧一代

千禧一代逐渐成长为艺术创作与艺术消费主力军，挑战着艺术市场与艺术审美中的传统规则。在艺术创作方面，更多新兴艺术家的作品通过创意内容和形式进入艺博会、画廊和大众的视野，其作品更加关注当下的社会现实，反映千禧一代的观察视角、体验认知与思维方式。艺术消费方面，在进入藏家行列的高净值群体中，职业金领和二代继承人比例攀升，其艺术消费内容、风格与需求多元化，更加希望建立自身独特的收藏体系；同时，千禧一代在进行艺术消费时，兴趣与理性并存，整体上促进了投机资本的陆续退出和泡沫化现象的逐渐消退。

（五）艺术疗愈

2020 年，疫情在给人类身体健康带来疾病困扰的同时，在更大范围内对人类的精神状态造成了失落、焦虑、恐惧的负面影响，人类对于艺术，尤其是公共艺术心灵疗愈作用的需求愈加强烈。众多艺术家、艺术机构联合政府、企业为大众献上了以心灵疗愈为导向的公共艺术作品和展览。在众多作品和展览中，以医疗主题、医院场景、"问诊"形式、精神"处方"为元素的居多（如上海 2020 油罐玩家艺术节"艺术专家门诊"项目、Jetlag Books "药房"项目、广东省工伤康复医院"医院生成美术馆"项目等），旨在为大众寻找精神疗愈的艺术出口，给予人类温暖的人文关怀。

B.8 节庆会展业发展报告

黄碧玲*

摘　要： 目前，我国已成为全球会展第一大国。会展业具有扩大内需、加强合作交流、促进外贸发展、加快形成双循环新发展格局等重要作用，如何促进其转型升级与创新发展成为业内长期关注的话题。2020年，受新冠肺炎疫情影响，线下会展在前半年基本处于停滞状态，对整个行业的发展产生了巨大的消极影响。2020年4月商务部办公厅下发的《关于创新展会服务模式 培育展览业发展新动能有关工作的通知》是引领节庆会展行业在疫情期间突破困境的重要指南。在政策引导下，云会展呈现遍地开花的现象：老牌展会广交会相约"云"上，中国体育文化博览会和中国体育旅游博览会于网上开幕，中国贸促会举办线上展会300多场等。云会展是在疫情防控常态化条件下支持展览业尽快复苏的重要新兴业态。随着疫情的好转，2021年，节庆会展业开始呈现回稳向好和结构优化升级的良好态势，恢复的势头良好。报告从政策环境、发展概况、行业问题及其对策与发展趋势几方面对2020年以及2021年上半年的节庆会展业进行了回顾与总结。疫情的突袭而至，使"云会展"这一新兴业态的发展提速，也加深了业界对展会双线发展的思考。展会模式多样化发展、数字化转型、绿色发展以及品牌与国际化发展将是节庆会展业未来发展的重点方向。

关键词： 节庆会展业　绿色会展　云会展

---

* 黄碧玲，深圳大学文化产业研究院硕士研究生，主要研究方向为艺术学理论。

一 节庆会展业发展的政策环境

（一）国家层面宏观政策促进节庆会展业复苏与发展

为应对新冠肺炎疫情，加快节庆会展业的恢复，国家从促进展会模式创新、加强应对突发公共事件、培育品牌会展、促进区域会展发展等方面出台了一系列政策。

2020年4月，商务部办公厅发布《关于创新展会服务模式 培育展览业发展新动能有关工作的通知》，要求统筹做好疫情防控常态化工作和展览业复工复产工作，多措并举做好政策支持和保障，加快推进展览业转型升级以及创新发展。自此，"创新展会服务模式"成为业界发展的重要方向，有利于节庆会展业加快恢复与创新发展。

2020年7月，《关于展览活动新冠肺炎疫情常态化防控工作的指导意见》（以下简称《意见》）正式发布。《意见》提出严格落实展览活动举办地防控责任，压实压紧展览活动举办单位、场所单位等疫情防控责任等，督促建立展馆展会展期直报机制，及时更新汇总各大展馆展会排期计划，通过网站对外发布，进一步扩大展会宣传，优化公共服务。这对于展览业防控和应对突发事件有积极作用，能够确保各项展览活动在疫情防控常态化条件下安全、稳定、有序开展，促进我国节庆会展业持续向好发展。

2020年9月，国务院针对国内多个自由贸易试验区发布了相关方案。其中，《中国（北京）自由贸易试验区总体方案》提出数字贸易、文化贸易等产业将在国际商务服务片区重点发展；《中国（安徽）自由贸易试验区总体方案》提出举办高端展会平台来促进会展之间的合作。

2020年11月，国家发布《关于深化"互联网+旅游"推动旅游业高质量发展的意见》和《关于推动数字文化产业高质量发展的意见》，前者提出引导云展览等新业态发展，后者则提出推进文化会展行业数字化转型，引导支持举办线上文化会展等。国务院办公厅《关于推进对外贸易创新发展的实施意见》在同年11月发布，在第八点"创新服务模式，推进贸易促进平台建设"中具体提出：办好中国国际进口博览会（以下简称"进博会"）、中国进出口商品交易会（以下简称"广交会"）等一批综合展会。其质量要向国际一流展会看齐，推动中国国际进口博览会功能的完善和丰富，从而提升国际影响力，推进办展新模式向线上、线下共同发展。

2021年，步入"十四五"规划时期，我国进入全面建设社会主义现代化国家的新征程。相关部门按照《中华人民共和国国民经济和社会发展第十四个五年规划和2035年远景目标纲要》的要求，相继明确各自的主要目标、工作重点，编制了本部门对应的规划。其中，商务部、文化和旅游部的规划涉及节庆会展业，体现了两部门对发展该行业的方向取向。文化和旅游部发布的《"十四五"文化产业发展规划》提出节庆会展业要以专业化、市场化、品牌化为发展方向，培育具有示范性的产业展会来发挥带动作用，支持产业特色、区域特色显著的文产展会，从而推进整体向数字化的转型。商务部印发的《"十四五"商务发展规划》提出完善会展业发展协调机制，发展区域性展会平台，打造高水平、专业性、市场化品牌展会以及发展线上线下融合的展会模式。

在2021年4月发布的《环保展台设计制作指南》则是推进节庆会展业绿色发展、促进其绿色转型和高质量发展的重要指导方针。

（二）地方各级相关政策

1. 北京市

2020年4月，《北京市推进全国文化中心建设中长期规划（2019年~2035年）》（以下简称《规划》）正式发布。《规划》指出：北京将努力建设设计之都、影视之都、演艺之都、音乐之都、网络游戏之都、世界旅游名城、艺术品交易中心、会展中心，使这座城市成为满足群众高品质文化消费需求的创新创意中心。针对会展中心建设，《规划》第85条提出：将北京打造成为市场竞争力强、策划策展水平高、产业带动面广的会展中心。提升国际会议会展承载力，合理规划会展产业布局，吸引会展服务、文化创意、

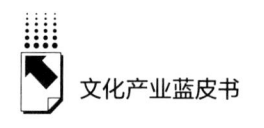

商务金融等企业入驻，打造商务会展活动聚集区。在北京大兴国际机场临空经济区和南五环地区规划建设新的会展设施，拓展发展空间。推动会展服务业与消费品工业、信息业、旅游业、体育产业等领域深度融合，不断提高会展策划、创意、设计、制作的科技含量。发挥广告对会展经济的拉动提升作用，扶持北京国家广告产业园发展，吸引国际知名广告活动在京举办，实现会展业和广告业双促进双提升。

2. 上海市

上海市是我国重要的会展城市，拥有众多辐射面较广的品牌会展。2020年3月，《上海市会展业条例》颁布，成为国内首个省一级的会展业法规。2020年4月13日，《上海市促进在线新经济发展行动方案（2020~2022年）》正式发布，指出各类专业化会展应促进线上线下融合发展，推动展会和互联网平台共建线上展览服务，打造系列在线活动。同时充分利用5G互动直播的优势，加快VR（Virtual Reality，虚拟现实）/AR（Augmented Reality，增强现实）技术的应用，建设在线园区、数字景区。2021年4月，《"十四五"时期提升上海国际贸易中心能级规划》颁布，提出提升会展业配置全球资源的能力、打造国际化城市会展促进体系等针对性措施。

3. 深圳市

2020年4月，《关于加快文化产业创新发展的实施意见》正式发布，指出加快将深圳建设成为对外文化贸易的重要基地，并进一步提出健全文化市场体系，打造国际知名文化会展平台和国际化的版权交易平台，积极构建中国文化产品和服务的国际贸易中心。合作办好深港城市建筑双城双年展、深港澳设计三城展、文博会澳门精品展、深澳创意周等大型文创展览和交流活动。提升中国（深圳）国际文化产业博览交易会国际化、市场化、专业化水平，将其打造成为全球文化会展核心平台。这彰显了深圳市作为我国改革开放与对外展示的前沿阵地的发展决心与魄力。2020年12月23日，深圳市商务局发布《深圳市品牌展会认定办法》，包括深圳市品牌展会原则上每年认定一次等内容，与原《深圳市品牌展会认定办法》（深经贸信息规〔2017〕4号）相比，调整了申请条件与认定数量，新增了知识产权保护和应急管理要求、"城市贡献度"指标与"信息化"指标。认定条件的提高将有利于培养更高质量、更具有影响力的品牌展会。2021年6月,《深圳市国民经济和社会发展第十四个五年规划和二〇三五年远景目标纲要》正式颁布,提出打造国际会展之都,措施包括:提升场馆运营服务水平,探索"互联网+会展"线上线下结合新模式,推进会展业国际化、专业化、品牌化发展,等等。

4. 成都市

2020年3月27日,成都市博览局发布了《统筹疫情防控会展活动管理规范》,明确提出展会场馆方除做好门禁管理、公共区域管理、员工管理、安全生产等方面的措施外,还要做好餐饮服务和酒店服务的防控措施,以保障大型展会的举办。2020年12月,《关于促进会展产业新经济形态发展的实施意见》正式印发,提出成都将着力推进会展产业与"六大形态"的深度融合,到2025年,基本形成会展新经济业态;到2030年,基本建成国际会展之都。

成都市多年来致力于加快建设会展之都,积极推进当地节庆会展行业的发展建设,取得了良好的成绩。2020年12月29日,中国国际贸易促进委员会成都市委员会第五次代表大会召开。会上,成都市贸促会党组书记陈赋做《中国国际贸易促进委员会成都市委员会第四届委员会工作报告(草案)》报告时介绍:过去十年,成都会展业总收入由375.4亿元提升至1332.6亿元,增长2.5倍;重大会展活动年度数量由359个提升至866个,增长1.4倍;展览面积由233.1万平方米提升至622.1万平方米,增长1.7倍;国际性展览由23个提升至75个,增长2.3倍。2020年,成都市实现会展业总收入1053亿元,并积极举办A级国际车展、美博会、茶博会等重大展会[①];联合ICCA(International Congress & Convention Association,国际大会与会议协会)亚太区发布《新冠肺炎疫情对全球国际会议产业影响的调

---

① 《成都加快建设"三城三都"建设》,中国经济网,2021年4月8日,http://expo.ce.cn/gd/202104/08/t20210408_36452517.shtml。

研报告》《统筹疫情防控会展活动管理规范》。成都市节庆会展行业凭借在西部地区的地理位置、旅游资源、城市竞争力上升等优势,在未来将具有极大发展潜力。

二 节庆会展业发展概况及特征

(一)2020年全年与2021年上半年发展情况

受新冠肺炎疫情影响,各国会展业遭受灾难性打击。中国会展经济研究会发布的《2020年度中国展览数据统计报告》显示,到2020年末,全国举办线下展览总数为5408场,展览总面积为7726.61万平方米,虽然较2019年分别减少50.98%和48.05%,但中国是全球范围内唯一能够正常举办线下展会活动的国家。中国国际贸易促进委员会发布的《中国展览经济发展报告2020》则显示,全国展览馆受影响展览超过3000场,其中服务业类展览数量同比降幅最大,为46.6%;专项类展览面积同比降幅最大,为56.8%。

随着疫情的好转,2021年,节庆会展业得到了有效的恢复。商务部展览业统计监测数据显示,2021年1~5月,我国展览会总数为1210个,同比增长3.3倍;展馆平均出租率为11.7%,同比提高8.3个百分点。① 国际展览业协会(UFI)发布的《第16版亚洲贸易展览会研究报告》则预计,2021年中国展览净面积将恢复至2019年的70%~75%。可见,我国从新冠肺炎疫情中恢复的速度之快。

(二)发展趋势

随着疫情逐渐得到控制,我国节庆会展业逐渐复苏并朝着高质量高品牌化的方向发展。与此同时,随着国际交流的加深,如2020年11月在UFI召

---

① 《商务部召开国家会展中心(天津)启用专题新闻发布会》,中华人民共和国商务部网站,2021年6月22日,http://www.mofcom.gov.cn/xwfbh/2021061802.shtml。

开的全球大会上，我国就展览业的"抗疫与复展"经验在会上做了交流，我国展会"走出去"步伐加快，展会国际化程度也随之提升，会展国际化合作不断取得新成果。

2020年10月，中国会展经济研究会在成都召开的研讨会上，进一步阐述了十种会展新经济形态，这昭示着会展新经济崭露头角，会展经济体现出迎合新时代发展的行业全面融合姿态。

（三）大型会展活动举办成果

线上会展是会展行业应对疫情的创新举措，"线上＋线下"会展是新时期会展行业发展的重要形式。我国在发生疫情的不利环境下，积极创新求变，努力探索展会创新服务模式与线上线下融合发展路径。疫情期间，线上会展运用5G等各类现代信息技术手段，举办了在线展览、对接、洽谈等线上活动，积极促进节庆会展业的复苏。在此期间，广交会、进博会、中国国际服务贸易交易会（以下简称"服贸会"）、中国国际消费品博览会（以下简称"消博会"）取得了令人瞩目的成绩，展示了我国节庆会展业应对疫情、促进消费与扩大出口的重要作用。北京服贸会聚焦服务贸易，将与广州广交会和上海进博会一起推动形成中国会展新格局。

1. 广交会

受新冠肺炎疫情影响，第127届和第128届广交会取消线下展会，分别于2020年6月和10月举行线上展会。这是广交会在63年来首次在网上举办，是积极应对新冠肺炎疫情影响的重要转变。据统计，第127届广交会上，近2.6万家境内外企业参展，来自217个国家和地区的采购商注册观展。第128届广交会继续采取"云"上形式举办，积极利用互联网、大数据、云计算、人工智能等新技术，按16大类商品设置50个展区，展位总数约6万个，规模与第127届基本持平。第128届广交会体现出更为明显的技术利用取向。据统计，第128届广交会上，境内外参展企业约2.6万家，共有来自226个国家和地区的采购商注册观展。截至2020年10月24日，广交会官网访问量累计达到5117万次。第128届广交会参展企业累计上传展品超过 247 万件，比上届增加 35 万件；从企业填报情况看，新产品为 73 万件，比上届增加 13 万件；智能产品为 10 万件，比上届增加 2 万件；"三自一高"产品持续增多。① 2021 年，第 129 届广交会同样在云端开幕，数据显示：截至 2021 年 4 月 24 日，本届广交会累计上传展品超过 270 万件，与上届相比增加超过 20 万件，共有来自超过 200 个国家和地区的采购商注册参与，官网累计访问量超过 3500 万次。

2. 进博会

2020 年 11 月，第三届进博会在中国上海举办，国家主席习近平以视频方式发表主旨演讲。进博会的举办得到了国家的重视。同年 10 月，《关于中国国际进口博览会展期内销售的进口展品税收优惠政策的通知》正式发布，明确了进口展品在进博会展期内销售的税收优惠政策。上海市为保证进博会不被疫情严重影响，制定并发布了《第三届中国国际进口博览会新冠肺炎疫情防控工作总体方案》，努力在第一时间将与新冠肺炎疫情相关风险的影响控制到最小。

据统计，展会总展览面积相比上届扩大约 3 万平方米，总面积超过 30 万平方米，多个国家和地区的参展企业共携新产品、新技术、新服务 411 项，共举办超过 100 场配套活动。

3. 服贸会

2020 年服贸会是中国服务贸易领域唯一的国际性、国家级、综合型展会，围绕促进服务进出口，搭建国际交易平台，举行各类展览、专业论坛、推介洽谈等活动。据统计，本届服贸会共有来自 100 多个国家及地区的 2.2 万家企业机构参与其中，举办了超过 150 场论坛及洽谈活动，签订协定协议类成果超过 200 项。本届服贸会的展会布局进一步优化、展会规格进一步提升、展会规模进一步扩大，凝聚了各方促进服务贸易发展的共识，有效促进了我国服务进出口及全球服务贸易的发展。

4. 消博会

2021 年 5 月，首届中国国际消费品博览会在海南落幕。本届消博会聚

---

① 《中国对外贸易形势报告（2020 年秋季）》，中华人民共和国商务部网站，2020 年 11 月 24 日，http://zhs.mofcom.gov.cn/article/cbw/202012/20201203021345.shtml。

焦消费精品，取得了丰硕成果。据统计，本届消博会共有来自全球70个国家和地区的企业和消费品牌参与，其中采购商和专业观众规模超3万人，国际品牌占比过半。此外，共有超1600万人次在线上观看了消博会直播间，共引导成交额6800万元。[①]

（四）节庆会展业发展特征

1. 发展回稳向好

疫情本身逐渐好转的同时，节庆会展业将长期处于疫情防控常态化的大环境，而随着应对疫情经验的丰富，我国会展业已渐渐回温复苏。不仅如此，伴随国家政策与技术发展，疫情形势倒逼产业朝高质量高技术利用率的方向发展。随后展会模式多样化发展将取得一定的成效，线上线下的同步互动以及其融合发展的趋势会更加明显。

2. 参展主体发生变化

以前展览活动的参展主体以国有企业为主，随着2019年10月米奥兰特展览公司在深圳创业板上市，我国会展业多种所有制共存的形态正式形成，国有、外资、合资、股份、民营等种类并存，民营企业发挥着越来越重要的作用。与此同时，参展主体专业化加强，展会个性化与目标市场化得到显现。

3. 数字化转型加速

随着有关政策举措逐步落地实施，各地会展企业加速以数字化带动展会转型升级，积极尝试各种线上展会模式，创新展会服务，培育展览业发展新动能。

三　行业问题、对策与发展趋势

（一）面临的问题

1. 应对突发公共事件的能力不足

2020年初新冠肺炎疫情突袭而至，对我国节庆会展业造成了一定

---

① 《首届中国国际消费品博览会圆满收官亮点纷呈》，中华人民共和国商务部网站，2021年5月17日，http：//us.mofcom.gov.cn/article/jmxw/202105/20210503062410.shtml。

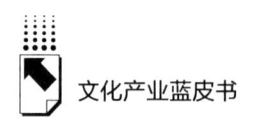

冲击，令业界人士措手不及。在国家政策制定之前，会展市场秩序被打乱，暴露出我国会展行业缺乏足够速度及有效应对突发公共事件的能力。

2. 线上展会发展存在难度

当下节庆会展行业向线上转移仍存在一定的难度。从技术角度来说，大型展览对线上技术的要求更高；从展商角度分析，线上展会的造价成本相对较高，无形中提高了参展商的参展门槛；从顾客角度而言，线上展会营造的体验感、社交感不够强烈，甚至影响观感。更为重要的是，关于线上展会是否会取代线下展会以及两者如何共存发展仍难以达成共识。

3. 市场化程度有待提高

政府主导、市场力量较薄弱是我国节庆会展业的主要特征之一。由于我国的节庆会展业市场化程度较低，由政府主管部门筹办的会展活动占大多数，而相关部门在管理市场参与者、行使监督管理职能、制定节庆会展业行业标准等方面没能充分发挥作用。这不仅导致资金被严重浪费，对当地节庆会展业的持续发展也有消极影响。

4. 国际化发展不足

目前，我国会展整体档次偏低，在国际上具有较高知名度和影响力的品牌会展项目较少，在数量上难以与西方著名品牌相比。除此之外，我国展会公司在国际上的影响力与组织较大辐射面展会的数量偏低。

5. 生态化发展薄弱

当前，我国展会在举办过程中大量使用高能耗、非环保型材料的情况较多，对展览场馆的建设也不能达到绿色环保与合理利用的要求，由此产生的环境污染和资源浪费问题较为突出。

（二）解决对策

1. 提高应对突发公共事件的能力

提高会展行业应对突发公共事件的能力需要政府、相关协会、业界的共同努力。政府应根据实际情况及时到位地出台会展应对疫情政策专项扶持文件，重要事项应得到进一步的细化；协会应发挥桥梁作用，及时补充相应的措施，并联通行业上下游产业链企业提前做好应对措施；企业应积极探索非常态化展会发展模式，合理安排疫情恢复期展览排期，并建立内部的协调防控机制。

2. 有效促进展会模式创新，加快数字化转型

积极探索线上线下展会融合路径，合理利用数字化技术促进其业态发展，最大化发挥两者优势。提升线上展会体验感的同时创新传统展会管理方式。

3. 市场化转型

注重依靠市场力量推动节庆会展业的发展，鼓励大型骨干会展企业上市，同时支持有发展潜力的中小型会展企业加快发展。着力推进场馆运营向市场化模式转变，形成完整的产业链，推进市场化运作方式的完善，推动形成有序竞争的节庆会展业市场格局。

4. 提升节庆会展业国际化水平与品牌塑造力

加大品牌会展面向国际的宣传力度，积极引入国际知名大型会展，大力推动国内外协作和互动，扩大品牌会展在全球的影响力，全面提升中国节庆会展业的国际化程度。组织赴国外举办会展的推介活动，同时配合实施国家战略，以项目国际化为载体，构建国外参展办展新格局。与境外高质量资源合作，积极引进具有全球号召力和影响力的国际性论坛、会议等项目。

给予一定的政策奖励，鼓励培育具有当地文化特色的会展品牌。制定品牌认定制度，简化认定手续，提高认定标准与增加激励机制。对于本土知名品牌应当加快提升国际影响力，推进新兴会展品牌的培育；同时引进知名品牌会展项目，推动我国节庆会展业向品牌化提升发展。

5. 生态化发展，坚持绿色会展道路

注重循环利用和资源整合，提高会展的场馆规划、设计与建设的生态化水平，制定与推行会展展台和搭建材料的生态化标准，推进会展产业多方面实现可持续发展。通过节庆会展业界的技术创新来推进节庆会展业节能降耗工作，提高"绿色会展工程"和"绿色会展项目"的会展比例。通过表彰鼓励等措施支持以环保方式举办节庆会展，并在学校和会展培训机构开展会展可持续化发展课程。

（三）发展趋势预测

首先，我国节庆会展行业进入了布局优化、质量提升、技术融合的重要阶段。疫情期间，我国率先成为全球会展行业复苏的主要阵地。随着疫情好转以及我国政策的利好，我国会展行业将得到进一步的发展与模式创新，这对促进全球会展行业的恢复起着重要作用。进博会、服贸会等大型国际展会的成功召开以及我国在国际会议中影响力的加深，显示出节庆会展业在我国经济社会发展、对外开放、展示我国文化等方面的作用凸显。随着技术的深入发展，节庆会展业将以新技术来变革产业，使会展具备信息化等能力。其次，伴随"新会展"时代的到来，我国会展行业的国际化水平也会随着新载体、新传播手段、新呈现形式、新信息传播渠道以及新会展服务模式的到来得到进一步提升，一批具有品牌知名度的展会将逐渐形成。最后，在"双碳"目标的指导下，促进我国节庆会展业的绿色发展将是重要的任务，2021年4月《环保展台设计制作指南》的颁布以及2021年6月在天津举办的倡导绿色会展的"2021年中国会展经济研究会年会暨中国会展经济（天津）论坛"等事件都显示出此倾向。

B.9 创意设计服务业发展报告

陈舒萍[*]

摘　要： 2020年新冠肺炎疫情给全国经济发展水平、产业收入水平、居民消费水平等带来较大影响。2020年创意设计服务业行业收入的增速基本持平于往年，高于文化产业整体平均增速，产业发展恢复较快。不同区域的创意设计服务业的发展水平与经济水平相协调，东部地区的发展速度远高于中部、西部、东北地区。为刺激居民文化娱乐消费，国家政策鼓励创意设计服务业与其他产业进行合作，通过品牌设计，推动文化和旅游业、数字文化产业、传统工艺、博物馆等领域的创新发展。博物馆文化创意产品、潮流玩具和互联网广告成为创意设计服务业中的热点行业。以盲盒为销售形式的潮流玩具在2020年成为潮流，博物馆文创等其他创意产品利用盲盒的形式创新营销方式。疫情推动了销售、宣传方式由线下到线上的转变，互联网广告服务业在2020年迅猛发展。

关键词： 创意设计服务业　文创　潮流玩具

　　创意设计服务业由设计服务和广告服务组成，前者包括工业设计、专业设计和建筑设计，后者包括互联网广告服务和其他广告服务。创意设计服务业自20世纪90年代起步以来，逐渐发展成为文化产业中的重要组成部分。2020年受新冠肺炎疫情影响，创意设计服务业营业收入增长速度放缓，设

---

[*] 陈舒萍，北京大学艺术学院硕士研究生，主要研究方向为艺术管理与文化产业。

计服务生产与销售方式逐步从以线下为主体发展为线下、线上并行的新模式，广告服务业的网络营销业务发展迅速。

一 行业发展宏观环境及政策条件

（一）宏观条件：疫情的冲击与常态化防控

2020年新冠肺炎疫情发生以来，文化产业受到巨大冲击。为避免人员聚集引发交叉感染，配合居民隔离不聚集、公共场合不聚集的防控要求，线下消费型文化产业，如旅游、影视、舞台艺术、博物馆、画廊展览、创意设计等门类受到直接影响。随着疫情得到控制，文化产业产值逐步恢复。2020年，全国6.0万家规模以上文化及相关产业企业实现营业收入98514亿元，按可比口径计算，比上年增长2.2%。① 与第一季度、上半年、前三季度分别同比下降13.9%、6.2%、0.6%的颓势相比，全年营业收入开始实现正增长。②

新冠肺炎疫情加快了文化数字产业的发展，推动线下产业门类的数字化转型。演出、展览、电影等门类结合VR（Virtual Reality，虚拟现实技术）等数字技术，将服务转向"云端"，为消费者提供全新的审美体验。传统的线下消费型文化产业，通过数字传播的线上渠道，扩大可达的受众范围，增加市场份额，在疫情防控取得阶段性成效、线下文化产业逐步恢复时反哺线下消费。2020年动漫、游戏数字内容服务、数字出版、互联网文化娱乐平台、互联网广告服务、文化软件和版权服务等文化新业态特征明显的16个

---

① 《2020年全国规模以上文化及相关产业企业营业收入增长2.2%》，中华人民共和国国家统计局网站，2021年1月31日，http://www.stats.gov.cn/tjsj/zxfb/202101/t20210129_1812934.html。

② 《2020年前三季度全国规模以上文化及相关产业企业营业收入下降0.6% 降幅比上半年收窄5.6个百分点》，中华人民共和国国家统计局网站，2020年10月30日，http://www.stats.gov.cn/tjsj./zxfb/202010/t20201030_1797140.html。

行业细分小类实现营业收入31425亿元,同比增长22.1%。①

新冠肺炎疫情使得创意设计服务业的设计、生产、销售渠道受到限制,与其他产业的合作受到影响。随着产业的数字化转型、消费者线上消费习惯的培养、电商及小程序等线上销售渠道的拓展,创意设计服务业所受影响有所降低。线下营销受限推动了互联网广告服务在疫情期间的迅猛发展,直播带货、短视频营销成为各个产业的重要营销方式。

(二)经济条件:经济增长速度有所回落

宏观经济形势决定了创意设计服务业的发展。2020年新冠肺炎疫情对本已下行的全球经济带来了巨大的打击,国际货币基金组织发布的《世界经济展望》中提到2020年全球经济增速预计为-4.4%,全球贸易总量将下降9.2%,经济受损的严重程度超过了2008年全球金融危机。

对我国而言,疫情对经济的短期影响重大,长期影响减弱。新冠肺炎疫情的发生正值春节假期,为第三产业增长的重要时期,防止人与人接触、严禁公众聚众的防控措施要求关闭商业餐饮、旅游景区、线下娱乐等人员密集场所,暂停服务业、房地产业、交通运输业等相关经营活动。同时,基于公民居家隔离的防疫要求和暂缓城市间人员流动的管理需要,工厂无法正常复工生产,对外贸易经营难以照常维持,第二产业的营收受到巨大影响。因此,2020年第一季度的经济呈断崖式下跌,国内生产总值为206504亿元,按可比价格计算,同比下降6.8%。② 随着疫情防控取得较好成效,生产生活秩序逐步恢复,我国经济呈现稳步复苏的态势,2020年前三季度国内生产总值为722786亿元,按可比价格计算,同比增长0.7%,经济发展由负转正,其中第二季度增长3.2%,第三季度增长4.9%,经济

---

① 《2020年全国规模以上文化及相关产业企业营业收入增长2.2%》,中华人民共和国国家统计局网站,2021年1月31日,http://www.stats.gov.cn/tjsj/zxfb/202101/t20210129_1812934.html。
② 《2020年一季度国内生产总值(GDP)初步核算结果》,中华人民共和国国家统计局网站,2020年4月18日,http://www.stats.gov.cn/tjsj/zxfb/202004/t20200417_1739602.html。

复苏进程逐步加快。①

2020年居民人均可支配收入实际增长2.1%，消费支出下降4%②；2020年前三季度居民人均可支配收入增长0.6%，消费支出下降6.6%；相较于2020年第一季度可支配收入下降3.9%，消费支出下降12.5%，居民收入水平与消费水平随疫情防控取得阶段性胜利而逐步恢复。2020年人均教育文化娱乐消费支出下降19.1%，相较于第一季度下降36.1%，文化娱乐消费意愿回暖。③

尽管疫情对全国经济发展带来重大冲击，影响了居民的收入水平，但随着疫情防控取得阶段性成效，长期来看疫情的经济影响减弱，居民可支配收入开始逐步恢复。各地在经济社会生活恢复正常秩序后，陆续出台促进消费的相关政策，居民的消费水平，尤其是对文化娱乐的消费有所提高。因此创意设计服务业未来仍有良好的发展预期。

（三）政策评析：文化产业向好阶段

党的十九届五中全会对文化强国目标的阐述为文化产业的发展带来了向好预期。2020年受新冠肺炎疫情影响，居民文化娱乐产品消费受阻，但互联网广告服务迅猛发展。国务院、文化和旅游部及相关部门将政策聚焦于创意设计产品对居民消费的拉动、对互联网广告服务的规范。

"十四五"规划提出"繁荣发展文化事业和文化产业，提高国家文化软实力"，明确了提高社会文明程度、提升公共文化服务水平和健全现代文化产业的具体目标；2035年远景目标提出要建成社会主义文化强国的重要目标，首次对建成社会主义文化强国提出了具体时间要求，文化产业的发展迎来了利好的政策期。

---

① 《前三季度经济增长由负转正》，中华人民共和国国家统计局网站，2020年10月19日，http://www.stats.gov.cn/tjsj/zxfb/202010/t20201019_1794596.html。
② 《2020年居民收入和消费支出情况》，中华人民共和国国家统计局网站，2021年1月18日，http://www.stats.gov.cn/tjsj/zxfb/202101/t20210118_1812425.html。
③ 《2020年一季度居民收入和消费支出情况》，中华人民共和国国家统计局网站，2020年4月17日，http://www.stats.gov.cn/tjsj/zxfb/202004/t20200417_1739334.html。

2019年《文化产业促进法（草案送审稿）》已经将创意设计服务业归入文化产业经营性活动中，并在第22条条款中提出，国家要大力推动创意设计服务业发展，提高创意设计文化内涵，促进创意设计产品的市场交易和成果转化，提升制造业和现代服务业的文化含量和附加值，同时在第23条传统工艺振兴、第24条促进文旅融合、第25条境外推广、第53条资源数字化中都提到了创意设计的重要作用。

2020年2月28日国家发展改革委等23部门联合印发了《关于促进消费扩容提质加快形成强大国内市场的实施意见》，在政策中明确了通过推进文化创意和设计服务与制造业融合发展和增品种、提品质、创品牌的"三品"战略，推动自主品牌建设以全面提升国产商品和服务竞争力，丰富特色文化旅游产品、创新文化旅游宣传推广模式以重点推进文旅休闲消费提质升级的发展方向。

2020年11月18日文化和旅游部印发了《关于推动数字文化产业高质量发展的意见》，对创意设计等产业形态在培育和塑造具有鲜明中国文化特色的原创IP（Intellectual Property，知识产权）及其创造性转化与发展方面明确任务，并对深入推进"互联网+"以促进文化产业上线上"云"，加快传统线下业态数字化改造和转型升级提出了期望。

针对广告服务业，尤其是发展迅猛的互联网广告服务业，相关部门在2020年持续出台了监管整治措施，包括市场监管总局等11部门3月9日印发的《整治虚假违法广告部际联席会议2020年工作要点》、市场监管总局10月29日出台的《规范促销行为暂行规定》、市场监管总局11月5日出台的《关于加强网络直播营销活动监管的指导意见》、国家互联网信息办公室11月14日发布的《互联网直播营销信息内容服务管理规定（征求意见稿）》、中国广告协会7月1日发布的《网络直播营销行为规范》。

创意设计服务业的发展依托于整体文化产业的发展。新发布的政策文件强调了其与细分产业合作的重要性，帮助互联网广告业实现规范性发展。2020年创意设计服务业的相关政策主要强调以下几个方面。

首先，基于新冠肺炎疫情对经济和居民收入带来的巨大冲击，2020年

国家政策以经济复苏为主要指导方向,在生产生活秩序逐步恢复后,在政策的具体指引下,刺激居民的文化娱乐消费,尤其是通过创意设计为建设自主品牌提升商品和服务的竞争力,创意产品成为激发文化旅游业等文化产业消费的重要组成部分。

其次,创意设计服务业与其他文化产业中的细分产业合作愈加紧密。2020年公布的相关文件及政策的重点在于文化和旅游业、数字文化产业的发展。因此,这些行业关注的重点领域,包括博物馆、传统工艺等领域的创新发展,成为推动创意设计服务业多元发展的重要力量。

再次,随着党的十九届五中全会的召开、"十四五"规划和2035年远景目标的公布,文化产业的政策环境呈现利好态势,创意设计产品是刺激居民消费的重要消费品之一,发展创意设计服务业又是促进各细分门类发展的重要举措。同时,全国各省市相继出台相关政策,设立专项基金,为创意设计服务业提供良好的政策环境,如北京出台了《关于加快国家文化产业创新实验区核心区高质量发展的若干措施》《北京市文化产业高质量发展三年行动计划(2020~2022年)》,推动创意设计服务业发展。

最后,广告服务业的专项整治工作持续进行,行业发展与规范同步进行。2020年受新冠肺炎疫情影响,广告服务业的形态和结构发生了巨大的变化,互联网广告服务突飞猛进,其中短视频广告、直播营销迅猛发展,成为最重要的广告服务模式。随着新兴产业的发展,相关部门针对已出现的问题及时介入,加强规范,对未出现的问题未雨绸缪,加以防范,从而更好地发挥互联网广告在产业发展中的重要作用。

二 行业发展概况

(一)总体保持较快增长

步入新时代,我国人民的生活水平不断提高,日益增长的物质文化需求向文化创意产业提出了更高要求,促使文化创意产业持续增长并不断创新,创意设计服务业作为文化产业的重要组成部分,规模持续扩大。国家统计局数据显示,2019 年全国规模以上文化创意和设计服务业相关企业①营业收入为 12276 亿元,比上年增长 11.3%。② 2020 年受新冠肺炎疫情的影响,第一季度创意设计服务业相关企业的营业收入为 2736 亿元,比上年同期下降 2.5%。随着疫情防控取得成效,创意设计服务业的营收开始回升,2020 年前半年创意设计服务业相关企业的营业收入为 6250 亿元,比上年同期上升 3.3%;前三季度创意设计服务业相关企业的营业收入为 10276 亿元,比上年同期上升 9.0%;2020 年全国规模以上创意设计服务业相关企业的营业收入为 15645 亿元,比上年同期增长 11.1%。从第二季度起,创意设计服务业开始迅猛发展,已迅速恢复到往年水平并保持稳步增长。③

从行业增速看,创意设计服务业的行业增速在所有文化产业行业类别中位居第二,且超过了文化产业平均行业增速。在疫情的影响下,其依然保持着良好的增长态势。2020 年全国规模以上文化及相关产业企业营业收入上升了 2.2%,创意设计服务业增速高于平均行业增速。从行业比重看,2020 年创意设计服务业在文化产业的收入占比位列第三,超越 2019 年同期水平,意味着创意设计服务业在文化产业中发挥越来越重要的作用,且经过疫情这一特殊时期,文化产业的结构发生了较大的变化。

(二)区域发展水平与经济水平协调

创意设计服务业在不同区域的发展程度不同,创意设计服务业在不同区域的发展水平与该区域的经济、文化产业发展水平同步,东部沿海城市整体

---

① 同期数据存在变化,2019 年公布的上半年规模以上文化及相关产业企业营业收入的上年同期数与 2018 年公布的上半年数据存在差异,主要原因是:规模以上企业数量发生增减变化;加强统计执法,对统计执法检查中发现的不符合规模以上要求的企业及填报的不实数据进行了清理,对相关基数依规进行了修正。

② 《2019 年全国规模以上文化及相关产业企业营业收入增长 7.0%》,中华人民共和国国家统计局网站,2020 年 2 月 14 日,http://www.stats.gov.cn/tjsj/zxfb/202002/t20200214_1726365.html。

③ 《2020 年全国规模以上文化及相关产业企业营业收入增长 2.2%》,中华人民共和国国家统计局网站,2021 年 2 月 1 日,http://www.gov.cn/xinwen/2021-02/01/content_5584025.htm。

水平高于中部、西部城市，随着武汉、长沙、成都等中西部城市的经济崛起，其创意设计服务业也随之加速追赶。2020年，东部地区创意设计服务业实现营业收入73943亿元，远高于中部、西部的14656亿元、9044亿元。① 北京、上海、深圳作为经济与文化产业发展最迅速、产业最完善的城市，其创意设计服务业发展水平位于全国前列。在北京、上海、深圳被联合国教科文组织授予"设计之都"的称号后，区域一体化的发展带动了京津冀地区、长三角地区和珠三角地区的创意设计服务业发展。

在以北京为核心的京津冀地区，北京逐渐建设成为全国文化中心、世界创意之都，创意设计服务业在京津冀地区的发展速度较快。2020年北京规模以上创意设计服务业企业收入合计3374.9亿元，同比下降了0.6%，但仍位于北京文化产业收入的第二名，占比约24%，高于2019年同期水平。② 在北京举行的创意设计活动，如北京国际设计周、中国设计红星奖、北京时装周、北京文化创意大赛等已发展成知名度较高的品牌活动，"北京创造""北京设计"品牌优势和影响力持续扩大。

以上海为核心的长三角地区，创意设计服务业依托网络科技发展、多元国际交流迅速发展，并在国际上占据一定地位。2010年，上海加入联合国教科文组织"创意城市网络"，并被授予"设计之都"称号。十余年来，上海创意设计服务业实现增加值占上海GDP比重不断提高。上海将建设成为国内原创设计的首发地和国际一流的设计之都作为发展的重要目标，通过资金扶持、品牌打造、资源配置，为创意设计服务业提供良好的发展环境。长三角地区的其他城市如杭州、南京，依托长三角的核心城市向外辐射，并结合本城市的特色产业优势，将创意设计服务业与城市发展紧密融合。

---

① 《2020年全国规模以上文化及相关产业企业营业收入增长2.2%》，中华人民共和国国家统计局网站，2021年2月1日，http：//www.gov.cn/xinwen/2021-02/01/content_5584025.htm。
② 《规模以上文化产业情况》，北京市统计局网站，2021年2月1日，http：//tjj.beijing.gov.cn/tjsj_31433/yjdsj_31440/wh/2020/202102/t20210201_2250444.html。

创意设计服务业在珠三角地区以广州、深圳为核心，辐射至粤港澳大湾区的城市。深圳作为粤港澳大湾区创意设计服务业的领头兵，2020年出台了《关于加快文化产业创新发展的实施意见》，设立文化产业专项资金，利用互联网企业发展优势，通过完善创意设计基础设施，培养、引进创意设计人才，以推动创意设计服务业高质量发展。深圳、广州、中山、珠海等城市在2020年举办全国设计师大会、深圳设计周暨深圳环球设计大奖、广州创意周、深港城市建筑双城双年展、珠海国际设计周、文博会澳门精品展等活动，充分发挥临近港澳地区的优势，深化创意设计的国际交流，吸引创意设计的相关人才。

在中部地区，2017年长沙、武汉分别被联合国教科文组织授予了"媒体艺术之都""设计之都"的荣誉称号，文化产业成为城市转型发展的新驱动力。2020年受新冠肺炎疫情影响，武汉经济受到巨大冲击，长沙成为中部地区最具代表力与潜力的城市。2020年长沙市出台了《关于推动创新创业高质量发展打造"双创"升级版的实施意见》，充分利用湖南卫视等媒体资源、湖南省博物馆等文化遗产资源和烟花等特色产品，使"创意长沙"的名片逐步走红全国，走向国际。西南、西北、东北地区创意设计服务业发展进程与经济协同，相对滞后。

三 热点行业分析

创意设计服务业与其他产业紧密联系，在与传统产业的联系中呈现焕发活力的产业形势。2020年受疫情影响，线下实体产业受到强烈冲击，互联网营销持续发力，在疫情期间迅猛发展。创意设计服务业的热点行业逐渐凸显，为刺激消费做出贡献。

（一）博物馆文化创意产品

习近平总书记在联合国教科文组织总部的演讲中对文创工作提出了殷切要求："让收藏在博物馆里的文物、陈列在广阔大地上的遗产、书写在古籍里的文字都活起来。"① 博物馆文化创意产品是活化文物与遗产的重要形式。2020年1月,国家文物局公布实施新版《博物馆定级评估办法》,其评分细则中涉及"文化创意产品研发与经营"的部分有40分,占总分1000分的4%。博物馆文创是博物馆工作的重要组成部分,对博物馆的展陈、教育、宣传等功能的实现有着重要的推动作用,文创产品成为弘扬传统文化的重要载体。

博物馆文创线上经济发展迅猛,成为博物馆宣传、文创产品销售的重要途径。目前,中国国家博物馆、故宫博物院等国家级博物馆,河南博物院、上海博物馆、湖南省博物馆、陕西历史博物馆等各国家级和省级博物馆,苏州博物馆、西安博物院等市级博物馆,秦始皇兵马俑博物馆、三星堆博物馆等"网红"景区博物馆纷纷入驻淘宝网,线上场景式消费逐渐成为文创产品消费的主流。在疫情居家隔离的影响下,线上云游成为新的参观方式,"博物馆+直播+电商"的新模式开拓了线上销售的渠道,打通了从博物馆文物到文创产品的渠道。线下博物馆文创商店在传统的展陈销售模式上进行了创新,如2020年西安博物院打造了自助购物文创实体店"西博造物",提升消费者购物体验。目前博物馆文创已经形成了"线上+线下"的新零售模式,线下的文创商店成为博物馆的"最后一个展厅"。② 线上商城成为宣传阵地,通过文创产品拓展博物馆公共教育与服务的功能。

2020年由北京师范大学文化创新与传播研究院发布的《中国文博文创消费调研报告》显示,创意美食、饰品配件、家居摆设为最受欢迎的文创产品,消费者对于传统旅游纪念品产生审美疲劳,兴趣度不高。博物馆文创产品已经逐步跳脱出博物馆纪念品的框架,将博物馆的馆藏文物形象与日常生活、工作紧密结合,如手提袋、台灯、配饰、书签、餐具等,增加博物馆文创的使用场景,使消费者得以将"博物馆"带回家。同时,文创产品的

---

① 《习近平在联合国教科文组织总部的演讲》,人民网,2014年3月28日,http://cpc.people.com.cn/n/2014/0328/c64094-24759342.html。
② 柏桦:《博物馆文创产品,如何跨界"出圈"?》,群众新闻网,2020年9月11日,https://www.sxdaily.com.cn/2020-09/11/content_8685242.html?from=singlemessage。

设计结合博物馆特色,如苏州博物馆结合江南四大才子的典故,推出唐寅茶包,浪漫潦倒一览无余;上海博物馆将文徵明《江南春词意图卷》分五段印于江南春预调酒的瓶身,经排列可以得到完整的画卷,将文化底蕴融入文创产品中。

博物馆文创推陈出新,与消费热点紧密结合。盲盒是博物馆文创尝试的新形式,引发消费热潮。2020年河南博物院推出了考古盲盒——"失传的宝物",用掺有古都洛阳北邙山上土质的土块将历史文物包裹起来,消费者使用赠送的迷你洛阳铲刨开土块,可能得到杜岭方鼎、铜钱币、十二生肖兽首印章、武则天金简、大将军虎符等文物仿制品。开盲盒的过程模拟了考古挖掘的体验,"失传的宝物"销量暴增,一度上线即售罄。无独有偶,陕西历史博物馆以馆藏文物日己觥为原型,汲取了中国传统青铜器的纹样与造型,设计出系列盲盒——"青铜小分队";三星堆博物馆选用三星堆中的典型文物形象,推出盲盒摆件系列——"祈福神官"。结合解谜游戏热潮的掀起,2020年国家博物馆推出《博乐·元宵行乐》主题解谜书,以馆藏文物《明宪宗元宵行乐图》为载体,结合实体书、61段真人视频片段、1000多字的手书、30多张沙画、24件道具,解开玄机,获得真相。

博物馆文创逐步克服产品类型单一、跟风现象严重的弊端,在跨界合作中积极创新,赋予文创产品更多内涵。陕西历史博物馆将文创产品以走秀的形式集中向大众展现,并积极与餐饮、游戏等其他领域合作;秦始皇帝陵博物院与华扬联众达成战略合作,与中国印钞造币总公司共同开发纪念币、纪念章等。博物馆文创产品的消费群体逐步年轻化,以"90后""00后"为主力,文创产品制作精美、充满创意、具有浓厚的中国风及民族特色,满足了以年轻人为首的主要消费群体的需求。

疫情防控常态化下,挖掘博物馆馆藏资源、推动文创产品的研发、加强跨界合作、创新营销方式,是博物馆提升公共服务质量的重要方式。只有打造更多高品质的博物馆文创产品,才能满足人民的精神消费需求,弘扬传统文化,将历史融入生活,使消费者得以将"博物馆"带回家。

（二）潮流玩具

2020年潮流玩具蓬勃发展，精确的用户画像、创新的产品特征为消费者带来新奇而强烈的需求刺激。在疫情的影响下，潮流玩具的宣传、销售渠道从线下依赖型逐步发展为线上、线下相结合的模式，增加了产品的触及面。盲盒成为2020年潮玩文化的突出现象。

2020年盲盒市场的领军公司泡泡玛特在港股挂牌上市，开盘首日股价涨幅超100%，2019年泡泡玛特实现了16.83亿元的营业收入，2018年、2019年营收增幅分别为225.4%、227.2%，潮流玩具已经由小众市场走向了大众消费市场，发展迅猛。盲盒的主要消费群体为具有一定购买力的年轻人，泡泡玛特的官方数据显示，其中30%的消费者年龄为18～24岁，其次是25～29岁的消费者、30～34岁的消费者。① 天猫2019年发布的《95后玩家剁手力榜单》显示，盲盒收藏人数呈几何倍数增长。发展自艺术玩具的盲盒兼具了艺术性、趣味性，满足了年轻消费群体对不确定性的期待、收藏的欲望和对美的追求，消费者在潮流玩具的陪伴下产生一定的情感寄托。

盲盒的迅速壮大依赖于IP，以业界龙头泡泡玛特为例，目前泡泡玛特运营93个IP，其中包括12个自有IP、25个独家IP和56个非独家IP。泡泡玛特签约艺术家进行创作，举办潮流玩具展览吸引更多艺术家与设计师参与，同时通过展览的形式让更多潮流玩具被更多观众熟知与喜爱。由泡泡玛特举办的上海潮流玩具展、北京潮流玩具展已经成为潮流玩具设计界最重要的展览。潮流玩具与IP的深度绑定也印证了随火爆市场发展的潮玩公司的发展痛点，即原创IP不足，IP单一、固化，这些内核因素将使潮玩缺少可持续发展能力。

潮流玩具依赖于线下门店的销售，2020年受疫情影响，线下流量停滞，线上的营销业务得到迅猛发展。泡泡玛特构建起天猫旗舰店、微信小程序抽

---

① 陈晨、郭子暄：《盲盒怎么这么火？》，腾讯网，2020年12月27日，https：//mp.weixin.qq.com/s/2DRhWrgfs4oCq4E26TwrnQ。

盒机、泡葩趣App商城、速卖通官方店等线上销售矩阵，满足消费者的需求，同时利用抖音直播引流，刺激消费。潮玩品牌寻找独角兽联合天猫上线了线上抽盒机，在旗舰店的基础上开发购物小程序，并基于购物场景为消费者提供个性化的服务，从而提高了转化率，缩短消费者复购周期。疫情防控常态化下形成了线下、线上双销售模式。

随着盲盒粉丝受众群体的扩大，盲盒模式被越来越多应用于跨界营销中。瑞幸咖啡首次推出了代言人刘昊然形象的盲盒——"遇见昊然"，吸引粉丝为满足收藏欲而买单，以促进消费；河南博物院、陕西历史博物馆、故宫博物院、《国家宝藏》节目纷纷推出了文博文创盲盒，将文物元素融入充满设计感的潮流玩具中，使潮玩更具历史底蕴，收藏价值与文化价值并存，实现文化传承与消费升级；影视剧《清平乐》《唐人街探案3》推出角色联名盲盒，以创新的方式提高影视剧的宣发效果。

以潮流玩具为核心，构建起圈层文化，带来社交价值。潮流玩具的社交属性和传播属性促进了潮玩玩家互动交流平台的发展，消费者得以在圈子中产生社交，在交流经验、组团抽盲盒、交易潮玩、改造潮玩等过程中增加身份认同感，从而加强潮玩的用户黏性。同时，消费者在交流中得以释放精神压力，在快节奏的生活中获得期待的惊喜、审美的愉悦、精神的放松。

（三）互联网广告

疫情是2020年最大的影响因素，互联网广告业也受到了强烈的冲击。2020年上半年，线下的营销转为线上，互联网广告业的线上流量激增，互联网广告供给端充裕，但需求端在一段时间高强度的刺激下渐显疲软。经济、居民购买力受疫情影响，广告与消费能力的转化比率低，广告主投放广告的意愿降低。随着疫情情况好转，人民社会经济生活恢复秩序，互联网广告业恢复正常水平，同时延续疫情期间被改变的互联网广告业态。2020年互联网广告全年收入为4971.61亿元，相比2019年增长了13.85%，增幅较2019年降低了4.35个百分点，互联网广告业克服了疫情的严重阻碍，仍保持了积极上升的发展态势。互联网广告基于不同形式、平台、流量规模，在

不同互联网企业中呈现不同分流。2020年，阿里巴巴占据了互联网广告市场的最大份额，规模超过了1000亿元；字节跳动、腾讯、百度紧随其后，规模超过了500亿元；京东、快手、美团、小米分别排在5~8名，规模超过了100亿元。以阿里巴巴、京东为代表的电商平台贡献了收入增长，改变了电商广告模式，电商直播带货营销成为电商新零售转型后的重要方式。2020年上半年电商直播场次超过1000万场，观看人数超过500亿人次，上架商品数量超过2000万件，活跃主播人数超过40万人。以抖音、快手为代表的短视频平台贡献了流量的增长，改变了广告主的广告投放模式。2020年短视频广告增幅为106%，远超过长视频广告25%的增幅，短视频广告与电商广告紧密结合。①

以腾讯为代表的社交平台实现了用户流量的转化，在社交平台探索广告制作与投放的新形式。2020年第二季度腾讯网络广告收入中社交及其他广告收入为153.62亿元，第三季度社交及其他广告收入增长至177.52亿元，其中视频广告占比上升，微信朋友圈曝光量增长，推动了移动广告收入的增长。②

2020年中国互联网营销市场总规模达10457亿元，其中非广告营销服务收入为5494亿元，超过互联网广告收入，因此互联网营销从广告延伸至服务，并向服务端倾斜。③ 投放互联网广告的行业在疫情影响下发生了变化：医疗健康、在线教育、电子商务、网络游戏等投放数量增加；旅游、房地产、汽车等行业在充满挑战的宏观环境下，基于广告投放转化率的考虑，放缓了2020年的投放计划；金融服务、必需消费品的广告在第一季度受到较大影响，随后逐渐恢复正常。

互联网广告基于大数据，实现更精准的广告投放，提高了广告的转化

---

① 《〈2020中国互联网广告数据报告〉正式发布》，国家监管总局网站，2021年1月14日，http://www.samr.gov.cn/ggjgs/sjdt/gzdt/202101/t20210114_325214.html。
② 腾讯控股有限公司2020年中期财务报告。
③ 《〈2020中国互联网广告数据报告〉正式发布》，国家监管总局网站，2021年1月14日，http://www.samr.gov.cn/ggjgs/sjdt/gzdt/202101/t20210114_325214.html。

率。腾讯2020年第三季度广告收入同比增长16%，主要受益于基于算法的广告投放被广泛采用，解决了因疫情影响汽车、房地产等行业购买意愿、购买力降低而带来的低转化率问题。

针对互联网广告服务业的新业态，国家市场监管总局、国家互联网信息办公室、中国广告协会等相关部门相继出台了监管、规范、整治等条例、措施，为构建起良好的互联网营销环境提供政策基础，促进互联网广告业健康有序发展。

四 问题对策与发展趋势

中国创意设计服务业的发展与世界发达国家相比仍有一段距离，与我国文化产业的其他产业形态相比仍处于初级阶段，其中仍有许多问题亟待解决。

（一）加强原创能力，挖掘文化资源

创意设计服务业的核心竞争力是创意设计的能力，即IP生产与文化资源开发。以潮流玩具市场为例，泡泡玛特成为行业龙头最重要的原因是通过与艺术家、知名IP供应商和内部设计团队的合作，吸引并掌握了最多的IP资源。可持续的原创能力是创意设计服务业企业延续生命力的关键。IP固化、单一仍是许多企业面临的问题，原创力不足将无法满足消费者快速变化的精神文化需求，面临市场的淘汰。随着创意设计服务业的发展，未来原创能力将成为核心竞争力为企业构筑壁垒，争夺市场。

目前将文创零售商店作为"最后一个展厅"的博物馆数量不断增加，其自主创新能力不断加强，但当前博物馆文创产品仍存在短板。首先，跟风现象较为严重，当某种产品形式、产品风格受到消费者喜爱，则近期将涌现大量同品类的商品，如曾经风靡的博物馆台历、联名彩妆、联名食品等。其次，产品类型单一，综观博物馆文创店铺，产品多集中于生活用品、文具等品类，创新性不足。最后，产品的文化内涵单薄，大部分产品局限于文物形

象的变形再现,或是文物元素在其他产品中的展现,缺少对传统文化的挖掘。因此博物馆文创应通过创意设计让文物"活起来",既符合作为文化消费主力军的年轻人的精神需要和喜好偏向,更是在文化资源的挖掘中展现传统文化的博大精深。区别于形象再造,博物馆文创应是精神再现。

(二)加强产业合作,打通产业链条

创意设计产品有较强的社交属性,创意设计的核心使得产品与其他产业合作的实现效率更高。在文化产业中,IP 是功能极为强大、地位极为重要的组成元素。IP 不仅可以一源多用,极大赋能文化资源商业价值的增长,还能通过 IP 联动实现多种文化产业形态共同开发,使 IP 价值在多种媒介中转化流动,占领不同细分市场,在以一带多下实现资源开发的长尾效应,构成文化产业领域的重要发展模式。因此,IP 只有充分发挥其延展性,才能达到开发的最大效用。目前创意设计服务业的 IP 较少延伸至其他行业。以潮流玩具为例,目前市场上火热的盲盒款式皆为艺术家设计款,人物形象不是来自既有 IP,也尚未与动漫、影视、旅游等其他产业形态结合。盲盒手办作为营销的新模式,虽然在其他产业、行业中有被应用,但没有使 IP 得到延伸发展。

因此,创意设计服务业应该发挥产品优势,加强与其他产业、其他行业的跨界合作,丰富产业链,提高 IP 的生命力。创意设计服务业与影视、动漫、动画的合作在国外已经形成较为成熟的模式和庞大的规模,角色人物的手办不仅拓宽了作品的受众面、满足了粉丝群体对角色的占有欲,同时满足了年轻消费者对潮流玩具的收藏欲望。除影视作品外,还应加强与博物馆、旅游景区的合作,将创意设计产品作为宣传的重要途径。博物馆文创产品经过多年的发展已初见规模,而大部分景区的相关宣传品仍局限于钥匙扣、明信片等传统纪念品,需要创意设计的深耕。此外,创意设计领域的自有 IP 将在与其他产业的碰撞中提升 IP 内涵,为 IP 赋能,缓解消费者快速的审美疲劳,提升原创 IP 的生命力。

（三）加强技术融合，创新产业生态

创意设计、广告服务与技术发展紧密结合，并随技术的升级而改变产业形态。以互联网广告为例，随着短视频在近两年的异军突起，以抖音、快手为首的短视频平台成为互联网广告流量增长最迅猛的阵地；随着交互方式的改变，电商直播成为互联网零售业广告最主要的投放模式，电商广告为互联网广告贡献了最多收入；随着大数据等技术的成熟发展，互联网广告基于算法的精准营销成为主流。因此，随着AR、VR、区块链、人工智能等技术的发展，广告创意不再局限于平面传播，传播渠道不再局限于社群、电商、视频等已有形式，未来创意设计服务业将在技术的普及与应用中培育出新产品、新模式。

创意设计服务业发展机制不健全，在未来应加强引导，在人才、资金、环境等多方面给予支持。加强培育创新人才，积累人才资本，为提升产业创新创意的核心竞争力提供基础。加大资金支持力度，推动创意设计服务业企业的成长与发展，为技术支持创造条件。持续构建更为包容、开放的氛围，为产业提供良好的发展环境，同时加强监管，根据产业变化及时调整政策规章，提供良好的市场环境。

未来，我国创意设计服务业将在自身产业生态的优化中提升核心竞争力，在进一步加强的跨界合作中深化对文化产业的影响，在与技术的深度融合中推动产业转型，从而变革消费方式，成为提升国家文化软实力的重要力量。

B.10
网络文化业年度发展报告

张艺璇*

摘　要： 2020年在互联网的助力下，网络文化业在科技中孕育、在文化中融合、在危机中催生、在探索中成长，实现了由狭义的数字内容产业向广义的数字文化产业升级的跨越发展。本报告从宏观环境、行业政策、市场数据、技术进步、国际交流等方面对网络文学、网络音乐、网络视听等重点行业进行分析研判，提出2021年的网络文化业发展趋势为：平台升级、长短视频竞合发展，价值回归、泛知识类内容持续发展，文化上云、线上线下融合发展。

关键词： 网络文化业　网络视听　文化上云　短视频

当今世界正经历百年未有之大变局，随着新一轮科技革命和产业变革深入发展，用户创造内容的生产力被空前解放，无数传统文化企业实现"上云用数赋智"，无数人向全世界直播共享文化生活，网络文化业在科技中孕育、在文化中融合、在危机中催生、在探索中成长，实现了由狭义的数字内容产业向广义的数字文化产业升级的跨越发展。本报告将网络文化业界定为以互联网为平台，通过文化内容的数字化创作、展示、转化、传播和消费，面向网络及新媒体用户的数字文化新业态，除了动漫游戏、网络文学、网络音乐、网络表演、网络视频等较为成熟的网络文化业态以外，还包含短视频、直播、云旅游、云演艺、云展览等新型消费业态。

---

* 张艺璇，北京大学艺术学院博士研究生，主要研究方向为艺术管理与文化产业。

一 宏观环境与政策分析

（一）宏观条件

2020年伊始，以线下经营模式为主的传统文化企业受到新冠肺炎疫情的强烈冲击，第一季度营业收入比上年同期下降13.0%，而以互联网为基础的网络游戏、网络视频、数字音乐、在线阅读等16个文化新业态小类营业收入却异军突起、逆势上扬，比上年同期增长15.5%，充分体现了网络文化业在抵御新冠肺炎疫情、满足人民文化需求、增强人民精神力量等方面的积极作用。同时网络文化业在抗击疫情中形成了云演艺、云展览、云旅游等多种新业态和新模式，展现出强大的成长潜力和活力，已成为2020～2021年文化产业高质量发展的新引擎。

从国内整体消费环境来看，第48次《中国互联网络发展状况统计报告》显示，我国互联网普及率超过70%，网民数量已突破10亿人，这为网络文化业的发展提供了广阔的市场。① 随着5G、大数据、人工智能等信息技术的加速普及，网络文化业传播分散化、消费个性化、就业灵活化的特点将进一步凸显，数字内容产品的消费潜力和市场价值也将得到进一步释放。国务院办公厅、国家发展改革委等部门也先后印发《关于以新业态新模式引领新型消费加快发展的意见》《关于促进消费扩容提质加快形成强大国内市场的实施意见》《关于支持新业态新模式健康发展激活消费市场带动扩大就业的意见》等政策文件，着力培育以网络文化业为代表的新业态新消费新模式，为文化产业复苏和创新发展创造良好的生态环境。2020年10月，党的第十九届五中全会更是明确提出要实施文化产业数字化战略。同年11月，《关于推动数字文化产业高质量发展的意见》提出数字文化产业要向高质量发展的明确导向，引导产业未来发展方向，起到"稳预期""稳投资"的作用。

---

① 中国互联网络信息中心：《中国互联网络发展状况统计报告》，2021年8月。

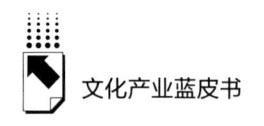

（二）政策分析

2020年我国网络文化业相关部门围绕"抗疫、提质、求新"三大关键词出台了一系列政策文件（见表1）。在疫情出现初期，国家广电总局网络视听节目管理司迅速组织网络视听媒体开展网络视听"共同战'疫'"宣传，在快手、抖音、芒果TV、爱奇艺、优酷、腾讯视频等14家主要网络视听平台上用统一的蓝色包装推送疫情防控相关的短视频，在互联网上形成强大宣传声势，截至2020年2月2日共推送的近百条短视频作品，全网总播放量超过14.6亿次。国家广电总局还积极组织优酷、腾讯视频等视听网站在首页显著位置开设"肺炎防治"频道/专区、联合有关部门积极开办疫情防控知识专项直播答题活动，切实增强了人民群众的自我防护意识和社会信心。针对疫情期间网络视听企业面临的生存问题，腾讯视频等9家影视公司发出《关于开展团结一心 共克时艰 行业自救行动的倡议书》，对疫情期间剧组停拍、项目延迟、电视剧产量下降等问题提出市场调节、能上能下、公众平衡、共商共担的定价参考原则。北京市广播电视局从线上提交备案审核材料、压缩备案审核工作时间、帮扶受疫情影响的重点题材节目、为创作生产反映防疫抗疫的视听作品开通绿色通道、调整优秀网络视听节目申报要求、优化网络视听平台备案制服务等方面为网络视听企业保经营、稳发展保驾护航。

表1 2020年6月至2021年4月网络文化业部分政府文件一览

发布时间	发布部门	细分行业	文件名称
2020年6月	国家新闻出版署	网络文学	《关于进一步加强网络文学出版管理的通知》
2020年7月	国家网信办秘书局	网络环境	《关于开展2020"清朗"未成年人暑期网络环境专项整治的通知》
2020年7月	国家发展改革委等13部门	短视频、直播	《关于支持新业态新模式健康发展激活消费市场带动扩大就业的意见》

续表

发布时间	发布部门	细分行业	文件名称
2020年7月	国务院办公厅	直播	《关于支持多渠道灵活就业的意见》
2020年8月	教育部、国家新闻出版署等6部门	网络环境	《关于联合开展未成年人网络环境专项治理行动的通知》
2020年9月	国家发展改革委等4部门	短视频、直播、网络视频等	《关于扩大战略性新兴产业投资 培育壮大新增长点增长极的指导意见》
2020年10月	国家广播电视总局	网络视频	《防范和惩治广播电视和网络视听统计造假、弄虚作假责任制规定》
2020年11月	市场监管总局	直播	《关于加强网络直播营销活动监管的指导意见》
2020年11月	国家广播电视总局	网络视频	《关于切实强化网络影视剧细节把关的通知》
2020年11月	国家广播电视总局	直播	《关于加强网络秀场直播和电商直播管理的通知》
2020年11月	文化和旅游部	网络文化业等	《关于推动数字文化产业高质量发展的意见》
2021年2月	国家网信办等7部门	直播	《关于加强网络直播规范管理工作的指导意见》
2021年4月	文化和旅游部	网络文化业等	《"十四五"文化和旅游科技创新规划》

疫情防控进入常态化阶段后，党和政府更加重视网络文化产品对人民精神的引领作用，在各项政策中突出方向和内容在数字文化产业发展中的核心地位。2020年2月，在国家广电总局网络视听节目管理司指导下，中国网络视听节目服务协会联合10家网络视听节目网站签订了《网络综艺节目内容审核标准细则》，对访谈、选秀、情感、少儿、体验等不同类型的网络综艺节目及其标题、名称、评论、弹幕、表情包等内容做出具体规定；2020年6月《关于进一步加强网络文学出版管理的通知》正式发布，要求加强网络文学市场管理，严肃处理违法违规行为，实施网络文学创作者实名注册制度。2020年11月国家广电总局发布《关于切实强化网络影视剧细节把关的通知》，确保导向正确、内容安全是网络影视剧制作播出的第一要务。其

中,做好相关特定画面、景观、音乐、译文译注等细节把关,是网络影视剧内容审核的重要环节。

面对疫情期间涌现的网络直播、短视频、沉浸式体验等新型网络文化业态,2020年国家出台了一系列培育、服务、引导、监管、治理的"求新"措施。7月14日国家发展改革委等13个部门在《关于支持新业态新模式健康发展激活消费市场带动扩大就业的意见》中指出要以抗击新冠肺炎疫情期间涌现的线上服务新模式发展为契机,打破传统业态按区域、按行业治理的惯性思维,探索触发式监管机制,建立包容审慎的新业态新模式治理规则;7月28日国务院发布《关于支持多渠道灵活就业的意见》,指出要加快推动在线娱乐行业的发展,为劳动者在线就业和办公提供支持;9月8日国家发展改革委等4部门发布《关于扩大战略性新兴产业投资 培育壮大新增长点增长极的指导意见》,提出要加快数字创意产业融合发展,建设相关平台,并提供多元化的消费体验;11月18日《关于推动数字文化产业高质量发展的意见》发布,强调要深刻把握数字文化内容属性,加强原创能力建设,充分运用网络音乐、数字艺术等线上产业形态,打造具有国内外影响力的数字文化品牌,推动中华优秀传统文化的创造性转化,发展社会主义先进文化。

二 行业发展概况

(一)数据分析

2020年中国互联网文化参与状况进一步改善,中国互联网络信息中心发布的第47次《中国互联网络发展状况统计报告》显示,截至2020年12月,我国网络视频用户规模超过9亿人,在网民整体中占比93%以上;其中,短视频用户在整体网民中占比88%以上,超过8亿人。2020年短视频和网络直播行业处于风口期,年增长率均超10%,呈爆发增长态势(见表2)。

表2 2020年3~12月各类互联网应用的用户规模及使用率

单位：万人，%

应用	2020年3月		2020年12月		用户增长率
	用户规模	网民使用率	用户规模	网民使用率	
网络游戏	53182	58.9	51793	52.4	-2.6
网络视频	85044	94.1	92677	93.7	9.0
短视频	77235	85.6	87335	88.3	13.1
网络音乐	63513	70.3	65825	66.6	3.6
网络文学	45538	50.4	46013	46.5	1.0
网络直播①	59982	62.0	61685	62.4	2.8

资料来源：中国互联网络信息中心：《中国互联网络发展状况统计报告》，2021年2月。

2020年全国规模以上文化及相关产业企业营业收入情况调查数据也显示，文化新业态特征较为明显的16个行业小类实现营业收入超过30000亿元，增长超过20%，增速比一季度、上半年和前三季度分别加快6.6、3.9和0.2个百分点②；占规模以上文化及相关产业企业营业收入的比重超过30%，相较上一年提高了9.0个百分点。其中，互联网其他信息服务、其他文化数字内容服务、互联网广告服务等行业小类的营业收入增速均超过20%。③ 2021年上半年，文化新业态行业小类实现营业收入18204亿元，比上年同期增长32.9%；比2019年上半年增长57.1%，年均

---

① 网络直播包括电商直播、体育直播、真人秀直播、游戏直播和演唱会直播。
② 新业态特征明显的16个行业小类是：广播电视集成播控，互联网搜索服务，互联网其他信息服务，数字出版，其他文化艺术业，动漫、游戏数字内容服务，互联网游戏服务，多媒体、游戏动漫和数字出版软件开发，增值电信文化服务，其他文化数字内容服务，互联网广告服务，互联网文化娱乐平台，版权和文化软件服务，娱乐用智能无人飞行器制造，可穿戴智能文化设备制造，其他智能文化消费设备制造。
③ 《2020年全国规模以上文化及相关产业企业营业收入增长2.2%》，中华人民共和国国家统计局网站，2021年1月31日，http://www.stats.gov.cn/xxgk/sjfb/zxfb2020/202101/t20210131_1812937.html。

增速达 25.3%。① 可见"互联网 + 文化"在 2020 年保持快速增长,文化新业态发展态势向好。

(二)技术进步

2020 年文化领域新基建节奏加快,伴随着 5G 网络带来的高带宽和低延时,VR/AR、超高清视频、区块链技术在互联网上的应用空间进一步扩大,更多沉浸式、互动式、超高清视频产品出现在网民的视野。2020 年 3 月,国家广电总局科技司研究制订了广播电视和网络视听"十四五"重点研发需求,将推动包括融合媒体云应用、智能协同组网、高新视频、人工智能、大数据、区块链、全媒体传播在内的 10 项技术在网络视听领域发挥更大的作用。同年国家广电总局先后发布互动视频、沉浸式视频、VR 视频、云游戏、广播电视等 5G 高新视频系列技术白皮书,广播电视和网络视听大数据标准化白皮书,超高清视频标准体系建设指南等科技标准,为推动网络视听行业转型升级注入新动能。2020 年 9 月 26 日,《关于加快推进媒体深度融合发展的意见》正式出台,强调要优化资源配置,推动网络平台扩大规模、提升竞争力;并运用最新的信息技术成果,与多领域合作发展,推动核心技术的自主创新能力培养;同时将网络内容的建设放在重要位置。2020 年 5 月,中宣部文改办下发《关于做好国家文化大数据体系建设工作通知》部署中国文化遗产标本库、中华民族文化基因库、中华文化素材库的建设,为线下文化资源数据化打下坚实基础,助力传统文化以多元样态出现在网络文化空间,引领网络文化内容生产新风向。

人工智能也使网络文化内容的智能化生产和传播能力逐步增强,在辅助内容创作、提升内容产出效率、打造个性消费体验和创新交互形式等方面展现出惊人的发展潜力。如爱奇艺、腾讯视频等长视频平台纷纷推出"只看 TA""多视角观看模式""AI 手语主播""智能搜索""个性化推荐"等功

---

① 《2021 年上半年全国规模以上文化及相关产业企业营业收入增长 30.4% 两年平均增长 10.6》,中华人民共和国国家统计局网站,2021 年 7 月 31 日,http://www.stats.gov.cn/tjsj/zxfb/202107/t20210730_ 1820143. html。

能在深度优化用户体验方向上发力；短视频平台抖音（TikTok）智能算法通过收集用户拍摄或点赞数据，根据视频标题、音乐和内容标签，向与视频博主有共同兴趣、爱好或特定身份的用户智能推荐短视频，缩短优质内容触达用户的链路，成功入选《麻省理工科技评论》2021"十大突破性技术"。[1]

（三）国际交流

2020年我国"文化出海"由"内容出海"进入"模式出海""平台出海"的新阶段，在网络文学领域，艾瑞咨询发布的《2021年中国网络文学出海研究报告》显示，中国网络文学海外市场规模在2020年已经超过10亿元，增速为145%；用户规模达到8316.1万人，增速为160.4%，全年共有10000余部作品成功输出海外。其中，阅文平台自主建立的海外网络文学平台起点国际在海外率先运作国内付费阅读商业模式，截至2020年12月已上线作品20万部，海外原创作者数量也从2019年6月的不到3万人，攀升到11万人之多。2020年9月，第四届中国"网络文学+"大会启动了中国网文联合出海计划，推出了网络文学出海开放平台"推文出海网"。[2] 推文科技与多家网文平台合作，日均更新近4000部小说，其AI生产分发系统可以15分钟/册的速度，自动监测、抓取、翻译和发布获得版权的中文小说，使行业效率提高3600倍，月出版发行量达3000多册，全球合作分发渠道近50个。

2020年国内短视频平台的海外市场布局开始加速，除2017年上线的抖音国际版TikTok外，2020年4月快手在海外上线SnackVideo主打印度尼西亚市场，UVideo专注印度市场，同年5月在美国上线Zynn。据Sensor Tower统计，2020年3月随着全球多国因疫情进入封锁状态，TikTok下载量激增至1.15亿次，上半年下载量近6亿次，较去年同期增长88.7%。[3] 2020年

---

[1] "10 Breakthrough Technologies 2021"，https：//www.technologyreview.com/2021/02/24/1014369/10‐breakthrough‐technologies‐2021/.

[2] 路艳霞：《"网络文学+"大会启动网文出海》，《北京日报》2020年9月8日。

[3] 《Sensor Tower：2020上半年中国出海短视频/直播TOP20》，199IT中文互联网数据资讯网，2020年7月5日，http：//www.199it.com/archives/1077809.html。

8月,TikTok因在美国市场迅速扩张,受到美国政客的威胁,时任美国总统特朗普宣布TikTok须在9月15日前关闭或出售美国业务,给抖音国际业务拓展造成巨大冲击。

三 重点行业分析

(一)网络文学行业

1. 网文创作群体规模持续扩大

2020年新冠肺炎疫情催生"宅经济",为网络文学行业带来发展新机遇,网络文学内容创作逆势增长,创作群体规模持续扩大。国务院办公厅在7月28日出台的《关于支持多渠道灵活就业的意见》强调要加快推动在线娱乐行业发展,为劳动者居家就业、远程办公、兼职就业创造条件。网络文学写作因其创作门槛低、环境约束少成为大众青睐的理想副业。《2020年度网络文学发展报告》数据显示,2020年中国网络文学作家已经达到2056万人,净增约100万人,作品增长约200万部。其中,网文写作是多数原创创作者的主要收入来源,更有超过30%的创作者是全职作者,兼职作者占比为54.8%。

2. 免费+付费商业模式融合发展

2020年各大主要网络文学平台积极探索免费+付费的阅读模式,互联网媒介使IP开发的长尾效应进一步凸显。易观发布的《中国网络文学版权保护白皮书2021》显示,2020年中国网络文学市场规模超过280亿元,用户付费和版权运营成为行业收入的主要来源。通过IP全版权运营,网络文学对数字娱乐产业影响范围超过40%。

用户付费方面,从整体数据来看,《2020年度中国数字阅读报告》显示2020年电子阅读付费用户中26.8%每月平均花费100元及以上,阅文集团2020年上半年在线业务收入同比增长50.1%至24.95亿元,自有平台产品及自营渠道的平均月活跃用户数同比增加7.5%至2.33亿人,每名付费用户为平台创造月均收入同比增加51.6%至34.1元。阅文集团还积极打造更能提高用户黏性的互动评论社区，用户通过在起点读书App内为喜欢的作品角色点赞应援，累计角色标签数量超过30万，点赞数量破亿；2020年推出的"本章说"阅读评论功能，全年累计评论数量近亿条，对用户人均阅读时长和付费率的提升分别贡献超过32%和10%。

免费阅读模式则是2020年提升移动阅读市场增长率的重要手段，QuestMobile发布的《2020中国移动互联网年度大报告》显示，2020年12月免费网文App行业用户规模达1.44亿人，较上年同期的1.18亿人，增长了22%，免费阅读仍处在高速增长期。免费阅读模式主要是通过向读者提供免费内容获得相应流量，然后通过信息流广告、展示广告等形式变现。艾媒咨询《2020年中国移动阅读行业发展专题报告》数据显示，超六成移动阅读用户希望移动阅读平台免费化，其中42.9%的移动阅读用户希望完成平台任务后免费阅读，20.2%的用户希望移动阅读平台完全免费，通过长期打卡换取免费阅读时长成为最易被大众接受的任务形式。米读、七猫等部分免费网文平台还进行了短剧化改编的尝试，将平台上点击量高的热门小说改编成几分钟一集的短视频直击观众爽点，吸引了大批"圈外用户"。然而主攻下沉市场的免费阅读模式虽然为网络文学的内容规模和读者群体带来不少增量，但其收入模式单一、内容水平参差不齐、孵化头部IP能力不强等问题也纷纷显现。未来网络文学平台免费+付费融合商业模式将成为重要的发展趋势。

3. 新型网络阅读场景不断涌现

2020年各大网络阅读平台积极开拓音频、短视频业务范围，媒体融合趋势进一步凸显。《2020年度中国数字阅读报告》显示，2020年人均电子书阅读量为9.1本，有声书阅读量为6.3本，平均单次电子阅读时长为79.3分钟，有声阅读时长为62.8分钟，音频付费增长显著，付费音频收入占到有声阅读收入的62.6%。从行业竞争格局来看，阅文与腾讯音乐达成战略合作，共同开拓长音频领域有声作品市场；中文在线与咪咕文化、蜻蜓FM签订《战略合作协议》共同打造数字媒体生态产业。以抖音、快手、微视为主的短视频平台也与各大网络文学平台达成合作开发协议，共同扶持微短剧内容创作，如掌阅科技2020年末发布公告称字节跳动入股11亿元，已成为其第三大股东；快手联合米读达成短剧开发战略合作；腾讯微视也与阅文集团、腾讯动漫、腾讯游戏等达成"火星计划"，共同推动网文改编竖屏短剧产业的发展，网络阅读的有声化、影视化市场已初具一定规模。

随着5G新基建的加快，网络阅读领域的人工智能、云服务、物联网等技术发展进入快车道。2020年6月，字节跳动上线听书App"番茄畅听"，可选择多类AI主播声音，2020年10月中文在线发布TTS智能语音技术，1天单机可转换音频500万字内容，录制成本节约90%以上。5G富媒书、视听小说、有声剧场、云端图书馆等新兴消费场景也在2020年不断涌现，咪咕数媒在第七届中国数字阅读大会上宣布，将推出全新业务模式——咪咕云书店，携手国内300余家图书出版单位及文化行业合作伙伴，打造线上线下的知识文化生活云平台，为用户带来纸书、电子书、知识付费、文创等一站式文化内容体验，开启书店3.0时代。

4. 网文著作权保护取得新进展

2020年，在政府主管部门的大力支持以及行业协会、企业平台持续不断的维权投入下，网络文学行业的版权环境净化取得明显进展。2020年11月，十三届全国人大常委会通过了关于修改著作权法的决定。新《著作权法》对网络空间著作权保护的相关规定做出了完善和补充，特别是大幅提高侵权法定赔偿额上限和明确惩罚性赔偿原则等，对进一步推进创作者维护自身合法权益起到积极作用。2020年11月，《关于加强著作权和与著作权有关的权利保护的意见》发布，要求大力提高审理质效，允许当事人通过区块链等方式保存、固定和提交证据，有效解决知识产权权利人举证难的问题，有利于发挥著作权审判对网络文学发展的规范、引导和保障作用。2020年国家版权局、工业和信息化部、公安部、国家互联网信息办公室四部门联合启动"剑网2020"专项行动，对视听作品、电商平台版权、社交平台版权和在线教育版权业务开展专项整治的同时，巩固网络文学、动漫、网盘等重点领域版权治理成果，共删除侵权盗版链接323.94万条，查办网络侵权盗版案件724件，调解网络版权纠纷案件925件，有效清理网络版权环境。2020年8月29日，中国版权协会文字版权工作委员会正式成立，联合阅文集团、掌阅科技、腾讯QQ浏览器等平台共同发起"阅时代·文字版权保护在行动"联合倡议，旨在通过与搜索平台联动，切断盗版网站内容传播链条，共同探索建立正版内容保护机制。各大原创文学网站也通过组建独立团队、完善大数据监测系统，实时追踪捕捉"盗链"搬运行为，实现检测维权常态化、专业化，2020年仅阅文法务团队就投诉下架网页链接共计1208万条。未来随着区块链技术的普及与应用，网络文学维权方式也将不断升级。

（二）网络音乐行业

1. 网络音乐行业市场竞争加剧

艾媒咨询数据显示，中国数字音乐市场规模保持稳定增长态势，2020年中国手机音乐客户端用户规模达到6.18亿人，市场规模达357.3亿元，预计2022年达到482.7亿元。[1] 随着互联网音乐的健康发展，用户对于订阅服务、数字专辑等方面的付费习惯已逐渐养成，消费意愿也在稳步提升，以腾讯音乐为例，2020年第三季度付费用户达到5170万人，同比增长46%，其中环比净增长达460万人，为2016年以来单季最大净增长。付费率破8%，远高于去年同期的5.4%。[2] 网络音乐行业在增速提质发展的同时，面临更加激烈的内外部竞争环境。就内部竞争格局而言，旗下拥有QQ音乐、酷狗音乐、酷我音乐的腾讯音乐集团月活用户数领跑行业，已成为中国最大的在线音乐平台。此外，腾讯音乐与环球音乐、Spotify、华纳等版权方实现结盟，通过音乐、影视、游戏、文学等泛文娱产业互联，打造"TME+"音乐产业生态闭环，从用户流量、版权能力对国内其他竞争者形成压力。2021年1月，虾米音乐发布官方声明称，由于业务调整，虾米音乐播放器

---

[1] 《2020年中国在线音乐行业发展专题研究报告》，艾媒咨询公众号，2021年3月8日，https://mp.weixin.qq.com/s/Nnv-H-9EMdPw7lgxHAsSiQ。

[2] 《腾讯音乐娱乐集团由你音乐研究院发布〈2020华语数字音乐年度白皮书〉》，新浪网，2021年3月30日，https://finance.sina.com.cn/tech/2021-03-30/doc-ikkntian1801962.shtml。

业务将于 2021 年 2 月 5 日正式停止服务，国内音乐流媒体市场由腾讯系（TME）和阿里系（网易云音乐）把控，二分之势已定，在线音乐行业内部竞争激烈程度可见一斑。此外，网络音乐市场还将面临来自长短视频、音频等行业外的竞争，在线音乐平台向短视频平台、综艺、游戏等泛文娱领域跨界延伸实现流量互通已成必然趋势。

2. 网络音乐创作者活力提升

《2020 华语数字音乐年度白皮书》显示，2020 年华语乐市场活力大幅提升，华语新歌数量达到 74.8 万首，同比增长 216%，超过 2017～2019 年三年的总量；首次发行新作的华语歌手人数同比增长 82%，达到 13.3 万人，首次发行歌曲即参与词曲创作的歌手也达到了 2.3 万人。互联网降低音乐发行和传播门槛的作用进一步凸显，更多音乐人有机会独立创作和发行歌曲。2020 年初腾讯音乐娱乐集团正式公布"亿元激励计划"，以"10 万元及以下的激励金都归入驻音乐人"的大力度加码扶持；同时联动多平台和渠道，为入驻音乐人带来千亿级的流量扶持。QQ 音乐和酷狗音乐等 TME 旗下平台也推出了各自的音乐人开放平台，全方位帮助音乐人成长和出圈。2020 年仅腾讯音乐人总入驻人数较 2019 年就增长了 131%，QQ 音乐有超过 85% 的音乐人总收入增长了 50% 以上。网易云音乐则通过发布"云梯计划 2020"，一方面继续加大流量扶持力度、提升原创激励金；另一方面围绕音乐社区打造更有独特性的扶持策略，比如从歌单、评论、动态推荐等方面，让音乐人的作品更"短"地接触平台用户。网易披露数据也显示，2020 年网易音乐人总数破 20 万人，增加百万首原创作品，音乐人原创作品年播放总量超 3000 亿次。

3. 云 Live 加速线上线下融合

2020 年随着在线音乐和 5G、AI 等多样前沿技术融合加深，行业开始挖掘更多创新业态，云演艺、IOT 全场景服务等创新模式也让在线音乐用户获得更好的观看体验。各大音乐平台纷纷将现场音乐节、演唱会搬到线上，通过跨界合作、IP 联动等方式创新云演艺活动内容及形式，推动平台向场景推荐、智能交互、定制体验的"全娱乐"方向发展。如网易云自 2020 年 2

月7日起每周二至周六与多方联合打造17场"云村卧室音乐节",开播首月累计设置12个主题云舞台,累计85组音乐人参与,观看人数达1600万余人,累计弹幕互动过685万余条,全年累计举办线上演出60场;酷我音乐也通过与神武4等IP联动,进行酷我音乐爱现场创意营销。艾媒咨询数据显示,2020年上半年中国观看在线音乐演出的用户规模突破8000万人,云Live形式将趋于常态化,进一步扩大用户规模。①除此之外,线下音乐节品牌摩登天空也在与B站合作推出"宅草莓"后,开辟了"live show+宅自制+实时直播"等新尝试,为疫情防控进入常态化阶段后的音乐节现场提出兼顾线上线下用户的新要求。

(三)网络视听行业②

《2021中国网络视听发展研究报告》显示,网络视听应用拉新作用显著,25.3%的新网民第一次触网使用的是网络视听应用,其中对短视频使用率显著提升至20.4%,2020年,网络视听产业市场规模达到6009.1亿元,较2019年增长32.3%;其中短视频2051.3亿元,占比34.1%,同比增长57.5%,增速最快;综合视频1190.3亿元,占比19.8%,同比增长16.3%;网络直播1134.4亿元,占比18.9%,同比增长34.5%;OTT+IPTV产业规模为745.6亿元,占比12.4%;内容创作548.9亿元,占比9.1%;网络音频338.6亿元。

1. 综合视频行业整体分析

据易观分析统计,当前综合视频领域整体用户规模稳定在10亿人,渗透率已达96.9%,行业人口红利见顶,新用户获取难度增加,提升单用户消费能力成为重中之重。③ 2020年中国综合视频行业市场规模增速较快,四

---

① 《2020年中国在线音乐行业发展专题研究报告》,艾媒咨询公众号,2021年3月8日,https://mp.weixin.qq.com/s/Nnv-H-9EMdPw7lgxHAsSiQ。
② 本文参考中国网络视听节目服务协会,将网络视听产业定义为包含综合视频、短视频、网络直播、网络音频、智能电视、交互式网络电视(IPTV)和视听内容生产等行业。
③ 《2021网络视频市场发展趋势:内容、平台与变现》,看电视公众号,2021年4月15日,https://mp.weixin.qq.com/s/oF1VH-RS3ft6asaRVTuIHg。

大视频平台优酷、爱奇艺、腾讯视频、芒果 TV 圈层竞争加剧，优质垂类频出，爱奇艺、腾讯视频用户月活数据遥遥领先，芒果 TV 在自制与创新战略下实现强势追赶。① 在疫情期间线下娱乐受限带来的时长红利下，综合视频平台整体会员用户增加，据国家广播电视总局统计，2020 年视频平台用户付费、节目版权等服务收入大幅增长，达 830.80 亿元，同比增长 36.36%。② 然而受到经济大环境和疫情影响，企业线上广告投放收紧导致各大视频平台广告收入均有明显下滑，根据企业财报可见，新冠肺炎疫情状况严重的 2020 年第一、第二季度，爱奇艺线上广告收入下滑近 28%，第三、第四季度也分别下滑 11% 和 1.3%；腾讯视频全年广告收入下降 8% 至 143 亿元。面临更大的营收压力，爱奇艺于 2020 年 11 月 13 日零点将会员包月价格由 15 元/月上调至 19 元/月以增加平台收益，是国内视频平台首次对价格进行调整。

疫情导致用户线上内容和娱乐需求拔高，综合视频内容创作呈精品化趋势，据国家广播电视总局统计，2020 年全年互联网音视频节目增量 2.2 亿小时，其中获得上线备案号重点网络电影 745 部、网络剧 211 部、网络动画片 112 部、网络纪录片 25 部、网络综艺 251 部，为提振抗击疫情信心、丰富精神文化生活做出重要贡献。同年 11 月，《关于切实强化网络影视剧细节把关的通知》正式发布，明确网络影视剧制作播出必须将剧目导向正确、内容安全作为首要标准。接下来对具体节目内容进行分析。

2. 网络电影

2020 年，网络电影在线下影院停摆、电影大盘整体下滑的大趋势下，线上播放量依然表现优秀，进一步提升了市场占有率。云合数据显示，2020 年线上影片累计正片有效播放超过 500 亿次，其中网络电影超过 10 亿次，同比增长 30%，占比提升至 21%，其中 2020 年新上映的网络电影累计正片

---

① 《中国泛文娱行业 2020 年发展盘点及 2021 年展望》，尼思数据网站，2021 年 2 月 14 日，https://www.nisdata.com/report/2742。
② 《2020 年全国广播电视行业统计公报》，国家广播电视总局网站，2021 年 4 月 19 日，http://www.nrta.gov.cn/art/2021/4/19/art_113_55837.html。

有效播放76亿次,同比增长59%。在内容创作上,网络电影已告别粗制滥造的低成本时代,精品化、工业化进程加快,整体投入层级更为丰富,投资成本300万元以下影片占比由51%缩减至40%,投资成本在600万元以上的影片占比达34%。各大视频平台也相继推出全新分账模式,助力数据公开、打造健康生态,实现票房成绩新突破,全年共79部影片分账破千万元,同比增加41部,千万级影片票房规模达13.9亿元,同比增长125%。①2020年度网络电影千万级票房前10名见表3。

表3　2020年网络电影分账票房TOP10

单位:万元

排行	片名	上线日期	类型	票房	播放平台
1	《奇门遁甲》	2020年3月19日	古装奇幻	5641	腾讯视频/爱奇艺
2	《鬼吹灯之湘西宝藏》	2020年9月30日	动作探险	5414	腾讯视频
3	《倩女幽魂:人间情》	2020年5月1日	爱情奇幻	5076	腾讯视频
4	《海大鱼》	2020年10月30日	玄幻爱情	3889	爱奇艺
5	《鬼吹灯之龙岭迷窟》	2020年4月2日	动作探险	3511	爱奇艺
6	《狙击手》	2020年3月5日	军事动作	3432	爱奇艺
7	《狄仁杰之飞头罗刹》	2020年11月6日	悬疑动作	3023	优酷
8	《蛇王》	2020年9月30日	动作冒险	2856	优酷
9	《武动乾坤:涅槃神石》	2020年8月7日	奇幻动作	2589	腾讯视频
10	《大幻术师》	2020年8月6日	玄幻动作	2488	爱奇艺

资料来源:中国电影家协会网络电影工作委员会《2020中国网络电影行业年度报告》,199IT中文互联网数据资讯网,2021年2月10日,http://www.199it.com/archives/1203961.html。

3. 网络电视剧

2020年受疫情影响,阶段性停工延期,产能暂处缩减趋势,全国重点网络剧共备案1083部24683集。② 全年视频平台上新网络剧292部,相比

---

① 《云合数据:2020年中国网络电影行业年度报告》,199IT中文互联网数据资讯网,2021年2月10日,http://www.199it.com/archives/1203961.html。
② 数据来源:国家广播电视总局。

2019年253部增加15.4%，上新网络剧累计有效播放共计881亿次，全部网络剧有效播放量为1518亿次。① 网络剧与视频播出平台绑定的趋势更加明显，2020年上新网络剧中，独播有效播放占比73%，平台自制、定制有效播放占比69%。同时由长向短、由重向轻成为2020年网络剧体量新风向，单部集数30集以内的剧集有192部，占比87%（见图1）。

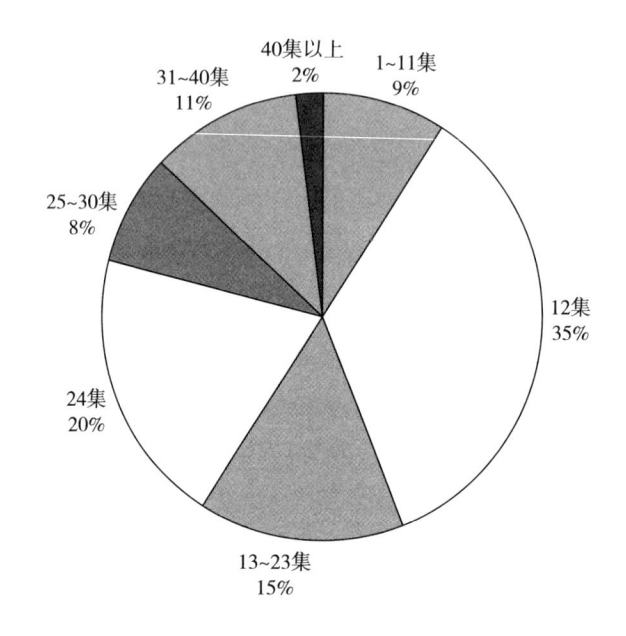

图1　2020年网络剧单部集数情况

资料来源：《〈中国电视/网络剧产业报告2021〉重磅发布!》，首都广播电视节目制作业协会公众号，2021年4月27日，https://mp.weixin.qq.com/s/SPOH6s8ItDff_JKiLLcGQg。

从题材来看，2020年以《爱情公寓5》为首的都市网剧表现突出，累计有效播放共198亿次，同比增长110%；爱奇艺迷雾剧场《隐秘的角落》更是引爆暑期悬疑热潮，随后爱奇艺《非常目击》、腾讯视频《摩天大楼》、优酷《白色月光》同档上线，全年悬疑网剧有效播放量达206亿次，市场

---

① 《2020年网络剧综节目观察》，云合数据网站，2021年1月13日，http://file.enlightent.com/20210118/db68350c078faf558b4fea2e80bde8a1.pdf。

占有率达 22%。其中爱奇艺迷雾剧场主打 12 集精品短剧，持续输出高口碑内容，剧集有效播放达 2629 万次远高于 2020 年上新剧均值，将视频平台剧场化运营模式带到风口，实现优质内容和平台双向赋能，大幅提升爱奇艺商业品牌价值，从侧面反映出我国网剧工业化进程加快。2020 年上新网络剧综合指数前 10 名见表 4。

表 4 2020 年上新网络剧综合指数榜 TOP10

排行	片名	上线日期	类型	豆瓣评分	播放平台
1	《重启之极海听雷1》	2020年7月15日	剧情/悬疑	7.4	爱奇艺/优酷
2	《龙岭迷窟》	2020年4月1日	悬疑/剧情	8.3	腾讯视频
3	《爱情公寓5》	2020年1月12日	喜剧/都市	7.0	爱奇艺
4	《琉璃》	2020年8月6日	古装/奇幻	7.7	优酷/芒果TV
5	《穿越火线》	2020年7月20日	都市/剧情	8.1	腾讯视频
6	《三生三世枕上书》	2020年1月22日	古装/奇幻	6.8	腾讯视频
7	《鬓边不是海棠红》	2020年3月20日	剧情	8.1	爱奇艺
8	《不完美的她》	2020年3月27日	剧情	6.3	腾讯视频/爱奇艺
9	《隐秘的角落》	2020年6月16日	悬疑/剧情	8.9	爱奇艺
10	《重启之极海听雷2》	2020年9月13日	剧情/悬疑	7.4	爱奇艺/优酷
10	《无心法师3》	2020年3月3日	剧情/悬疑	6.4	爱奇艺/腾讯视频/优酷
10	《我是余欢水》	2020年4月6日	都市/剧情	7.4	爱奇艺/腾讯视频/优酷

资料来源：《2020 年网络剧调研报告》，温静观察公众号，2020 年 12 月 23 日，https://mp.weixin.qq.com/s/nMCv37PuYsr1qdF4dPFkBw。

4. 网络综艺

2020 年全年综艺共上新 240 部，同比增加 25 部，网综上新 134 部，同比增加 5 部，全网有效播放大盘也呈回落之势，2020 年全网综艺有效播放 372 亿次，降幅达 9%，电视综艺下滑 16%，网络综艺与去年相比维稳，有效播放累计 191 亿次。[①] 从综艺类型来看，2020 年初疫情的发生倒逼综艺制

---

① 《2020 年网络剧综节目观察》，云合数据网站，2021 年 1 月 13 日，http://file.enlightent.com/20210118/db68350c078faf558b4fea2e80bde8a1.pdf。

作模式创新,促使超15档"云综艺"上线,但有效播放占比不足1%。① 随着新冠肺炎疫情逐步得到控制,综艺录制、播放恢复正常,以《青春有你第2季》《乘风破浪的姐姐》为代表的选秀节目使网综市场逐渐回温至全年最高点,观察体验、情感生活、选秀竞技、潮流时尚、直播带货等题材全面开花,2020年上新网络综艺有效播放量前10名见表5。

表5 2020年上新网络综艺有效播放TOP10

单位:亿次

排行	网络综艺名称	上线日期	类型	有效播放	播放平台
1	《青春有你2》	2020年3月12日	女团选秀	19.32	爱奇艺
2	《朋友请听好》	2020年2月19日	声音互动	9.15	芒果TV
3	《创造营2020》	2020年5月2日	女团选秀	6.87	腾讯视频
4	《哈哈哈哈哈》	2020年11月13日	公路旅游	6.75	爱奇艺/腾讯视频
5	《这就是街舞3》	2020年7月18日	街舞选拔	6.13	优酷
6	《乘风破浪的姐姐》	2020年6月12日	女团选秀	6.08	芒果TV
7	《演员请就位2》	2020年10月2日	导演选角	5.73	腾讯视频
8	《中国新说唱2020》	2020年8月14日	说唱音乐	5.54	爱奇艺
9	《德云斗笑社》	2020年8月27日	喜剧厂牌	4.87	腾讯视频
10	《做家务的男人2》	2020年7月31日	情感生活	4.37	爱奇艺

资料来源:《2020年网络剧综艺节目观察》,云合数据网站,2021年1月13日,http://file.enlightent.com/20210118/db68350c078faf558b4fea2e80bde8a1.pdf。

除优酷、爱奇艺、腾讯视频和芒果TV外,B站、抖音、西瓜视频也高调闯入长视频综艺领域,以B站为例,跨年晚会《最美的夜》、嘻哈说唱综艺《说唱新世代》、声音演员竞技节目《我是特优声》等节目在加强原有用户圈层认同的同时,实现内容生态的拓展,极大提升了平台流量和商业能力。

5. 短视频

CNNIC数据显示,短视频网民在2020年12月的使用率超过90%,成

① 《2020年综艺市场网播表现》,云合数据网站,2021年1月13日,http://file.enlightent.com/20210113/afdb3fb1566a5e6ba428608ae6e6faef.pdf。

为仅次于即时通信的第二大互联网应用。QuestMobile 调查结果显示，随着短视频用户规模的不断扩大，增速开始大幅放缓，但人均使用时长仍保持较大增长，短视频行业月活跃用户规模达 8.72 亿人，同比增长 6%；月人均使用时长达 42.6 小时，同比增长 39.7%。① 目前短视频竞争格局持续强化，以抖音短视频、快手为代表的第一梯队市场份额达 54.4%，抖音以 6 亿月活数据略高于快手 4 亿月活，两大平台重点布局的内容类型见表 6；西瓜视频、快手极速版、微视、抖音极速版、抖音火山版处于第二梯队，市场份额达 31.6%；好看视频、爱奇艺随刻、刷宝、优哩视频等分属第三梯队，占比 7.7%，其他平台瓜分剩余 6.3% 的市场份额。② 2020 年短视频向其他行业跨界的潜力被充分激发，无论是年初上映院线电影《囧妈》攻入长视频领域，还是开通橱窗、购物车功能大力发展短视频 + 直播电商业务重塑交易链路，具有强社交属性的短视频平台都在不断突破广告 + 会员的单一商业运营模式，为网络视听行业带来更多可能性。

表 6　2020 年 12 月抖音、快手 TOP10 行业 KOL 数量占比

单位：%，百分点

排名	抖音 KOL 类型	占比	较 1 月变化	快手 KOL 类型	占比	较 1 月变化
1	时政资讯	9.7	+6.7	音乐舞蹈	17.1	-0.6
2	音乐舞蹈	9.0	-0.1	美妆	11.7	-1.8
3	游戏	7.6	-0.7	生活方式	6.2	+0.7
4	影视娱乐	5.2	+1.6	宠物萌宠	6.0	+0.1
5	生活方式	5.2	-0.1	游戏	5.1	+0.7
6	美食	4.8	-0.8	时尚穿搭	5.0	-0.2
7	汽车	4.6	+2.0	时政资讯	5.0	+1.6
8	搞笑	4.3	+0.9	运动健身	4.3	-0.5

① 《QuestMobile 2020 中国移动互联网年度大报告·下》，Quest Mobile 网站，2021 年 2 月 2 日，questmobile.com.cn/research/report-new/143。
② 《中国网络视听节目服务协会：2021 中国网络视听发展研究报告》，199IT 中文互联网数据资讯网，2021 年 6 月 2 日，http://www.199it.com/archives/1256385.html。

续表

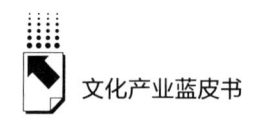

排名	抖音 KOL 类型	占比	较 1 月变化	快手 KOL 类型	占比	较 1 月变化
9	明星名人	4.2	+0.9	二次元	3.8	-0.6
10	美妆	4.1	-2.4	影视娱乐	3.8	-0.1

资料来源：《QuestMobile 2020 中国移动互联网年度大报告·下》，Quest Mobile 网站，2021 年 2 月 2 日，questmobile.com.cn/research/report-new/143。

6. 网络直播

疫情期间远程办公、学习、娱乐加速了直播的普遍化进程，2020 年在线直播的模式延伸至各行业各场景，助农、游戏、旅游等场景直播，服装鞋包、美妆个护、食品保健等带货直播都吸引了大量潜在用户将"线上观看"转为"线上/线下消费"。数据显示，国内在 2020 年与直播相关的企业已超过 8 万家，2020 年 1~11 月电商直播次数超 2000 万场，2020 年 1~11 月直播观看人次超 500 亿次，商家商品数超过 2000 万。[1]

"全民直播"也成为 2020 年网络表演（直播）行业的关键词，23 家直播平台数据显示 2020 年我国网络直播用户规模达 6.17 亿人，主播累计超 1.3 亿人，其中日均新增主播超过 4.3 万人，网络表演（直播）行业整体市场规模已达 1930.3 亿元。市场竞争格局也趋于稳定，头部平台约 20 家左右，其中 TOP5 约占整体市场规模的 65%以上。[2] 为鼓励和适应全民直播的趋势，国家发布了多个文件引导直播行业健康、平稳发展，《关于支持新业态新模式健康发展激活消费市场带动扩大就业的意见》提出应该对网络直播和电商予以支持，要大力发展创新平台，并推动相关领域的创新。2020 年 11 月 12 日国家广电总局发布的《关于加强网络秀场直播和电商直播管理的通知》强调"要积极研究推动网络视听节目直播服务内容和形式创新，针对受众特点和年龄分层，播出推荐追求劳动创造、展示

---

[1] 《艾媒咨询｜2020-2021 中国在线直播行业年度研究报告》，艾媒网，2020 年 3 月 15 日，https://www.iimedia.cn/c400/77452.html。
[2] 《重磅｜〈2020 年中国网络表演（直播）行业发展报告〉发布》，中国演出行业协会网站，2021 年 5 月 18 日，capa.com.cn/news/showDetail?id=170763。

有益才艺和健康生活情趣等价值观积极的直播节目。以价值观为导向打造精品直播间板块或集群，让有品位、有意义、有意思、有温度的直播节目占据好位置，获得好流量"。

7. 网络音频

目前中国网络音频行业正处于稳定增长期，艾媒咨询数据显示，2020年中国在线音频用户规模达到5.7亿人，2020年网络音频市场规模达278.5亿元，环比增长48%。① 随着图文、视频、直播、音乐等传统内容的"见顶"，具有长线价值的音频在伴随式场景下有着更广泛的现实价值和发展潜力，在互联网各细分行业流量焦虑的当下，网络音频在2020年仍以43%的增速拉动月活净增"6000万+"。根据PodFestChina发布的《2020中文播客听众与消费者调研》，中文播客的听众中50%以上生活在一线和新一线城市，拥有大学本科以上学历。2020年各大音频、音乐平台为吸引大城市及年轻群体听众纷纷开通播客业务，喜马拉雅上线播客频道、网易云音乐开通"播客云圈"将播客列为一级应用菜单、快手上线皮艇App、蜻蜓FM添加全新板块"声界"、即刻上线泛用型播客客户端"小宇宙"、2021年1月荔枝播客正式上线。2021~2022年中文播客市场或面临再次爆发。

四 行业发展趋势

（一）平台升级，长短竞合

2021~2022年长短视频平台将仍然处于复杂的竞合关系之中，无论是长视频平台出于用户拓展、市场下沉的目的推出短视频业务，还是短视频平台不断推出精品自制节目以提升用户黏性，长短视频平台都争先打造综合性中视频平台，不断丰富平台内容生态的同时，巩固平台内容护城河。如

---

① 《中国泛文娱行业2020年发展盘点及2021年展望》，尼思数据网站，2021年2月14日，https://www.nisdata.com/report/2742。

2020年4月"爱奇艺随刻版"App在全渠道正式上线,并将中视频纳入2021年重点战略;西瓜视频首次推出中视频概念;腾讯视频发布中视频战略;快手和抖音也在2020年加码直播、电影、剧集等长视频入口,为实现内容联动、生态布局提供重要支点。

(二)价值回归,娱教相合

疫情激发了大众对泛知识类内容的关注和需求,泛知识类内容相比泛娱乐内容具有更长久的生命力,能够带来更显著的长尾效应,企鹅智库对网络用户进行调研发现,尽管用户会消费多元内容,但新闻热点事件、资讯中的知识技巧能够在用户记忆中存在更长时间,知识科普和新闻资讯类短视频给用户带来的收获感也显著高于泛娱乐类内容。[①] 2020年主流内容平台也加速了知识赛道的布局,2月B站推出"知识分享官招募令"活动,6月开辟一级分区"知识区",10月西瓜视频推出"知识创作人"激励计划,覆盖教育、科普、人文等多个学科领域,抖音用户打卡全国超过8000个博物馆点位,投稿量增加近70%,收获近50亿次播放。

(三)文化上云,实数融合

除了传统数字内容产业如文学、音乐、视频、动漫、游戏以外,2020年更多文化产业"上云用数赋智",涌现了一大批"云看展""云演艺""云旅游"等新兴业态,实现了真正意义上的"互联网+文化"。以"云旅游"为例,2020年3月同程旅行携手多家文旅部门和景区发起直播活动,通过金牌导游、网红主播带领大家云游景区;4月马蜂窝数据显示,直播场次日均增长率和主播规模日均增长率分别高达62.8%和43.9%,是直播业务开展以来平均增长率的两倍,72.88%的用户更青睐深度体验类的直播内容;2020年抖音平台上的文旅视频全年总量超8.8亿个,比2019年增长

---

① 《企鹅智库:2020－2021年数字内容产业趋势报告》,199IT中文互联网数据资讯网,2020年12月9日,http://www.199it.com/archives/1166462.html。

60%，旅行达人发起超过48万场直播活动，平均每天超1330场。[①] 旅游直播、旅游带货等形式超越了传统意义上的"互联网+旅游"，以数字化手段助推线上线下深度融合、实现文化和旅游融合发展，在2021~2022年将释放出推动全产业链升级的巨大潜力。

[①] 《文化、旅游发展大数据报告出炉，透析行业发展新走势》，腾讯网，https://xw.qq.com/cmsid/20210318A08V9Q00。

B.11
动漫产业年度发展报告

李尽沙*

摘　要： 2020~2021年，以网络动漫为代表的动漫产业迎来了宝贵的发展机遇。在各项宏观政策的方向指引下，动漫产业作为数字文化产业的重要环节，不断明确其对青少年成长和国际文化合作的重要意义。目前，我国动漫产业总体发展良好、国内原创内容地位不断提高，互联网平台助推动漫原创内容发展，也使动漫成为优质IP跨媒介叙事的重要环节。"成人向"市场不断探索，市场规模逐渐扩大。动态漫画和短视频动画作为近两年的新兴产业形态，丰富了动漫产业的表现形式和展现主题。未来动漫产业需要注重培养专业人才、加强制度规范设计、从多种角度增强全产业链运作能力。

关键词： 动漫产业　数字文化产业　动画产业　漫画产业

随着近年来动漫制作技术与网络技术的不断发展，传统杂志形态的漫画在中国逐渐式微，动漫产业的整体生态越来越依靠互联网平台，成为数字内容产业的重要形态。从动漫产业核心内容衍生而来的服装、玩具、食品、电子游戏、主题公园、博览会、虚拟偶像等的生产或经营，使动漫产业的核心知识产权得到更充分的开发利用。而且随着近年来开发手段的不断完善和动

---

* 李尽沙，中国传媒大学电视学院师资博士后、讲师，北京大学艺术学院艺术学博士，主要研究方向为传统文化资源的创意转化与价值传播。

漫产业影响力的不断"破圈",衍生品表现出越发强劲的势头,为文化产业发展做出了独特的贡献。

受疫情影响,2020~2021年我国国民经济遇到较大下行压力,然而线下实体经济的不便却为数字内容产业提供了宝贵的增长空间,在各大互联网平台的支持下,"国漫""国创"逐渐发力,题材日益丰富,影响力和口碑不断增强,彰显出巨大的发展潜力。

一 行业发展的宏观环境及政策条件

(一)宏观环境

2020年,在复杂的国际形势和新冠肺炎疫情的背景下,我国国内生产总值达到1015986亿元,比上年增长2.3%,其中第三产业增加值553977亿元,增长2.1%;在服务业中,住宿和餐饮业作为线下形态的重要代表,全年增加值15971亿元,下降13.1%。[1] 2021年,经济发展逐渐恢复,上半年国内生产总值532167亿元,按可比价格计算同比增长12.7%,其中第三产业增加值296611亿元,同比增长11.8%,快速拉动产业发展,两年平均增长4.9%。[2]

随着国内疫情状况逐渐转好,各项产业的发展指标已经逐渐恢复,特别是互联网经济随着人们迅速增长的各种线上需求得到了快速发展。截至2021年中,文化产业中五大行业营业收入两年平均增速已经超过2019年上半年。创意设计服务和内容创作生产行业两年平均增速分别为17.4%和11.8%,比2019年上半年增速提升5.0个和2.0个百分点。受疫情影响最严重的文化娱乐休闲服务继续强劲反弹态势,尽管总体来看两年平均增速仍

---

[1] 《中华人民共和国2020年国民经济和社会发展统计公报》,中华人民共和国国家统计局网站,2021年2月28日,http://www.stats.gov.cn/tjsj/zxfb/202102/t20210227_1814154.html。

[2] 《上半年国民经济稳中加固稳中向好》,中华人民共和国国家统计局网站,2021年7月15日,http://www.stats.gov.cn/tjsj/zxfb/202107/t20210715_1819440.html。

然下降了4.3个百分点,但是2021年第二季度的降幅比第一季度收窄4.9个百分点,发展逐渐回温。①

在国际层面,疫情的全球蔓延对于国际产品贸易和服务贸易产生了巨大冲击,但它们在2021年逐渐恢复发展。然而与国内市场相比,国际市场存在太多不可控因素,尽管随着新冠病毒疫苗的研发投入和各国政府应对举措的不断完善,国际疫情的严峻态势逐渐得到缓解,但是其未来发展难以预测,线上形态的文化产业将会成为未来较长时间内国际市场关注的焦点。

(二)政策条件

2020年,国家层面对于数字文化产业提出明确发展要求,将动漫产业纳入数字文化产业发展的总体框架,并明确了新的目标。2021年印发的《"十四五"文化和旅游发展规划》又再次强调动漫在数字文化产业标准建设方面的示范作用;2020年《国家广播电视总局办公厅关于做好重点广播电视节目、纪录片动画片创作播出工作的通知》为新时期动漫产业的内容生产指明了方向;国际合作的重点项目仍然坚实推进,为行业的内容创作提供了更加广阔的视野与愿景。

1. 数字文化产业的总体布局

为贯彻落实党的十九届五中全会关于"实施文化产业数字化战略"的部署,2020年11月《文化和旅游部关于推动数字文化产业高质量发展的意见》(以下简称《意见》)发布。《意见》明确了数字文化产业发展的目标、思路与主要任务,指出要推动创新业态的发展和产业的升级,激发文化消费潜力、满足消费需求,推动文旅融合发展、增强文化软实力。2021年,文化和旅游部印发《"十四五"文化和旅游发展规划》(以下简称《规划》),再次强调了《意见》中的有关部署。

在《意见》中,聚焦于"夯实数字文化产业发展基础",提出了包括加

---

① 《国家统计局社科文司高级统计师张鹏解读上半年全国规模以上文化及相关产业企业营业收入数据》,中华人民共和国国家统计局网站,2021年7月31日,http://www.stats.gov.cn/tjsj/sjjd/202107/t20210730_1820144.html。

强内容建设等在内的六个要点,其中就提到培育和塑造一批具有鲜明中国文化特色的原创 IP,加强 IP 开发和转化,充分运用动漫游戏等产业形态,推动中华优秀传统文化创造性转化、创新性发展,继承革命文化,发展社会主义先进文化,打造更多具有广泛影响力的数字文化品牌,以及加快我国标准国际化进程,加强手机(移动终端)动漫国际标准的应用推广。可见,动漫产业已经被视为数字文化产业的重要组成部分,是重要的内容生产门类。从这一文件中,可以看到动漫产业在今后有如下三项发展要点。

首先,强调传承中华优秀传统文化、发展社会主义先进文化。数字文化产业的发展要服从社会文化建设的总体方向,动漫作品由于自身的特点,可以涉及许多不同的题材,古今中外各种主题都可以成为动漫创作的蓝本。而《意见》的出台,代表着国家对于动漫等数字内容产业的高度重视,其广泛的受众群体和巨大的影响力使产业必须肩负起社会责任。中国的数字文化产业发展应当以中华优秀传统文化为核心,打造具有中华文化特色的原创 IP。因此,架空历史、恶搞历史的作品尽管可能有很大的受众市场,但是会受到进一步的监管与限制。

其次,强调创新驱动新业态发展,推动促进文旅融合。与 2017 年出台的《文化部关于推动数字文化产业创新发展的指导意见》相比,2020 年《意见》的内容不仅强调了内容和方向,更将数字文化产业与多种业态紧密相连,努力推动不同产业形态的融合与创新产业形态的发展。这就说明动漫产业不应"圈地自萌",更需要与其他产业相互联动,共同推进社会经济与文化的发展。例如,利用优质动画作品介绍著名旅游地标的文化内涵、将知名动漫角色融入线上教育课堂等,真正实现文化产业各类业态的共同发展。

最后,强调建设产业标准体系、布局移动端国际市场。如果说前两项要点都是数字内容行业总体的规定动作,那么动漫产业和数字艺术就是我国行业标准国际化进程中的先锋者。随着互联网经济的快速发展,手机移动终端已经成为人们进行数字文化消费的重要载体,立足于移动终端的动漫国际标准打造,说明参与、引领国际产业的发展与合作已经成为动漫产业的发展愿景,动漫产业不仅要切实服务于国内市场,更要在世界市场占据主动权、拥有话语权。同时，2021年《规划》提到要办好中国国际动漫游戏博览会、实现文化产业培育和消费促进，可以看出动漫行业作为文化产业"走出去"的重要组成部分而被寄予厚望。

2. 内容创作方向的规范指引

2020年7月，《国家广播电视总局办公厅关于做好重点广播电视节目、纪录片、动画片创作播出工作的通知》（以下简称《通知》）正式下发，反映了立足于社会文化发展需求，未来一段时间内动漫产业尤其是动画作品的内容创作应当是行业关注的重点。

首先，结合2021年中国共产党成立100周年等重要时间点，动画作品需要突出社会主义优秀文化，注重反映革命历史。爱国主义题材动画作品的创作和播出将会是未来一段时间内的重点，抗日战争、抗美援朝等主题的动画作品将会占据重要位置。

其次，结合国家脱贫攻坚的重要部署，动画作品要用自身生动创新的表现形式让受众更加了解脱贫攻坚并支持这一重要决策部署。这方面的相关规定，也说明了动漫产业在国家政策方针宣传教育方面能够发挥独特作用。

最后，强调动漫作品的少儿教育属性。近年来，随着动漫产业的不断发展，其受众群体不断扩大，行业内部也逐渐出现"成人向"动漫等新提法和新发展目标，但《通知》和相关负责领导的发言都强调指出动画作品首先要服务于青少年的精神文化需求，要针对未成年人的收听收视和暑期生活需要展开创作。可以说，与网络直播等行业的野蛮生长不同，动漫行业由于其总体定位始终为服务于青少年发展，因此在内容把控等方面一直较为严格，整体的创作较为谨慎，这与我国的社会发展现实相适应，也为我国动漫产业的长远发展奠定了稳固的基础。

3. 国际合作领域的愿景实现

文化产业的国际合作是近年来的热点议题，无论是"一带一路"倡议、《区域全面经济伙伴关系协定》（RCEP）还是中欧全面投资协议，都对文化产业的国际合作产生了影响，相关政策和文件的出台也在不断鼓励文化产业积极走向国际市场。其中，针对文化产业发展推行时间较长、能够形成较为清晰脉络的应当属文化和旅游部每年公布的"一带一路"文化和旅游产业国际合作重点项目名单。

在2019年末公布的名单中共有45个项目入选,其中动漫作品项目有5个,涉及9部动漫作品;2020年末公布的45个重点项目中则有4个动漫作品项目,涉及7部动漫作品。总体来看,动漫行业入选重点项目的数量总体较为稳定,在各文化产业门类中占据了一定的位置。

观察具体作品可以发现,2019年入选的动漫作品,以《熊出没》《我是发明家》《甜心格格》等为代表,目标受众年龄层次相对较低,剧情延展和画面风格也较适合青少年群体;2020年入选的动漫作品,则出现了《伍六七之最强发型师》《秘宝之国》等制作风格更为成熟、目标受众年龄层次更高的作品,同时《秘宝之国》《巨兵长城传》等作品对于中华文化以及中华文化元素符号有着更充分的理解与运用。可见,在动漫作品整体内容创作仍然服务于青少年发展的前提下,动漫产业仍然可以有扩展目标群体、丰富表现形式的有益探索,这些更加具有深度、更加展现中华文化内涵的优质作品能够代表动漫行业的水平走向世界。

二 行业发展概况

(一)动漫产业总体迎来宝贵机遇期

2020~2021年,我国动漫产业在新冠肺炎疫情的冲击下仍然稳步发展。在漫画方面,快看漫画2020年共上线新作品约1600部,全部作品总收藏量2.7亿。[①] 2021年上半年,快看平台新作收藏量超过10万的达到61部,少于2020年上半年的106部;[②] 腾讯动漫新上线漫画中,2021年上半年收藏

[①] 《2020年快看漫画:新上作品约1600部,新作累计收藏数1.1亿》,骨朵国漫公众号,2021年1月14日,https://mp.weixin.qq.com/s/cPS1neR-9rhuAVeAs74wqQ。

[②] 《2021年上半年漫画 | 快看和小明太极头部新作数量,较2020年同期下滑》,骨朵国漫公众号,2021年7月22日,https://mp.weixin.qq.com/s/4E9Tm53Al49vCQqhSJM8dA。

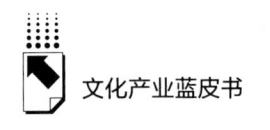

量10万以上的作品68部,相比于2020年同期的97部也有所下滑。可见,近两年漫画市场整体的产出和收藏量都有所下滑,漫画内容的形式原本就适合纸质书刊等媒介,如何更好地实现线上展示有待解决。

  与此同时,动画市场却在迅速扩张,国内各主要视频平台的动画板块均迎来较快发展。占据市场份额最大的是腾讯动漫,2020年其连载国漫数量76部,比上年增加6部,动漫频道人均播放时长从28分钟增加至32分钟,生产环节和消费环节都维持了良好的增长态势。[1] 2021年上半年上线新作22部,与2020年同期基本持平,且超过14部累计播放量过亿人次,远高于其他各平台播放数量。被视为二次元主要阵地的B站,2020年共上线作品106部,用户总观看时长增加98%,[2] 2021年上半年上线漫画新作15部。其公布的数据显示,在2020年第四季度月均活跃用户2.02亿,比2019年同比增长55%,移动端月均活跃用户达到1.87亿,同比增长61%,付费率从2019年同期的6.8%增长到8.9%,用户对于二次元各类增值服务的付费意愿也继续维持高速增长态势。[3] 其2021年第二季度财报显示,经营额达44.95亿元,较2020年同期增加72%,移动端月活用户2.2亿,较2020年同期增加44%。[4] 爱奇艺继续加大在国漫领域的投入,2020年共有近200部国漫番剧在线播出,22部国漫新作中有10部是原创作品,[5] 2021年上半年上新8部。根据其分析师在会议上透露的消息,爱奇艺动画的视频观看量逐渐走高,到第四季度占整体市场观看量的43%。2021年5月,爱奇艺继续

---

[1] 《2020年腾讯视频国漫:全年240部番剧在线,年播放量478亿》,骨朵国漫公众号,2021年1月6日,https://mp.weixin.qq.com/s/oVtrpg-WsGr8iglMcUGaLg。
[2] 《B站推出33部动画新作,并宣布持续加码小宇宙新星扶持计划》,蓝鲸财经网,2020年11月22日,https://www.lanjinger.com/d/148123。
[3] 《哔哩哔哩发布2020年财报》,光明网,2021年2月25日,https://it.gmw.cn/2021-02/25/content_34641552.htm。
[4] 《哔哩哔哩股份有限公司宣布2021年第二季度财务业绩》,哔哩哔哩投资者关系网站,2021年8月19日,https://ir.bilibili.com/system/files-encrypted/nasdaq_kms/assets/2021/08/19/4-27-53/哔哩哔哩2021年第2季度业绩报告.pdf。
[5] 《2020年爱奇艺国漫:自制国漫表现突出,原创番剧占比近半》,骨朵国漫公众号,2021年1月7日,https://mp.weixin.qq.com/s/A1EDiOZYDRt2tMMrtzaA2g。

举办"爱奇艺世界·大会",推动其扶持原创的"苍穹计划",与小明太极国漫平台继续深度合作。

从市场总体来看,以互联网为主要依托平台的数字动漫产业迎来快速增长期,漫画行业稳步扩充市场,动画行业则迅速扩张并带动周边产业快速发展,创造了巨大的利润空间。2020年迅速扩张的线上文化消费为动漫行业的发展增添了重要动力,文化市场上的多项资源也逐渐向动漫产业倾斜。2021年,各大视频平台都积极支持中国原创动漫,分别推出自己的原创扶持计划,国产动漫逐渐确立起自己的独特地位,迎来发展的黄金时期。

(二)互联网平台成为驱动核心

传统意义上,动漫产业依托纸质传媒和电视两种媒介形式,长期服务于我国社会主义文化事业的发展。互联网平台的出现,使动画与漫画的主要阵地逐渐改变,传统动漫作品的生产与传播方式也有了巨大变化。

今天,当我们提及动漫产业的快速发展时,往往忽略传统形态尤其是纸媒漫画的衰落,两年间疫情的冲击,更加速了传统漫画媒体的衰败。2020年12月,运营12年的《飒漫画》发布停刊公告,《知音漫客》则从周刊改为半月刊,随之而来的销量和更新速度进一步下滑。在诸多纸媒漫画纷纷转型或退出历史舞台的情况下,互联网平台逐渐成为动漫产业发展的核心驱动力,全方位影响着动漫产业的发展。

一方面,互联网平台助推动漫产业原创产品的发展。过去,许多漫画作品虽然在行业内享有一定的声望,但是由于市场规模小、资金投入少等原因,缺少进一步宣传推广的平台,也缺少进行动画化、实现产业链完善和粉丝二次扩容的价值变现契机。而各大互联网平台在开拓网络动漫市场后,为增强自身的竞争力,纷纷加大力度支持原创动漫的发展。在各大平台中,B站对于原创动漫的投入力度极大,于2019年推出"小宇宙新星计划",在2020年进行了第二届的评选活动,该计划面向所有国产原创动画的创作者,由专业评委对其原创动画作品进行评定,鼓励优质动画创意的产生;2018年起,定期举办国创动画作品发布会,发布由B站参与投资、出品、发行,

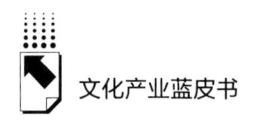

由专业动画制作公司制作的精品国产动画；此外，B站在近三年共进行了24次投资，总金额14.54亿元，其中涉及多个国产动画公司。分析显示，B站实现了对我国二维动画制作头部公司——绘梦动画的全资收购，2020年投资了艺画开天和瞳蒲文化两家动漫公司，尤其是艺画开天凭借着《灵笼》和待播出的《三体》，已经获得了动漫产业的高度关注。多年来，B站对于国产动漫的大力扶持逐渐收获成效，到2020年国创区月活已经大幅领先日本番剧区，国创作品也成为B站以专业内容吸引新消费者的最重要渠道，其负责人透露，2020年来自国创内容的付费会员订单同比增长450%。[1]

另一方面，互联网平台推动动漫产业成为IP运营的重要环节。数字内容产业的不断发展助推优质文化内容的跨媒介运作，动漫这一独特的媒介形态已经成为IP开发不可或缺的重要环节。两年间，优质的网文IP、漫画IP被持续不断地改编为网络动画，《斗罗大陆》等动漫作品持续更新。超级IP《凡人修仙传》《一念永恒》《元龙》《秦侠》等纷纷进行动画化，其中，腾讯动漫由于其背后良好的数字内容生态网络，在IP改编动漫开发上具有独一无二的竞争优势。回顾2020年及2021年上半年的动漫播放量，由网文《斗罗大陆》改编的同名动画作为腾讯动漫的独播动画雄踞榜首，共有175.6亿次播放量，基本相当于前五名其他动画播放量的总和。IP改编动画在动画产业的总体市场上具有相当强的竞争力，2020年全年排名前五的动画作品中，排名第一、第二的《斗罗大陆》《妖神记》与排名第五的《灵剑尊》均为网络文学改编作品，第三名《武庚纪》和第四名《狐妖小红娘》则是漫画动画化作品；2021年上半年，IP改编态势继续扩大，排名前五的《斗罗大陆》、《灵剑尊》、《狐妖小红娘》、《武神主宰》、《斗破苍穹》（第四季）均为改编作品。同时，IP改编策略也逐渐成熟，面对原著内容的庞大信息量，国内IP改编已经能够很好地提炼作品精髓，在尊重原著核心设定的前提下充分满足动画观众的消费需求，不断扩大IP影响力。

---

[1] 《6年投资24家动漫公司，B站的国创野望》，界面新闻网，2021年3月18日，https://www.jiemian.com/article/5826534.html。

(三)"成人向"市场稳步发展

正如在政策条件分析中提到的,我国动漫产业的扶持与规范,很大程度上要考虑未成年人的接受程度,要充分评估是否会对青少年群体的价值观念等产生负面影响。但是,这并不意味着中国动漫产业的幼龄化,随着动漫受众群体不断扩大和互联网平台不断完善,"成人向"动漫已经成为社会文化消费中的一大诉求。艺恩数据显示,截至2020年12月20日,各大视频平台播出国产成人动漫超过2100部,近三年平均新增223部,平均增幅为75%,体现出成人用户群体的内容需求已经得到了关注和响应。[1]

在国内,"成人动画"和"成人向动画"都是较为模糊的概念。有学者认为,"成人动画"指面向生理和心理较为成熟的成年人,表现社会、政治及人性等问题的动画片,可能包含凶杀、暴力、色情、粗俗等限制级内容;而"成人向动画"则更加宽泛,其内容、题材、表现手法更适合成年人观看,[2] 但不会给未成年人造成消极影响。对于我国动漫产业而言,严格意义上涉及暴力、色情和其他限制级元素的成人动画不存在发展的可能,因此成人动画和"成人向"动画大多只是强调受众倾向而非内容尺度,比如往往拥有更复杂的世界观和价值观,对于人性等主题有更深刻的思考。值得注意的是,得益于国内长期以来对于动漫儿童教育意义的重视,国内成人动漫的发展也并没有像日本、欧美等夹杂过多的暴力血腥元素。从2020年市场分析可知,成人国漫的类型分布中,恋爱、搞笑、奇幻、热血、冒险等主题最受创作者的欢迎,而最受消费者青睐的作品中,以《斗罗大陆》《武庚纪》等为代表的奇幻魔幻主题占比高达47%,热血、搞笑题材分别占13%。[3] 这说明现阶段我国成人动漫维持着较好的发展态势,在满足成人群体动漫文

---

[1] 《国产成人动漫市场研究报告》,艺恩数据网,2020年12月24日,https://www.endata.com.cn/Market/reportDetail.html?bid=3b47895f-daf5-4f6f-9b5c-ca52f96ca099。
[2] 杨晓林:《日美动画分级制观照下的中国"成人向动画"创作》,《电影评介》2019年第22期,第1~6页。
[3] 《国产成人动漫市场研究报告》,艺恩数据网,2020年12月24日,https://www.endata.com.cn/Market/reportDetail.html?bid=3b47895f-daf5-4f6f-9b5c-ca52f96ca099。

化消费需求的同时，不会给可能观看的未成年人带来过多的不良影响，这种良好的平衡应当继续保持下去。

在成人国漫的市场竞争中，腾讯视频、爱奇艺是其中的主力军。艺恩数据显示，2020年腾讯视频和爱奇艺推出的国漫中均有一半左右是成人国漫。在2020年新上线的成人国漫当中，除排名第一的《妖神记之黑狱篇》是B站、爱奇艺等联合播出外，排名第二到第十的动漫均有腾讯视频的参与播放，其中有7部为腾讯视频独家播放。

三 重点行业分析

（一）动态漫画行业

漫画和动画是支撑动漫行业发展的两大支柱，虽然在互联网平台，传统的动漫观看方式逐渐趋于一致，但是总体的观看习惯和变现方式仍然存在一些区别：漫画制作成本相对较低，需要受众有一定的阅读习惯，流量变现途径相对较少；动画虽然在观看和变现方面有巨大的优势，但是制作周期较长、成本投入较大，大到作品改编与呈现的方式、小到音乐与配音的选择，都可能给其带来口碑和收益上的风险。动态漫画行业作为在二者之间的中间形态，逐渐拥有了自己的独特舞台。

动态漫画是一种平面漫画与动态元素相结合的全新漫画表现形式。动态漫画作品在漫画图片的基础上，对于其中的部分元素进行一定的动作处理，使漫画中的人物或事物可以做出简单的动作，并通过加入各类声音元素增强作品的表现力。动态漫画在中国出现较晚，但在世界其他国家已经有了较长时间的探索，并形成了较为清晰的生产和销售模式。

动态漫画在一定程度上融合了动画和漫画的优势。首先，动态漫画在赋予读者掌控感和节奏感上继承了漫画阅读的特点，相比于视频的单向输出，动态漫画给予了读者更大的自主权，也拥有更强的节奏感；其次，动态漫画在动画元素的加持下具有更强的表现力，通过对声音、动作、分镜等元素的动态运用，表现出更强的情感起伏；再次，动态漫画体量较小，读者随时可以暂停和翻看前后内容，因此其能够更便捷地抢占碎片化的文化消费场景；最后，动态漫画的制作周期短、制作成本低，能够实现更快更新，更有利于及时抓住受众。

随着动态漫画市场的不断扩大，各互联网平台也纷纷加强对动态漫画的关注。从2019年起，各大平台都在各自的动漫频道开辟了动态漫画的子频道，确立明确的类型发展思路。总体来看，动态漫画多为由网络文学和漫画IP改编而成的作品，依靠原有IP的影响力实现粉丝群体的二次扩充。2020年，腾讯视频、B站和优酷视频播放量最高的动态漫画作品均为《斗破苍穹》（第二季），只有爱奇艺平台《我是大仙尊》热度超过《斗破苍穹》。《斗破苍穹》动态漫画作品在2021年6月18日上新第三季，目前已经跃居爱奇艺动漫热度榜单第五名。在动态漫画制作方面，爱奇艺的资源投入最多和重视程度最高，而且为了将制作更加精良的动态漫画与传统的简单动态设计的动态漫画相区别，爱奇艺还提出了"轻动画"概念，在动漫频道专设"动态漫画""轻动画"两个标签。截至2021年上半年，爱奇艺累计推出超过310部动态漫画和21部轻动画，并涌现出了小明太极国漫等一批专注于漫画和轻动画创作的内容生产者。

动态漫画行业的发展仍然在不断探索当中，平台的重视和内容创作者的不断加入，使动态漫画逐渐成为不可忽视的动漫产业力量。然而，由于动态漫画在中国的发展时间较晚，对于其如何呈现，如何与动画、漫画进行区分等，业界尚缺乏共识。例如，爱奇艺主打的"轻漫画"，相比于之前的动态漫画，其产品形态更接近于动画片，只是通过元素静止来节省绘画创作的工程量，不需要观看者进行翻页，因此在客观呈现效果上并不如其他制作精良的动画作品好，因此受到了许多受众的质疑，而支持者也仅仅能用"轻漫画就是这样"的理由进行辩驳。这种尴尬的评价现状反映出动态漫画作为一种新兴的创作形态，需要找到自己的独特定位，只有适度的融合与借鉴，才能在发挥优势的同时避免被归入成熟的动画或漫画评价体系，真正探索出属于自己的发展道路。

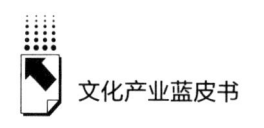

（二）短视频动画行业

随着抖音、快手等短视频平台的流行，动漫产业也出现了短视频动画的新形式。与动态漫画类似，短视频动画其实也在压缩制作成本与叙事长度，以适应短视频平台的传播规律，扩大动漫品牌的影响力。

短视频平台的文化消费模式不同于传统互联网平台，它催生出短视频动画的新形式。对于传统动漫而言，一部作品受到关注需要一定时间的积累，也需要平台和既有粉丝群体的不断推广。而在短视频平台，短视频动画随时可以进入人们的视线，又由于内容生产速度极快，因此能够在短时间内获得大量用户关注并维持较高的热度。最初，短视频动画主要是已经成名的IP直接入驻短视频平台，而在近两年，专注于短视频的原生动漫逐渐发力，并迅速超过其他大IP，获得了人们的青睐。不同于传统动画的生产模式，短视频动画不再执着于宏大叙事与丰富的世界架构，而是以创意搞笑的方式获得关注，它为众多动漫创作者提供了低成本的发展新思路。相关统计数据显示，截至2020年12月，有76个动画账号在抖音和快手平台上累计粉丝超过500万，其中诸如关注量最多的"一禅小和尚""猪屁登""唐唐"等均以短视频平台为最主要的市场，逐渐形成了独特的市场经营模式。①

短视频动画当前取得了一定的成绩，但未来如何实现价值闭环仍须探索。以"一禅小和尚"为例，其幕后团队是我国较早尝试从社交媒体出发进而考虑进入视频网站及影视院线的动漫视频团队。其在内容生产过程中，以佛系生活、禅学哲思为核心，通过自主研发动漫引擎，将内容生产的速度从最初的每月一集逐渐提高至每天都有产出，在此基础上推出相关的画册、礼盒等衍生品。与传统动漫作品相比，"一禅小和尚"没有大段的叙事和翔实的背景铺垫，其在极短的时间内向人们传递有哲理的思考。这种风格非常适合短视频平台的传播特点，因此"一禅小和尚"在短时间

---

① 《短视频动画一片火热，会是国漫崛起的新突破吗？》，漫客吧公众号，2021年2月26日，https://mp.weixin.qq.com/s/2-BN18kt2L6VaPgiaawzgw。

内获得了大量的粉丝关注。然而，动漫产品的变现问题在短视频动画方面更加突出，除直接植入广告获得收入外，短视频动画想要增加利润仍然需要参与传统产业形态的市场竞争。如何将片段式、简单的动漫内容转换为内容更加丰富、人物关系更加复杂的长视频？对于"一禅小和尚"团队和其他类似的团队而言，都不只是丰富叙事的简单操作，而是涉及技术实现、画面观感甚至是世界观构建的浩大工程，这也是目前短视频动画在其发展探索中面临的瓶颈。

短视频动画丰富了动漫产业的主题与内容，为女性群体提供了更丰富的文化供给。在现有的产品形态中，无论是动画、漫画还是动态漫画，最受欢迎的作品往往是奇幻主题。在已有的热门作品中，尽管也有《百妖谱》这类以情感治愈为主的作品，但大部分作品仍然以男性观众为主。从相关数据可知，尽管许多动漫制作都以爱情为主题，但消费者最喜欢的还是奇幻、热血以及搞笑类的作品，因此对于各大动漫制作公司而言，打造节奏紧张、惊险刺激的奇幻主题动漫作品，有更小的市场风险和更高的成名可能。然而，这并不意味着女性群体没有动漫消费需求，诸如《请吃红小豆吧》《汉化日记》等作品，都是主打可爱治愈的主题，时长较短、节奏缓慢、内容可爱。短视频动画制作成本相对较小、可覆盖的用户群体更加广泛，它为"少女漫"提供了良好的土壤，也为原创者和已有主题作品提供了更好的舞台。例如《叶墨的百妖馆》《男友骑士团》等作品，其主题都迎合了女性群体对于恋爱的幻想，在抖音均有几百万的粉丝关注量，而《叶墨的百妖馆》更是在抖音首发后又进驻爱奇艺动漫平台。相信在未来，以女性群体为目标受众的短视频动画能够进一步成长，进而实现全产业链的发展。

四 存在的问题及发展策略

（一）行业发展需要培养专业人才

随着互联网平台的不断深度参与，动漫产业的资金问题和内容变现的压

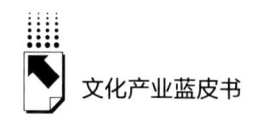

力已经有所缓解。目前来看，对于国内动漫行业而言，最重要的问题在于现有的动漫内容创作能力无法满足迅速扩张的市场需求。

随着行业的不断发展，动漫产业已经逐渐走出传统的劳动密集型和单一作者内容生产的模式，动漫作品的推出不仅需要原画师提供创意与形象，也需要4D开发设计、角色动画设计、动漫造型设计等方面不同人才的共同参与，这样才能稳定地创作高质量作品。以日本动漫为代表的动漫行业带有创作者很强的个人色彩，这对我国动漫行业发展产生了很大的影响。在现代激烈的文化市场竞争当中，工业化体系的引入、不同专业人才的协调配合，是动漫产业能够拥有市场竞争力的必要前提。

由于政府和企业都纷纷加大了投入力度，动漫行业相关人才的薪酬待遇正在不断改善，产业发展前景也更加乐观。但是在人才培养方面，我国职业技术教育体系相对被动，导致动漫相关专业人才的数量和质量都有明显的不足。长远来看，我国动漫产业要实现良好发展，不仅需要在产业环节加大投入力度、完善产业链条，也需要在人才培养层面引起社会、学校和企业的重视，通过完善的人才认证体系与薪资待遇体系吸引优质人才，通过定向培养、联合办学等一系列举措提高教学质量，从而为动漫产业的发展注入源头活水。

（二）行业管理需要加强制度设计

通过梳理近年来的政策变化可以看到，尽管我国现阶段对于动漫产业有各类扶持举措，但是制度层面的法律法规仍然缺失。虽然在主管部门的监督指导下动漫产业能够维持良好的运作，但是始终伴随着一定的风险。

首先，现阶段动漫产业缺少明确的立法规范，因此其在内容创作方面仍然存在很多不甚清晰的边界。对于哪些内容可以创作、哪些内容不能创作，只能在摸索中前行。又因为我国并不推行文化产品的分级制度，许多"成人向"内容虽然在现阶段能够推行，却会面临未成年人家长和相关主管部门的压力。例如《斗罗大陆》动画推出后，就有家长以导致未成年人早恋、衣着过于暴露、场面过于血腥等为由举报了该作品，这对于产品目标群体为成人的动漫创作者而言，无疑是难以提前考虑到的风险。

其次，制度设计缺少对知识产权保护等问题的规范，影响了行业总体的盈利水平。在动漫产业发展过程中，不同环节涉及知识产权的不同形态，无论是著作权、商标权、专利权还是反不当竞争，都面临一系列的问题。尤其是以幼儿动画主要角色为蓝本的各类玩具是盗版产品的重灾区，只有动漫产业加强自身的立法规范并且与知识产权法进行密切配合，才能实现良好发展。

最后，动漫产业的发展在管理上仍然较为分散，需要更加有效的管理设计。动漫产业虽然近年来不断发展，但是不同的政府部门管理职能相对分散，例如，文化和旅游部从文化事业、文化产业发展的角度出发，会对动漫产业进行政策和资源支持，国家广播电视总局则从内容审核等角度规范动漫产业的作品产出。当前动漫产业的发展，已经将互联网平台推到了产业发展的核心位置，各大平台在努力打造从最开始的内容创意，到初步的漫画形态，再到动画作品，再到周边产品和其他产品形态的全产业链运营策略，而政府的相应管理部门设置、政府对于行业的有效引导，也应当从全产业链统筹考虑，在技术标准等一系列问题上进行规范与指导。

（三）全产业链运作能力亟待加强

动漫产业的不断发展催生了一批具有较强竞争力的动漫企业，其中既有以腾讯为代表的涉足各类文化产业的互联网巨头，也有以B站为代表的从动漫粉丝群体出发一步步不断"破圈"的"二次元"平台，还有以奥飞为代表的深耕少儿娱乐生活需求的传统大型企业。尽管这些企业都有各自的发展优势，但在全产业链运作实践过程中也暴露出很多问题。

良好的产业链运作，需要正确处理原创者与产业化运作之间的关系，既需要迎合市场需求、倾听消费者建议，也需要尊重原创者的个人想法和基本诉求。腾讯依托自身庞大的泛娱乐平台，在网文IP、漫画IP改编动画等方面具有得天独厚的优势，但在2020年产生了"阅文集团事件"，反映出平台基于产业逻辑进行的种种运作手段很多时候并不能得到原创者的理解与支持。如果说在过去动漫产业发展普遍缺乏资源的情况下，机制存在的种种问

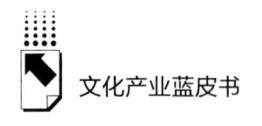

题尚未暴露,那么在动漫产业优质原创者话语权不断增强的今天,建立更加合理的收入分成体系和更加完善的版权认证保护方式则是各大动漫公司留住优质动漫作品的关键。

合理的产业运营需要在不断扩大受众的同时,注意把握自身的特色定位,避免忠实用户群体的流失。近年来,B站基于自身的发展需求,将视野放到"二次元"群体之外,努力扩充自己的业务范围。但在此过程中,其许多做法不仅没有获得新用户的关注,还引起了老用户的反感。例如B站在2021年初评选的"百大UP主",就在粉丝群体中引起了很大的争议。在评选中,入选的都是B站签约的独家"UP主",而非只依靠视频质量和影响力进行评选。而且,"欣小萌""回形针"等获奖者或是因炫富曾受到全网抨击,或是在中国地图等方面出现了原则性问题。此外,动画区入选的"UP主"只占总人数的5%。其他相关的一些负面新闻,也指向了B站在发展过程中忙于各类内容的全方位铺开,而忽视了其忠实粉丝群体的感受。

成熟的分工合作,需要企业层面加强管理,降低运营风险。奥飞娱乐在我国少儿群体的动画和玩具市场上占有重要地位,旗下拥有"喜羊羊与灰太狼""十万个冷笑话""巴啦啦小魔仙"等顶级动漫IP,这些动漫IP与其强大的玩具产业相结合,产生了极强的影响力。近年来,奥飞娱乐投入大量资金收购了韩国的FunnyFlux,推出了具有世界范围影响力的动画作品《超级飞侠》,在海内外少儿频道受到强烈欢迎并获得了多项大奖。然而在2021年初,其作品在地图使用和中秋故事表述上出现严重问题,遭到全网下架。奥飞娱乐作为剧集的唯一出品方,负有不可推卸的责任,这也反映出我国文化创意企业在扩张发展过程中仍然存在漏洞与不足。我国动漫产业未来发展潜力巨大,并将参与全球产业链合作,因此需要尽早思考相应的制度设计,全方位考虑可能遇到的风险,以推动行业的健康发展。

B.12
游戏产业年度发展报告

李典峰*

摘　要： 2020年是全面建成小康社会和"十三五"规划收官之年，也是谋划"十四五"规划的关键之年。游戏产业作为社会主义文化事业的重要组成部分，在一系列的产业政策扶持和指导下，抵御住了疫情的冲击，稳中有升，为新时期高质量发展奠定了坚实基础。进入2021年，中国游戏产业积极响应"清朗行动"要求，在行业洗牌的同时坚持正确的历史观、民族观、文化观，正本清源、守正创新，其中重点领域如游戏竞赛表演活动、游戏产品出口、游戏研究和游戏传媒延伸都有了进一步发展。未来，游戏业将进一步发挥"游戏化"作用，在注重军民融合的同时开发优质电子竞技内容，并以赛事红利赋能城市发展。

关键词： 游戏产业　电子游戏　电子竞技

2020~2021年的电子游戏行业发展格外精彩。2020年第一季度，疫情导致的"宅经济"大爆发让游戏产业整体逆势上扬，全年增长率重回20%；游戏出海成绩单首次突破千亿元；《原神》《动物森友会》《黑神话：悟空》《赛博朋克2077》等游戏不断破圈。云游戏等新技术变革方兴未艾，版号总量控制和未成年人保护在政策层面给游戏产业带来极为深刻的影响，游戏市场的寡头效应背后，垂直化和差异化成为市场趋势。更重要的是，游戏工业

---

* 李典峰，北京大学艺术学院博士研究生，主要研究方向为艺术批评。

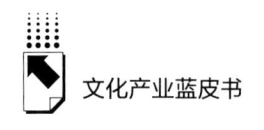

化的号声越发响亮,为产业的高质量发展和精品化转型提供了可行路径。同时,渠道与内容的博弈也逐渐分明。

一 行业发展宏观环境及政策评析

(一)行业发展宏观环境

首先,游戏版号是游戏企业最重要的资源,其供应情况一直较为稳定。在2020年新冠肺炎疫情期间,国家新闻出版署全年共发放超过1400个版号,这可看作上年游戏市场新产品的总数。但与2019年相比,版号发放量共下降超过10%。[①] 2020年9月8日,国家新闻出版署公布了版号撤销信息。整体而言,国内监管电子游戏的力度仍然是非常严厉的,而国内企业也在响应和履行政策要求。苹果iOS在2020年2月底宣布新规,要求已上架游戏在6月30日之前提交版号。到了8月1日,3万多款App被下架,其中超2.6万款为无版号游戏;12月31日,苹果再次下架了近4万款无版号游戏。游戏产业对于政策的响应不仅仅限于移动游戏渠道,长期处于"监管灰色区域"的PC端单机游戏平台Steam也在2021年2月9日发布了中国版的"蒸汽平台",在上线52款游戏的同时接入《DotA》和《CS:GO》两款游戏,而国际版的Steam何去何从,属文之时仍未有确切消息。

其次,由于游戏产业遭受了新冠肺炎疫情的冲击,季度表现有所差异。2019年第一季度时,游戏产业的市场销售收入为560亿元左右,同比增长1%左右。2020年第一季度,游戏产业把握住春节期间疫情防控带来的市场红利,总计创收超过730亿元,同比增长超过25%;第二季度,游戏产业的收入虽然同比增长超过15%,但是环比增长不足10%;第三季度则稳定

---

① 《〈2020年中国游戏产业报告〉正式发布》,游戏产业网,2020年12月18日,http://www.cgigc.com.cn/details.html?id=5c14c98b-ffc8-11eb-ae89-000c29a9423b&tp=report。

在680亿元左右，环比增长超过3%。①

总体而言，游戏产业在2020年第一季度的优秀表现使行业发展充满信心，但由于第一季度的发展与疫情期间的市场红利紧密相关，随着疫情防控的常态化，其迅猛的发展势头也随之减弱。疫情的影响并未波及游戏产业的基本面和产业格局，2020年每个季度相对2019年均保持了15%以上的增长。

（二）政策评析

2020年10月，第十三届全国人大常委会通过了新修订的《未成年人保护法》，制定了未成年人使用网络产品和服务的相关规定，并对网络游戏进行了详细的要求。这为电子游戏产业的发展做出了明确的方向指导。

同年12月，《网络游戏适龄提示》（以下简称《提示》）团体标准正式发布。《提示》划分了三个未成年人游戏适龄范围，为社会各界提供参考。需要注意的是，《提示》所规定的并非游戏"分级制"，对此，游戏工委解释"适龄提示"不是指内容审核的尺度区别，它只是内容审查制度的补充完善。

总体上，新修订的《未成年人保护法》要求对未成年人的网络服务消费、使用时长、推送内容做出明确规定，并从法律的高度对未成年人身份认证系统进行了规定。

2021年8月，国家新闻出版署下发文件配合中宣部展开"清朗行动"，计划用三个月时间集中开展"未成年人网络环境整治"专项行动，打击与未成年人相关的不良网络社交行为以及涉及色情信息的视频和图文，整治网络课程平台的推送内容，清理线上平台的不良信息。

2021年9月24日，中国音数协游戏工委组织发起《网络游戏行业防沉迷自律公约》。其中指出，要筑牢安全防线，抵制不良内容；坚决抵制绕过监管机制，通过境外游戏平台向国内用户提供服务的行为。

"清朗行动"对网络环境的净化，主要出于对未成年人用网环境的保

---

① 《〈2020年中国游戏产业报告〉正式发布》，游戏产业网，2020年12月18日，http://www.cgigc.com.cn/details.html?id=5c14c98b-ffc8-11eb-ae89-000c29a9423b&tp=report。

护。互联网并不是法外之地，对未成年人有害的信息和软件，既是广泛存在的客观现象，也是需要小心甄别的主观问题。限制未成年人的网络游戏使用时间，主要是为了引导未成年人开发更多元的游戏活动，减轻网络游戏强制营造的社交压力，留给未成年人充分的生长空间，培养未成年人更有益于身心健康的志趣与品位。

（三）政策环境解读

"玩是谦恭，不是解放。"今天，人们有必要对电子游戏作为一种人类重要活动的基本境况进行深刻的哲学反省。[①] 这种反省不应该止于思考，更要及时付诸行动。

不论是2000年媒体报道的"电子海洛因"，还是2021年学者称的"生命之糖"，社会对网络游戏一直有抵制的呼声，更是将其分销经营模式比喻为自16世纪以来的瘾品贸易模式，这并不是一种偶然现象。实际上，在中国境内流通的电子游戏以网络游戏为主，其中的内购付费机制是来源于赌场"老虎机"这类带有随机抽奖性质的电动游戏，这也是世界卫生组织将"网络游戏成瘾"与"赌博成瘾"一起列入"行为成瘾"范畴的原因。

但是，网络游戏实际上只是电子游戏的一种类型，它是今天计算机网络时代盛行的诸多娱乐软件之一。国家并没有全盘否定电子游戏，因有些电子游戏具有寓教于乐的作用，甚至承担了重要的社会功能。

二 行业发展概况

（一）行业数据

《2020年中国游戏产业报告》显示，2020年中国游戏市场实际销售额

---

① 姜宇辉：《"玩是谦恭，不是解放"——作为控制、反制与自制的电子游戏》，《探索与争鸣》2019年第4期。

达 2787 亿元，较上年增加了 478.1 亿元（见图 1）。用户规模达到 6.65 亿，较 2019 年提高了 3.7%。

图 1　2014~2020 年中国游戏市场实际销售收入及增长率

（二）行业发展重点

2020 年 9 月 24 日，中国音像与数字出版协会在京组织召开了 2020 年中国音数协游戏工委副主任委员工作会。敖然副理事长介绍了"心怀梦想 向中国游戏致敬"系列活动相关情况。该活动回顾了中国游戏产业发展历史，展示了中国游戏人在奋斗实践中取得的重大成就，帮助游戏从业者更好地了解中国游戏产业的变迁。敖然表示，希望与会企业积极参与、共同谋划，为传递游戏产业正能量贡献力量。随后，张毅君主任委员就中国音数协游戏工委基本情况、上半年主要工作内容、发展思路及工作重点等内容进行了介绍。他强调，中国音数协游戏工委要以"一个中心，四个基本点"为工作思路，即以服务为中心，加强游戏产业研究能力建设、加强游戏产业网建设、加强游戏大数据信息服务平台建设、加强游戏标准化水平的建设，服务于行业主管部门、服务于会员单位、服务于中国游戏产业。①

---

① 《2020 年中国音像与数字出版协会游戏工委副主任委员工作会在京召开》，网易网，2020 年 9 月 29 日，https://www.163.com/dy/article/FNMH3R8B05346936.html。

（三）行业重要性

1. 赢得产业发展新未来必须坚持开拓创新

回顾一下中国游戏产业的发展历程，21世纪初，电子游戏在中国可以说是凤毛麟角，国产游戏更是近乎零。然而20多年后的今天，中国游戏市场的营销收入已远远突破2000亿元，占有全球游戏市场近1/2的份额。其中自主研发游戏的营销收入更是超过1800亿元，牢牢占据80%以上的国内市场。

中国游戏产业之所以形成如此大的规模，归结起来就是因为创新。众所周知，电子游戏这一娱乐方式并非产自中国本土，而是"洋玩意儿"。记得2003年在北京举办首届China Joy展会时，参展者几乎全部都是代理商，在不足1万平方米的展场中，清一色都是进口产品。而2020年在上海举办第18届展会时，13万平方米展场中，国产游戏完全占有压倒性优势。创新不仅使我们取得了历史性的成就，也必将使我们赢得更加美好的未来。

《2019年全球创新指数报告》显示，中国排名连续四年上升，从2018年的第17位提升到第14位。2019年9月，德勤中国发布的《中国创新崛起——中国创新生态发展报告2019》指出，数字经济是中国经济增长的一个重要来源。2018年中国数字经济规模超过30万亿元，占GDP的比重约为35%，其中就有游戏产业的一份独特贡献。

2. 赢得产业发展新未来必须潜心打造精品

精品游戏必定要靠新颖的创意、完美的设计、动人的故事、独特的形象、高超的技术、巧妙的玩法等综合打造。电子游戏不仅是拥有丰富文化内涵和高新技术应用的娱乐产品，更是高度市场化的产物，尤其在互联网高度发达的今天，产品优劣取舍的评判权已经完全掌握在消费者手中。由于电子游戏源于海外，真正考验国产游戏竞争实力的不仅是国内市场，更在于海外市场。从中国音数协游戏工委提供的信息看，2019年我国国产游戏的海外市场主要集中在美日韩，三地营收合计占我国国产游戏海外市场总收入的67.5%。在韩国移动游戏畅销榜前100款游戏中，有1/3来自中国公司；在日本市场，有一款上线5年却仍然稳居畅销榜前5名的我国国产游戏；在美国E3电子娱乐展览会上，中国公司的多款端游和移动游戏获得美国专业游戏媒体IGN①的高分评价。上述信息说明，潜心打造精品，用优质产品赢得消费者、赢得市场竞争，才是游戏产业从业者的努力方向。

3. 赢得产业发展新未来必须做到扬长避短

经过20多年的充分发展，从端游到页游再到手游，我国的游戏产业已经形成拥有6.4亿消费者的庞大市场。这一产业的快速成长，对于繁荣文化、拉动内需、促进就业、提升经济、满足人们多样化的精神文化需求，发挥了无可替代的作用。

游戏产业之所以在这样短的时间内就发展壮大起来，是因为它符合人类的天性，极大满足了人们的精神文化需求，这是游戏产业的天然优势。为此，我们提出扬长避短的要求。所谓"扬长"就是要充分借助游戏娱乐的这一优势，使之成为获取知识、开发智力、丰富精神、愉悦身心的利器。所谓"避短"就是游戏从业者都需要认真思考，应推出怎样的产品给消费者，特别是那些未成年消费者？如何有效抑制游戏产业弊端，扭转公众的不良观感，消除人们的普遍担忧，从而在未来的发展与竞争中牢牢占据市场的制高点？

2019年，国家新闻出版署正式发布《关于防止未成年人沉迷网络游戏的通知》。在中国音像与数字出版协会发布的第二批团体标准立项公告中，就包括了《游戏企业内容自审流程规范》、《游戏适龄提示规范》和《家长监护平台规范》等针对性标准。这些举措显然都是在积极弥补产业发展的短板。②

三　重点行业分析

近年来，广大游戏从业者认真贯彻落实中央精神，更加注重社会效益、

---

① IGN（Imagine Games Network）是一家多媒体和评论网站，主要对象为视频游戏，现已发展成为全球规模最大的游戏娱乐媒体。

② 《孙寿山：以新思路、新业绩赢得产业发展新未来》，游资网，2019年12月19日，https://www.gameres.com/859529.html。

未成年人保护工作、精品化建设、文化内涵以及科技赋能，不断创造优质内容，推动产业创新与融合，中国游戏产业呈现健康、繁荣、多元的发展态势。2020年，我国国内的游戏用户规模超过6亿人，国内游戏市场实际销售收入超过2700亿元，同比增长超过20%。同时，我国自主研发游戏在海外市场的实际销售收入超过150亿美元，同比增长超过30%，国际化水平进一步提升。

（一）电子玩家生态：完善全年龄段消费政策，打造意识形态宣传媒介

2020年10月，我国重新修订了《未成年人保护法》，为游戏行业针对未成年人制定规范做出了明确要求。《网络游戏适龄提示》团体标准已基本完成，其将发挥社会效益视为重要原则，贯彻落实了《未成年人保护法》的要求。

目前国内对电子游戏行业制定的大多数政策都是针对未成年人的，似乎电子游戏只是小孩子的游戏。事实上并非如此，随着电子游戏的发展，玩游戏的人的平均年龄也在逐年被拉高。现在游戏玩家的平均年龄是33岁，其中男性玩家平均年龄是32岁，女性是34岁。18~24岁这个群体占游戏玩家总数的16.3%。74%的玩家每周玩的游戏类型不超过3种，一大部分人在一个平台上只玩同一类型的产品。

2019年6月26日，人民网联合腾讯、网易、完美世界等10家游戏公司，发起《游戏适龄提示倡议》，把游戏玩家分成"18+""16+""12+""6+"四个年龄层次，6岁以下儿童不建议单独进行游戏。内容上采用"负面清单"形式，也就是直接给出"不应出现的问题"。其中，"18+"级别成为焦点，我们对比美国和欧洲的分级标准，发现即使到了"18+"的级别，中国在"性暗示"、"不良语句"和"管制物品"方面相对保守，仅仅能对应到美国"13+"青少年组的水平。而美国ESRB①的"13+"说

---

① 美国娱乐软件分级委员会（ESRB）是一个非营利性的独立机构，由娱乐软件协会（ESA）创始于1994年。它的任务是在娱乐软件业的支持下，为互动娱乐软件产品制定一套标准的定级系统。

的是："此类别也许包含暴力、暗示性主题、粗鲁的幽默、极少的血腥、模拟的赌博，或者很少的粗话。"

ESRB系统的重点是对游戏内容的评估和考量，是一套关注未成年人身心健康的监控系统，而根据地区文化的不同，对于内容尺度把握的力度也有所不同。由于政治和文化环境不同，我国基本上很难接受含有血腥暴力或者成人内容的载体，这给游戏分级带来了困难。

另外，绝大多数未成年玩家都不会自觉遵守ESRB，所以美国政府在设立分级制度的时候，游戏的内容尺度一定低于其限制年龄的最高尺度，简单来说就是适合16岁以上的游戏，其内容其实是可以被10岁小孩接受的。

而我国的游戏分级制度，尚处在电子游戏消费政策的起步阶段，没有建立起配套的规范制度以及正确的观念，电子游戏产业仍须进一步发展与完善。

2021年全国"两会"期间，来自国防大学军事文化学院的李翔教授作为全国政协委员提出了"开发具有我军特色的优质军事游戏"的提案。可以看出，应尽快推进建立符合中国国情的游戏分级制度。可以通过游戏登录时的实名认证，有效地将用户进行分级。打造符合意识形态宣传需要的军事拟真和成人游戏，将是未来国内玩家的诉求之一。

（二）游戏竞赛与表演活动：文化与技术齐飞，荣耀伴国民同乐

2019年，作为新兴体育赛事的电子竞技取得佳绩。中国战队FPX（趣加电子竞技俱乐部）在英雄联盟S9（第九赛季）世界总决赛中夺得冠军，这是中国俱乐部在世界级电子竞技比赛中获得的第二个冠军。在影视方面，两部电子竞技题材的电视剧《亲爱的，热爱的》和《全职高手》的收视成绩十分优秀，进一步提升了电子竞技的知名度和影响力。2017年后，中国电子竞技的市场规模进入爆发式增长时期。《2019年中国电子竞技行业研究报告》预计电竞生态市场将成为中国电子竞技市场的主要增长来源，中国电竞生态市场在2020年将占据超过25%的境内市场份额（见图2）。电竞生态将受到电子竞技赛事的商业化推动而进一步扩张，成为电子竞技行业持续发展的动力。

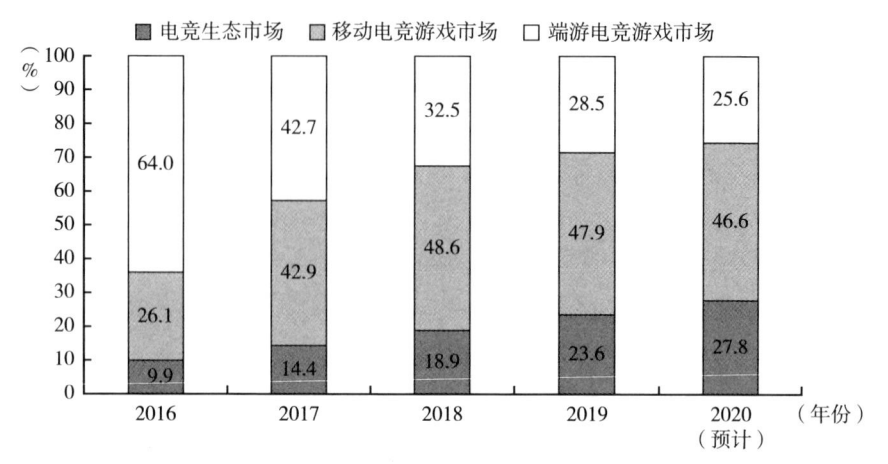

图 2　2016～2020 年中国细分电子竞技市场规模占比统计

注：中国细分电子竞技市场规模包括：①端游电竞游戏市场规模，为境内用户端游电竞游戏消费的总金额；②移动电竞游戏市场规模，为境内用户移动电竞游戏消费的总金额；③电竞生态市场规模，包括赛事门票、周边、众筹等用户付费，赞助、广告等企业围绕赛事产生的收入，以及电竞俱乐部、选手、直播平台、主播等赛事之外的产业链核心环节产生的收入，不包括电竞教育与电竞地产收入。

资料来源：艾瑞咨询：《2019 年中国电子竞技行业研究报告》。

另外，由于疫情影响，GDC[①]宣布延期，而 E3[②]则先宣布改为线上进行而后取消举办，包括科隆电玩展在内的多个电玩展则积极探索通过线上的方式推动展会的进行。得益于国内疫情的良好控制态势和经济的快速恢复，作为全球最大规模的数字娱乐展会之一，第十八届中国国际数码互动娱乐展览会（China Joy）于 2020 年 7 月 31 日～8 月 3 日在上海新国际博览中心举办。

据了解，第十八届 China Joy 参展商的参与力度有增无减，可以看出各个游戏厂商对于抢占下半年数字娱乐市场先机的迫切性。2020 年 China Joy 始终保持着对数字娱乐行业发展的敏锐嗅觉，全新增设了多个展区。China Joy 潮流玩具展（CJTS），拓展高端潮流玩具领域。展区则全新增设 5G 云游

---

① 游戏开发者大会（Game Developers Conference，GDC）是年度盛会视频游戏开发者会议，专注于学习的灵感以及网络。
② 电子娱乐展览会（Electronic Entertainment Expo），简称 E3，是全球规模最大、知名度最高的互动娱乐展示会之一。

戏主题展区、桌游主题展区、独立游戏主题展区等多个主题展区。现场互动展示区提供了现场商务洽谈的空间,而网络展示区通过各大平台的ChinaJoy活动区,为不能到现场参与的玩家和消费者提供了在线了解活动最新情况的机会。这是国内第一大游戏娱乐展会,也是2020年全世界范围内唯一正常举办的线下游戏展会。未来几年,新冠肺炎疫情是否会持续传播、线下游戏展会和硬件制造行业是否会向国内转移尚不可知。

综上所述,可以看出2020年受新冠肺炎疫情影响,电子游戏作为国民主要娱乐项目,需求越发旺盛,用户规模有所扩大,移动游戏营销收入增长明显,自主研发游戏继续保持领先地位。而电子竞技和电子游戏内容消费达1394.93亿元,同比增长22.34%,随着游戏市场扩张,竞争更加激烈,同时人口红利渐行渐远,用户规模增长放缓,游戏市场将开始进入存量市场竞争的红海局面。

(三)游戏出海战略:出海产品盈利不断走高,国民消费仍有上涨空间

《2020年中国游戏产业报告》显示,2020年中国自主研发游戏海外市场实际销售收入超过150亿美元,比2019年增加了超过38亿美元,呈稳定增长趋势(见图3)。

2020年中国自主研发移动游戏海外市场分布中,美国的收入占比为27.55%,日本的收入占比为23.91%,韩国的收入占比为8.81%,三个地区合计占比达到60.27%。值得注意的是,美国近两年都是中国游戏企业出海的重要目标市场。

2021年,国产出海游戏《原神》《明日方舟》等电子游戏产品入选了商务部公示的2021~2022年度国家文化出口重点项目名单。

《2021游戏产业区域发展报告》分析了中国游戏产业市场发展状况。[1]

---

[1] 伽马数据、重庆软件园:《2021游戏产业区域发展报告》,2021年9月,https://max.book118.com/html/2021/0926/8010111022004011.shtm。

图3 2014～2020年中国自主研发游戏海外市场实际销售收入及增长率

除了国内用户近年来付费能力增强外，游戏产业向精品化升级的成果也在显现。在玩法创新、内容表现、技术水平等领域，中国游戏产品提升明显，产品流水聚集能力得到强化。以中国市值TOP 10游戏企业为例，近年来它们在游戏研发费用上的支出保持高速增长。

广东游戏企业数量合计约占全国四成，拥有腾讯、网易、三七互娱等中国头部游戏企业；上海是全球重要的电子竞技之都；北京是全国流量平台中心；成都是新兴游戏研发之都。

此外，通过当前各代表城市的人才招聘强度可以看到，广州的人才招聘仍然显著高于其他城市。而值得注意的是，西部地区代表城市成都、重庆在游戏人才招聘需求上直追北京。

中国游戏出海一直以来成绩都非常不错，尤其是移动游戏时代。从2014年就开始组团带中国游戏开发者在全球参加各种游戏展会、拜访当地企业，走访过美国、法国、芬兰、日本、泰国、越南、阿拉伯联合酋长国等国家或地区。中国游戏出海战略大概可以分为以下三个阶段。

第一个阶段：移动互联网出现的时候就有一批最早关注海外市场的国内公司，因为iOS系统有自带的App Store，中国开发者很容易把产品上架到海外,包括成都的 tap4fun,北京的智明星通、FunPlus、绿洲游戏,深圳的 R2Games 等,这可以算是中国游戏出海的第一波浪潮。

第二个阶段:随着国内移动游戏市场的火爆,一批公司持续维持高利润营收。第一批出海的游戏公司在国内已经开始有了知名度,国内发行做得很好的公司开始有资金实力出海,包括中手游、触控、游族、三七互娱、英雄互娱等。虽然其中有一部分不适应海外环境,但是相当一部分开拓了新的市场,比如游族的收入一半来自海外,三七互娱、英雄互娱在海外都取得了不错的成绩。

第三个阶段:近两年由于国内版号的限制,所有的游戏公司被迫开始考虑先出海,再将优秀产品报送版号修改后赚内销,所以发行公司不论体量大小都开始拓展海外市场。同时,第一批优秀的出海公司培养了一批熟悉海外市场的人才,其中有很多人创业做新的游戏出海公司,带来了我们今天看到的游戏出海的繁荣局面。

(四)游戏研究与游戏传媒:学术研究缓慢启动,游戏文化丰富多样

2020 年 9 月,北京国际游戏创新大会(BIGC)正式开幕。会议邀请国内外游戏产业相关机构、平台负责人、制作人等,为建设高端、前沿、具有创新性和国际性的北京游戏产业进行讨论。

中共北京市委宣传部相关负责人表示,游戏产业的规模、功能、影响较大,合作领域十分广泛,目前已经进入高速发展期。北京市高度重视网络游戏行业,未来将推动游戏向高质量、高科技方向发展,并努力探索海外市场。对于推进游戏产业健康发展,北京有先行先导的责任;对于正在推进全国文化中心建设的北京,游戏产业是重要内容;对于推动服务业扩大开放的北京,游戏产业是有生力量。①

9 月 27 日,BIGC·2020 游戏研究创新论坛举行,完美世界高级副总裁

---

① 《BIGC 2020 北京国际游戏创新大会在京启幕》,网易网,2020 年 9 月 27 日,https://www.163.com/dy/article/FNHIA8JN05268BP2.html。

王雨蕴向与会者介绍了完美世界在游戏研究领域的进展——完美世界技术和学术两条研究路径并行,身体力行推动中国游戏研究。完美世界将出版两本译著、一本教材,分别是《严肃游戏》《游戏分析导论》《电子竞技资本论》,此外还邀请国内外20多位游戏学者参与中国游戏资料保存项目;在技术研究上,完美世界是国内少有的有自研引擎传统的游戏研发厂商,从平台端游到移动游戏,多年来专门开发跨平台的游戏自研引擎。论坛现场还举行了《游戏研究读本》的发布会。而主导编纂《游戏研究读本》的是北京师范大学艺术与传媒学院游戏研究方向的何威教授。

游戏研究学者刘梦霏建立了游戏档案馆,档案馆收藏了过去30年的中国游戏杂志、游戏设定集、游戏研究著作、国产及外国游戏、一些国内和国外的游戏化作品、若干主机和硬件设备。除保存与整理中国游戏的"物的历史"之外,还记录着行业中"人的历史—游戏众生相"的在线民族志项目,档案馆已访谈的开发者与国外游戏研究的领军人物已达20余位。每年由北京师范大学"游戏产业研究工作坊"的学生参与维护的"我们的游戏史"在线互动时间轴也可以在档案馆的网站上访问。①

另外,高校自发推广的游戏研究也在缓慢推进。比如华东师范大学哲学系发起的"游戏致/至死"游戏研究论坛,2021年3月由北京大学艺术学院发起、联合798尤伦斯艺术主办的"游戏咏/永生"游戏论坛。

如今,游戏和学习的研究已经引起了国内社会研究、教育研究和传媒研究专家的关注,成为新时期学科理论与实践研究的一大焦点。

四 行业发展的主要特点与发展策略

(一)充分发挥"游戏化"作用

"游戏化"是指在非游戏活动中运用游戏机制,改变人的固有行为模

---

① 刘梦霏:《欢迎来到游戏档案馆 HOMO LUDENS ARCHIVE 的(幕后)世界!》,知乎,2020年7月22日,https://zhuanlan.zhihu.com/p/156825423。

式。未来国内的主要政策会在推进游戏消费本地化的同时，通过推动传统行业数字化从而进行"游戏化"升级，游戏化机制将对现有的教学模式与情景化学习进行深度整合，开发出新的数字资产，这也是国内游戏行业在娱乐消费和竞技赛事之外的新发展方向。

（二）不仅要发展电子竞技，还要注重军民融合，开发优质内容

当前主流电子竞技舞台上的电子竞技项目大多脱胎于两类电子游戏——格斗动作类和模拟射击类，这两类电子游戏的成功，是从开发设计模态到产业运营竞争多层次博弈的结果，它们在不同层次都有对应的独特叙事技巧。电子竞技从原有的电子游戏中汲取养分建立自己的历史叙事，这个叙事是由电子竞技选手和赛事运营厂商携手缔造的。

在电子竞技网络社区建构具有强烈荣辱观的电子竞技文化，电子竞技通过这些叙事吸引一代又一代的玩家，让玩家亲历属于自己的荣耀之路，并在这个过程中与游戏身份相融合。近年来，市场上除了符合自己国家特色的电子竞技文化，还有一种军事娱乐复合体在北美游戏市场崛起，它的存在以及它对军事技术和意识形态的塑造，同样需要我们留意和学习。

相较于传统军营文娱项目，具有竞争性和娱乐性的军事网络游戏逐渐受到了更多军队人员的欢迎。国防大学军事文化学院教授李翔表示，游戏与意识形态密切相关，需要特别注意境外通过军事网络游戏向我国灌输的西方价值观，不可任其肆意发展，否则很有可能带来严重的文化危害。李翔建议为市场化产品明确文化价值导向，同时加强对国内游戏产业的资金、政策帮助，将我军特色融入军事网络游戏。同时，可以借鉴国外军队的经验，将网络游戏引入军事训练，发挥军事网络游戏的积极作用。[①]

（三）抓住赛事红利，赋能城市发展

北京在2020年举办北京国际游戏创新大会后，进一步落实2019年4月

[①] 林梓栋、宫玉聪：《开发具有我军特色的优质军事游戏》，中国军网，2021年3月4日，http://www.81.cn/jx/2021-03/04/content_9995835.htm。

19日北京市游戏出版工作座谈会上的重要部署。早在2019年，北京就规划构建"一都五中心"发展格局。[①] 北京将通过"五个中心"的建立，充分发掘北京的内容特色，夯实理论基础，拓展相关应用领域，发挥品牌价值，带动技术创新。

上海政府已经在浦东落户30家电子竞技企业，涵盖电子竞技产业所有门类。此外，浦东还推出了浦东足球场、森兰电子竞技馆以及东昌弈空间，并通过康桥E-ONE电子竞技产业园区，进一步提升集聚度和知名度，努力成为世界顶级赛事和国内重量级腰部赛事的首选地。

2020年上半年以来，浦东不断优化电子竞技产业政策，完善相关产业链。下一步，浦东将推动头部企业尽快在浦东形成产业链，利用上海自贸试验区的相关有利政策，探索创新并形成可推广的经验。

未来，打造区域文化名片的思路已经在全国各大城市形成共识，电子游戏行业赋能城市发展将进一步推进国内产业升级，形成健康发展的大产业格局。

---

① 王坤宁：《北京构建"一都五中心"网游发展格局》，人民网，2019年4月22日，http：//media.people.com.cn/n1/2019/0422/c14677－31043058.html。

B.13
艺术培训业年度发展报告*

秦 晴**

摘 要： 受新冠肺炎疫情影响，艺术培训业在2020年遭到沉重打击。随着疫情缓解，2020年下半年艺术培训市场形势好转，受到政策红利、消费升级、科技保障以及消费者日益增长的学习需求推动，整体呈现"稳定增长""线上化"趋势。未来，艺术培训业将呈现艺术培训企业盈利模式向多元化发展、艺术教育品牌不断涌现、金融资本不断投入艺术教育市场、科技赋能艺术教育愈加明显等特点。

关键词： 艺术培训业 在线教育 艺术教育

一 艺术培训业宏观环境及政策分析

2020年是中国艺术培训业较为特殊的一年，新冠肺炎疫情给上半年艺术培训业带来前所未有的打击，但随着疫情缓解，艺术培训业在下半年呈现出持续稳步发展的态势。艺术培训业在经受了市场优胜劣汰后，整体局面迎来了市场优化、种类细分的变化。在整体经济环境方面，2020年下半年中国经济稳定恢复了艺术培训业的进一步发展。在教育方面，教育结构进一步

---

* 本报告系深圳市哲学社会科学规划2021年度课题"粤港澳大湾区文化'走出去'实践路径研究"（SZ2021C004）、国家社会科学基金重大项目"文化产业数字化战略实施路径和协同机制研究"（21ZDA082）的阶段性成果。
** 秦晴，深圳大学文化产业研究院教育培训部主任，助理研究员，武汉大学传播学博士，主要研究方向为文化产业、国际传播。

优化，国民教育体系得到进一步完善，其中素质教育占国民教育的比重逐年上升。素质教育强调德智体美劳全面发展，使家长在文化艺术教育方面的投入逐年增加，艺术培训业因此得到了良性发展。在教育方针政策方面，国家加大了对艺术教育的资金投入和政策倾斜，使学校与教育机构以及社会各界能够举办更多的文化艺术类教育培训活动，营造了良好的艺术教育环境。

（一）扩大内需为艺术培训业注入动力

在文化强国的战略背景下，艺术培训行业迎来了重要的发展契机。未来随着国家政策支持、就业结构变迁及消费需求驱动，艺术培训业将迎来良好的发展前景。2020年，虽然我国经济增速放缓，但是国内艺术培训市场仍具有发展潜力，而且随着我国国民素质的提升，居民消费支出中的教育、文化、娱乐比重也将逐年增加。

（二）政策红利助推艺术教育发展

自2013年以来，我国关于进一步推进在校学生艺术素质测评、加强学校美育工作、支持和鼓励民办教育等政策相继出台，强调艺术教育在课内教育中应当占据一定比重。国家日益重视和支持素质教育，先后颁布或修正了《国家中长期教育改革和发展规划纲要（2010～2020年）》《关于推进学校艺术教育发展的若干意见》《关于全面加强和改进学校美育工作的意见》《国家教育事业发展"十三五"规划》《中华人民共和国民办教育促进法》《关于深化教育体制机制改革的意见》《中国教育现代化2035》等一系列政策或法律，推动了我国素质教育事业发展。

2019～2020年，教育部多次提出要重视中小学生美育教育，出台系列政策推动艺术培训市场发展。2019年3月，教育部发布《关于做好2019年普通高校招生工作的通知》，指出各地要指导中学进一步完善学生综合素质档案制度；2020年，中共中央办公厅、国务院办公厅印发了《关于全面加强和改进新时代学校美育工作的意见》。这两个文件都对加强青少年美育教育提出了具体要求，通过将艺术类科目考试纳入中考改革试点以及纳入高中阶段学校考试招生录取计分科目，提升各界对美育教育的重视程度。

国家持续出台的政策红利驱动艺术教育走向大众并成为消费刚需。教育体制对素质教育越发重视，艺术培训行业将逐渐成为教育产业领域的重点市场。

（三）消费升级带动艺术培训市场发展

随着家长综合素质的提升，家庭教育越来越注重孩子的素质培养。同时，家庭收入以及家庭消费水平的普遍提高也为儿童艺术教育提供了经济支持。消费升级驱动下儿童艺术活动逐渐增加，这进一步激发了艺术培训市场的繁荣。

国家在2016年实施"全面二孩"政策，随着新生人口的增加，到2020年人口红利仍持续有效，为艺术教育发展提供了广阔的市场空间。随着居民生活水平的提高，接受艺术教育也成为提升教育水平和生活品质的重要内容。艺术教育的类型呈现多样化、多元化，教学范围涉及各类艺术行业，如音乐、舞蹈、绘画、设计等，艺术培训市场类型增多和范围持续扩大，促进了整体艺术培训消费总量的增长。

总体而言，消费升级带动居民对艺术培训的支出不断增加。我国人均GDP稳步上升、居民消费水平提升推动了艺术培训市场的发展。随着"全面二孩"政策的实施，基础端的艺术教育规模将实现较快增长。另外，除了儿童外，越来越多的成年人也出于自我提升、个人社交等需求选择报名艺术培训类课程。

二 艺术培训业的发展现状

中国艺术培训市场在2019年规模为2149.6亿元。随着国家政策支持、就业结构变迁及消费需求驱动，艺术教育培训行业将迎来良好发展前景。根据中商产业研究院估计，2020年我国艺术教育培训市场规模约为2426亿元。[①]

---

① 《2020年中国艺术培训行业存在问题及发展前景分析》，中商情报网讯网站，2020年8月1日，https://www.askci.com/news/chanye/20200801/1456201168866.shtml。

但是由于疫情影响，2020年行业整体发展还是会受到较大影响，尤其是线下的艺术培训机构。

（一）受疫情影响艺培机构总体受挫严重

新冠肺炎疫情发生后，线下艺术培训机构遭到前所未有的冲击，近一半企业同比营收减半。2020年，对中小型线下艺术培训机构来说是一个寒冬，出现严重亏损的占85%，店面房租、员工工资、学员退费是压在艺术培训机构上面的"三座大山"。

在新冠肺炎疫情影响下，2020年上半年整个艺术培训市场几乎处于停滞状态。学生无法正常上课，继而影响各大艺术培训机构下半年招生，一系列不确定性问题接踵而至。艺术培训机构面临场地租金、老师薪资、税收等相关问题。因此，2020年线下艺术培训教育整体受疫情影响较为严重。

（二）少儿艺术培训市场平稳增长

按照艺术教育需求来区分，艺术教育培训可分为少儿艺术、艺术考试和成人艺术培训三种，其中少儿艺术培训占据了主要市场份额。在少儿艺术培训市场中，市场份额占比前三名的分别为音乐培训（36%）、舞蹈培训（31%）和美术培训（25%）。2019~2020年，音乐、舞蹈和美术三大艺术培训领域仍持续领先中国少儿艺术培训市场。在这三大艺术培训领域有一个显著趋势，就是选择民族艺术类培训的比重在增大，不少少儿艺术培训陆续开设了一些民族舞蹈培训、民族器乐培训、国画培训、书法培训等课程，不断完善少儿艺术培训的市场结构。

（三）艺术考级和艺术高考热度已恢复

受疫情影响，2020年上半年艺术考级市场热度有所下降，但2020年6月，文化和旅游部科技教育司印发了《恢复开展社会艺术水平考级现场考级活动疫情防控措施指南》，对各地社会艺术水平考级活动的逐步恢复做出了具体指导和要求。因此，2020年下半年的艺术考级市场逐渐恢复正常。

以往年音乐考级为例，手风琴、钢琴、电子琴、小提琴等专业均具备专业级考试，参与人数众多。根据《2018中国音乐产业发展报告》《2020中国音乐产业发展报告》，2017年中国音乐考级报名人数达140万人，2019年音乐考级报名人数约169万人。

2020年艺术高考热度不减。2018年底，教育部发布了《2019年普通高等学校部分特殊类型招生基本要求》，其中就包括提高艺考文化课录取分数线，这也意味着艺考的门槛变得更高。目前，全国有近2000所高校设有艺术类专业，2020年艺考报名人数竟然达到117万人，比2019年多40万人。

（四）成年艺术培训市场蕴含无限潜能

2020年，成人艺术培训市场也随着人们生活水平提升而有所扩大，蕴含着无限的市场潜能。各种舞蹈工作室、绘画工作坊和吉他音乐室的出现，对都市年轻人充满了吸引力。简单来说，艺术培训有以下作用。第一，缓解工作压力。城市生活节奏较快，年轻人要承受较大的工作和生活压力，业余时间如能通过参加艺术类培训充实自己，可有效释放压力，在一定程度有益于自身发展和心理健康。第二，学习才艺可以增加个人魅力，提高审美情趣和生活品位。对于青年人来说，艺术培训不仅可以提升个人素质，还可以满足社交需要。参加艺术培训可以拓展人脉交际圈，认识更多志趣相投的新朋友。第三，艺术培训可以开拓思维，使人获得更多的工作灵感，激发创造力和想象力。此外，不仅青年人群关注艺术培训教育，越来越多的老年群体也在业余时间或退休时间参加艺术培训。艺术培训有益于老年人的身体和心理健康，例如舞蹈可以强身健体，围棋可以锻炼记忆力，书法绘画可以修身养性等。

综上所述，成人艺术培训市场潜力巨大，尤其是音乐、舞蹈、美术、书法等领域，将成为未来艺术培训业的增长点。

（五）在线化持续渗透艺培机构

传统艺术教育线下培训机构纷纷推动在线培训项目。近年来，艺术教育行业存在细分市场逐渐在线化的发展趋势。在线教育的崛起，也为传统艺

教育打开了一条轻量化、高效率的"互联网+"发展模式，使艺术培训可以惠及更多受众。2020年，艺术教育在线化更为明显。在疫情防控常态化背景下，在线艺术教育深入发展是必然趋势。2020年，大批艺术培训机构尝试用网络为学生们授课，网络艺术培训平台相继出现，并且逐步向专业化、系统化、规模化方向发展。

2020年，各大艺术培训机构积极响应国家政策，抓住机遇，纷纷把重心转移到线上教学。如美术宝、优艺行微课堂、劲草学堂、海南现代音乐文化艺术中心、快乐中老年艺术学院、宝力龙舞蹈艺术等都创建了与艺术培训相关的公众号知识店铺。2015年成立的线上美术教育品牌画啦啦，针对5~12岁儿童成长特性设计在线少儿美术教育产品。截至2020年3月，画啦啦注册学员超过700万人，付费学员超50万人。线下艺术培训机构拓展线上业务，教学模式以视频、直播、训练营、社群等模式为主，再结合线下培训进行现场实践指导。由于线上教育模式的兴起，服务于该类教育机构的服务商也成为艺术培训业中的重要组成部分，例如知名在线教育SaaS服务商创客匠人等，通过微信公众号、小程序、App、PC网校等形式，助力教育培训机构布局线上教育模式。

（六）艺术融资市场有所降温

2020年中国艺术教育领域发生的融资事件共8起，涉及6家企业，涵盖美术、音乐、国学三大领域，合计融资金额约10亿元。其中美术宝是现有艺术教育领域估值最高的企业，2020年分别在7月和12月进行了2次融资，12月的融资是目前中国素质教育领域最大的单笔融资。此外，迷鹿音乐也在2020年度完成2次融资。

美术宝是中国素质教育赛道的龙头品牌，旗下拥有小熊美术AI课、美术宝1对1、美术宝小班课、美术宝写字AI课、艺考社区等多个产品体系，布局美育行业全产业链，为3~18岁的用户及家庭提供普惠和便捷的美育课程。创立6年来，美术宝教育拥有近1000人的教研及制作团队，超2万名线上专职教师。凭借高质量的教学内容和强大的师资团队，目前业务覆盖全球超过160个国家或地区，累计注册用户超过500万人，累计付费学员超50万人。

三 艺术培训业存在的问题及对策

（一）艺术培训市场急功近利

在现在的社会，很多培训机构和家长都误解了"美育"，更误解了"素质教育"。真正的艺术修养，并不能靠证书证明。随着社会艺术水平考级的发展，艺术考级改革也在不断深化。国家针对艺术考级中存在的不规范现象先后进行了多次改革，如修订艺术考级专业目录、加强对艺术水平考试前后的监管、规范艺术考级机构等，保证艺术考级的公平、公正、公开，进而保障艺术教育对提高国民文化艺术素质的积极作用。

（二）艺术培训市场品牌尚缺

当前我国的艺术培训市场中，具有营利性质的艺术培训机构占到多数，以中小型规模为主，培训质量参差不齐，培训内容重复率高，缺乏优质的市场品牌。艺术培训机构对于场地规模、器材成本、排课时间、地理位置要求较高，难以实现标准化和规模化。[①] 新冠肺炎疫情在某种程度上推进了全国艺术培训品牌的发展进程。新冠肺炎疫情影响下，众多中小型艺术培训机构受挫，而品牌艺术培训机构因抗风险能力强，逐渐突显优势。

当前艺术培训市场竞争激烈，且尚未形成极具代表性的艺术培训品牌。通过品牌优势进行资源整合，是艺术培训业的必行之路和未来发展趋势。因此，不少大型机构走向品牌化道路，不断完善师资团队，经营管理水平也越来越高。但也因此，很多师资不足和市场开拓能力弱的中小艺术培训机构只能被时代抛弃。

---

① 《艺术教育的"在线"变革》，芥末堆网，2019年11月28日，https://www.jiemodui.com/N/111171。

（三）艺术培训的优质师资不足

随着艺术培训市场的不断扩大，艺术师资需求也不断扩大，尤其是需要专业水平高、教学能力强和经验丰富的老师。

艺术培训相比其他培训，更注重授课教师的现场示范，以保证实时的艺术指导，达到良好的授课效果。然而，现实情况是许多艺术老师是刚刚毕业的年轻人，缺乏相关的经验。为此，在艺术师资方面应进一步加强继续教育和规范管理，对授课教师进行系统性教学培训，创新教学方式方法，以老带新，形成终身学习的机制。

四 艺术培训业发展策略及未来趋势

（一）发展策略

1. 加强市场管理与监督

2020年，中国数字艺术教育联盟、国学文化艺术中心等相关艺术教育社会组织因违法被依法取缔。政府应继续加强市场管理与监督，从从业资格、培训内容、课程版权等多方面进行规范。同时，相关部门也应出台更多的相关法规政策，进一步规范艺术培训市场，提升艺术培训质量。对艺术培训市场进行严格管理，坚决严厉打击经营不规范的机构，取缔违法办学点。尤其在社会艺术水平考级方面，应该对标各类文化考试的标准，进行严格考核，对于不符合规范的机构坚决取缔，维护好艺术培训行业的环境生态。

2. 充分发挥行业协会等各界社会力量

艺术培训市场要健康发展，应充分发挥各地艺术培训行业协会的作用，加强行业管理和自律，制定行业标准，搭建行业交流平台，提供权威资讯，整合艺术培训资源，挖掘、传承和弘扬中国优秀艺术形式，全面推动全国艺术培训业健康有序发展。应打破各省艺术培训业协会的地域限制，组织开展全国性的艺术培训交流学习平台，建立行业标准，创新教育培训模式，规范教师从业准入管理程序，搭建行业教师技能水平测评体系。应积极开展自主创新，科学开发编制优秀艺术培训课程、教材，打造艺术教育品牌，不断提升行业的创新能力和核心竞争力。应加强艺术行业的资源整合，打造艺术培训行业无国界、无地域限制的优质共享平台，举办行业论坛、交流、国际游学、艺术竞赛等国内国际社会活动，培养引进高端人才，全面提高行业的品牌形象。

（二）未来趋势

1. 技术推动艺术培训行业革新，线上线下结合成为未来发展方向

传统的艺术教育线下培训机构对于选址的要求很高，因为线下培训机构的学生大多来自机构或者小区所在的商场（社区）所带来的自然流量，不同的线下培训机构紧守周围一千米强推地面营销，而且艺术培训强调体验互动性的特征，使得线下培训一直是培训的主流，而线上培训则作为获客渠道和教学补充。线下充分发挥渠道及经营经验丰富的优势，线上线下联动发展更有利于艺术培训机构拓展客源，突破原有的区域限制，提升品牌影响力。互联网时代，网络授课并不新鲜，但是对于艺术培训行业来说，要探索出一套更适合线上教学的方案还得需要一段时间。参考疫情发生后新东方"云教室"将100多万学员转移至线上经验，艺术培训领域也需要在技术领域进行探索，建立适合艺术教育领域特点的在线课程。

近年来，音乐教育行业在线化程度明显提升，越来越多的机构采取线上线下结合发展的新模式来增强竞争力。在线化主要分为在线陪练模式和在线教学模式。而对于舞蹈教育培训行业来说，线下依旧是主流场景。舞蹈教学过程中涉及大量的肢体纠正和指导，因此在课堂上师生近距离、频繁的交流互动是必不可少的。目前舞蹈教育主流机构通过直营和加盟模式进行扩张。近年来，随着互联网趋势不断加深，5G、直播等技术飞速发展，直播、线上线下双师等模式逐渐发展起来，助力企业提高发展速度。新兴模式一方面能够提高师资利用率，克服舞蹈教育师资紧缺的痛点；另一方面也可以加快拓展速度，以简洁轻便的规模实现品牌影响力的进一步提升，还能够保障加

盟商的师资力量和课程质量，同时降低培训成本。舞蹈教育产业链包括线下舞蹈教育企业、舞蹈教学视频平台、舞蹈爱好者社区以及 SaaS 服务商等，其中代表性平台有宝力龙舞蹈艺术、舞瑜伦比等。疫情期间，美术教育品牌夏加儿从音频到视频、从直播到录播、从教室到美术馆、从画画到 Steam、从线下到线上、从美术到艺术，向美术教育 OMO 新模式方向努力转型。

线上线下相结合成为艺术培训发展的主要模式。线上线下相结合有助于优势互补满足消费者的需求，也有助于更好地塑造艺术培训的品牌。综合来看，艺术教育市场规模巨大，受到政策红利、消费升级、科技保障及消费者日益增长的学习需求推动，未来将持续稳定增长，并整体呈现"线上化"趋势。

2. 综合化、多元化、专业化成为艺术培训发展趋向

艺术培训行业在 2020 年出现了较大的行业变化。不少大型艺术培训机构选择综合、多元发展路径，并且在具体的专业培训上突出课程的差异化特征。经营模式方面采取连锁加盟方式，不断通过融资来扩大自身竞争力。如在国学培训领域深耕 18 年的品牌秦汉胡同的盈利模式多元，由"线下终端门店+线上课程+线上商城国学商品（如文房雅物）"等组合而成。

艺术培训行业缺少众所周知的"领导"型企业。这对于艺术培训领域的众多机构而言，既是挑战也是机遇。面对这样的整体局面，有实力的企业应迅速找准自身的市场定位，建立品牌形象，提升管理水平，深化发展模式，强化教学质量，提高师资水平，争取在艺术培训市场开展蓝海战略，然后进一步整合资源、扩张资本，形成中国少儿艺术培训加盟行业的"领导"品牌，从而带动整个行业良性竞争、高速发展。

3. 艺术培训细分市场将成为新增长点

当今社会，越来越多的人选择艺术培训。而人们的艺术培训需求各不相同，也推动艺术培训市场多元化发展。艺术培训市场已日渐成熟，找准新的细分市场和增长点，是未来保持可持续发展的关键点。

在艺术教育培训市场竞争化的大时代，市场细分成为一个重要的发展趋势，找准市场定位，做好核心价值定位，深耕某一专业领域，并获取市场竞争优势，是艺术培训企业的必然发展之路。

B.14 体育产业年度发展报告

赵剑缘*

摘　要： 新冠肺炎疫情给全球体育发展带来了诸多挑战：大型国际体育赛事取消或延期，全球体育产业发展受阻等。本报告总结了体育产业的三大应对措施：一是出台疫情防控措施，将东京奥运会备战受到的影响降到最低，保障北京冬奥会筹办工作的提速建设；二是推动赛事恢复、场地开放和群众体育开展等，推进体育产业复工复产；三是发布与冰雪旅游、体教融合、全民健身场地设施建设等相关的重要政策，优化体育休闲消费场景。本报告分析的领域包括：体育竞赛表演活动、体育健身休闲业、体育教育与培训业、体育用品制造业。"十四五"时期体育产业将拥有较好的发展前景和发展机会，体育竞赛表演业将大有可为，数字体育将成为体育高质量发展的新引擎，"体育+多业态"融合、多场景叠加，体育金融的应用会更频繁，国家体育消费试点城市将带动体育消费规模持续增长。

关键词： 体育产业　奥运会　体育政策　体育休闲　体育消费

一　行业发展宏观环境及政策评析

（一）行业发展宏观环境

体育运动是扎根于现实世界的，体育产业是当代经济社会的重要组成部

---

* 赵剑缘，北京体育大学体育商学院博士研究生，主要研究方向为体育经济与产业。

分。不断变化的外部环境会给体育发展带来多重影响，制约和牵引着体育的走向。① 新冠肺炎疫情给全球体育发展带来诸多挑战：国际体育组织对全球体育掌控力下滑，诸多大型国际体育赛事取消或延期，体育意识形态化回潮，全球体育产业增长乏力等。针对这些"危机"，2020~2021年我国体育产业从体育系统到市场主体积极应对，为疫情防控常态化阶段的建设贡献"体育方案"。

首先，面对新冠肺炎疫情带来的严峻挑战，体育系统积极推动体育产业复工复产，服务经济社会发展。联合财政部共调整体育彩票发行机构业务费1.68亿元；印发《科学有序恢复体育赛事和活动 推动体育行业复工复产工作方案》，明确推动赛事恢复、场地设施开放和群众体育开展等方面的措施，CBA联赛、足球联赛、排球联赛、网球中国巡回赛等相继复赛，提振了体育行业信心，推动了体育产业复苏。疫情初期，体育系统明确将体育场馆设施的应急征用作为补助大型体育场馆免费或低收费开放的重要参考因素，积极发挥体育场馆设施应急功能，在武汉实际投用的16家方舱医院中，有6家是由体育场馆临时改建而成的；疫情防控常态化以后，又率先恢复其为比赛场馆，举办各类大小赛事和运动嘉年华，成为充分发挥体育场馆综合功能效益的典范。②

其次，"双奥周期"中因新冠肺炎疫情延期至2021年举办的东京奥运会，受疫情发展高度不确定性的影响持续深化、泛化。一是运动员训练资源的不确定性，全球多数体育强国关闭运动场所、延期举办资格赛，运动员出国训练无法正常进行、"以赛代练"短期难以实现；二是奥运备战风险的不确定性，疫情时期在外训练的运动员以及参赛队伍仍存在感染风险，原有的"调整—启动—兴奋—高峰"四年奥运备战周期被打断，运动员不可避免地出现不同程度的生理、心理疲劳，同时奥运反兴奋剂工作也受到较大影响。

---

① 鲍明晓：《"新冠疫情"引发的国际政治变动对全球体育的影响与中国体育的应对之策》，《成都体育学院学报》2020年第3期。
② 《苟仲文局长在全国体育局长会议上的讲话》，国家体育总局网站，2020年12月27日，http://www.sport.gov.cn/n4/n15303/n15304/c974540/content.html。

面对新冠肺炎疫情带来的严峻挑战，体育系统围绕"防疫情、保备战"的要求，提出国家队"不移动"、训练基地"全封闭"的工作要求，出台国家队疫情防控管理措施，组织夺取奥运资格任务的队伍提前出访、绕道参赛，到2020年6月已获得东京奥运会30个大项、221个小项的参赛资格。①

最后，我国体育市场进一步拓展，体育主体规模扩大，相关消费提升，体育产业进入新的发展阶段。"十三五"以来，体育产业每年贡献的产业增加值到2018年已突破1万亿元，在GDP中所占比重超过1%，成为国民经济新的增长点。2019年全国体育产业总规模29483亿元。《体育产业发展"十三五"规划》预计2020年体育服务业增加值占比超过30%，体育消费额占人均居民可支配收入比例超过2.5%。2020年，我国首次将体育场地指标纳入国家年度《国民经济和社会发展统计公报》，并利用公共文化服务体系建设专项资金支持建设4000个农民体育健身工程行政村项目，会同财政部支持1400多个公共体育场馆免费或低收费开放，提前完成"十三五"全国新增2万个社会足球场的任务。2021年作为"十四五"开局之年，为推动体育产业成为国民经济支柱性产业，国家体育总局通过确定40个国家体育消费试点城市，全面总结推广体育消费的经验。2021年成都、绍兴、青岛等试点城市均首次发布了居民体育消费调查报告，对不同区域居民的体育消费习惯和喜好进行了调研，对通过体育消费拉动经济发展具有重要意义。

（二）政策法规工作评析

2020～2021年，我国在体育规划编制方面，主要是做好国家"十三五"规划体育领域重点任务和《体育产业发展"十三五"规划》完成情况评估工作，同时推进编制《"十四五"体育发展规划》工作。在体育法制建设方面，2020年国家体育总局出台《关于进一步健全机制 充分发挥法律顾问作用的意见》，指出要充分发挥法律顾问作用，着力提升依法治体水平，不

---

① 《孙春兰看望备战东京奥运会国家队时强调 全力做好东京奥运会备战参赛工作》，新华网，2021年6月18日，http://www.xinhuanet.com/sports/2021-06/18/c_1127575619.htm。

断推进体育治理体系和治理能力现代化。在体育理论研究方面，国家体育总局政策法规司通过组织决策咨询研究，将"十四五"体育发展总体规划、体育内外环境和影响因素、"三大球"振兴体育法制、体育对外交往与宣传等作为研究重点，并且根据研究成果建立项目库。在体育政策制定方面，国家体育总局协同相关部门发布了一批新的政策，包括体育产业、冰雪旅游、体育社团、学校体育、反兴奋剂管理等方面规章、规范性文件。政策要点包括以下七个方面。

一是针对体育赛事活动管理制度不健全、办赛参赛不规范、监管手段不完善、执法依据不充分等问题，2020年1月国家体育总局公布了《体育赛事活动管理办法》，就体育赛事活动管理范围、管理主体、申办和审批程序做了具体规定，以确保体育赛事活动规范有序开展，保障体育赛事活动各方的合法权益。

二是顺应2022年北京冬奥会的热度，为推动我国冰雪旅游高质量发展，2020年2月国家体育总局联合文化和旅游部、国家发展改革委发布《冰雪旅游发展行动计划（2021~2023年）》，要求到2023年建立一批高质量的冰雪主题旅游度假区，提高参与冰雪旅游的客流量和消费规模，推动冰雪旅游形成较为合理的空间布局和较为均衡的产业结构。

三是为鼓励、支持社会体育俱乐部规范有序发展，2020年6月国家体育总局联合教育部等七部门共同印发了《关于促进和规范社会体育俱乐部发展的意见》，明确对各类社会体育俱乐部的支持政策，规范社会体育俱乐部的培训行为，加强对社会体育俱乐部的业务指导和行业监管。

四是为深化中国特色体教融合发展，推动青少年文化学习和体育锻炼协调发展，2020年8月体育总局联合教育部印发《关于深化体教融合 促进青少年健康发展的意见》，以促进青少年健康发展和加强竞技体育后备人才培养为主要方向，破除部门思维和立场，畅通体育人才成长通道，破除赛事壁垒，改革体育传统特色学校评定，强化体校文化教育，推动体育教育全面融合。

五是为推进健身设施建设，推动群众体育蓬勃开展，2020年10月国务院办公厅印发《关于加强全民健身场地设施建设 发展群众体育的意见》。

2021年2月和4月国家发展改革委、国家体育总局联合印发《关于加强社会足球场地对外开放和运营管理的指导意见》和《"十四五"时期全民健身设施补短板工程实施方案》，两份文件均提出总体目标，前者提出到2025年，社会足球场地全面开放，初步形成制度完备、权责明确、主体多元、利用高效的社会足球场地长效运营管理机制；后者提出到2025年，全国人均体育场地面积达到2.6平方米以上，每万人拥有足球场地数量达到0.9个，全国社会足球场地设施建设专项行动重点推进城市等有条件的地区每万人达到1个以上。

六是为落实习近平总书记关于反兴奋剂工作系列指示批示精神，2020年12月国家体育总局印发《反兴奋剂规则》，作为规范反兴奋剂工作具体实施的技术性、操作性规则。

七是为规范和加强地方体育行政执法工作，2021年2月国家体育总局印发《关于进一步规范和加强地方体育行政执法工作的若干意见》，积极推动地方体育行政执法，理顺工作机制、规范执法行为、明确执法责任、提升执法水平，不断提高体育治理体系和治理能力现代化水平。

二 行业发展概况

（一）行业数据

1. 体育产业总规模持续增长

《中共中央关于制定国民经济和社会发展第十四个五年规划和二〇三五年远景目标的建议》明确提出要加快发展体育服务业。在《体育产业发展"十三五"规划》《国务院办公厅关于促进全民健身和体育消费推动体育产业高质量发展的意见》等政策带动下，我国体育市场规模不断扩展，2019年全国体育产业总规模（总产出）为29483亿元，比2018年增长10.9%，增加值增长11.6%。体育产业增加值占GDP的比重达到1.2%。按照《体育产业发展"十三五"规划》，2020年体育产业从业人员数超过600万人，

总规模将超过3万亿元（见图1）。体育强国的建设要求中就包括到2035年实现体育产业成为国民经济支柱性产业。

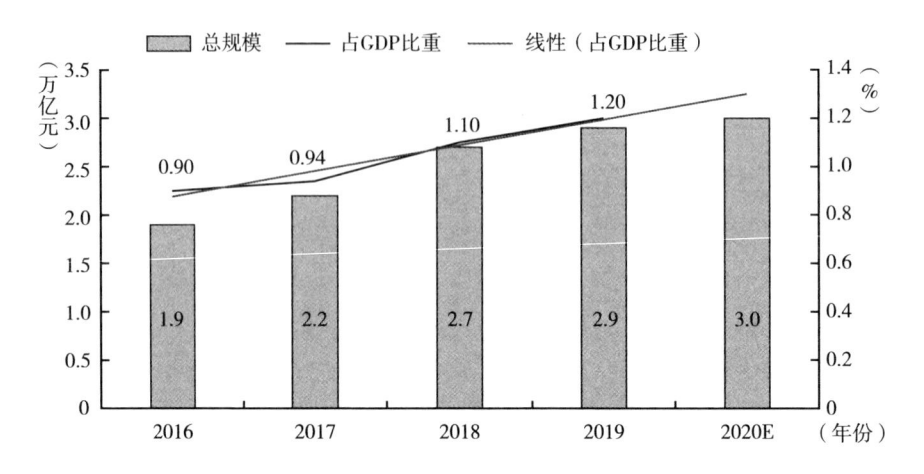

图1 "十三五"期间中国体育产业总规模及占GDP比重

资料来源：国家统计局、《体育产业发展"十三五"规划》相关数据。

2.体育消费市场增长空间广阔

作为新兴消费重要领域，中国体育消费市场呈现逐年增长的趋势，"十三五"期间体育消费市场规模从2016年的5937.8亿元增长到2019年的12282.1亿元，年复合增长率为27.41%；根据《进一步促进体育消费的行动计划（2019~2020年）》提出的目标，到2020年我国体育消费总规模将突破1.5万亿元（见图2）。麦肯锡发布的《2020年中国消费者调查报告》显示，中国72%的城市消费者增加了健身相关的支出。由中国体育用品业联合会与尼尔森联合编制的《2020年大众健身行为与消费研究报告》显示，2020年大众在体育及相关方面进行消费的比例达到96%，人均体育消费金额超过4203元。

3.体育投融资环境流向更为集中，2021年迎来市场反弹

懒熊体育统计显示，2020年国内体育相关公司的投融资事件共有53起，其中透露了融资金额的共计40起，总额约合30.34亿元。2019年同期，中国体育相关创业公司投融资事件共有87起，总额达39.69亿元（见

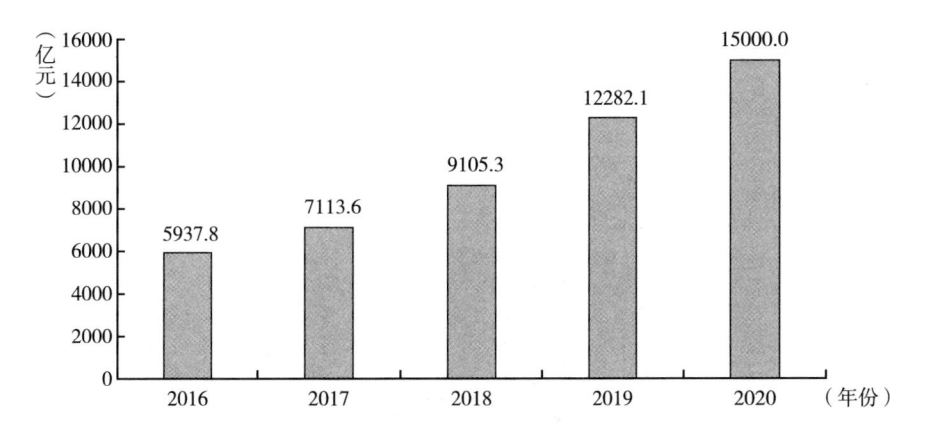

图2 中国体育消费市场规模

资料来源：观研天下：《2020年中国体育行业前景分析报告——市场现状调查与发展战略规划》。

图3）。2020年这两个数据同比分别下降39.1%和23.56%。而2020年国内体育领域亿元级别的投融资事件数有9起，占投融资事件总数的16.98%，总额为25.25亿元，占全年总额的83.22%。在这些亿元级别融资事件中，国内融资额最高的是英雄体育VSPN的1亿美元融资，占全年体育领域融资总额的20.96%。

结合体育细分领域的投融资情况，在新冠肺炎疫情的影响之下，无论是消费者的居家时间、健康意识还是健身需求，都出现了明显上涨的趋势。在此期间，健身品牌、运动品牌和赛事转播商都有意识地增加居家健身的内容，相关软件的用户人数也在同步激增。而且，此时积累的用户基数和口碑也能为线下健身房复业后导流，进一步推动体育健身品牌的发展。

在2020年的体育投融资市场中，资本愿意投资能满足消费者某一类体育服务需求的公司，比如居家健身、保持身材或者购置运动装备等。2020年的体育投融资市场情况似乎略有下滑，但核心资本并没有大规模离场，只是流向更为集中。

相较之下，2021年上半年体育投融资迎来反弹。据懒熊体育统计，在2021年1月1日至6月30日期间，国内体育相关公司的投融资事件共有50

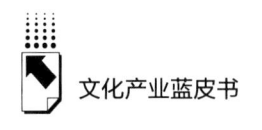

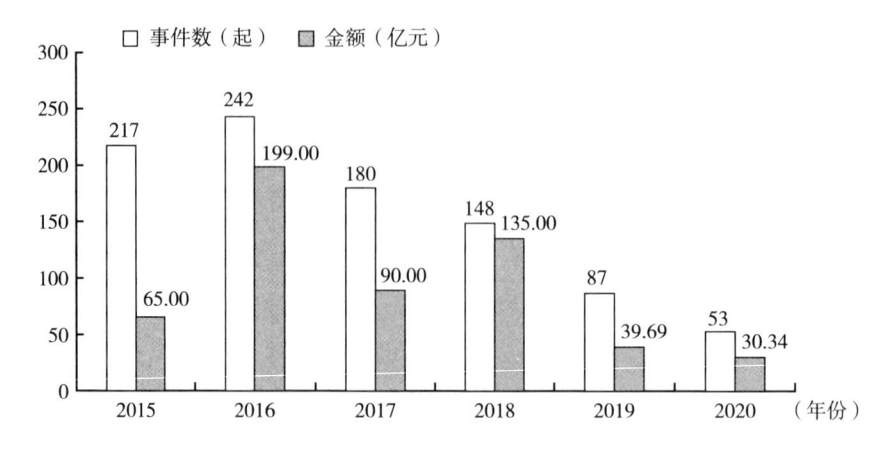

```
     300 ┌─────────────────────────────────────────┐
         │   □ 事件数（起）  ▨ 金额（亿元）         │
     250 │        242                              │
         │  217                                    │
     200 │        199.00                           │
         │              180                        │
     150 │                         148             │
         │                         135.00          │
     100 │   65.00      90.00                      │
         │                                 87      │
      50 │                                         53│
         │                                 39.69    30.34│
       0 └───┬──────┬──────┬──────┬──────┬──────┬──┘
           2015   2016   2017   2018   2019   2020  （年份）
```

图3 2015～2020年国内体育领域投融资情况

资料来源：懒熊体育。

起，其中透露了投融资金额的共44起，总额约合73.63亿元。2020年上半年，国内体育相关公司的投融资事件共有16起，总额约合7.71亿元。在这两项数据上，2021年上半年都超过2020年同期，考虑到2020年受新冠肺炎疫情等因素的影响，但即便是与2019年上半年的25.04亿元相比，2021年上半年的投融资金额还是上涨了194%。在细分领域方面，与2020年的体育投融资市场一样，2021年上半年体育投融资市场的动向仍与疫情有密切联系，健身/瑜伽领域共有16起投融资事件（占事件总数的32%），金额达50.69亿元（占总额的68.84%），新发展格局下体育投融资市场的阴霾正在逐渐散去（见图4）。

（二）行业发展重点

2020年12月25日，全国体育局长会议在北京举行，该会议部署了近两年体育行业发展的重点。[①]

第一，抓好疫情防控常态化工作。适应疫情防控常态化条件下举办赛事

---

① 《苟仲文局长在全国体育局长会议上的讲话》，国家体育总局网站，2020年12月27日，http://www.sport.gov.cn/n4/n15303/n15304/c974540/content.html。

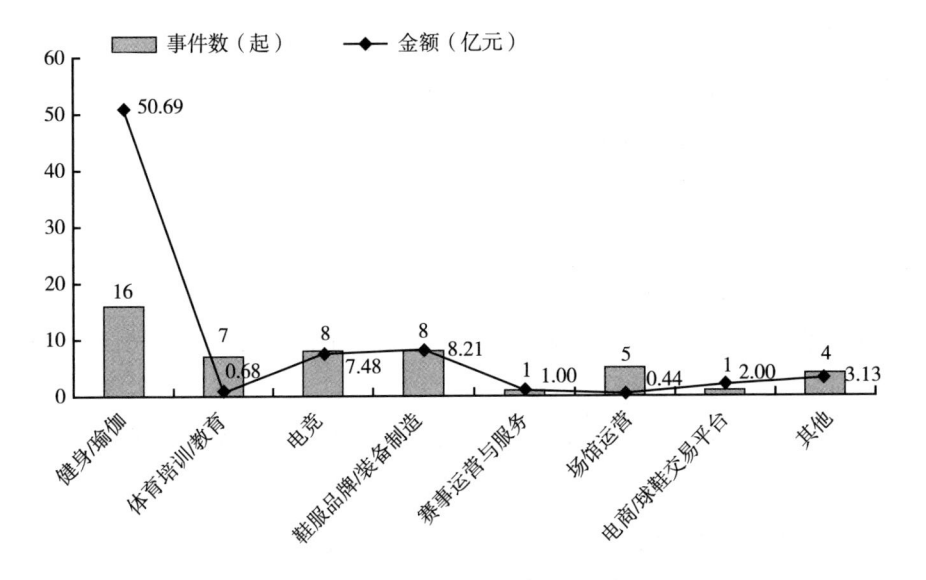

图4　2021年上半年国内体育各细分领域投融资情况

资料来源：懒熊体育。

和全民健身需求，注重引进互联网、大数据、云计算等信息技术，推动将线下体育转为线上或线下与线上相结合开展。

第二，抓好东京奥运会与北京冬奥会备战工作。加强对东京奥运会重点项目、重点队伍、重点人员的备战保障工作，统筹安排好系统训练、国内外比赛、运动员选拔、赛前强化训练和适应性训练、程序化参赛等各项工作。北京冬奥会场馆和基础设施建设取得阶段性成果，同时备战工作需分阶段、有步骤地完成各个阶段运动员选拔和最终的北京冬奥会中国代表团组建工作，切实把高水平科训基地的成果运用到日常训练，最大限度提高训练效益。

第三，筹办好陕西全运会、成都大运会、杭州亚运会。各举办地要做好统筹协调工作，既要全力支持东京奥运会备战工作，又要抓好全运会、大运会、亚运会的办赛参赛，坚持疫情防控优先，同时保证竞赛组织专业化和标准化水平不降低，并努力创造一批好成绩，涌现一批好苗子，提高竞技体育为国争光能力。

第四,推动"三大球"振兴发展。走出适合中国国情的"三大球"振兴发展之路,正确处理职业体育和国家队水平提高的关系,充分发挥职业体育在后备人才培养方面的积极作用。

第五,推动群众体育再上新台阶。指导各级体育部门做好新周期《全民健身计划》任务分工和责任分解工作,完善全民健身公共服务体系建设,落实《关于加强全民健身场地设施建设 发展群众体育的意见》对健身设施规划建设的有关要求,提升全民健身科学化指导水平,广泛开展全民健身赛事活动。

第六,深化体教融合,推动青少年体育发展。《关于深化体教融合 促进青少年健康发展的意见》要求,加强青少年健康促进工作,深化青少年赛事体系改革,推动体校、学校和青少年体育俱乐部三大竞技体育后备人才阵地建设,解决影响体教融合的难点问题,形成一体推进青少年体育工作新格局。

第七,编制好《"十四五"体育发展规划》。锚定到2035年建成体育强国的战略目标,抓紧地方规划、专项规划、项目规划研制工作。

三 重点行业分析

(一)体育竞赛表演活动:新冠肺炎疫情致国内外体育供给格局改变

受新冠肺炎疫情的全球性蔓延影响,多项国内外重大体育赛事先后宣布取消或延期,随着国内外疫情的发展,国内外体育赛事供给格局也发生明显改变。

国际方面,受制于国外疫情发展的不确定性,以及对境外运动员的疫情防控要求,目前我国对国际赛事的国内开展仍有管控。2020年7月9日,国家体育总局在《科学有序恢复体育赛事和活动推动体育行业复工复产工作方案》中明确提到除北京冬奥会测试赛等重要赛事外,2020年内原则上不举办其他国际性体育赛事和活动。多项国际赛事如上海劳力士大师赛、斯诺克上海大师赛、国际田联钻石联赛上海站均延期至2021年。截至2022年3月，由于疫情防控趋于常态化、精细化，部分国际赛事成功在中国举办，如2022年的北京冬季奥运会与北京冬残奥会；但有部分赛事因为疫情的区域爆发而延期，如原定于2021年8月在四川成都举行的世界大学生运动会将延期至2022年6月26日至7月7日举办。

国内方面，各大职业赛事相继火热重启，为国内体育产业的复苏注射了一针"强心剂"，推动疫情防控常态化下的经济复苏，拉动媒体热度。如CBA联赛作为国内首个重启的大型体育赛事，于2020年6月重新以赛会制模式出现在球迷面前；2020年7月中超在大连和苏州集中复赛；田径赛事方面，2020年全国田径锦标赛于2020年9月在上虞体育中心顺利举行。具体以中超2020年复赛为例，中超联赛从看台开放测试逐步恢复现场观赛。根据德勤携手中超联赛联合发布的《中国足球协会超级联赛——2020赛季商业价值白皮书》，累计超过9万人次在2020年到场为联赛加油。2020赛季中超联赛共有19个传统媒体和新媒体转播，覆盖全国超10亿电视观众，累计播放场次数量超1700场，累计收视人次超6亿。其中赛事变化导致比赛数量缩减，2020赛季传统媒体累计收视人数相比2019年下降23%，达到2.66亿人次，但轮均收视人数超过1300万人次，为近三年最高；新媒体平台的累计收视人数达到3.40亿人次，与2019年相比并未出现显著下降，呈现了中超赛事的影响力与社会价值。另外，加强赛事安全管理成为体育工作的重点。2021年5月甘肃白银黄河石林山地马拉松百公里越野赛造成21人遇难，安全事故教训十分惨重，国家体育总局紧急召开"全国体育系统加强赛事安全管理工作会议"，要求抓好重大赛事安全管理工作，各部门各单位要切实担负起安全生产工作主体责任，针对性地制订安全工作方案和应急预案，建立"熔断机制"。

（二）体育健身休闲业：不同疫情阶段下的运动健身趋势

在疫情初期，居家生活成为应对疫情传播的重要举措，随着大众健康意识的增强，以往主要依赖线下开展的体育健身休闲业借助互联网掀起了线上运动的热潮，运动场所和项目选择不再局限于线下，进一步激发了大众对线上运动方式多元化的探索。《2020年普华永道体育行业调查报告》指出，QuestMobile发布的报告称，在国内疫情形势最为严峻的2020年2月，运动健身App行业活跃用户规模快速上涨至8928万，同比增长93.3%。

疫情防控常态化背景下，随着国内疫情的有效控制，体育运动提升身体免疫力、增强抵抗力的健康生活方式得到大众的重视，增强了大众参与运动健身的热情。《2020中国健身行业数据报告》显示，2020年中国健身行业的健身会员数约为7029万（不含港澳台），在14亿的总人口基数下，中国的健身人口渗透率为5.02%，比2019年增长3.19%，其中女性依然是健身人群的主力，54.5%的比例高于男性的45.5%。健身休闲具有健康与社交双重属性，在现代生活中占据重要地位。

（三）体育场地和设施管理：里程碑增长与新发展趋势

体育场地设施的运营和开发是体育产业链的底层基础要素，承载了整个体育产业中赛事、赞助、媒体等要素的运营。

国家体育总局体育经济司公布的《2020年全国体育场地统计调查数据》显示，2020年底全国体育场地共有371.34万个，体育场地面积30.99亿平方米，人均体育场地面积2.20平方米（见图5）。根据《"十四五"时期全民健身设施补短板工程实施方案》要求，到2025年，全国人均体育场地面积应达到2.6平方米以上，按照目前约5%增速，该目标可以顺利达成。

球类运动场地中，2020年篮球场地达到100.58万个，不仅是最多的运动项目场地，更是第一个达成100万级别的场地类别，总场地面积5.95亿平方米，只落后于田径的9.46亿平方米，排名第二。2020年全国足球场地有11.73万个，3年间的增量是3万个场地。根据《"十四五"时期全民健身设施补短板工程实施方案》的目标，2025年人均足球场地数量要达到0.9个，意味着未来5年至少存在1万个以上的增量空间，其中的重点发力方向是社会足球场、新建小区、学校以及体育公园，并会有更多非标准与因地制宜的场地形态。

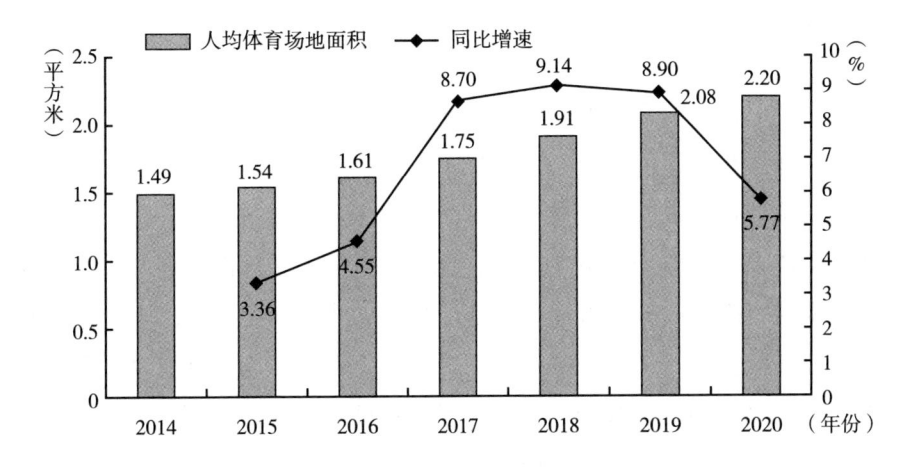

图 5 2014~2020 年全国人均体育场地面积及增速

资料来源：国家体育总局。

2022 北京冬奥会申办成功与"3 亿人参与冰雪运动"的目标，引领冰雪运动场地数量快速增长。据 Mob 研究院发布的《2020 中国滑雪产业白皮书》统计，2020 年国内滑雪场总数为 715 家，新增 8 家中包括 5 家室内滑雪场，因疫情等因素影响暂未对外营业的滑雪场数为 63 家。总体上看，滑雪场数量增速明显放缓，在自然资源、环境保护以及市场容量等方面存在较多限制性因素，短期内滑雪场地数量增长可能面临一定的天花板，但从滑雪市场来看，我国室内滑雪场市场的全面爆发将改变整个中国滑雪市场的格局，未来市场会因室内滑雪场供给的大幅提高获益良多。相对而言，滑冰场地继续保持较快增速，2020 年滑冰场地共 1187 个，近两年增速均保持在 35%以上。

全民健身路径的增长幅度较为稳定，基本契合人均体育场地面积的变化趋势。目前室外健身器材的更新换代正在全面加速，智能化、数据化将成为全民健身的新趋势。健身步道同样进入了智能化升级模式，一方面是健身服务的智能升级，包括健身数据、体质监测以及科学健身指导等；另一方面是场地管理方面的升级，例如无人值守、人流智能管控等管理系统的全面引入。

（四）体育教育培训业：下一片发展蓝海

基于多项体育教育政策支持，体育教育培训发展势在必行。2020年10月，教育部发布重要信号："学校的体育中考要不断总结经验，逐年增加分值，要达到跟语数外同分值的水平。在此基础上，通过不断总结经验，立即启动体育在高考中计分的研究。"这意味着体育教育培训开始在体育市场迎来发展机遇。国家对青少年体育的重视早已有迹可循：2019年，国务院办公厅印发的《体育强国建设纲要》就将青少年列为体育活动的重点人群；2020年9月，国家体育总局和教育部联合印发《关于深化体教融合促进青少年健康发展的意见》（以下简称《意见》），提出要加快推进体育改革创新步伐，为我国体育事业发展注入新的活力和动力。伴随《体育强国建设纲要》和《意见》的贯彻实施，社会各界积极参与推动青少年体育发展事业，2020年5月苏宁体育与中体协达成了战略合作，从校园公益、赛事推广和青少年培训等方面展开深度合作。

体育培训体系的比赛氛围日渐浓厚。为贯彻落实《意见》中关于开展青少年体育活动、加强后备人才培养等方面的内容，全国各省市纷纷加快推进青少年竞技体育培养战略实施，整合多方力量积极推进青少年竞技体育后备人才梯队建设。如北京市体育局计划逐步打造比较完善的北京市青少年冬季项目赛事体系，同时加强京津冀青少年体育协同发展；上海市体育局计划自2020年起每年投入1200万经费用于扶持社会力量培训青少年体育竞技人才。除了政策的大力支持，青少年竞技比赛"自带流量"，辐射全国亿万人群，对于体育行业和社会资本而言，其商业价值不言而喻。中国篮球协会在2017年针对6~12岁小球员启动了"小篮球"发展计划及联赛，并制定一套从比赛、承办单位、训练营到各种软硬件设施的可复制标准。据中国篮球协会统计，2018年，全国"小篮球"联赛参与球队15365支，参与的小球员超过10万人。2019年，参与球队增加至24862支，同比增长61.8%，参与球员超过18万人，同比增长超过80%。

青少年体育为体育培训与消费行业带来发展新契机。2020年我国体育教育培训业的市场规模为 959 亿元，预计到 2025 年将达到 2345 亿元，整个体育教育培训业的盈利将达到 245 亿元。2020 年大中城市参加各类体育培训的青少年比例为 74.1%，每周参加 1 次及以上体育锻炼的占比为 85.4%，并且参加各类体育培训班的比例为 74.1%，一线城市青少年参加球类、游泳培训班的比例高于二、三线城市。总的来说，体育消费将成为一大刚需，青少年群体将是未来运动健身市场的主流消费者，并为体育培训业带来广阔的发展前景。

（五）体育用品制造业：2020～2021年的逆与顺

根据国家统计局和国家体育总局发布的《2019 年全国体育产业总规模与增加值数据公告》，2019 年全国体育产业总规模（总产出）为 29483 亿元，增加值为 11248 亿元。其中体育用品制造业增加值为 3421 亿元，占比 30.4%，处于我国体育产业的核心地位。随着体育产业的逐步发展，我国体育用品制造业形成了较高层次的产业集聚，产业集聚程度超过了 80%，涵盖专项运动用品、大众休闲运动用品和潮流创意产品三大领域。近年来受益于消费者健康意识提升，运动爱好人群不断扩大，中国运动鞋服行业也快速发展。

国内体育服饰上市企业中，2020 年李宁和安踏市值均有较大突破。2020 年 10 月 20 日，李宁股价大涨 6.54%，总市值达到 1012.43 亿港元，这是李宁市值首次突破 1000 亿港元大关，并成为安踏之后首只达到这个数值高度的体育用品股。2020 年 11 月 19 日，安踏体育股价创下历史新高，盘中最高总市值 3011.51 亿港元，首次突破 3000 亿港元大关。在 2020 年的一整年中，李宁股价涨了 124%，安踏涨了 73%，创建了国产品牌的历史新高度。

而在 2021 年 3 月，H&M 集团无理发布声明宣布抵制新疆棉花，随后事件不断发酵，体育服饰行业的众多国外知名品牌如 Nike、adidas、匡威等纷纷指控新疆的采棉工序存在"强迫劳动"和"宗教歧视"，并且宣布抵制新疆棉花。相反，安踏体育、李宁、361°等国内知名体育服饰品牌都第一时间

表达了对新疆棉的支持，力挺新疆棉。这一举动激发了国人的爱国热情，在此背景下，国产品牌迎来发展良机。相较之下，欧美品牌的大中华区业绩表现不佳。

随着近几年体育服饰市场高速增长，运动品牌开始内部优化升级，疫情影响也推动行业加速前进。安踏在2020年8月宣布实施主品牌"数字化转型战略"，未来五年DTC（Direct to Consumer，直面消费者）业务占比将达到70%。同时安踏"单聚焦、多品牌、全渠道"战略逻辑再度得到充分验证，集团旗下各品牌销售呈快速增长态势。2021年特步国际主打"大众运动"的主品牌收入增加12.4%至35.97亿元，占集团收入的87%；以"专业运动"为代表的索康尼、迈乐两大品牌，共实现7600万元的营收，占集团收入的1.8%。相较安踏和特步的多品牌策略，李宁和361°更聚焦单品牌、多品类发展，在潮流运动和专业运动领域深耕，在引领"国潮"趋势方面不断尝试和突破，例如李宁的"䨻""敦煌系列产品"，都在社交媒体中引发了很高的热度。

四 行业发展的主要特点与发展策略

（一）疫情防控常态化下竞赛表演业大有可为

"十四五"时期，我国已经承办或将承办一系列国际重大体育赛事。其中包括2021年汕头亚青会、2022年北京冬奥会、2022年延期举办的2021年成都大运会、2022年杭州亚运会、2025年成都世运会以及足球世俱杯、亚洲杯等一系列国际赛事。这些赛事能够刺激我国体育竞赛表演业发展，我们应积极抓住竞赛表演业的风口，进一步提升体育赛事管理服务水平，科学部署重大赛事的筹办工作，引导办赛主体全力开展自救，加强疫情防控常态化下体育设施长期跟踪研究，在不断满足人民群众日益增长体育需求的同时，实现自身的发展壮大。

(二)数字体育将成为体育高质量发展新引擎

数字体育是以网络化、数字化、智能化重构和创新体育发展形态、流程和内容的新型体育模式。

"十四五"时期新发展格局下数字体育的发展,应努力抢抓新一轮信息革命和科技革命重大机遇,借助5G、物联网、大数据和人工智能等新技术手段,进一步推进竞技赛事内容的发展,并且完善与之配套的体育消费产品和服务,从而激发消费潜力,提升消费水平。同时,要推进全民体育建设,让国民积极参与体育产业建设,构建良好的数字体育产业体系。

(三)"体育+"多业态融合、多场景叠加

体育产业具有丰富的发展潜力,但是想要释放潜能就必须与其他相关产业融合发展,形成高品质的产业特质。体育产业可以同旅游、文化、教育、房地产等多个领域开展合作,如冬奥会的场馆和比赛场所就可以作为日后冬季冰雪旅游的重要宣传点。多业态的融合已经是当下各个产业寻求创新突破的重要方式,体育产业的发展同样也需要遵循这一趋势,积极参与其中。

(四)体育金融的未来应用将呈现多样化

2019年对《国家体育产业统计分类(2015)》新增的体育金融类别进行修订,在"体育金融与资产管理服务"中增加了创业投资基金和天使投资的相关内容,目前体育金融最广为人知的两个场景分别是体育融资和体育保险。在当下的体育融资产业格局中,企业多是轻资产模式,因缺乏抵押物面临融资难题,目前全国有近20个省区市设立了政府出资设立的体育产业投资基金,推动体育融资机构根据体育企业的特点打造相应的融资模式,帮助体育企业融资。体育融资的空间广阔,将引发各行业资本的参与关注。

体育保险主要分为体育赛事和运动员保险。2020年受疫情影响,大量赛事取消或推迟,而体育保险则可以帮助赛事举办方分摊部分损失。比如,CBA联赛和中国人寿合作推出的国寿职业运动员失能收入损失保险,

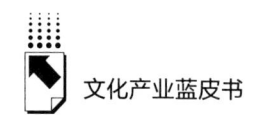

在体育保险服务品类方面填补了空白。目前，我国专业运动员人数高达10万，年均大型体育赛事上千场，因此体育保险市场发展潜力巨大。

（五）利用国家体育消费试点机遇，创新引导扩大体育消费

2020年，为贯彻落实《国务院办公厅关于促进全民健身和体育消费推动体育产业高质量发展的意见》，也为了应对疫情后续影响，经过省市体育局报送、专家评审，国家体育总局研究确定并向社会公布了40个国家体育消费试点城市和49个不同类型体育服务综合体典型案例。在"十四五"时期，试点城市通过先行、先试的带动作用，积极推动体育消费机制创新、政策创新、模式创新、产品创新，推动体育消费规模持续增长、消费结构不断升级。据统计，2020年约有16个省区市组织发放了体育消费券，财政资金投入超过9亿元，参与市场主体高达5000多个，体育消费人数超过1100万，拉动体育消费近一百亿元。可见未来国家消费试点城市还会持续扩大体育消费，为体育休闲产业带来更大的发展机遇。

区 域 篇
Regional Reports

B.15 成渝地区双城经济圈文化产业发展报告

王立新 王璐珩*

摘 要： 作为西南地区重要的经济中心，成渝地区双城经济圈文化产业联通了西南各地的产业市场。随着文化产业增加值的逐年上升，两大龙头城市——成都、重庆对周边城市起到了显著的辐射作用，地区整体文化产业发展质量不断提高。2020年10月，中共中央政治局召开会议，审议《成渝地区双城经济圈建设规划纲要》，指出重庆和成都两个中心城市要充分发挥协同带动作用，将成渝地区打造成为具有全国影响力的重要经济中心、科技创新中心、改革开放新高地、高品质生活宜居地，打造成为能够带动全国高质量发展的新的动力源和重要增长极。借助国家政策的扶持，成渝地区双城经济圈文化产业即将迎来新的变化和挑战，但整体态势仍然朝着转型升级、结构优化、创新引领的方向发展。

---

* 王立新，重庆大学文化创意产业研究院院长，重庆大学城市化与区域创新极发展研究中心巴蜀文旅产业学术团队带头人，主要研究方向为文化创意产业、影视学、符号学；王璐珩，重庆大学文化创意产业研究院助理研究员，主要研究方向为文化产业。

关键词： 成渝地区双城经济圈　文化产业　数字文化产业　文旅融合

一　成渝地区双城经济圈文化产业规模与发展态势

成渝地区双城经济圈在文化产业数字化的加持下，依托成都、重庆两个中心城市的带动作用，形成了有序的产业布局与合理的分工结构。各地依托自身文化、工业基础，探索出了各具特色的文化产业路径。2020年，传统文化产业受到了新冠肺炎疫情的冲击，而与之相对的线上文化产业、数字文化产业则迎来了发展黄金期。受疫情影响，2020年逐渐恢复的成渝地区双城经济圈文化产业更加注重数字文化产业的发展和传统文化产业的线上转型升级。

（一）四川省及主要城市文化产业发展综述

2019年，四川省文化及相关产业增加值为1844.28亿元，占GDP的比重为3.98%。2011~2019年文化产业对GDP增长的平均贡献率为4.7%。2020年，四川省16个文化新业态特征较为明显的行业实现营业收入790.8亿元，同比增长117.1%。[1] 2020年前三季度，四川省1892个规模以上文化企业实现营业收入2572.6亿元，高于全国其他省份；利润总额为282.15亿元，同比增长超三成。[2] 文旅融合成为疫情防控常态化背景下四川省文化产业复产的主要途径。2020年10月，文化和旅游部、国家发展改革委、财政部三部门联合发布的《关于开展文化和旅游消费试点示范工作的通知》明确提出"到2022年，建设100个试点城市、30个示范城市"的工作目标。

---

[1]《速看！"十四五"时期四川文化产业何以练成？》，四川统计公众号，2021年6月9日，https：//mp.weixin.qq.com/s?__biz=MzAwNDAzNjQ1MQ==&mid=2650554665&idx=1&sn=1a5edcd4b6a45def8471fbce6227f076&chksm=833ae325b44d6a33febeb98 f7e16de7621c2cb72c458dd22526 a62218d9a69e65529c70fac32&token=2142662086&lang=zh_CN#rd。

[2]《恭喜！成都创建成为首批"国家文化和旅游消费示范城市" 泸州、南充纳入"国家文化和旅游消费试点城市"》，搜狐网，2020年12月29日，https：//www.sohu.com/a/441196332_120379841。

成都市成功创建成为首批"国家文化和旅游消费示范城市",泸州市、南充市被纳入首批"国家文化和旅游消费试点城市"。受新冠肺炎疫情冲击,四川省实施了文化和旅游消费提振行动,开展了包括"安逸四川"、咪咕汇"云音乐会"、全国文化和旅游创意产品开发推进活动暨首届四川省文创大会等在内的多项展现文旅消费新业态、新场景、新模式的活动,四川省文化产业逆势实现大幅跃升,有力地促进了文化和旅游消费升级。

2020年,成都市文创产业增加值为1805.9亿元,占GDP的比重首次突破10%,较2017年增长127.8%。2019年,成都市实现旅游总收入4663.5亿元,接待游客2.8亿人次,较2017年分别增长53.7%、33.3%。2020年虽受新冠肺炎疫情影响,但成都市仍然实现旅游总收入3005.18亿元,接待游客2.04亿人次。2021年春节期间,成都市旅游总收入和接待游客人数均实现了全国第一。[1] 在城市经济发展的支柱产业中,文化创意产业已成为重要的组成部分。信息服务业与创意设计业是成都市最重要的文化创意产业,依托其地理位置形成了"双核支撑+三片共兴"的文化创意产业空间布局。[2] 成都市通过加大国内企业投资、吸引国际项目落地等举措,成功将文化创意产业引入成都新区,使成都新区成为集文化、创意、科技于一体的新型文化创意产业集群中心。同时,拥有历史文化遗产的成都也创建了一批不同功能的文化创意产业园区,这类园区集文化产品、文化消费、文化创作于一体,并非单纯由文化企业所组成的集群。成都市文化产业延续这两条基础路线不断组合发展,焕发出新的生机活力。

地处成渝地区双城经济圈的四川省内其他城市也形成了各自的文化产业发展方向。四川省依靠独有的文化资源与地理优势,将文化产业与旅游产业深度融合,创造出符合地域特色的文旅产业。乐山市依托独特的自然景观资

---

[1] 《成都2020年文创产业增加值超1800亿元 占GDP比重首次破10%》,四川省人民政府网站,2021年4月8日,http://www.sc.gov.cn/10462/12771/2021/4/8/35f489a2f205433887d5102b91fa2af0.shtml。

[2] 成都市文化体制改革和文化产业发展领导小组办公室、成都市社会科学院编著《成都市文化创意产业发展报告(2018)》,社会科学文献出版社,2019。

源、民风民俗资源与文化旅游资源,积极促进文旅融合,立足名山、名佛、名人、名城,投身巴蜀文化旅游走廊建设,持续与重庆各区开展文旅合作。[1] 乐山市紧扣"旅游兴市、产业强市"的发展主线,建设巴蜀文化旅游走廊研学旅游重点县,为成渝地区双城经济圈提供优秀文化研学产品。[2]

宜宾市地处云贵川交界处,是一座历史文化名城,目前正努力发展全域文化旅游。"十三五"以来,宜宾市旅游收入年均增长20%以上,2019年实现旅游总收入826.32亿元,同比增长20.23%,居全省第三位、川南第一位。[3]

泸州市大力发展红色之旅、历史之旅,文化遗产魅力不断彰显。泸州市加强保护和利用当地文化遗产,新增全国重点文物保护单位6处,居全省第二位;新增省级文物保护单位16处,新建博物馆9座,14个非物质文化遗产项目入选省级"非物质文化遗产"项目体验基地。[4] 坚持创新业态探索,将文化资源不断转化为旅游者喜爱的产品与服务,紧紧围绕长江国际黄金旅游带、成渝地区双城经济圈建设等国家发展战略,加快落实一系列推动文化旅游经济高质量发展的规划、政策、项目。[5]

绵阳市着力于"科技+文旅"的新型路线。依靠深厚的文化底蕴与前沿的科技实力,在第八届中国(绵阳)科技城国际科技博览会上推出了首个"AI+云博览"平台。2020年前三季度,绵阳市规模以上文化企业实现主营业务收入787.92亿元,同比增长10%;全市共接待国内游客4767.62万人次,实现旅游总收入461.26亿元,居全省第四位。全市A级景区增至

---

[1] 《乐山亮相2020重庆国际文化旅游产业博览会,实力圈粉受追捧!》,搜狐网,2020年10月16日,https://www.sohu.com/a/425283555_99958099。
[2] 《夹江县着力打造100亿纸文化装备产业》,百度百家号,2020年10月18日,https://baijiahao.baidu.com/s?id=1680859431183428461&wfr=spider&for=pc。
[3] 《市政协重点视察全市文化旅游产业发展》,宜宾新闻网,2020年9月9日,http://www.ybxww.com/news/html/202009/415002.shtml。
[4] 《回眸"十三五"文旅新成就 泸州文旅交出靓丽答卷》,泸州市文化广播电视和旅游局网站,2021年1月11日,http://wtgj.luzhou.gov.cn/yw/content_776593。
[5] 《泸州市文化和旅游工作会议暨文旅项目建设推进会议召开》,泸州市人民政府网站,2020年11月20日,http://www.luzhou.gov.cn/xw/jrxx/content_767998。

31家,新增文化旅游经营主体102个、规模以上文旅企业21家,文旅经济发展主体的数量不断增加,规模逐渐扩大。①

南充市则大力发展"文旅+",在补强文化创意产业园区的基础上,响应成渝地区双城经济圈建设带来的政策机遇,依托"红色文化""三国文化""丝绸文化""生态文化""春节文化"五张文化旅游名片,推动文化产业与经济繁荣发展。2020年,南充市文化和旅游产业总产值为1018.23亿元,接待游客8316.5万人次,旅游总收入为785.23亿元。②

(二)重庆文化产业发展综述

重庆文化产业稳中求进,持续向好发展。2020年,全市共有规模以上文化企业1119家,比2015年增加173家,增长18.3%。文化产业增加值稳步增长,占GDP的比重大幅提升。2019年,全市实现文化产业增加值966.88亿元,比2015年增加413.03亿元,增长74.6%,年均增长14.9%;文化产业增加值占GDP的比重为4.1%,比2015年提高了0.6个百分点。③

重庆文化产业发展方向明确,形成了"共同发展"的良好格局。重庆市通过政府引导的方式,着重推动文化产业集群和文化产业园区的发展与建设。重庆市共拥有文化产业园区和基地167个,其中国家级文化产业示范基地12个、市级文化产业示范园区21个、市级文化产业示范基地85个、市级文化创意产业园区13个、市级乡村文化乐园36个,2019年园区(基地)总产值达784.3亿元。目前,园区(基地)的经营业态主要包括文化娱乐休闲服务、创意设计服务、旅游资源开发、内容创作生产、艺术品交易、文化艺术培训、展览展示、图书出版、营业性演出、网络直

---

① 李桥臻:《绵阳文旅融合晒出成绩单 这些方面最亮眼》,绵阳日报网站,2020年11月7日,http://epaper.myrb.net/html/2020-11/07/content_69337.htm。
② 《2020年南充文化和旅游产业总产值1018.23亿元》,南充市人民政府网站,2021年1月29日,http://www.nanchong.gov.cn/news/show/dbe6cad5-1709-40fa-a7ec-7d56b44a2f8c.html。
③ 《"十三五"时期重庆市文化产业发展报告》,重庆统计微博,2021年8月6日,https://weibo.com/ttarticle/p/show?id=2309404667246361576111&sudaref=www.baidu.com。

播、数字新媒体等50个类别。① 全市形成了数字教育、互联网出版、数据库资源服务、动漫游戏和数字内容创意五大产业集群，几乎涵盖了文化产业的方方面面。

从发展前景来看，重庆市重点打造"数字创意产业+园区"，引进数字文化产业项目，升级传统的创意产业园，拓宽了文化产业发展路径。此外，重庆市结合数字文化产业的新技术和新行业，重点发展数字创意技术、游戏电竞、5G短视频、网络直播、数字文创设计五大业态。②

重庆各区之间也形成了"因地制宜"的互补发展格局。渝中区作为重庆市文化产业发展最完善的示范标杆，大力推动数字文化产业发展，打造了多个数字文化产业园区（如上清寺互联网产业园）。同时，渝中区利用完善的基础设施持续推动开展全域旅游示范区创建。

大渡口区作为工业重镇，除了推介重庆工业文化博览园服务产业项目、艺度创文创园、重钢工业遗址群改造项目等一大批工业文化旅游产业项目之外，还朝着城市定向赛文体服务基地迈进。2020年上半年，大渡口区新签约文旅企业15家，签约项目资金达27.05亿元，签约企业数及落地资金与上年同期相比均有大幅增长。此外，还有在谈项目14个，储备有价值项目12个。

沙坪坝区依靠"沙磁文化"建立起了沙磁文化产业园，力图将古镇文化、滨江文化、红岩文化融汇在一起。同时，沙坪坝区积极打造工业设计产业集聚区，加快促进成渝地区双城经济圈城市间设计产业和设计人才双向互动、高效联动，助推重庆打造以工业设计为特色的西部服务型制造中心。③

南岸区探索出了一条文化地标"老作新用"、文化事业与产业"双管齐

---

① 《我市出台〈文化产业示范园区（基地）评选命名管理办法〉》，重庆市文化和旅游发展委员会网站，2020年10月23日，http://whlyw.cq.gov.cn/zwxx_221/wlyw/202010/t20201023_8086932.html。
② 赵迎昭：《重庆集中签约10个数字文化产业项目》，人民网，2020年7月1日，http://cq.people.com.cn/n2/2020/0701/c365402-34124300.html。
③ 栗园园：《沙坪坝打造我市首个工业设计产业集聚区　重庆工业设计产业城A区将于明年初投用》，重庆日报网站，2020年12月21日，https://app.cqrb.cn/economic/2020-12-21/583479_pc.html。

下"的新道路。南岸区设立1亿元文化产业扶持基金,出台财税返还、项目补助、专项奖励等政策,孵化培育303话剧社、先锋艺术影院等48家文化企业。同时,深入挖掘弹子石老街、龙门浩历史文化街区等10余个文化地标的价值内涵,成功争取故宫博物院在安达森洋行旧址建设"故宫南迁文物纪念馆"。投资数百亿元筹建西南国际影视文化总部基地、长江梦中心等,极大地丰富了文化产业生态。[1]

九龙坡区与四川美术学院合作,通过大文化带动大旅游的战略,打造巴蜀文化旅游走廊的"艺游"特色。按照"美术+生态""美术+文化""美术+经济"的思路,打造长江文化艺术湾区九龙美术半岛,在"两江四岸"提质升级中"塑造一个美术半岛"。

北碚区积极推动"文旅体商"深度融合,围绕环缙云山区域,依托大型文旅活动发展相应的文化旅游产业,并通过建设度假区类产业园的方式吸引其他市区人流,立足"大生态",发展"大旅游"。

渝北区全方位发展文化产业,依托重庆出版集团及其子公司,围绕影视剧、文化宣传片拍摄及文旅项目打造等开展文旅项目建设,并积极布局文化产业园区、创意公园、文化旅游场所。

巴南区结合本地资源,着力推进生态文旅产业发展。巴南区将打造千亿元级"数智"产业集群,建设重庆市唯一的5G特色产业基地,腾龙5G巴南产业园未来将拥有8000个高等级机柜的超大型数据中心,为巴南区文化产业发展奠定了基础。

永川区地处成渝之间的主轴线上,为满足成渝两地影视、动漫、游戏等行业的内容制作需求,在建设文创产业园区的基础上,大力发展数字内容制造业、文化创意衍生品制造业,重庆云谷·永川大数据产业园获批重庆市文化创意产业园。

万州区依托三峡库区的优势,注重文旅融合发展,以三峡旅游为主阵

---

[1] 《"嵌入式"公共文化服务 广泛延伸文化"触角"》,重庆市南岸区人民政府网站,2020年8月28日,http://www.cqna.gov.cn/zwxx_254/qxdt/202008/t20200828_7823504_wap.html。

地，同步建设数字乡村、三峡影视与文化产业园区等项目。

涪陵区则在自身"工业走廊"的基础上发展工业设计产业，着力打造多个创意产业园区与集聚区，以多样的地域文化渗透文旅，形成了不同文化主题的旅游景区。

二 2020年成渝地区双城经济圈文化产业发展特征

2020年，受新冠肺炎疫情影响，文化产业受到重创。川渝各地积极出台相应鼓励措施，通过资金支持、产业升级、招商引资等方式推动文化产业复苏。成渝地区双城经济圈作为西南地区建设的中心，其文化产业呈现文旅大融合发展、新业态推动产业转型和政策赋能推动两地联动三大特征。

（一）文旅大融合发展迅猛，副中心城市定位凸显

疫情防控常态化背景下，文旅大融合发展成为成渝地区双城经济圈除头部城市之外的主流复产途径。成渝地区文化底蕴深厚、历史悠久、地势复杂、民族荟萃，由此形成的多景观、多文化、多民俗并存的现实基础为旅游产业发展提供了独特的条件。通过将当地文化产业与旅游产业配套建设、深度融合，每个城市都可以将本地的历史文化资源作为引子，构建基于当地文化资源的全产业体系。

2021年《重庆市人民政府工作报告》明确指出，要推动文旅深度融合发展，建设国家文化产业和旅游产业融合发展示范区，共建巴蜀文化旅游走廊，力争旅游产业增加值占地区生产总值的比重超过5%。[①] 以成渝地区双城经济圈的区域中心城市为例，乐山市围绕"旅游兴市、产业强市"的发展主线，立足峨眉山、乐山大佛等自然遗产，推动"旅游城市"向"城市旅游"转变，打造世界级文旅产品供给体系。2020年9月，乐山大佛新文

[①] 《重庆市人民政府工作报告——2021年1月21日在重庆市第五届人民代表大会第四次会议上》，重庆市人民政府网站，2021年1月28日，http：//www.cq.gov.cn/zwgk/zfxxgkml/zfgzbg/202101/t20210128_ 8857504.html。

创发布,现代川剧《神秘的大佛》上演,建设完成了沙湾沫若戏剧小镇,金口河大瓦山旅游综合开发项目签约……乐山市通过全资源整合、全产业联动,推动文旅产业发展。乐山市努力发展"近邻"文旅,随着巴蜀文化旅游走廊的建设,乐山市与成渝地区互访密切,成都、重庆成为乐山市最大的客源地。2019年,乐山市接待游客超7000万人次,旅游经济总量居全省第二位。2020年1~7月,乐山市在接待国内外游客量、旅游总收入等方面恢复到了2019年同期50%的水平。[1]

绵阳市实施"大文旅"发展战略,2020年重点推进了63个项目,总投资1860.22亿元。绵阳江油市着力发展李白文化、白马藏羌文化等,以江油市为核心枢纽建设文化旅游基地。绵阳市着力打造李白故里·华夏诗情、白马西羌·民族风情、三线记忆·革命激情三条旅游精品线路,建成李白文化产业园等重点文旅项目,其中方特东方神画开园3个月共接待游客73.37万人次,实现营业收入1.32亿元,相比省内其他5A级景区,门票收入在2020年8月和国庆期间均排在前两位。[2]

万州区依托三峡库区的优势,着重推广"三峡旅游"。万州区于2020年11月举办了第十一届中国长江三峡国际旅游节,签约合作项目20个,协议金额达216.8亿元。通过文旅融合、全域旅游,成渝地区双城经济圈次级城市探索出了自主发展道路。

(二)快速布局数字经济,新业态推动产业转型,成渝文化产业进入新阶段

2020年,受新冠肺炎疫情影响,文化产业催生出新业态。数字文化产业、线上文化产业地位凸显,各地纷纷开始推动文化产业转型。2017年4月,文化部发布《关于推动数字文化产业创新发展的指导意见》,指出数字

---

[1] 《百乐乐山:一座旅游城市的发展使命》,人民网,2020年9月24日,http://sc.people.com.cn/n2/2020/0924/c345458-34313183.html。

[2] 李桥臻:《绵阳文旅融合晒出成绩单 这些方面最亮眼》,绵阳日报网站,2020年11月7日,http://epaper.myrb.net/html/2020-11/07/content_69337.htm。

文化产业依托数字技术进行创作、服务、生产和传播等活动，具有生产数字化、技术更迭速度快、传播网络化、消费个性化等特点。2020年11月，文化和旅游部发布《关于推动数字文化产业高质量发展的意见》，指出培育数字文化产业新型业态，就要促进优秀文化资源数字化，以数字化推动文化和旅游融合发展。

重庆市着力推进5G数字文旅产业园筹建工作。2020年3月，《重庆市数字文化产业园区（基地）创建管理办法》正式发布，要求大力扶持数字文化产业发展。2020年10月，渝中区举办了"遇见渝之中·逐梦电创园"2020年数字文化产业推介会，围绕"科技+文创"两大方向，助力渝中区数字文化产业发展。同月，以"文汇永川，数创未来"为主题的永川区数字文化创意产业招商引资推介会在重庆市永川区举办。会上，重庆永川大数据产业园十分亮眼。该产业园现已成为全国规模最大的动作捕捉基地，配备84个Vicon设备，储备数字内容专业人才100余名。万州区则推广"互联网+文化"融合模式，通过鼓励类似E万州众创空间"互联网+产业"的文化企业，完成对文化产业的转型优化。

2020年5月，成都市人民政府办公厅印发《关于推进"电竞+"产业发展的实施意见》，进一步明确了要将成都建设成为"电竞文化之都"。在2020年5月举办的第二届成都（国际）数字娱乐博览会上，成都市共引进重大文创项目21个，签约金额达166.51亿元，发放首批贷款2.31亿元，惠及企业30家，为数字文创产业营造了积极向上的行业氛围，也为城市经济复苏做出了巨大贡献。

为创新推动世界遗产活化利用，乐山市将自然遗产与现代科技相结合，开发手机游戏等产品，传承世界遗产文化内涵，采用新思维和新手段推广"世界遗产之旅"。①

绵阳市素有"西部硅谷"的美誉，第八届中国（绵阳）科技城国际科

---

① 《百乐乐山：一座旅游城市的发展使命》，人民网，2020年9月24日，http://sc.people.com.cn/n2/2020/0924/c345458-34313183.html。

技博览会上展现的云博览、工业物联网、5G 等新技术也将为绵阳文化产业升级助力。

疫情防控常态化背景下,成渝地区纷纷出台政策扶持数字文化产业发展,数字文化产业将成为未来文化产业发展的必然趋势。

(三)政策赋能推动两地联动,加速区域文化产业一体化进程

2020年1月,中央财经委员会第六次会议研究提出推动成渝地区双城经济圈建设,在西部形成高质量发展的重要增长极。2020年10月,中共中央政治局召开会议,审议《成渝地区双城经济圈建设规划纲要》。在相关政策的助推下,成渝地区双城经济圈逐渐形成了"一轴两带、双核三区"的空间格局,带动各地加速实现一体化发展。2020年12月,在第十一届中国长江三峡国际旅游节上,万州区人民政府与重庆旅游投资集团有限公司签订了投资10亿元的三峡旅游精品项目;忠县文化和旅游发展委员会与中房交建(重庆)有限公司签订了投资60亿元的蓝城忠州印象文教生态示范小镇项目;巫山县文化和旅游发展委员会与成都兴城人居地产投资集团有限公司签订了投资40亿元的175文化创意产业园项目;等等。① 在政策的带动下,成渝地区双城经济圈各城市积极响应,以文化为经济赋能,唱好"双城记"、建好"经济圈"。

三 成渝地区双城经济圈文化产业发展中面临的问题

成渝地区双城经济圈文化产业总体发展稳中向好,但仍然存在区域发展不均衡、文创园同质化严重、产业发展与政策支撑体系不匹配等问题。

(一)区域发展不均衡,副中心城市产业结构单一,龙头企业资源垄断

成渝地区双城经济圈各城市发展不均衡,出现断层。以成都、重庆为代

---

① 韩毅:《长江三峡国际旅游节签约20个项目 金额216.8亿元》,重庆日报网站,2020年12月12日,https://epaper.cqrb.cn/html/cqrb/2020-12/12/002/content_rb_275563.htm。

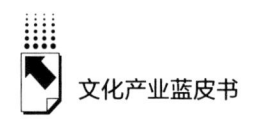

表的两大中心城市不断吸纳优质资源与技术，GDP 均破万亿元，但周边城市 GDP 均没有超过 3000 亿元。各大高新技术企业也会优先选择两地的主城区入驻。例如，2020 年 8 月，腾讯新文创总部落地成都，总投资 50 亿元；同日，网易成都数字产业基地落地成都高新区，总投资 130 亿元；计划投资 100 亿元的字节跳动创新业务中心几天后也落地成都高新区。其他中心城市的文化产业发育速度慢，更新滞缓，基本以文旅产业融合为主要方向，数字文化产业则只作为为文旅产业提供优化服务的向导性产业。

（二）文创园同质化严重，存在创意不足、质量低下等问题

成渝地区双城经济圈因其独特的地理位置而拥有丰富的历史文化旅游资源，各地由此建立起各类文创基地、文化产业园，以更好地融合发展。但由于缺乏专业型人才、文化背景相似、园区目标模糊等问题，部分文创园从规划到投入使用的过程雷同。在重庆，工业基地遗留的老旧厂房至少有 10 家被改造为工业风格的"文化产业园"。这类产业园大多功能重叠、定位相似，在创新文创园的商业模式方面难以发挥作用。文创园的价值在于构建产业链，营造良好的孵化氛围，发挥产业融合价值。①

（三）产业发展与政策支撑体系不匹配

文化产业的发展离不开配套政策的支持。成渝地区双城经济圈文化产业人才吸引政策力度不足，导致人才外流严重；对小微文化企业的政策补贴不够，导致中小企业难以维系。文化市场体系不完善、政府干预过多、监管不到位等问题一直存在。对于以创新为导向的文化创意产业来说，成渝地区双城经济圈出台的关于知识产权保护等切实维护文化企业利益的政策还不够成熟。因此，构建文化创意产业政策支持体系是一项尚待完善的工作。

---

① 《国内百家老旧厂房扎堆变身文创园　同质化经营或成"绊脚石"》，每经网，2016 年 12 月 9 日，http：//www.nbd.com.cn/articles/2016 - 12 - 09/1060320.html。

四 成渝地区双城经济圈文化产业发展对策

成渝地区双城经济圈同根同源，面对区域发展不均衡的难题，成渝两地与副中心城市应当合理分工，推动跨区域经济、文旅一体化发展。

（一）发挥成渝地区双城经济圈作用，推动成渝两地协同发展

强化成渝两地主干功能，副中心城市优先承接功能疏解和产业外溢。[1]成都市应加快新区建设，推进"成德眉资同城化"，以数字文化产业为目标，持续提升城市核心地位。作为区域中心城市的绵阳市科技产业发达，拥有国家级科研院所18所、高等院校14所。"十一五"以来，累计获得国家科技进步奖64项，居全国地级市第一位。2019年绵阳市GDP达2856.2亿元，仅次于成都市。绵阳市可以利用自身电子信息、科技服务、现代物流等科技实业的优势为成都市发展提供坚实的后备力量。同时，也可吸纳成都市部分高新产业业务，减轻企业的资金压力。例如，总投资465亿元的京东方项目已在绵阳市实施量产交付。

区域节点城市应强化通道作用，承担配套工作。依靠成渝两地与周边城市发展阶段的差异，在不同城市、不同地区布置不同的发展任务。通过将成渝两地的工业生产资源下放，做到研发在成渝、生产在周边。由此互相配合，让成渝地区双城经济圈的文化产业发展格局由"月明星稀"走向"众星捧月"。

（二）坚持创新导向的文化产业发展路线

创新是文化产业发展的原动力，线上数字文化产业更加依赖创新驱动。由传统文化产业向数字文化产业的转型，就是激发、营造社会创新创意氛围

---

[1]《各方热议推动成渝地区双城经济圈建设战略实施区域布局》，新浪网，2020年7月11日，http://sc.sina.com.cn/news/m/2020-07-11/detail-iircuyvk3204782.shtml。

的过程。要将数字化融入文化产业中，使之成为文化产业的"标配"。成都宽窄巷子的思路值得借鉴。首先，高标准打造数字化5G示范街区，建设智慧管理平台、智慧物联网、"云商店"支付系统等数字化智慧街区应用场景；其次，营造独特的夜间环境，串联起夜市、夜食、夜展、夜秀、夜节、夜宿六大主题场景，形成夜间消费新常态。①

重庆市坚持创新驱动发展，以重庆西部科学城为主阵地、两江协同创新区为翼，推动各类产业园区转型升级，建设成渝综合性科学中心。在2020年6月举办的重庆数字创意产业园招商发布会上，重庆签约了10个数字文化产业项目。渝北区为推动重庆数字创意产业园建设，大力发展数字文化产业，出台了10条支持数字文化企业入驻园区的优惠政策，包括产业扶持、高管培训补贴、场地租金优惠、企业上市奖励、高级人才奖励、企业研发补贴、企业参展奖励、众创空间奖励等。②

成渝地区双城经济圈现代文化产业体系的不断完善，亟待科技创新的推动。云计算、大数据、物联网、区块链等新兴技术催生文化产业新业态，形成众多增长极；新业态的产生又促进文化与数字科技的进一步融合，由此形成开放化、网络化、自由化的新型文化产业生产体系。2020年7月，《关于支持新业态新模式健康发展激活消费市场带动扩大就业的意见》正式发布，要求推动15种数字经济新业态发展，重点涵盖产业数字化等领域，为数字文化产业发展提供有力保障。③

（三）完善政策环境，健全管理体制机制，向发达地区学习

成渝地区双城经济圈有望成为全国第四大文化产业基地，相应文化政策的出台成为必然。文化政策环境直接影响一个地区的文化产业活力，政策的

---

① 《看成都文创产业如何创新发展》，人民网，2020年5月7日，https：//www.sohu.com/a/393434998_114731。
② 《重庆集中签约10个数字文化产业项目 签约金额近10亿元》，腾讯网，2020年7月1日，https：//cq.qq.com/a/20200701/007786.htm。
③ 《年度盘点｜〈中国文化产业发展报告（2021）〉：10大关键词、10大特征、10大趋势预测》，腾讯网，2021年2月13日，https：//new.qq.com/omn/20210213/20210213A01GFZ00.html。

制定应着眼于长期，避免政府过度干预或责任缺失。因此，成渝地区双城经济圈应当进一步完善支持文化产业发展的财政、税收、技术创新、土地等方面的政策。依照《中华人民共和国文化产业促进法（草案送审稿）》，完善人才政策、金融政策、科技政策，不断向发达地区或国家学习，加强人才培养、金融创新、科技主控。人才是文化产业转型升级的重要因素，文化产业的特殊性使其所需的复合型人才目前储备匮乏。因此，成渝地区双城经济圈应出台相应政策，健全文化产业分配管理机制，在留住本地高端人才的基础上，努力吸引一线人才，推动文化产业良性可持续发展。

B.16 粤港澳大湾区文化产业发展报告＊

宗祖盼 王惠冰＊＊

摘 要： 文化产业发展是国家文化和经济发展战略的重要组成部分，也是粤港澳大湾区发展新产业、新业态、新模式的重点领域。粤港澳大湾区拥有优越的区位条件、繁荣的文化市场、雄厚的产业基础和全面的政策支持，但着眼于世界湾区的发展目标，粤港澳大湾区未来的发展还面临三地政府协调机制不完善、缺乏世界级产业集群、产业亮点不突出以及受新冠肺炎疫情冲击等问题与困境。粤港澳大湾区在未来的发展中需协调整体布局，打造特色文化品牌，推动新业态创新发展，推进文化产业数字化升级。

关键词： 粤港澳大湾区 文化产业 世界湾区

文化产业发展是国家文化和经济发展战略的重要组成部分，也是粤港澳大湾区发展新产业、新业态、新模式的重点领域。站在历史的新起点上，粤港澳大湾区既谋划着新的文化发展蓝图，也肩负着建设社会主义文化强国的时代使命。目前，粤港澳大湾区已初步具备建设国际一流湾区和世界级城市群的基础条件，三地在经济、文化等层面的相互交融有力地推动了区域文化产业的发展。

＊ 本报告系深圳市哲学社会科学规划2021年度课题"深圳文化治理现代化的先行示范路径研究"（SZ2021C005）的阶段性成果。
＊＊ 宗祖盼，文学博士，深圳大学文化产业研究院研究员、硕士生导师，主要研究方向为艺术学理论、文化产业；王惠冰，深圳大学艺术学部硕士研究生，主要研究方向为区域文化产业。

一 区域文化产业发展的基本情况

粤港澳大湾区由珠三角九市（广州、江门、珠海、佛山、中山、东莞、肇庆、深圳、惠州）以及香港、澳门两个特别行政区组成，是我国目前开放程度最高、经济活力最强的地区之一。由于粤港澳大湾区城市群内所包含的社会制度、文化发展政策方针、文化产业统计标准等不尽一致，本报告拟对珠三角九市、香港和澳门三大区域的文化产业分别进行梳理分析，以期更加清晰地呈现粤港澳大湾区文化产业目前的发展状况。

（一）珠三角九市文化产业发展的基本情况

广东是中国改革开放的先行地，在我国现代化建设布局中具有不言而喻的重要地位。广东本身就是一个文化多元化的省份，除了自身所在地区的闽南文化、百越文化以外，广东借助毗邻港澳的地理优势，与其他区域的文化充分融合。广东有着丰沃的文化发展土壤，自改革开放以来，广东文化产业发展迅猛，约占全国文化产业总量的1/7。截至2020年，广东省文化产业连续15年居全国各省份首位。改革开放40多年来，广东从一个经济相对落后的农业省发展成为全国第一的经济大省，广东的产业结构一直处于不断优化之中，到2020年，三次产业结构转变为4.3∶39.2∶56.5。2019年广东省文化及相关产业增加值达6227.18亿元，占全省GDP的比重大幅跃升至5.77%（见图1）。2020年新冠肺炎疫情突袭而至，使广东文化产业受到极大冲击，尤其是线下的文化娱乐活动基本上被取消，旅游业、演艺业、电影业、节庆会展业、体育休闲业等人员聚集的产业所受影响最为严重。然而，新闻媒体和游戏产业反而在疫情期间迎来了更大的市场。2021年上半年，国家及地方政府出台了多项针对文化产业复产的政策，广东省经济呈持续稳定恢复态势，文化及相关产业生产需求继续回升。《2021年上半年广东经济运行简况》数据显示，2021年上半年，广东省GDP为57226.31

亿元，同比增长13.0%；第三产业增加值为32895.26亿元，同比增长11.6%。①

图1 2012~2019年广东省文化及相关产业增加值及其占GDP比重

资料来源：《2020年广东省国民经济和社会发展统计公报》，广东统计信息网，2021年3月1日，http://stats.gd.gov.cn/tjgb/content/post_3232254.html。

珠三角九市是广东省文化产业发展的重要地区，其现代市场体系不断完善，重点产业稳健发展，优势产业日益突出，其中广州、深圳两座城市更是发挥着核心引擎的作用。第一，新闻出版等传统文化产业发展态势强劲。广东省拥有居于国内新闻出版业"领头羊"地位的南方报业传媒集团、广州日报报业集团、深圳报业集团等大型报刊集团。根据国家新闻出版署发布的《2019年新闻出版产业分析报告》，广东省新闻出版产业总体经济规模排名全国第一。第二，新兴文化产业迅速发展。广东省动漫产业产值占全国的1/4，网络游戏业产值占全国的1/2，电影票房收入占全国的1/6。其中，网络游戏作为新兴文化业态异军突起，广东省拥有腾讯、网易、21CN、火石等近百家网络游戏企业。2020年，广东省网络游戏营业收入为2132.1亿元，占全国的比重为76.5%。对比广东出海产品和全国其他地区出海产品在海外的表现，

---

① 《2021年上半年广东经济运行简况》，广东统计信息网，2021年7月21日，http://stats.gd.gov.cn/tjkx185/content/post_3350990.html。

在移动游戏出海流水TOP100中，广东省占比为30%；在出海流水超10亿元的产品中，广东省占比更是达到34.8%，在全国的分量不可小觑。① 第三，文化会展业整体实力位居全国前列。广东是我国文化会展业规模最大、基础设施及相关配套设施最为完善的会展大省，其中中国进出口商品交易会展览馆琶洲馆以及深圳国际会展中心位列全球顶级场馆50强。② 培育了一批特色鲜明、具有国际影响力的文化会展品牌和龙头企业，以深圳和广州为中心，推出了包括中国（深圳）国际文化产业博览交易会、中国（东莞）国际影视动漫版权保护和贸易博览会等在内的国际化、专业化、品牌化的文化会展。

（二）香港文化产业发展的基本情况

2002年，香港特别行政区政府中央政策组委托香港大学文化政策研究中心完成《香港创意产业基线研究》，明确划定了香港文化及创意产业的11个类别，自此，文创产业开始步入香港公众的视野，并逐步成为香港社会各界热议的话题。如今，文化及创意产业已经是香港的六大优势产业之一，其增长率已超越整体经济增长率。从产业增加值看，2019年，香港文化及创意产业增加值为1155.58亿港元，占以基本价格计算的GDP的4.2%。③ 2008~2018年，香港文化及创意产业增加值稳步上升，占以基本价格计算的GDP的比重从3.9%提升至4.4%（见图2）。其中，软件、计算机游戏及互动媒体的增加值表现最为突出，从182亿港元上升至531亿港元，增幅为192%（见图3）。从就业人数看，2019年香港文化及创意产业就业人数约为21.9万人，对就业的贡献率为5.7%。香港文化及创意产业就业人数自2008年开始逐步增长，2012年之后一直保持在20万人以上，占总体就业人数的比重始终保持在5.5%左右。④

---

① 《广东游戏产业：企业过万，上市公司40+，规模超两千亿元》，游戏陀螺网，2021年1月7日，https://www.youxituoluo.com/526760.html。
② 张敏：《全球展馆50强述评》，《中国会展》2011年第9期。
③ 《表E102：选定行业的增加价值》，香港特别行政区政府统计处网站，2021年5月14日，https://www.censtatd.gov.hk/sc/EIndexbySubject.html?scode=80&pcode=D5500001。
④ 《表E104：选定行业的就业人数》，香港特别行政区政府统计处网站，2021年5月14日，https://www.censtatd.gov.hk/sc/EIndexbySubject.html?scode=80&pcode=D5500003。

图 2　2008～2018 年香港文化及创意产业增加值及其占比

资料来源：《香港的文化及创意产业》，香港特别行政区政府统计处网站，2020 年 6 月 15 日，https：//www.censtatd.gov.hk/gb/? param = b5uniS&url = http：//www.censtatd.gov.hk/hkstat/sub/sp80_tc.jsp? productCode = FA100120。

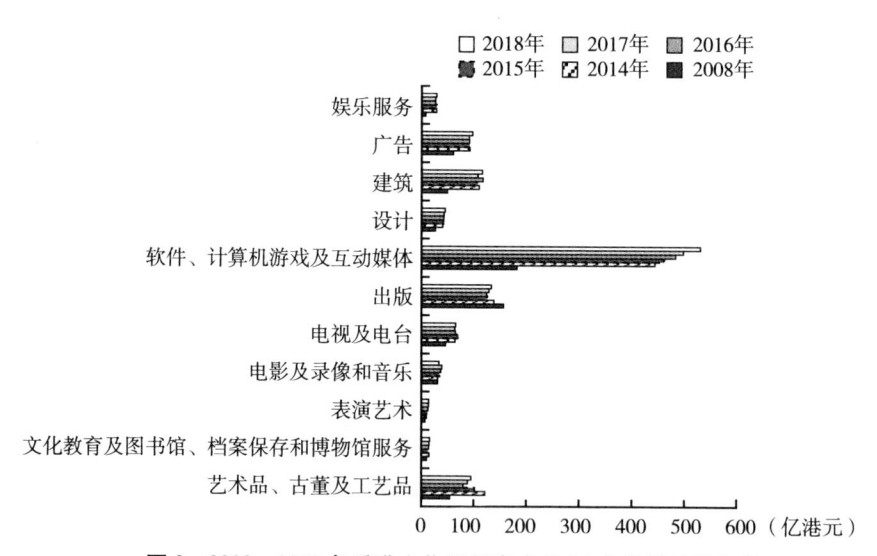

图 3　2008～2018 年香港文化及创意产业 11 个类别的增加值

资料来源：《香港的文化及创意产业》，香港特别行政区政府统计处网站，2020 年 6 月 15 日，https：//www.censtatd.gov.hk/gb/? param = b5uniS&url = http：//www.censtatd.gov.hk/hkstat/sub/sp80_tc.jsp? productCode = FA100120。

香港特别行政区政府一直在为创意产业提供基础设施方面的支持，2004年建造的数码港和2006年建造的创新中心是香港支持本地设计和高科技产业发展的两大地标。① 2009年6月设立的创意智优计划旨在为与创意产业发展战略方向相一致的项目提供财务支持。该计划自设立至2019年已投入20亿港元，批准了491个项目。2019年，又有超过4.1亿港元的资金投入该项目中。② 在香港文化及创意产业的11个类别中，电竞成为香港娱乐服务产业的新风口，为此，香港特别行政区政府正将电竞作为新型战略产业予以重点发展。在2018~2019年度财政预算案中，香港特别行政区政府财政司拨款1亿港元给数码港用于推动本地电竞发展。数码港利用其中的5000万港元将商场改装成电竞场地，并于2019年7月启用，是目前香港最大的电竞专属场地；剩下的5000万港元用于业界支援计划，助力技术发展、人才培训等。在自上而下的推动下，与电竞相关的活动如雨后春笋般涌现。香港现已拥有世界领先的通信科技，在举办国际赛事方面积累了丰富的经验，具备抓住电竞产业发展机遇的能力。但总体来看，香港的电竞产业发展仍处于起步阶段，除了财政支持，本地的电竞产业发展更需要制度辅助，才可能发展为全球的电竞枢纽。

2020年，新冠肺炎疫情冲击、经济下行、逆全球化加剧、贸易保护主义等制约着香港经济的增长，文化产业发展也面临前所未有的困境。2020年第一季度GDP环比下滑5.3%，连续三个季度的下滑表明香港经济正在萎缩。从香港的四大支柱行业来看，与文化产业联系紧密的旅游业受到严重影响。由于访港游客数量的急剧下降，饮食、酒店、零售及相关行业也大受煎熬。③ 香港特别行政区政府于2020年下半年启动的抗疫基金，以及新冠肺炎疫苗的推出，给香港经济的恢复带来了希望。回望香港经济状况，2020

---

① 林国伟、范斯欣：《香港地区文化产业发展报告》，载叶朗主编《中国文化产业年度发展报告2018》，北京大学出版社，2019，第343页。
② 《创意智优计划获批项目》，创意香港网，2019年7月29日，https://www.createhk.gov.hk/sc/approved_projects.htm。
③ 王春新：《2019年香港经济形势及2020年展望——兼论修例风波及新冠肺炎疫情对香港经济的影响》，《港澳研究》2020年第2期。

年下半年香港劳动力市场失业率持续攀升。入境游的兴旺程度是影响香港劳动力市场的最大因素,在往来中国内地的新跨境基建推动下,访港游客数量在2018年底至2019年初达到历史新高。之后的本地社会事件令2019年下半年的游客数量减少一半,而在新冠肺炎疫情影响下,香港旅游业自2020年1月底以来处于停滞状态。[1] 展望未来,新冠肺炎疫苗的推出可能令人憧憬全球疫情有望受控及经济活动能够重启,但经济复苏的步伐仍不明朗。新冠肺炎疫情以及持续的地缘政治风险将继续对香港文化产业的复兴及未来的发展构成威胁和挑战。

(三)澳门文化产业发展的基本情况

对于澳门特别行政区而言,文化产业属于重点发展的新兴领域,其目的是有效推动当地经济适度多元化发展。澳门特别行政区政府制定的《文化产业发展政策框架(2020~2024)》将文化产业划分为创意设计、文化展演、艺术收藏、数码媒体四个核心领域。我国内地从中央到地方都十分重视澳门文化产业的发展,2019年2月中共中央、国务院印发的《粤港澳大湾区发展规划纲要》明确提出了澳门当前"打造以中华文化为主流,多元文化并存的交流合作基地"的文化战略目标。加快建设中国与葡语国家商贸合作服务平台,支持澳门建设世界级的旅游休闲中心。支持澳门推动经济适度多元,加快发展中医药、休闲旅游、会展商务和文化创意等产业。

澳门特别行政区政府统计暨普查局资料显示,2019年,在由四大核心领域所组成的文化产业中,营运机构共2454家,较上年增加209家,在职员工增长6.8%,员工支出增长10.2%。文化产业的服务收益较上年上升8.7%;反映其对经济贡献程度的增加值总额为29.8亿澳元,较上年上升13.9%,占2019年澳门整体行业增加值总额的0.7%。在四大核心领域中,

---

[1] 《货币与金融稳定情况半年度报告》,香港金融管理局网站,2021年3月,https://www.hkma.gov.hk/gb_chi/data-publications-and-research/publications/half-yearly-monetary-financial-stability-report/202103/。

数码媒体的服务收益（38.2亿澳元）和增加值总额（18.1亿澳元）占比最大（见表1）。数据总体上反映出澳门文化产业的营运状况持续改善。

表1　2019年澳门文化产业四大核心领域整体数据统计

单位：家，百万澳元，%

领域	营运机构数量	服务收益	占比	增加值总额	占比	员工支出	占比	固定资本	占比
创意设计	1397	2473.9	31.5	875.8	29.5	607.8	27.9	47.9	7.8
文化展演	281	1441.4	18.4	251.5	8.5	407.0	18.7	408.2	66.5
艺术收藏	138	114.3	1.5	36.8	1.2	37.5	1.7	6.6	1.1
数码媒体	638	3818.4	48.7	1812.3	60.8	1125.6	51.7	150.7	24.6
总计	2454	7848.0	100.0	2976.3	100.0	2177.9	100.0	613.5	100.0

资料来源：《2019年澳门文化产业统计》，澳门特别行政区政府统计暨普查局网站，2020年11月，https://www.dsec.gov.mo/getAttachment/b47c0dcc-17ac-4edf-bb07-a5325a9094d5/C_CIS_FR_2019_Y.aspx。

澳门作为全球第一大赌城，具有"东方蒙地卡罗"的美誉，博彩税在政府公共收入中占据较大比重，博彩业已经成为澳门经济发展的核心主导产业，推动了澳门都市化、国际化和现代化进程，并带动了地产、金融、旅游、餐饮、娱乐等多个产业的发展。澳门特殊的博彩业给其带来了别样的衍生文化产业，包括博彩历史文化游、博彩及相关商业设施参观体验、专门用途博彩娱乐设施的开发等。这些产业中大多以体验经济为主，大大促进了澳门文化及相关产业的发展。同时，博彩业的发展也促成了澳门会展业的兴起。《澳门统计年鉴2019》数据显示，2019年全年澳门入境游客总数为3095万人次，酒店业总收益为382.69亿澳元，澳门的旅游业正在蓬勃发展。2019年澳门会议展览筹办服务收益为5.2亿澳元，澳门会展业总收益为5.7亿澳元。在表演艺术业方面，由于澳门人口密度大，再加上外来游客多，其表演艺术业的需求量大。澳门主要的演出场所为文化中心广场、议事亭前地、西湾湖广场、塔石广场四大广场，戏院和博物馆也常常有演出活动。

2020年受新冠肺炎疫情影响，澳门的博彩业、会展业及相关产业都严重受挫，经济收益明显下滑。在疫情逐步得到控制后，澳门的旅游业和博彩业有所恢复。通过科学严格的疫情防控，2020年7~12月，澳门的入境游客数量、酒店及公寓入住率均呈明显上升趋势（见图4）。自2020年8月26日起，澳门特别行政区政府恢复办理广东省居民赴澳门旅游签注；自9月23日起，恢复办理广东省外其他省份居民赴澳门旅游签注。① 因此，随着防控等级的逐步降低，澳门的旅游业、博彩业等相关文化产业将得到恢复和发展。

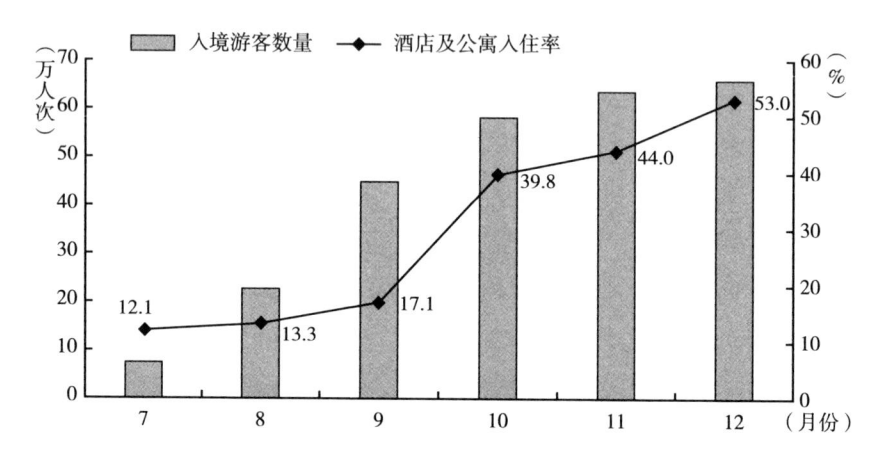

图4 2020年7~12月澳门入境游客数量、酒店及公寓入住率

资料来源：《旅游、会展及博彩》，澳门特别行政区政府统计暨普查局网站，https://www.dsec.gov.mo/zh－MO/Statistic？id=4。

二 区域文化产业发展的特色优势

（一）区位条件优越，面向国际市场

由于地理位置优势突出，粤港澳大湾区是文化国际化传播进行海陆统筹和内外联动的关键枢纽与重要支点。改革开放以来，港澳地区成为连接珠三角地区和国际市场的桥梁，是外资注入中国的重要入口。如今珠三角地区企业不断加大对外投资与合作力度，港澳地区的地位日益提升。香港作为国际

---

① 《访澳旅客入境措施及注意事项》，澳门特别行政区政府旅游局网站，https://www.macaotourism.gov.mo/zh－hans/article/notice/covid19－notice。

金融贸易中心，是国内进出口文化贸易的重要转口站，内地的许多文化产品都是经由香港再转口到世界其他地方。自东欧国家推行经济改革以来，港商积极发掘东欧市场潜力，同时在亚太地区开拓新兴市场，对印度尼西亚、马来西亚、泰国等国家放宽进出口限制，推动文化产品面向国际市场。澳门长期致力于打造"世界休闲旅游中心""中葡经贸平台"，积极响应国家"一带一路"倡议，在开拓国际市场的过程中，特别是针对葡语国家，具有先天的语言优势和文化优势，有利于文化产业的深入合作。同时，粤港澳大湾区的各种国际性文化产业相关活动也成为开拓国际市场的重要平台。例如，一年一度的中国（深圳）国际文化产业博览交易会以博览和交易为核心，是中国唯一一个国家级、国际化、综合性的文化产业博览交易会，被誉为"中国文化产业第一展"，积极推动中国文化产品走向世界。

（二）总量规模庞大，文化市场繁荣

粤港澳大湾区占地面积约5.6万平方公里，人口约6900万人，2019年GDP达1.7万亿美元，土地资源、人力资源、经济基础均远超世界三大湾区，这是粤港澳大湾区发展的核心优势。[①] 广东作为文化大省和经济强省，其文化产业增加值连续多年位居全国第一[②]，是支撑广东国民经济发展的核心产业之一。在珠三角九市中，深圳的文化产业位居全国城市第一方阵，"文化+旅游""文化+金融""文化+科技""文化+贸易"等新业态蓬勃发展。广州以数字内容服务、互联网信息服务、知识产权服务、影视服务以及文化旅游、工业设计、会展旅游、广告等文化服务业为代表，贡献了近七成的文化产业利润。文化及创意产业同样是香港最具活力的经济产业之一，文化及创意产业增加值由2007年的651.17亿港元跃升至2020年的1117.66亿港元，占以基本价格计算的GDP的4.4%。在过去20年里，香港文化及相关产业在经济转型中发挥了巨大的推动和激励作用，GDP占比超过15%，

---

① 《概要》，粤港澳大湾区网站，https：//www.bayarea.gov.hk/sc/about/overview.html。
② 《广东经济特区成立40周年发展成就》，广东省人民政府网站，2020年9月11日，http：//www.gd.gov.cn/zwgk/sjfb/sjkx/content/post_ 3083023.html。

促进了整体经济向知识型经济转型。① 澳门则依托独特的博彩产业和世界文化遗产资源，不断提升经济实力，着力建设世界旅游休闲中心，积极举办各种会展活动，推动经济适度多元可持续发展。

（三）产业基础雄厚，新兴业态涌现

港澳地区服务业发达，珠三角地区制造业基础扎实，三地产业具有良好的互补性。其中，珠三角九市定位清晰，产业分工合理，已形成由广州南北部、中山、佛山、珠海构成的西岸技术密集型高端制造业产业带和由广州中东部、东莞、深圳构成的东岸知识密集型产业带；港澳则以金融类、专业服务、仓储物流等现代服务业为主。总体来说，粤港澳大湾区文化产业结构布局持续优化。

根据国家统计局2018年修订的《文化及相关产业分类（2018）》标准，广东文化及相关产业9大类146个行业门类齐全，产业链条完整。文化装备生产、创意设计服务、新闻信息服务、文化消费终端生产、文化传播渠道等产业规模领军全国。其中，新闻出版业资产总额、纳税总额、营业收入、净资产4个指标均名列全国第一。② 软件、计算机游戏及互动媒体一直是香港文化及创意产业的最大组成部分，在香港知识型经济中扮演着重要的角色，2019年增加值为499亿港元，占香港文化及创意产业总增加值的44.6%。③ 博彩业在澳门文化产业中占据举足轻重的地位，同时还带动了旅游业、房地产业、文娱等相关产业的发展。近年来澳门的会展业也逐渐崭露头角。

（四）制度深化发展，政策效果明显

近年来，一系列国家层面政策的出台不仅为粤港澳三地人民的经济和文

---

① 《香港的文化及创意产业》，香港特别行政区政府统计处网站，2020年6月15日，https：//www.censtatd.gov.hk/gb/? param = b5uniS&url = http：//www.censtatd.gov.hk/hkstat/sub/sp80_tc.jsp? productCode = FA100120。
② 《广东文化产业交出高质量成绩单》，人民网，2019年5月18日，http：//m.people.cn/n4/2019/0518/c1300 - 12720496.html。
③ 《香港的文化及创意产业》，香港特别行政区政府统计处网站，2020年6月15日，https：//www.censtatd.gov.hk/gb/? param = b5uniS&url = http：//www.censtatd.gov.hk/hkstat/sub/sp80_tc.jsp? productCode = FA100120。

化交流提供了保障,而且为三地的文化产业合作提供了新动力。过去,粤港澳三地以"前店后厂"式的、互补式的、自下而上式的产业合作模式为主;如今,在国家区域协调发展战略部署下,升级后的粤港澳合作将港澳的现代服务业与广东高端化、智能化的先进制造业相融合,构建具有国际竞争力的产业体系,走向产业转型升级之路。2020年12月,文化和旅游部等三部门联合印发《粤港澳大湾区文化和旅游发展规划》,要求充分发挥广东改革开放先行先试优势,支持港澳更好地融入国家发展大局,推动粤港澳大湾区文化和旅游交流合作与协调发展,繁荣发展文化事业和文化产业,建设具有国际影响力的人文湾区和休闲湾区。国家相关政策的制定,带来了技术、人才和资金等方面的支持,为粤港澳大湾区提供了源源不断的活力,在对外文化输出和对内文化推动方面都发挥了关键的作用,为粤港澳大湾区文化产业的发展提供了良好的政策环境。

三 区域文化产业发展存在的问题及面临的挑战

(一)三地政府协调机制不完善,跨境合作存在困难

"一国两制"的多样性和互补性是粤港澳区域合作的优势,但同时也考验着文化产业的跨境协调能力。粤港澳三方属于平行主体,三地政府的职能力量差距、行政程序差异以及规划内涵和执行效力的不同等造成粤港澳大湾区文化产业发展与合作需要跨越的不仅仅是地理空间的边境,还有文化制度、政治制度、经济制度的边界。首先,粤港澳三地实质性的行政边界或边境区域对资金流、人流、物流等要素的流通限制十分严格,在文化产业发展合作中的门槛和要求相对较高。其次,粤港澳大湾区内的地区发展和理念也有差异,内地各级政府注重以"有为政府"的姿态参与经济活动,充分发挥政府的宏观调控职能,相比之下,港澳特别行政区政府部门受限较多,因此存在一定程度上的合作不匹配。

(二)文化产业各门类发展不均衡,缺乏世界级产业集群

从建设人文湾区的角度看,要实现人文湾区的高质量发展,就必须树立

先进的市场观念，依托雄厚的资金，积极主动地建设灵活管理的文化产业集团。然而，粤港澳大湾区的文化产业普遍存在布局不均匀、发展不平衡的问题。广州、深圳、佛山的文化产业体量较大，但对文创运营管理的能力和水平相对较低；香港、澳门的文化产业体量较小，但对文创运营管理的能力和水平相对较高。粤港澳大湾区需要弥补文化产业发展的不足，协调文化产业集群间的关系。尽管粤港澳大湾区的产业门类齐全，也存在有一定影响力的产业集群，但尚未形成如纽约湾区、旧金山湾区、东京湾区那样的世界级产业集群。对比国际一流湾区，粤港澳大湾区文化产业主要的影响力还仅限于中国市场，在全球市场的影响力非常有限。

（三）文化产业亮点不突出，核心竞争力有待提高

粤港澳大湾区内部各城市产业存在结构类似但特色不明显的特征。长期以来，粤港澳大湾区并没有制定统一的产业发展规划，各个城市通常根据自身的产业基础和产业发展指引来确定不同的产业发展方向，很少统筹考虑与其他城市的融合、协调发展。世界三大湾区文化创意产业价值链体系完备，以研发、创新的产业链前端为主，数字和创意是其产业亮点。其中，纽约湾区的创意、娱乐类行业构成比重大，互联网软件与服务、电影与娱乐、出版、广告四大行业发展领先；旧金山湾区的互联网软件与服务、通信设备、互联网零售发展领先，呈现高科技特点；东京湾区的文化创意产业细分行业种类最多元，娱乐需求日益增长，文化服务、内容创新等新业态以及文化产品制造、生产等传统业态发展较为均衡。相比之下，粤港澳大湾区新兴产业和高端要素集聚度较低，设备生产存量以及低端文化产品和设备生产存量占比较大，在科技创新、文化融合、科技创新等方面依然与世界三大湾区存在较大差距，需进一步推动文化产业转型升级。

（四）新冠肺炎疫情突袭而至，文化产业发展危与机并存

2020年初，突如其来的新冠肺炎疫情给粤港澳大湾区文化产业的发展带来了巨大冲击。广东地区受海外订单延迟或取消的冲击，大量企业难以为

继。香港旅游业虽然只占 GDP 的 5% 左右，但其提供的直接或间接就业人数多达 80 万人。疫情使得香港本地居民外出消费活动剧减，对零售、餐饮及消费造成了很大冲击；内地居民赴港旅游基本停止，对香港酒店和旅游业产生了剧烈影响。针对此次疫情，内地采取了较为严格的人员流动管控举措，暂停签发内地居民赴港澳旅游签注（包括团队游和个人游），整个澳门旅游人数减少，旅游博彩场所空荡冷清，损失惨重。[①] 但是，新冠肺炎疫情在造成负面影响的同时也孕育了新的发展机遇。根据国家统计局数据，2020 年第一季度、上半年、前三季度，全国规模以上文化及相关产业企业实现营业收入分别下降 13.9%、6.2%、0.6%。文化新业态特征较为明显的 16 个行业小类实现营业收入 31425 亿元，比上年增长 22.1%。[②] 疫情期间，粤港澳三地民众在视频、游戏、新闻资讯等领域的消费显著上涨，短视频、直播等互联网文娱消费用户增长迅猛，而云展览、云旅游、云演唱会等网络化新型文化娱乐活动不断涌现，这使得粤港澳三地线上文化交流更加便捷。

四 区域文化产业发展的对策建议

（一）做好顶层设计，协调整体布局

在"一国两制"的前提下，粤港澳大湾区作为中国参与全球竞争的一个空间载体，在区域文化产业发展顶层设计过程中必须树立"整体"的观念。要充分利用政策工具，逐渐消除各种壁垒，通过市场、交通、信息网络把粤港澳大湾区内各城市文化产业的特殊优势和要素聚合起来，形成多样互补的组合，进行良好的互动，为粤港澳大湾区营造协调开放、竞争有序的文化产业发展环境。要协调和充分利用粤港澳大湾区城市群的人文资源，处理好核心城市之间的关系、核心城市与节点城市的关系、粤港澳大湾区城市群

---

① 《肺炎疫情对粤港澳大湾区的影响及应对》，百度百家号，2020 年 2 月 5 日，https://baijiahao.baidu.com/s?id=1657660642697910324&wfr=spider&for=pc。
② 张翼、董蓓：《"互联网+文化"新业态保持快速增长——我国文化消费需求将进一步释放》，光明日报文化产业公众号，2021 年 3 月 17 日，https://mp.weixin.qq.com/s/1R21t3hjLESDs3L2LuZgmQ。

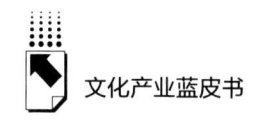

与环珠三角城市群的关系，形成"极点带动、轴带支撑"的区域文化产业和城市空间格局的发展思路，实现核心城市与节点城市交通的快捷和便利连接，实现产业的优势互补和协同发展，打造具有全球竞争力的世界城市群。

（二）强化粤港澳各自优势，打造特色文化品牌

"一国、两制、三税区、三法律、三货币"的多元制度格局虽然是粤港澳大湾区文化产业发展的独特优势，但也是粤港澳大湾区一体化发展的阻碍因素。一味地追求粤港澳的接轨，容易导致三地发展的同质化倾向，忽略了各城市之间天然差异化发展的优势。三地应保持自身特色，融合粤港澳大湾区各城市间的共同需求，打造各自的品牌优势，最终把区块品牌连为一体，形成一个各具文化特色和行业特色、总体品牌显著、各个城市品牌特点鲜明的大湾区品牌。香港是亚洲的文化枢纽，汇集了来自全球各地的文化机构和艺术工作者，品牌形象深入人心。澳门应坚持以中华文化为主流、多元文化相融合的文化品牌定位，在《粤港澳大湾区发展规划纲要》的指引下，打造以中华文化为主流、多元文化共存的交流合作基地。广州要充分发挥国家中心城市和综合性门户城市的引领作用，着力建设国际大都市。深圳则要加快建设区域文化中心城市和彰显国家文化软实力的现代文明之城，努力成为具有世界影响力的创新创意之都。

（三）依托互联网与新兴技术，推动新业态创新发展

随着数字创意产业成为国家确定的五大10万亿元级战略性新兴产业之一，以及云计算、人工智能和大数据等先进科学技术的迅猛发展，未来的粤港澳大湾区将是最为瞩目的数字创意产业战略重地。一是要把握全球文化产业智能化转型的发展机遇，充分发挥腾讯大数据、华为第5代移动通信技术（5G）及大疆无人机等先进科技的引领作用，为文化产业的转型升级搭建具有高效运作动能的基础平台；同时要加快文化产业发展，推进精准营销体系和平台运营的形成。二是要利用智力资源和新技术助力粤港澳大湾区文化产业发展跃迁。利用互联网资源积累和技术创新优势，加快发展网剧、网络短视频和直播等新

媒体，完善互联网文化中介服务。在重构传媒产业的过程中推动文化产业发展，增强文化产业的创新能力。三是要积极利用粤港澳大湾区特有的智力资源集聚优势，加快与以香港大学、澳门大学、中山大学等为代表的各大高校和科研机构的合作，加快科研成果的实际价值转化，发挥孵化创新的巨大推动作用。

（四）增强应急管理能力，推进文化产业数字化升级

目前，全球疫情防控形势仍然不容乐观，未来粤港澳大湾区面临的疫情防控压力依旧存在，无论是文化产业的"走出去"还是"引进来"都面临阻碍。在人类命运共同体的含义中，经济上具有"一荣俱荣、一损俱损"的紧密联系。习近平总书记指出，要针对这次疫情应对中暴露出来的短板和不足，健全国家应急管理体系，提高处理急难险重任务的能力。在疫情防控常态化背景下，粤港澳大湾区亟须建立文化应急管理体系，学会应对各种各样的不确定因素。政府应对文化生产企业在突发事件中如何迅速启动应急管理体系进行明确的指示，解决文化应急管理不够灵活的问题，通过完善文化应急管理相关法律法规，不断深化文化领域治理主体及各项制度的改革。同时，疫情促进了数字文化娱乐活动的繁荣和新兴文化娱乐消费方式的出现，在5G技术即将全面覆盖的背景下，数字文化产业将具有更加广阔的发展前景。国家统计局数据显示，2020年互联网其他信息服务、可穿戴智能文化设备制造的营业收入增速均超过30%。[①] 因此，应把握移动互联网时代的发展机遇，顺应文化贸易的数字化趋势，推进文化产业的数字化、智能化、虚拟化发展，加速5G、人工智能、云计算、大数据、虚拟现实等数字技术的应用，提高数字文化产业占比。

---

① 《中华人民共和国2020年国民经济和社会发展统计公报》，国家统计局网站，2021年2月28日，http://www.stats.gov.cn/tjsj/zxfb/202102/t20210227_1814154.html。

B.17
长三角区域文化产业发展报告

解学芳 高嘉琪*

摘 要： 长三角区域凭借其地理、人口、教育、经济与文化等优势已然跻身世界级城市群前列，并成为中国文化产业的核心区域之一。2020年以来，新冠肺炎疫情席卷全球，在疫情影响下，长三角区域文化产业发展出现结构性调整。特别是在AI、5G等高新技术赋能下，长三角区域文化产业数字化程度加深，政策扶持力度加大，文化企业创新动能跃升，传统文化产业与现代文化业态高度融合，产业整体影响力不断提升。下一阶段，在国家战略支撑与发展新经济的契机下，构建网络文化新业态、缔造体验文化新业态、打造智能文化新业态、畅通文化消费内循环成为长三角区域文化产业保持活力的重要路径。

关键词： 长三角区域 文化产业 文化新业态

一 长三角区域文化产业规模和发展态势

长三角区域文化产业发展稳健，文化市场保持较强活力，有力地促进了经济的可持续增长。在上海、江苏、浙江、安徽四地的联动下，长三角区域文化产业发展态势良好，呈现领跑局面。

---

* 解学芳，同济大学人文学院艺术与文化产业系特聘教授、博士生导师，主要研究方向为文化产业管理；高嘉琪，同济大学人文学院博士研究生，主要研究方向为文化产业。

（一）上海

上海市文化产业稳中求进。由图1数据可知，虽然2018年上海市文化产业增加值占GDP比重有所下降，但文化产业增加值逐年增长，总体保持在稳定区间。2020~2021年，在上海市经济稳定恢复的大背景下，文化产业发展整体向好。面对新冠肺炎疫情，2020年上海市居民的教育文化和娱乐类消费热情依旧，温和上涨1.1%[1]；2021年上半年，上海市居民的教育文化和娱乐类消费再次上涨1.5%，"十四五"实现良好开局。[2] 2020年，在全国电影市场低迷的情况下，上海电影行业依旧活跃，影院复工率达92.16%；2020年6月，长三角国际影视中心投入建设，这个100亿元的项目表明，上海"全球影视创制中心"建设之路迈出重要一步[3]；2021年6月11~20日，第24届上海国际电影节成功举办，本届电影节共收到来自113个国家和地区的报名影片4443部，远超新冠肺炎疫情前规模，作品数量达历届之最，且通过线上线下双平台模式激活"云市场"，让世界领略到中国电影产业的强势复苏。[4] 在数字技术赋能下，2020年上海线上艺术产业取得长足进步，就上海大剧院的音频课程而言，听众累计10多万人次，线上视频活动更是在一天内吸引观众120万人次[5]；2020年11月，演艺大世界在线演艺联盟成立，助力上海迈向"亚洲演艺之都"[6]；2021年2月，上海的云上迎春系列活动影响巨大，云活动浏览量达1.2亿人次，真正实现了线上艺术活

---

[1] 《2020年上海市国民经济运行情况》，上海市统计局网站，2021年1月24日，http://tjj.sh.gov.cn/tjxw/20210122/6d1bedd228704164b80be93f13891826.html。
[2] 《2021年上半年上海市国民经济运行情况》，上海市统计局网站，2021年7月21日，http://tjj.sh.gov.cn/tjxw/20210721/4004bbe4f8c148559c066e7a99151460.html。
[3] 孙佳音：《长三角国际影视中心上午开工》，《新民晚报》2020年6月10日，第1版。
[4] 王彦：《第24届上海国际电影节成功举办，中国电影亮出强势复苏领跑全球的精气神》，《文汇报》2021年6月20日，第4版。
[5] 王宛艺：《演艺大世界成立在线演艺联盟，更多佳作上云端》，《文汇报》2020年11月17日，第2版。
[6] 黄春丽：《助推上海全力迈向亚洲演艺之都 "演艺大世界在线演艺联盟"成立》，东方网，2020年11月17日，http://n.eastday.com/pnews/1605580409026827。

动的常态化。① 2020年恰逢浦东新区开发开放30周年，浦东的电竞产业和文化贸易发展成就突出，30个电竞项目签约浦东，预计2021年贡献税收超过10亿元，营业收入超过100亿元②；在打造"全球电竞之都"的目标下，2021年上海"电竞城市发展指数"以78.7分位列全国第一，成为国内产业链最成熟、影响力最大的电竞城市，且有赶超首尔、洛杉矶等头部电竞城市之势。③

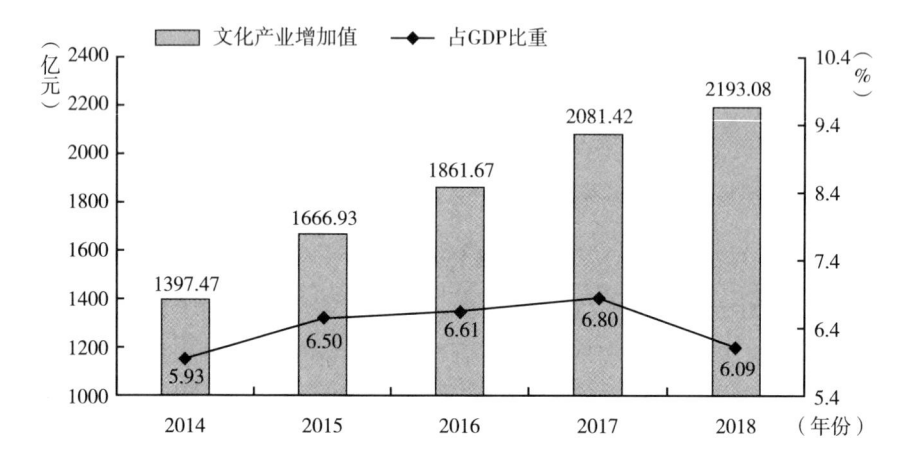

图1　2014~2018年上海市文化产业增加值及其占GDP比重

资料来源：中共上海市委宣传部文化改革发展办公室、上海市文化事业管理处、上海交通大学人文艺术研究院：《2019年上海文化产业发展报告》，2020年4月。

（二）江苏

江苏省文化产业发展局面更加开阔。2018年，江苏省文化产业法人单位总营业收入达15927.2亿元。④ 由图2数据可知，2014~2018年江苏省文

---

① 杨玉红：《牛气足　上海春节迎客492.16万人次》，《新民晚报》2021年2月18日，第4版。
② 《浦东打造电竞产业全门类"生态圈"　数字文化产业成为在线新经济又一个千亿级业态》，上海市浦东新区人民政府网站，2020年7月27日，http://www.pudong.gov.cn/shpd/news/20200727/006001_30825c0f-b188-4e96-a36c-3b72837414c3.htm。
③ 宣晶：《"电竞城市发展指数"综合排名第一！　上海凭什么成为全球巨头汇聚的"强磁场"》，《文汇报》2021年7月31日，第1版。
④ 国家统计局社会科技与文化产业统计司、中宣部文化体制改革和发展办公室编《2019中国文化及相关产业统计年鉴》，中国统计出版社，2019，第34页。

化产业增加值逐年上涨，占GDP比重除2017年外总体呈现上升趋势，2018年更是达到5.00%。2020～2021年，江苏省文化产业展现出极大的活力。在旅游产业方面，南京在新冠肺炎疫情影响下划拨500万元专项资金以打开文旅消费新格局；苏州通过"姑苏八点半"夜经济品牌使观前街夜均人流量增长69.93%；常州在企业、市场、产业的协同下拉动旅游消费超6亿元。[1] 疫情防控常态化背景下，江苏省旅游产业有序恢复，2021年上半年，南京共接待国内游客6737.51万人次，同比增长73.48%[2]；常州共接待国内游客4614.33万人次，同比增长60.5%。[3] 在演出产业方面，截至2020年12月底，南京市政府共下发5142万元专项资金拉动市场活力，实现演出总票房2.47亿元，观演人数达79.3万人次，极大地带动了其他消费[4]；2021年伊始，江苏省更是通过云端"少年好声音"活动吸引观众560万人次，实现文艺演出"众乐乐"。[5] 在艺术展览产业方面，2020年12月26日，第四届江宁台创园兰花展借助5G技术打造出"网红+直播间+供应链"的新型消费模式，使大家足不出户便可领略兰花魅力[6]；2021年，江苏省文化和旅游厅（省文物局）将江苏非遗文创精品展、中国画作品展等系列展览搬上政府网站，以官方为表率带动数字文化产业发展。[7] 在电影产业方面，2020年12月28日，江苏省电影集团揭牌成立，江苏省电影强省战略再

---

[1] 《江苏双城入选国家文化和旅游消费示范城市 常州入选试点城市》，江苏省文化和旅游厅（省文物局）网站，2020年12月31日，http://wlt.jiangsu.gov.cn/art/2020/12/31/art_694_9620419.html。
[2] 《上半年南京市文旅市场发展繁荣有序》，江苏省文化和旅游厅（省文物局）网站，2021年7月8日，http://wlt.jiangsu.gov.cn/art/2021/7/8/art_695_9874783.html。
[3] 《上半年常州游客接待量较去年同期增长60.5%》，江苏省文化和旅游厅（省文物局）网站，2021年7月19日，http://wlt.jiangsu.gov.cn/art/2021/7/19/art_695_9891871.html。
[4] 《江苏双城入选国家文化和旅游消费示范城市 常州入选试点城市》，江苏省文化和旅游厅（省文物局）网站，2020年12月31日，http://wlt.jiangsu.gov.cn/art/2020/12/31/art_694_9620419.html。
[5] 王璟等：《"少年好声音"云端开唱，已有560万人观看》，《扬子晚报》2021年2月11日，第A4版。
[6] 端木：《江宁台创园擘画现代农业发展新蓝图》，《南京晨报》2020年12月26日，第A03版。
[7] 《网上展览馆》，江苏省文化和旅游厅（省文物局）网站，http://wlt.jiangsu.gov.cn/col/col72580/index.html。

上新台阶①；2020年，江苏省电影市场票房收入达18.36亿元，放映场数为518.39万场，观影人数达5142.12万人次，彰显了电影市场的强大韧性②；2021年元旦期间，江苏省电影市场票房收入达1.25亿元，同比增长185%，实现"开门红"；在"十四五"开局之年，江苏省还通过抓好防控、深化改革、加强宣发、拉动消费、优化监管五大措施推动省内电影产业高质量发展。

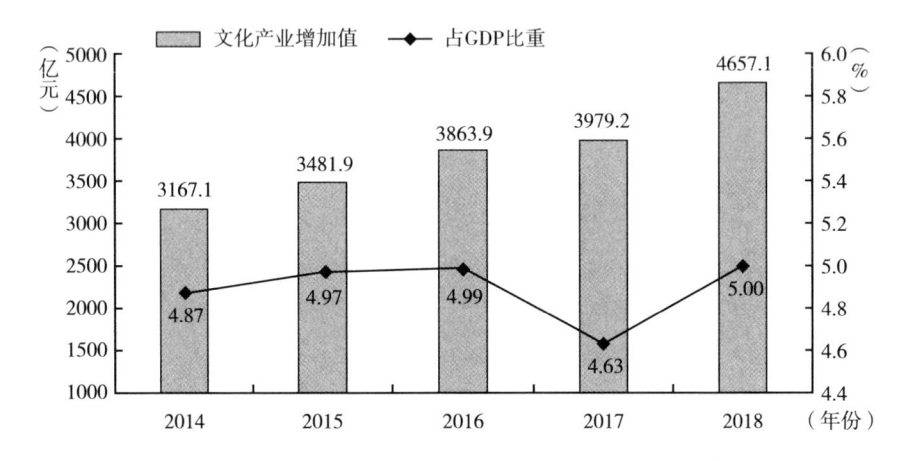

图2　2014~2018年江苏省文化产业增加值及其占GDP比重

资料来源：《中国文化及相关产业统计年鉴》（2015~2020年）；《体制改革方兴未艾　产业发展成效显著》，江苏省人民政府网站，2019年9月11日，http：//www.jiangsu.gov.cn/art/2019/9/11/art_75680_8709659.html。

（三）浙江

浙江省文化产业保持快速发展。2018年浙江省文化产业增加值达4261.07亿元，占GDP的比重为7.35%（见图3），超出全国平均水平2.87

---

① 《江苏省电影集团有限公司成立》，江苏省人民政府网站，2020年12月29日，http：//www.js.gov.cn/art/2020/12/29/art_60096_9617375.html。
② 李霆钧：《年票房18.36亿元　13个设区市全部进入全国百强》，《中国电影报》2021年1月20日，第4版。

个百分点。①2020年2月,浙江省出台"浙16条",有序推进文化企业复工复产②;2020年11月,浙江4家文化企业上榜"全国文化企业30强"名单。③依托技术优势,浙江省数字文化产业展现出巨大潜力。2020年3月,中国(良渚)数字文化社区先导区开始运营,集聚数字文化企业逾80家,良渚文化产业迸发数字经济发展的蓬勃活力④;2021年5月,国内首个以国漫为主题的数字景区在浙江省开业,借助"虚拟文化空间"概念,百姓消费体验得到极大丰富,浙江省数字文化产业对文化市场的贡献度超过50%。⑤面对新冠肺炎疫情,浙江省影视产业求新求变,迎来新的发展契机。截至2020年5月,共有404家影视企业入驻象山县,同比增长23%⑥;2020年5月8日,中国(浙江)影视产业国际合作试验区获得国家广播电视总局批准,成为推动我国影视产业国际化发展的重要举措⑦;2021年3月,浙江横店推出全新一代虚拟影棚,以8000多个场景内容营造颇具真实感的虚拟空间。⑧下一阶段,浙江省文化产业将继续发力,保持迅猛态势,到2022年预计建设15个省级数字文旅先行区和30个智慧旅游景区,创建推动文化产业发展的新模式。⑨

---

① 《2018年全国文化及相关产业增加值占GDP比重为4.48%》,国家统计局网站,2020年1月21日,http://www.stats.gov.cn/tjsj/zxfb/202001/t20200121_1724242.html。
② 《浙江出台〈关于积极应对疫情推动文化企业平稳健康发展的意见〉》,浙江省文化和旅游厅网站,2020年2月26日,http://ct.zj.gov.cn/art/2020/2/26/art_1652990_42007817.html。
③ 严粒粒:《第十二届"全国文化企业30强"名单发布 浙报传媒等4家浙企上榜》,《浙江日报》2020年11月17日,第2版。
④ 《中国国际网络文化博览会通气会暨数字文化产业高质量发展研讨会举办》,浙江省文化和旅游厅网站,2020年12月18日,http://ct.zj.gov.cn/art/2020/12/18/art_1652990_59000427.html。
⑤ 严粒粒:《浙江文化产业以数字赋能丰富消费体验 "虚拟文化空间":跨界开辟新赛道》,《浙江日报》2021年5月14日,第2版。
⑥ 严粒粒:《政府助力"拉一把" 企业复工"蹬一脚" 浙江影视产业迎来"小阳春"》,《浙江日报》2020年7月14日,第2版。
⑦ 《中国(浙江)影视产业国际合作试验区获得广电总局批准》,浙江省人民政府网站,2020年7月5日,http://www.zj.gov.cn/art/2020/7/5/art_1553716_49838046.html。
⑧ 严红枫、陆健:《浙江:数字潮涌 文化扬帆》,《光明日报》2021年4月23日,第7版。
⑨ 《浙江省人民政府办公厅关于印发浙江省数字赋能促进新业态新模式发展行动计划(2020~2022年)的通知》,浙江省人民政府网站,2020年11月19日,http://www.zj.gov.cn/art/2020/11/19/art_1229019365_2160267.html。

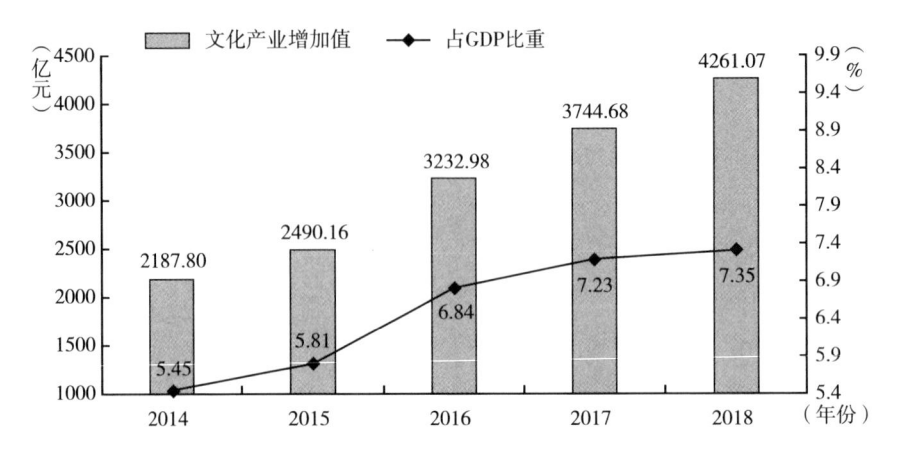

图 3　2014~2018 年浙江省文化产业增加值及其占 GDP 比重

资料来源：浙江政务服务网。

（四）安徽

安徽省加速创建创新型文化强省。安徽省文化产业保持高速增长，2018 年文化产业增加值突破 1500 亿元大关，占 GDP 的比重为 4.52%（见图 4）。作为海内外驰名的旅游城市，黄山市积极探索"主客共创"旅游路径，效果良好。2020 年中秋和国庆期间，黄山市共接待游客 544.81 万人次，同比恢复 94.4%[①]；2020 年 12 月，长江采石矶文化生态旅游区上榜国家 5A 级旅游景区，成为省内第 12 家 5A 级旅游景区，安徽省旅游业实力进一步彰显[②]；2021 年"五一"期间，安徽省共接待游客 4427.67 万人次，较 2020 年同期增长 116.58%，恢复至 2019 年同期的 106.07%，旅游市场升温明显。[③] 文旅融合助推安徽省非物质文化遗产保护与产业升级。2020 年 6 月，安徽省首个非遗夜市在歙县启动，吸引游客 10 万余人次，间

---

① 吴江海：《黄山，旅游城市的文明之路》，《安徽日报》2020 年 11 月 24 日，第 5 版。
② 文化和旅游部：《关于确定 21 家旅游景区为国家 5A 级旅游景区的公告》，2020 年 12 月 29 日。
③ 张理想：《全省"五一"接待游客超疫前同期》，《安徽日报》2021 年 5 月 7 日，第 1 版。

接带动旅游相关收入近1000万元①；2021年6月，滁州市"文化和自然遗产日"线上活动共吸引观众256127人次，百姓的文化遗产保护意识大大增强。②安徽省还借助其工业遗产优势大力发展文化创意产业，如基于原合肥柴油机厂改造的"合柴1972"工业记忆小镇积极开展文化创意集聚地建设，吸引了约50亿元创投基金投资文化创意项目③；合肥瑶海区以文化创意为主导，积极促成钢铁厂、机械厂等工业遗址向艺术街区、夜经济核心集聚区转变，并在2021年"五一"期间开放运营，成功创建合肥第一家文创类4A级旅游景区。④文化产业的发展离不开文化消费，2020年7月启动的第七届安徽文化惠民消费季共惠及消费者6500万人次，间接拉动消费约20亿元，有力地提振了文化市场信心⑤；2021年7月，安徽省成功举办夜间文旅消费宣传推广大会，有效地激发了文化消费活力，提升了文化消费质量。⑥

二 长三角区域文化产业发展特征

作为我国经济实力、创新能力与文化资源名列前茅的地区，长三角区域文化产业呈现数字化、智能化与文化创新深度融合，文化政策与文化品牌相得益彰，传统文化与现代文化协同共进，本土文化海外影响力不断提升的新阶段发展特征。

---

① 吴江海：《让徽州非遗活起来》，《安徽日报》2020年11月24日，第11版。
② 《"人民的非遗 人民共享" 2021年"文化和自然遗产日"滁州市线上主题活动圆满结束》，滁州市文化和旅游局网站，2021年6月16日，http://ct.chuzhou.gov.cn/xxfb/gzdt/1104181101.html。
③ 许根宏：《擦亮工业遗产 唤醒城市记忆》，安徽新闻网，2020年11月12日，http://www.ahnews.com.cn/wh/pc/con/2020-11/12/500_269618.html。
④ 《老工业城市工业遗产保护利用典型经验之三 安徽合肥：重塑工业遗产活力 留住"工业乡愁"》，中华人民共和国国家发展和改革委员会网站，2021年7月15日，https://www.ndrc.gov.cn/fggz/dqzx/lzydfzxfz/202107/t20210715_1290449.html?code=&state=123。
⑤ 张理想：《第七届安徽文化惠民消费季惠及6500万人次》，《安徽日报》2020年12月17日，第1版。
⑥ 杨正文：《安徽夜间文旅消费宣传推广大会在马召开》，《马鞍山日报》2021年7月19日，第2版。

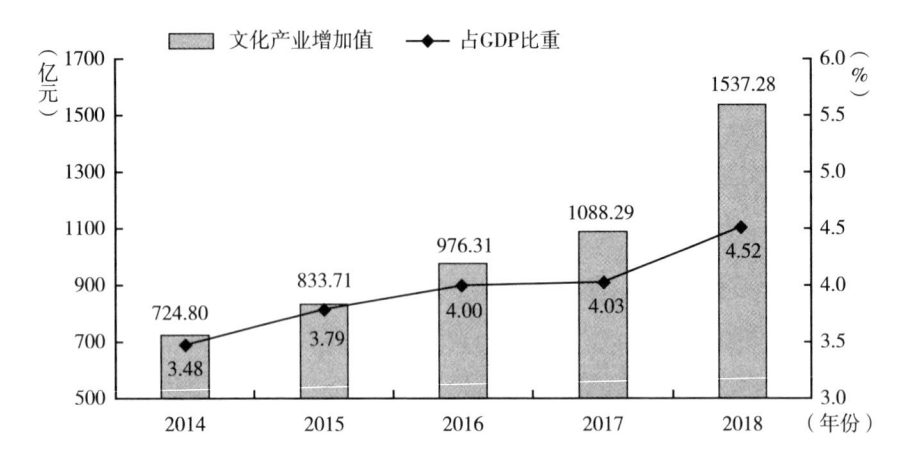

图 4 2014～2018 年安徽省文化产业增加值及其占 GDP 比重

资料来源：安徽省统计局。

（一）数字化、智能化与文化创新深度融合，催生文化产业新业态

数字化是文化产业发展的必然趋势，AI、5G 等高新技术的赋能以及新冠肺炎疫情的冲击，使长三角区域文化产业的数字化程度进一步加深，在全国 11 大城市群中，长三角区域数字文化指数总量与区域数字文化指数增速均居首位，潜力巨大。① 在长三角区域数字文化产业发展格局中，上海作为龙头城市发挥了良好的带动作用——浦东新区以电竞为龙头的数字文化产业将成为浦东经济的重要增长极，喜马拉雅、蜻蜓 FM 等网络音频业在上海的集聚，形成了独特的"耳朵经济"②；截至 2021 年第一季度，阅文平台作家量逾 890 万人，网络文学作品量超 1340 万部，bilibili 平均月活跃用户达 2.02 亿人。③ 江苏依托丰富的旅游资源，推动数字资源整合，建设"云、网、端"信息基础设施，实现文化旅游线上线下共融，不断培育文旅

---

① 宜晶：《长三角城市群数字文化指数总量全国第一》，《文汇报》2020 年 11 月 21 日，第 5 版。
② 徐晶卉：《上海数字文化经济在战"疫"中拓宽"航道"》，《文汇报》2020 年 4 月 2 日，第 4 版。
③ 宜晶：《数字文化产业新生态多元性在哪里》，《文汇报》2021 年 4 月 8 日，第 6 版。

新业态。① 浙江数字文化产业优势与成效显著，借力世界互联网大会以及阿里巴巴、网易等互联网领军企业，文化产业数字化对产业营业收入增长的贡献率稳步提升，产业数字化指数居全国第一。② 安徽不断寻求数字文化产业发展新机遇，在政策支持下，文化科技企业集聚安徽。例如，2020年8月，曾孵化出多个互联网创新产品的科技公司"一下科技"落地合肥，为安徽数字文化产业发展注入了新活力。③ 此外，长三角区域大力发展AI产业，成为三大AI产业集群区之一，为长三角区域文化产业与AI产业的深度融合提供了保障与基础。可见，长三角区域把数字化、智能化作为文化产业创新发展的着力点，在新技术助力下，文化产业新业态将带动经济进一步发展。

（二）文化政策与文化品牌相得益彰，打出政企"组合拳"

长三角区域文化产业发展呈现文化政策先行、文化企业发力的协同特征，政府与文化企业的配合共同推动文化产业高质量发展。在《长江三角洲区域一体化发展规划纲要》的统领下，2020~2021年，各地区出台了一系列相关政策激发文化市场活力（见表1）。2021年4月，科技部等六部门联合印发《长三角G60科创走廊建设方案》，提出以"科创+产业"为抓手，高质量推动长三角区域的一体化进程，进一步赋能长三角区域数字文化产业发展。2020年11月16日，"全国文化企业30强"发布，长三角区域有10家企业登入榜单，文化品牌影响力不断提升。2020年11~12月，上海、江苏、浙江、安徽纷纷出台"十四五"规划及2035年远景目标，其中的文化产业规划目标为长三角区域文化产业勾勒出美好图景。例如，上海提出健全现代文创体系、鼓励文创企业发展；江苏提出利用各类文化资源推动

---

① 靳扬扬：《江苏省文化和旅游厅厅长杨志纯：用数字技术赋能文旅高质量发展》，中国江苏网，2020年12月1日，http://tour.jschina.com.cn/lyzx/202012/t20201201_2679603.shtml。
② 国家互联网信息办公室：《数字中国发展报告（2020年）》，2021年4月。
③ 苏晓静：《一下科技落地合肥 战略携手共建安徽数字文创产业》，央广网，2020年8月31日，http://www.cnr.cn/rdzx/cxxhl/zxxx/20200831/t20200831_525234027.shtml。

文化产业高端跃迁；浙江提出建设文化产业带、占领数字文化产业制高点的目标；安徽则提出进一步创新文化产业相关领域、发展文化旅游产业的目标。总体而言，长三角区域呈现文化政策扶持文化企业、文化企业助力产业发展的局面，政府和企业的"组合拳"成为长三角区域文化产业持续发展与创新的保障。

表1 2020～2021年长三角区域文化产业政策及2021年"全国文化企业30强"入围名单

区域	文化产业政策	"全国文化企业30强"入围名单
全域	《长三角生态绿色一体化发展示范区文化和旅游专项规划》《长三角文化和旅游安全应急合作协议》《打造"长三角高品质红色旅游示范基地"框架协议》《长三角全域旅游绿色发展宣言》《2020年长三角文化和旅游联盟重点工作计划》《长三角地区美术馆发展框架协议》《长三角区域文物行政执法合作协议》《长三角科技创新共同体建设发展规划》《长三角G60科创走廊建设方案》	
上海	《上海市贯彻〈长江三角洲区域一体化发展规划纲要〉实施方案》《上海市全力防控疫情支持服务企业平稳健康发展的若干政策措施》《上海市促进在线新经济发展行动方案（2020～2022年）》《上海在线新文旅发展行动方案（2020～2022年）》《关于全面推进上海城市数字化转型的意见》《全力打响"上海文化"品牌深化建设社会主义国际文化大都市三年行动计划（2021～2023年）》	上海世纪出版（集团）有限公司、东方明珠新媒体股份有限公司
江苏	《关于应对新冠肺炎疫情影响促进文旅产业平稳健康发展的若干措施》《关于支持文旅企业应对疫情防控期间经营困难的若干措施》《关于做好疫情防控常态化条件下文旅场所有序开放工作的通知》《江苏省级夜间文旅消费集聚区评价指标（试行）》《江苏省省级夜间文旅消费集聚区建设指南（试行）》《关于促进文化和旅游产业融合发展的指导意见》《江苏省无限定空间非遗进景区工作指南（试行）》	江苏凤凰出版传媒集团有限公司、江苏省广电有线信息网络股份有限公司
浙江	《关于积极应对疫情推动文化企业平稳健康发展的意见》《浙江省级非物质文化遗产代表性传承人管理办法》《浙江省诗路文化带发展规划》《全域旅游高质量发展行动2020年工作方案》《浙江省省级文化传承生态保护区建设的意见》《浙江省乡村文化振兴促进会章程》《浙江省文化和旅游厅业务主管社会组织管理办法（试行）》《浙江省文化和旅游统计管理实施办法》《浙江省关于促进文化和科技深度融合的实施意见》《浙江省文化改革发展"十四五"规划》	华数数字电视传媒集团有限公司、宋城演艺发展股份有限公司、浙江出版联合集团有限公司、浙报传媒控股集团有限公司

续表

区域	文化产业政策	"全国文化企业30强"入围名单
安徽	《关于恢复文化和旅游产业活力激发市场消费潜力的若干措施》《2020年全省文化旅游行业安全工作要点》《安徽省文化市场综合执法辅助人员管理暂行办法》《"有戏安徽 点亮剧场"——全省十六市剧场复苏演出季活动方案》《安徽省徽州文化生态保护区管理办法》《安徽省促进消费扩容提质加快形成强大市场若干措施》《安徽省智慧旅游"十四五"行动计划》	安徽出版集团有限责任公司、安徽新华发行(集团)控股有限公司

资料来源：上海市文化和旅游局、江苏省文化和旅游厅、浙江省文化和旅游厅、安徽省文化和旅游厅。

（三）传统文化与现代文化协同共进，彰显文化资源禀赋下的区域特色

长三角区域传统文化资源丰富，依托海派文化、吴越文化与徽州文化，文化产业呈现传统文化与现代文化协同共进的特点。作为上海市的传统文化地标性建筑，豫园自 2019 年启动以"灯、市、秀"为主题的文化夜经济活动以来，游客增长超 30%；2021 年春节期间，豫园还进行了本土游戏 IP 引进工作，通过将手机游戏《江南百景图》场景布入灯展来实现以网络文化带动传统文化复兴、传统文化盘活网络文化的目的，让游客多层次体会文化精髓，从而激发文化消费活力。① 苏绣、昆曲等一直是江苏省传统文化的名片，2020 年 9 月，江苏无锡举办第二届大运河文化旅游博览会，展出的 400 余件非物质文化遗产创意产品体现了传统文化创意传播的新路径②；2021 年 2 月，江苏非遗文创精品展以线上线下两种形式在悉尼拉开帷幕，互联网为江苏的非物质文化遗产拓宽了边界，激发了传统文化的无限可能。③ 2020 年

---

① 吴旭颖：《在游戏里逛豫园灯会》，《新民晚报》2021 年 2 月 4 日，第 18 版。
② 朱国亮、朱筱：《江苏：400 余件当代非遗创意精品亮相达博会》，新华网，2020 年 9 月 6 日，http://www.xinhuanet.com/culture/2020-09/06/c_1126457638.htm。
③ 《江苏非遗文创精品展在悉尼开幕》，中华人民共和国中央人民政府网站，2021 年 1 月 28 日，http://www.gov.cn/xinwen/2021-01/28/content_5583290.htm。

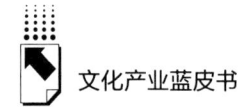

6月,浙江省博物馆推出"文澜印象"沉浸式体验活动,游客可通过穿古装、赏风景、弹琴、品酒等深度体验传统文化的魅力。[1] 徽州文化是安徽省传统文化的标志,黄山市通过展示徽州非遗、展售文创产品、线上直播带货等活动不断拓展徽州文化的影响力。此外,安徽省还通过建设历史文化创意园区、徽州文化特色小镇等方式增强游客的体验感,加深游客对徽州文化的理解。[2]

(四)文化产品展销国际化水平升级,本土文化海外影响力不断提升

长三角区域文化展览展会资源丰富,文化会展品牌的国际影响力不断提升。2020年11月5~10日,第三届中国国际进口博览会在上海举办,本届展会对非物质文化遗产展区进行了扩容,增设了大量人文展示项目,更好地传递了全国以及地方的文化风韵。[3] 2020年11月19~22日,长三角国际文化产业博览会在上海举办,吸引了1000多家参展商、101家海外文化机构参会,展会前三天交易额就达到3.8亿元,大量的线上线下交流给文化产业"走出去"带来了诸多商机。[4] 除中国国际进口博览会和长三角国际文化产业博览会外,长三角区域各省市也在文化产品展会与文化营销方面彰显了实力。2020年9月,米哈游科技(上海)有限公司推出充满中国风的游戏《原神》,30天内吸金2.45亿美元,荣登全球游戏收入榜首[5];江苏通过打造"水韵江苏"文化符号实现文化产业出海,2020年分别赴法国、西班牙

---

[1] 童笑雨:《浙江上演"博物馆奇妙夜" 沉浸式体验传统文化》,中国新闻网,2020年6月9日,http://www.chinanews.com/cul/2020/06-09/9207009.shtml。
[2] 吴纳新:《文旅融合,打造旅游产业新业态》,《黄山日报》2020年7月29日,第6版。
[3] 王彬:《进博会这些"第一次"都给了文化和旅游》,中国产业经济信息网,2020年11月10日,http://www.cinic.org.cn/hy/wh/967080.html。
[4] 王彦:《"箭"指世界之海,长三角文化产业共同体弓张弦渐满》,《文汇报》2020年11月23日,第5版。
[5] 《从〈原神〉登顶全球游戏收入榜看中国游戏出海之路》,TechWeb网站,2020年11月6日,http://www.techweb.com.cn/news/2020-11-06/2810222.shtml。

等地开展宣传活动,其"水韵江苏"海外社交账号关注量已超过80万人①;浙江启动"云上泽国——良渚文明线上主题展"的海外传播,以提升良渚文化的国际影响力②;为向海外推广安徽文化,确保新冠肺炎疫情后安徽入境旅游市场复兴,安徽积极对接驻外旅游办事处、文化中心、孔子学院等,并策划了"云游安徽"系列活动,截至2021年1月底,海外诸平台累计浏览量超70万人次。③

三 长三角区域文化产业发展中存在的问题

2020年,在新冠肺炎疫情的影响下,长三角区域文化产业发展速度放缓,特别是演出业、旅游业、电影业等传统文化产业受到较大冲击。与此同时,相比长三角一体化国家战略发展目标,长三角区域文化产业发展仍存在现代文化生产能力区域不均衡、不同区域文化产品同质化现象突出、文化人才区域分布不均衡、文化建设区域联动与协同不足等问题。

(一)现代文化生产能力区域不均衡

现代文化生产能力的提升依赖于高新技术的深度应用、文化产业结构的优化以及文化投资的合理化等。长三角区域各省市在经济发展水平方面存在的天然鸿沟使得其现代文化生产能力十分不均衡。上海、江苏、浙江的经济实力雄厚,文化投入与产出能力强,无论是GDP还是文化产业增加值等指标均展现出领跑全国的实力;虽然近年来安徽文化生产呈发力状态,无论是文化产业增加值还是占GDP比重均在加速发展中,但与上海、江苏、浙江

---

① 《盘点2020丨江苏文旅关键词:"水韵江苏"海外影响力》,腾讯网,2020年12月31日,https://new.qq.com/rain/a/20201231A0BRAP00。
② 《"云上泽国——良渚文明线上主题展"启动海外传播》,浙江省文化和旅游厅网站,2020年12月24日,http://ct.zj.gov.cn/art/2020/12/24/art_1652990_59000497.html。
③ 《云端漫步 畅游安徽——安徽省文化和旅游厅持续开展海外云推广》,中华人民共和国文化和旅游部网站,2021年2月2日,https://www.mct.gov.cn/whzx/qgwhxxlb/ah/202102/t20210202_921225.htm。

相比，安徽的文化经济实力仍然较为薄弱，现代文化生产能力相对落后，其文化生产体系尚未深度融入长三角区域现代文化产业体系中。

（二）不同区域文化产品同质化现象突出

长三角区域各省市比邻而居，文化资源禀赋相近，故而在文化产品方面存在较为严重的同质化现象。例如，上海、江苏、浙江、安徽凭借其丰厚的旅游资源，均将旅游业摆在发展文化产业的突出地位，而忽略了文化产业发展的其他可能性与不同区域的文化特色。例如，上海长期以来在会展领域呈垄断态势，而江苏和浙江的省会城市又同样提出打造"会展之都"的战略，在上海强大的虹吸效应下，南京和杭州很难在会展领域反超。又如，上海在网络游戏、网络文学、网络音频以及电竞等新兴数字文化业态方面优势突出；江苏、浙江也提出积极发展数字文化产业，并集体挺进打造"数字文旅产业"之列。不同区域文化产品同质化现象使长三角区域的文化产业体系处于松散无序的状态，这在一定程度上抑制了文化产业的健康发展。

（三）文化人才区域分布不均衡

文化人才区域分布不均衡是长三角区域文化产业一体化发展的突出障碍。由图5可知，无论是文化及相关产业从业人员数量还是文化及相关产业从业人员占该区域常住人口的比例，上海都呈现绝对优势，其他三省对文化人才的吸引力相对较弱，面临人才结构性缺乏的局面。作为文化生产主体，充足的文化人才是文化创意迸发、文化产业持续发展与创新的基础，长三角区域文化人才分布不均衡的问题无疑割裂了长三角区域的文化潜力，对文化产业的一体化发展具有不利影响。

（四）文化建设区域联动与协同不足

在长三角一体化的国家战略总纲下，2020～2021年，长三角区域颁布了《长三角全域旅游绿色发展宣言》《长三角文化和旅游安全应急合作协议》《长三角地区美术馆发展框架协议》《长三角区域文物行政执法合作协

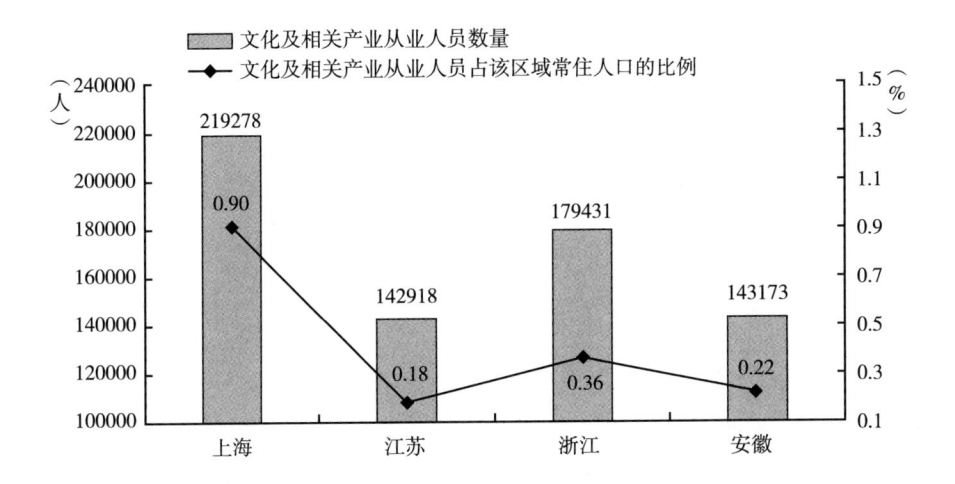

**图5 2019年上海、江苏、浙江、安徽文化及相关产业
从业人员数量及其占该区域常住人口的比例**

资料来源：《上海统计年鉴2020》《江苏统计年鉴2020》《浙江统计年鉴2020》《安徽统计年鉴2020》。

议》《长三角生态绿色一体化发展示范区文化和旅游专项规划》《长三角科技创新共同体建设发展规划》《长三角G60科创走廊建设方案》等一系列政策措施，为长三角区域文化一体化发展提供了制度保障。但目前长三角区域依旧存在地域分割、条块分割与文化建设联动性不强的问题，主要表现为针对长三角区域文化产业发展缺乏整体规划，助推各区域联动的执行落地措施不完善。另外，近年来陆续成立的各种文化产业联盟尚处于起步阶段，各联盟在长三角不同区域文化产业协同发展方面的作用还有待发挥。因此，长三角区域文化建设的协同性亟待进一步提高。

四　长三角区域文化产业发展对策与趋势

2021年是"十四五"规划的开局之年，在技术与制度的协同助推下，长三角区域文化产业取得了不俗的成绩。与此同时，受中美贸易摩擦及新冠肺炎疫情等外部大环境的影响，长三角区域文化产业也面临巨大的挑战。鉴

于此,下一阶段,长三角区域应借助移动互联网、5G通信技术、XR(扩展现实)与MR(混合现实)、智能科技等赋能文化产业,打造文化产业新业态,构建多元文化共同体,推动长三角区域文化产业高质量发展。

(一)依托5G技术优势,构建网络文化新业态

由于长三角各区域有其自身的文化特色与区位属性,所以长三角区域文化产业发展要实现区域一体化实际上面临诸多困难。但是,可以利用移动互联网,特别是5G技术,全力构建网络文化新业态,在网络文化大发展、大繁荣的基础上,追求长三角区域新兴网络文化产业的协同发展。从整体上看,文化企业拥有互联网基因是长三角区域文化产业发展的优势和特色,这意味着在全新的5G时代,长三角区域具备构建网络文化新业态的优势。例如,在浙江,阿里巴巴主攻数字文化与大文娱;在上海,手游、网络音频和电竞产业优势特色明显。鉴于此,长三角区域应基于5G技术优势构建网络文化新业态,不应按照传统的加法法则,而是应按照指数法则,极大地激发新兴文化产业的潜力。上海作为龙头城市,应将虹吸效应转换为"领头羊"的示范引领作用,带动区域内城市实现差异化发展。挖掘长三角各区域的网络文化特点与优势,在异质化竞争中形成合力,并形成各区域既协同又互补的亮点与特色。

(二)基于VR技术赋能沉浸式产业,缔造体验文化新业态

近年来,长三角区域出现了各式各样的沉浸式展览与沉浸式演出,开启了体验文化新业态的新发展阶段。例如,上海的汉风美学新媒体艺术展通过打造16K沉浸式空间及15360分辨率图案为观众精准还原汉代的漆器效果和质感[1];浙江展览馆通过"声光"技术将梵高的200多幅名作还原成3D场

---

[1] 袁婧:《一秒穿越! 沉浸式光影空间带你领略2000年前的汉代美学》,文汇网,2020年12月20日,http://www.whb.cn/zhuzhan/hsttupian/20201220/384861.html。

景①；等等。传统的美术馆、博物馆、文化新空间等通过AR（增强现实）、VR（虚拟现实）、XR等技术，给受众带来打通全身感官的新体验，使文化内容与静态艺术焕发新活力、呈现新展示方式。由此可见，在新技术的支撑下，体验文化新业态将成为长三角区域文化产业发展创新的新着力点。鉴于此，应拓展AR、VR、MR、XR等技术的应用空间与使用场景，将沉浸式体验融入剧院、景区、园区、娱乐区等多种场所，打通用户全身感官，拓展用户体验空间，激发和释放文旅消费潜力，缔造体验文化新业态。

（三）立足文化与智能科技深度融合，打造智能文化新业态

目前，长三角区域拥有强大的AI产业研发力量，AI产业发展生态逐步形成，与其他行业也开始走向融合创新。例如，上海形成了初具规模的AI产业集群；江苏AI软件业优势明显；浙江依托互联网优势形成的城市智能治理模式效果显著；安徽AI产学研融合特色明显。②此外，智能科技未来发展的政策环境也相对良好。例如，进入"十四五"时期，上海提出推动AI产业规模倍增、形成世界级产业集群的目标；江苏提出实施一大批AI技术攻关项目、建设AI基础设施的目标；浙江提出超前布局发展AI的目标；安徽提出实施"AI+"应用示范工程、建设创新发展试验区的目标。从技术与文化产业融合发展的历史脉络来看，文化产业与智能科技的深度融合是必然趋势，在一系列政策红利推动和技术创新协同下，长三角区域打造智能文化新业态的态势正在呈现。

（四）基于文化与旅游深度融合，畅通文化消费内循环

长三角区域不仅拥有美丽的自然风光构筑的优质生态资源，而且拥有包括迪士尼、欢乐谷、Hello Kitty、方特在内的主题公园等文化品牌。2020年，

---

① 余夕雯：《请你来浙江展览馆 沉浸式体验梵高艺术世界》，《都市快报》2020年4月18日，第B08版。
② 《报告解读｜中国新一代人工智能发展报告2020》，搜狐网，2020年10月23日，https：//www.sohu.com/a/426718438_120166598。

长三角区域 GDP 达 24.47 万亿元，占全国 GDP 的比重为 24%。① 长三角区域具备高质量发展文化旅游业、不断提升文化消费能力的条件。因此，长三角区域应加强文化与旅游的深度融合，进一步推动文化消费。与此同时，长三角区域三省一市也应关注投入产出比，从追求数量转变为追求高质量、高效率的产出，推动文旅产业向集约化发展。2020 年，受新冠肺炎疫情影响，长三角区域文化旅游业受到较大冲击，无法在短期内恢复，由此，拉动长三角区域文化消费内循环显得尤为重要。一方面，要加快长三角区域一体化政策创新，建立共享与协同机制，打通长三角区域文化旅游资源；另一方面，要深入挖掘长三角区域旅游产业的文化内涵与精神价值，畅通文化消费内循环，这将是新时期长三角区域文旅产业持续发展的应有之道。

---

① 《中国区域金融运行报告（2021）》，中国人民银行网站，2021 年 6 月 8 日，http://www.pbc.gov.cn/goutongjiaoliu/113456/113469/4264899/index.html。

B.18
京津冀文化产业发展报告

宋菲 李婉春*

摘　要： 在《"十四五"规划纲要（草案）》中，"京津冀协同发展"首次单独成篇。京津冀作为环渤海文化经济发展的核心地区，对标国际，着力打造世界级城市群。京津冀地区文化底蕴深厚，经济基础良好，随着一体化战略目标的规划实施，文化产业协同发展已提上日程并初见成效。京津冀三地依托已初具规模的文化产业发展格局，凸显以北京为核心的文化、科技、创意、人才等要素驱动力，联动天津、河北的文化资源与产业优势形成集聚效应，提升区域文化产业核心竞争力，以更好地助推首都经济圈的整体发展。下一步，针对京津冀协同发展存在的问题，将继续完善法律法规，打造不同层级"都市圈"空间布局，形成资源微聚集，优化人才配置，实现京津冀协同发展。

关键词： 京津冀协同发展　文化产业　首都经济圈

一　京津冀文化产业协同发展的 PEST 分析

（一）政策环境

《京津冀协同发展规划纲要》提出要将京津冀打造成以首都为核心的

---

* 宋菲，河北传媒学院信息技术与文化管理学院副院长、副教授、硕士生导师，主要研究方向为文化产业管理、文化形象品牌塑造与传播；李婉春，河北传媒学院信息技术与文化管理学院讲师，主要研究方向为城市文化产业规划。

世界级城市群。北京"十四五"规划中将京津冀协同发展列为十个重大工程包之一。一系列文化产业政策的出台,离不开京津冀三地的相互借力与协调统筹,以国家"十四五"规划为基础,以三地协同发展文件为指导,顶层设计带动京津冀文化产业不断融合。

1. 国家政策

2015~2020年,我国颁布了国家层面关于京津冀文化产业发展的政策(见表1)。2015年4月,中共中央、国务院颁布了《京津冀协同发展规划纲要》,提出京津冀协同发展目标,强调在疏解北京非首都功能的同时,要着力促进区域间合作发展,为京津冀协同发展奠定基础。2017年4月,文化部颁布了《文化部"十三五"时期文化产业发展规划》,致力于优化文化产业结构,以"一带一路"建设、京津冀协同发展和长江经济带发展为引领,依托区域资源优势,优化产业布局,将不同的区域优势融合,推动产业发展。2017年12月,北京市文化局、天津市文化广播影视局、河北省文化厅联合签署了《京津冀文化产业协同发展行动计划》,提出"一个会议、两个平台、十项活动",即建立京津冀文化产业联席会议制度,搭建京津冀文化产业大数据平台和开通"京津冀文化产业发展"微信公众服务号,每年组织开展京津冀文化产业协同发展十项重点活动,为京津冀文化产业协同发展提供强有力的保障。

表1 2015~2020年国家层面关于京津冀文化产业发展的政策

序号	发布时间	发布单位	政策	要点
1	2015年4月	中共中央、国务院	《京津冀协同发展规划纲要》	推动京津冀协同发展是一个重大国家战略。该战略的核心是有序疏解北京非首都功能,调整经济结构和空间结构
2	2016年7月	国务院	《关于京津冀系统推进全面创新改革试验方案的批复》	进一步促进京津冀三地创新链、产业链、资金链、政策链深度融合,建立健全区域创新体系,推动形成京津冀协同创新共同体,打造中国经济发展新的支撑带

续表

序号	发布时间	发布单位	政策	要点
3	2017年4月	文化部	《文化部"十三五"时期文化产业发展规划》	以"一带一路"建设、京津冀协同发展和长江经济带发展为引领,优化产业布局
4	2017年5月	中共中央办公厅、国务院办公厅	《国家"十三五"时期文化发展改革规划纲要》	优化文化产业结构布局,围绕"一带一路"建设、京津冀协同发展、长江经济带发展等,加强重点文化产业带建设。发掘城市文化资源,推进城市文化中心建设
5	2017年12月	北京市文化局、天津市文化广播影视局、河北省文化厅	《京津冀文化产业协同发展行动计划》	"一个会议、两个平台、十项活动"
6	2019年6月	文化和旅游部	《关于对〈文化产业促进法(草案征求意见稿)〉公开征求意见的公告》	将文化产业纳入国民经济和社会发展规划,支持企业自由发展,高度重视内容创作、知识产权保护、人才、文化科技融合
7	2019年8月	国务院办公厅	《关于进一步激发文化和旅游消费潜力的意见》	顺应文化和旅游消费提质转型升级新趋势,深化文化和旅游领域供给侧结构性改革,从供需两端发力,不断激发文化和旅游消费潜力
8	2020年11月	文化和旅游部	《关于推动数字文化产业高质量发展的意见》	提出加快新型基础设施建设、推动技术创新和应用、激发数据资源要素潜力、推动产业链创新与应用等内容,充分体现"十四五"时期实施文化产业数字化战略的新要求,将数字文化产业融入国家区域发展战略作为重要内容,引导数字文化产业与京津冀协同发展、长三角一体化发展、长江经济带发展、粤港澳大湾区发展、黄河流域生态保护和高质量发展等区域发展战略相衔接,与国家文化公园等重大工程相结合,促进产业集聚,实现溢出效应

资料来源:中华人民共和国中央人民政府网站。

2. 京津冀三地政府出台的文化产业相关政策

2018年6月，中共北京市委、北京市人民政府颁布了《关于推进文化创意产业创新发展的意见》，提出优化构建高端产业体系，创新产业发展，组织实施产业促进行动，如文化空间拓展行动、重点企业扶持行动、重大项目引导行动、文化消费提升行动等。2020年12月，中共北京市委颁布了《关于制定北京市国民经济和社会发展第十四个五年规划和二〇三五年远景目标的建议》，提出北京市将进一步提升国际影响力，深入推进京津冀协同发展，为首都发展提供支撑，构建充满活力的现代文化产业体系和文化市场体系。

2019年3月，天津市人民政府办公厅颁布了《关于完善本市促进消费体制机制进一步激发居民消费潜力的实施方案》，提出要助力推动经济转型升级，深入推进京津冀协同发展，积极融入"一带一路"建设。2020年11月，天津市人民政府颁布了《天津市科技创新三年行动计划（2020~2022年)》，提出要提升产业科技创新力，推动科技产业园建设，积极引育科技创新人才，形成科技、教育、经济融通发展新局面。

2015年12月，河北省人民政府颁布了《关于贯彻落实环渤海地区合作发展纲要的实施意见》，提出要发挥河北省区位优势与资源优势，立足京津冀协同发展，与周边省份建立协同协作的产业发展格局，到2030年基本形成与京津一体化的发展格局，使环渤海地区成为全国有重要影响力的经济合作区。2018年7月，石家庄市人民政府办公厅颁布了《关于促进文化创意产业发展的意见》，提出要支持文化创意产业示范基地、文化企业以及产业重点项目建设，同时推动京津冀文化创意产业一体化发展，引进京津文化资源，促进区域间文化创意产业合理布局。2015~2020年京津冀三地主要文化产业相关政策见表2。

表2 2015~2020年京津冀三地主要文化产业相关政策

地区	发布时间	发布单位	政策	要点
北京	2015年4月	北京市人民政府	《关于推进文化创意和设计服务与相关产业融合发展行动计划(2015~2020)》	预计到2020年，北京市将基本形成文化创意和设计服务与相关产业高水平、宽领域、深层次的融合发展格局

续表

地区	发布时间	发布单位	政策	要点
北京	2016年3月	北京市人民政府	《北京市国民经济和社会发展第十三个五年规划纲要》	推进"一带一路"建设、京津冀协同发展、长江经济带发展
北京	2016年5月	北京市人民政府	《北京市文化创意产业发展指导目录(2016年版)》	明确北京市不同区域文化创意产业发展重点以及产业示范区建设方向
北京	2018年6月	中共北京市委、北京市人民政府	《关于推进文化创意产业创新发展的意见》	推出有深远影响力的文艺原创精品,形成有示范引领作用的行业龙头企业,建成有核心竞争力的产业集聚区
北京	2020年2月	北京市人民政府	《关于加强金融支持文化产业健康发展的若干措施》	通过文化金融政策创新,引导撬动社会资本扩大文化产业投融资规模,推动金融助力文化产业发展,优化文化企业营商环境
北京	2020年12月	中共北京市委	《关于制定北京市国民经济和社会发展第十四个五年规划和二〇三五年远景目标的建议》	北京冬奥会、冬残奥会筹办工作进展顺利,京津冀协同发展深入推进,为首都新发展提供强大支撑
天津	2018年11月	天津市人民政府办公厅	《关于加快推进夜间经济发展的实施意见》	完善特色化城市功能,着力建设一批夜间经济载体,营造高品质夜间营商消费环境
天津	2018年12月	天津市人民政府办公厅	《关于促进全域旅游发展的实施意见》	积极融入京津冀协同发展和"一带一路"建设,加快旅游供给侧结构性改革,转变旅游业发展方式,助推旅游业发展
天津	2019年3月	天津市人民政府办公厅	《关于完善本市促进消费体制机制进一步激发居民消费潜力的实施方案》	加快完善促进消费体制机制,有效发挥消费在经济发展中的基础性作用,推进京津冀协同发展,积极融入"一带一路"建设
天津	2019年7月	天津市人民政府办公厅	《天津市促进旅游业发展两年行动计划(2019~2020年)》	围绕"旅游发展全域化、旅游供给品质化、旅游治理规范化、旅游效益最大化",打造名人故居游、文化博览游、乡村休闲游等50条旅游精品线路

续表

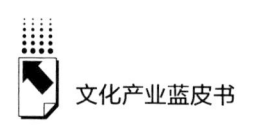

地区	发布时间	发布单位	政策	要点
天津	2020年11月	天津市人民政府	《天津市科技创新三年行动计划(2020~2022年)》	优化创新环境,培育创新文化,营造创新创业环境,加强政策与金融保障
河北	2015年12月	河北省人民政府	《关于贯彻落实环渤海地区合作发展纲要的实施意见》	到2020年,京津冀区域一体化交通网络基本形成,与周边省份建立协同协作的产业发展格局
河北	2016年12月	河北省人民政府	《河北省旅游业"十三五"发展规划》	优化空间布局,形成全域旅游大格局
河北	2017年3月	石家庄市人民政府	《石家庄市文化消费试点工作方案》	推动文化消费规模快速增长、文化消费结构不断升级,优化产业布局,完善基础设施建设
河北	2017年7月	河北省人民政府办公厅	《关于支持冰雪运动和冰雪产业发展的实施意见》	推动群众冰雪运动的开展、冰雪竞技水平的提升以及产业规模的扩大
河北	2018年7月	石家庄市人民政府办公厅	《关于促进文化创意产业发展的意见》	营造文化创意产业发展的良好环境,加强顶层设计,推动京津冀文化创意产业一体化发展
河北	2020年10月	河北省人民政府办公厅	《关于支持数字经济加快发展的若干政策》	构建数字经济发展良好生态市场环境,支持数字基础设施建设,加大技术创新投入力度

资料来源:北京市人民政府网站、天津市人民政府网站、河北省人民政府网站、石家庄市人民政府网站。

(二)经济环境

北京市"十四五"规划提出,要将北京作为京津冀协同发展的桥头堡,坚持一年一个节点,每年保持千亿元级以上投资强度,建设支撑城市框架的重大功能节点,在文化、交通、环境、科技等方面全面投入。

1. 文化企业数量激增

2018年,京津冀三地第三产业法人单位共243.1万家,比2013年增长90.5%,在全国的占比为11.2%。分区域来看,2018年,北京市、天津市、河北省第三产业法人单位占比分别为93.9%、80.0%、72.6%（见图1），比2013年分别提高57.5个、37.2个、163.9个百分点，河北省第三产业法人单位数量增长幅度连续五年最大，起到了主力作用。

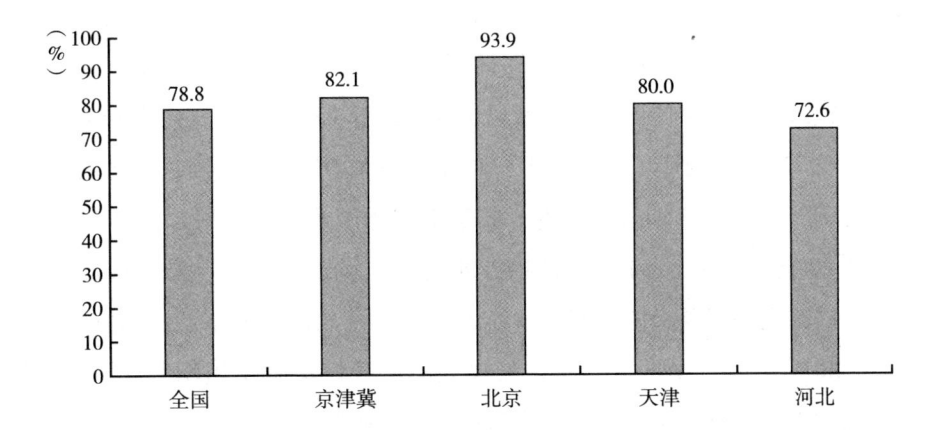

图1 2018年全国及京津冀区域第三产业法人单位占比

资料来源：《京津冀区域产业协同发展成效显著——第四次全国经济普查系列报告之九》，国家统计局网站，2019年12月13日，http://www.stats.gov.cn/tjsj/zxfb/201912/t20191213_1717382.html。

京津冀三地产业结构各有侧重点。2018年，北京市第三产业法人单位占比为93.9%，比京津冀平均水平高出11.8个百分点。2019年，北京市规模以上文化核心领域收入总计11972.6亿元，同比增长158%；规模以上文化产业法人单位共5252家，资产总计20198亿元。北京市高技术服务业以及文化产业集聚程度提高，产业高端化趋势明显。2018年，天津市文化产业增加值为574亿元，占GDP的比重达4.3%；文化及相关产业法人单位共23134家，比2013年增长16.2%；从业人员共200965人；资产总计4345.18亿元，比2013年增长12.3%。2019年，河北省文化产业总资产为4328.32亿元，营业收入达1578.29亿元，法人单位共77318家。①

---

① 《2019年文化产业统计主要数据》，河北省统计局网站，2020年6月18日，http://tjj.hebei.gov.cn/hetj/tjsj/ydsj/101605511860216.html。

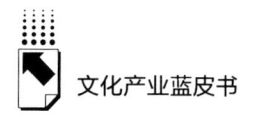

2.文化产业消费市场潜力释放

2019年8月,国务院办公厅颁布了《关于进一步激发文化和旅游消费潜力的意见》,明确提出要强力激发文化和旅游消费潜力,优化文化产品和服务,推动国民消费规模呈增长态势,为京津冀地区文化产业消费提供有力的政策支撑。《北京文化产业发展白皮书(2020)》数据显示,北京市文化消费规模继续保持全国前列,全市居民人均教育文化和娱乐支出为4311元,同比增长7.8%,创造了"十三五"以来的最大增速,支出额超过全国平均水平近72%。[①] 2019年前三季度,北京市文化产业消费中新媒体业务收入达188.22亿元,比上年同期增加49.90亿元,增长36.1%。数字媒体、短视频、网络直播以及文博旅游、夜经济、康养研学游等将成为北京新的消费热点。2019年前三季度,天津市居民人均服务性消费支出增长10.8%。[②] 政府加大力度培育消费市场,利用新场景、新业态、新模式满足群众多样化需求,鼓励发展夜间经济,打造不同类型的文化节庆活动,构建夜间文化消费新模式。

(三)社会文化环境

1.文化产业人才集聚

2021年6月发布的"京津冀教育蓝皮书"《京津冀教育发展报告(2019~2020)》指出,京津冀人才长期居留意愿和落户意愿均处于三大城市群之首,落户意愿高达58.41%。[③]《2019中国文化及相关产业统计年鉴》数据显示,2018年,北京市、天津市、河北省文化产业从业人员平均人数分别为121.5万人、20.1万人、58.1万人。就三个地区文化产业从业人员平均人数来看,北京市的文化产业人才规模远远大于天津市和河北省。北京市的文化产业人

---

① 北京市国有文化资产管理中心、中国传媒大学文化产业管理学院:《北京文化产业发展白皮书(2020)》,2020年11月。
② 《消费升级,夯实经济发展压舱石——我市培育消费市场释放需求潜力》,天津市人民政府网站,2019年12月26日,http://www.tj.gov.cn/sy/tpxw/202005/t20200520_2504994.html。
③ 方中雄、桑锦龙主编《京津冀教育发展报告(2019~2020)》,社会科学文献出版社,2021。

才主要分布在文化创意领域，目前已经聚集了创新、科研、经济、管理、技术等不同类别的文化产业人才。天津市近年来人才引进落户条件不断更新。天津市人力资源和社会保障局数据显示，学历型人才引进占人才引进总量的半数以上，为天津市高端产业发展注入了原动力。近年来河北省以发展文化制造业为主，人才大多聚集在文化用品的销售和生产、文化旅游、文化休闲服务以及出版等相对传统的领域。

2. 京津冀资源禀赋优势集中

京津冀三地历史文化底蕴深厚，且各具资源特色，文化产业资源开发优势明显。北京市的历史文化底蕴深厚，文化样式特征明显，同时科技资源与艺术资源集聚，为文化产业迭代发展提供了混合动力。天津市的文化资源独特，中西方融合特色与地理文化资源优势凸显，传统文化与新兴文化融合度较高。河北省区域范围较大，城市区县文化资源特色鲜明，传统民俗文化资源丰厚，开发潜力巨大。

（四）科技环境

2020年11月，文化和旅游部颁布了《关于推动数字文化产业高质量发展的意见》，提出要推动技术创新和应用、激发数据资源要素潜力、推动产业链创新与应用等，充分体现"十四五"时期实施文化产业数字化战略，将数字文化产业融入国家区域发展战略，引导数字文化产业助力区域协同发展的新要求。

根据《京津冀文化产业协同发展行动计划》的要求，天津市积极推进智能科技在文化旅游、新闻出版、广播电视、演艺娱乐等文化行业中的应用，实施"互联网+"提升文化产品的科技价值，通过搭建智慧平台等将科技手段运用到产业发展中。2020年10月，河北省人民政府办公厅颁布了《关于支持数字经济加快发展的若干政策》，提出要引进优势企业和战略投资者、推动科技创业投资等举措，吸引国外电子信息、软件以及互联网等龙头企业。同时，组织实施重大科技项目，完善公共服务平台，助力数字经济发展，更好地为产业链上下游企业提供优质的服务。

"十四五"时期,大数据、云计算、区块链、人工智能等前沿技术的进步将推动产业、市场和产品等的创新发展,同时加强智慧城市建设,推进数字技术在城市基础设施中的深度应用,建设虚实无缝、融合交互的城市数字孪生体,为文化产业新业态发展铺路,为文化与科技融合奠定坚实基础。

二 京津冀文化产业协同发展现状与问题分析

从京津冀三地的文化产业发展基础来看,北京市是全国文化创意产业发展的模范兵,天津市是后起之秀,而河北省依赖于传统文化产业发展,转型较慢,与北京市、天津市相比,其政策较为滞后、实践较为保守。

(一)京津冀文化产业协同发展现状

京津冀协同发展战略实施以来,三地文化产业有目的地协同发展逐步展开,由于协同时间短且还存在诸多障碍和壁垒,协同的深入程度还有待提升,目前主要呈现以下基本状态。

1. 围绕京津冀协同发展总目标,逐步探索产业结构协同模式

"十三五"以来,北京市始终抓住疏解非首都功能的目标,发挥"一核"辐射带动作用,天津市、河北省积极承接北京市的非首都功能项目。"十四五"时期,京津冀三地将携手打造新增长极和世界级城市群。京津冀区域之间依托顶层设计空间布局,进一步促进协同发展、合作共赢,京津冀三地在文化旅游业以及创意产业发展上有一定的相似性,但是在文化产业核心发展定位上存在差异且各有侧重点。北京市重点发展文化产业核心领域,集中在新闻信息服务、内容创作生产、创意设计服务、文化投资运营、文化娱乐休闲服务五大类,文化企业集中,产业链以上游研发与下游传播为主,在数字技术的助力下高端产业发展优势突出,形成了多种文化融合发展的新业态。天津市在设计与咨询服务、民俗演艺、电信软件等文化核心领域的发展势头最佳,同时注重文化与高新技术的结合,如在动漫产业、游戏产业持续发力，拓展产业的价值增量。河北省特色资源禀赋较好，以传统非物质文化遗产以及特色文化产业为依托，工艺美术、出版印刷以及文化旅游等行业发展稳定。同时，主要选择在文化相关领域发展，如文化辅助生产、加工，文化装备及文化消费终端制造等。新兴文化产业发展缓慢，文化企业营业收入增长处于中低速徘徊状态。

在顶层设计的加持下，京津冀三地之间将进一步加强高新技术与文化产业的合作，完善区域间的供需链以及互动机制，推动文化市场要素有序流动，进一步促进三地的深度融合以提高产业合作效率。

2. 京津冀"轨道网"建设逐步完善，协同合作日趋高效

《京津冀协同发展交通一体化规划》提出要打造"轨道上的京津冀"，将轨道交通作为京津冀交通一体化发展的核心和重中之重。京津冀三地在有限的空间内承载了巨大的人口和经济总量，通过打造包括干线、城际、市郊铁路、地铁在内的"四网融合"轨道网，提高区域间土地空间资源利用率，优化区域空间布局，促进京津冀地区的人才交流、项目合作与资源共享，通过缩短距离和时间激活三地产业经济活跃度，提升区域协作的便捷度，是推动三地形成世界级城市群高频高强人际流动和经济活动的切实路径。

3. 文化产业协同发展平台初步搭建，分享与共享步伐加快

京津冀一体化发展协同创新中心、京津冀协同发展联合创新中心、京津冀协同发展研究院根据国家经济战略先后建立了以三地高校和学科优势为基础的国家区域发展智库。"十三五"国家重点电子出版物出版规划项目——"京津冀协同发展数据库"从区域协同发展的各方面入手，较全面地收录了热点、资讯、观点及专题研究等内容，为三地研究分析区域协同发展提供了集中资源。京津冀三地也在逐步探索文化产业协同发展方面的对接机制，如推动京津冀文化产业协同发展的公共服务平台——"京津冀文化产业协同发展中心"由中国文化产业协会、国家文化产业创新实验区共同建设成立，采取"政府支持、协会主导、市场运作"的运营模式，为政府机构、社会组织、企业、园区等文化部门和机构搭建线上与线下平台，涵盖项目展览展

示、智库服务、媒体服务、人才服务、投融资等对接业务。各协会组织积极举办各种活动,加强三地文化产业在产学研等方面的合作,如京津冀三地中华文化学院定期举办京津冀文化产业协同发展座谈会,联合三地重点文化科研机构,共同讨论京津冀文化产业协同发展的现状、问题及对策,从政策、理论层面提出发展建议,有效促进了三地文化产业研究人才的交流合作,为区域文化产业协同发展研究搭建了学术交流平台。

4. 文化活动合作频繁,聚力展示区域文化魅力

京津冀三地举办的大型活动将三地文化产品同平台展示,"求同"寻找发力点,多角度、多维度协同合作。2019年10月17日,北京工艺美术博物馆举办了"匠心艺语——庆祝中华人民共和国成立七十周年京津冀工艺美术回顾展",突出表现了传统工艺美术文化事业的发展历程以及非物质文化遗产保护,更好地促进了工艺美术业的发展。第七届天津滨海国际文化创意展交会以"助力京津冀丝路添精彩"为主题,目的是突出京津冀特色文化产业、创意文博、特色文化旅游等多个文化创意领域,促进三地文化产业跨区域、跨领域、跨业态融合。①

5. 国家大项目带动区域协同,文化产业伴随式发展

第一,冬奥会带动相关产业协同发展。冬奥会构建的"一小时生活圈"使北京市和河北省张家口市联系紧密。两地打造互补互足的产业体系,围绕冬奥会的成功举办,两地除了在基础设施建设和提升公共服务功能的合作帮扶之外,还在冰雪产业开发各环节寻求合作,如布局高端人才、延长冰雪产业链条等,为冬奥会举办及赛后发展打下了良好的协同基础。第二,雄安新区建设联结北京重要资源。雄安新区与北京市通州区共同成为北京新"两翼"。北京市一直支持雄安新区的开局起步,北京市与河北省签署了《关于共同推进河北雄安新区规划建设战略合作协议》,确定了8个重点合作领域及一批先期支持项目。两地将通过国家战略及大项目促进基本公共服务共建

---

① 范炳菲:《京津冀共唱文化创意大戏》,人民网,2017年8月25日,http://culture.people.com.cn/n1/2017/0825/c1013-29493193.html。

共享,推动创新链、产业链、供应链、政策链协同发展,为首都经济圈发展提供重要功能保障。

(二)京津冀文化产业协同发展中存在的问题

目前京津冀三地在推动文化产业协同发展方面步调欠统一,三地出台的规划与政策需要进一步沟通和协调,以合力发展区域文化经济、繁荣文化市场、促进文化消费。

1. 城市规模与发展相差较大,不利于形成协同发展之势

京津冀文化产业协同发展从整体空间角度看是"两市一省"的融合发展,进一步看是实现两个直辖市和11个地级市的融合,更进一步看则是河北省141个县级行政单元的空间产业融合,这需要多角度的资源协同。京津冀城市群发展是不合理的,北京是超大城市,天津是特大城市,石家庄、唐山成为Ⅰ型城市不久,河北省其他城市为Ⅱ型或中等城市,缺乏特大城市到中小城市的中间层级城市的衔接过渡。京津冀城市间的差距较大,产业衔接的空隙较宽,公共服务配套设施有待完善,不易形成协同之势,也不足以达到世界级城市群核心功能的水平。

此外,京津冀整体空间发展承接能力上的制约主要是区域次级中心城市的功能禀赋不完善,不足以同大规模中心城市形成良好的空间协同效应,发展上存在不平衡。当前京津冀文化产业协同发展迫切需要天津、石家庄、雄安新区等区域作为载体推动各个产业要素的空间集聚。

京津冀的交通网络已经初具规模,形成了较为便捷的高铁交通网络,使300公里路程的通勤时间达到了世界较高水平,但是在60~150公里范围内的城际轨道建设上还存在不足,与巴黎都市群以及东京都市群等交通网密度相比还存在一定差距,在城际轨道建设上也需要继续提升覆盖率。

2. 京津冀三地人才流动保障机制不健全,高素质文化产业人才分布不均衡

人才布局是文化产业发展的关键,京津冀在疏解北京市非首都功能的同时要思考和解决人才保障机制对接中存在的诸多问题。北京市的文

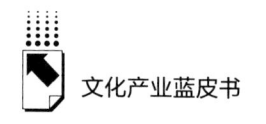

化产业发展整体较好，优质文化企业集聚，大量文化人才流入，高层次文化产业人才资源丰富。但由于生活、工作成本较高，落户与家庭安顿成为主要问题。天津市近年来不断完善人才引进政策并配套相关措施解决人才落户后的一系列生活和工作问题，吸引了大量人才流入。但天津市文化产业发展的规模化和集约化程度相对较低，知名龙头文化企业和品牌较少，复合型创意人才及高级经管类人才尚处于短缺状态。河北省周边区域存在文化产业"引人、用人、育人、留人"等一系列人才配套机制不健全的问题，同时缺乏优质文化企业提供丰富的就业机会，这些现状会进一步加剧因人才分布不均衡而产生的一系列发展问题。因此，不断完善人才管理机制应成为京津冀文化产业发展进程中的重要课题。

3. 区域间政策与体制环境差异大，部分产业区域竞争合力较弱

目前京津冀三地的政策环境、金融制度环境以及科技创新环境有一定的基础，但是差距较大，各项产业发展要素之间的流动性差、转化度低。为了促进产业发展和科技创新要素转化，北京市与河北省搭建了科技要素转化平台并加大了对天津市的资金投入，但整体上看创新创业发展平台规模较小，要素转化率较低，难以形成三地产业规模集聚联动效应，科技创新合作以及成果转化都没有呈现良好的发展态势，与形成区域竞争力的要求相差较远。此外，京津冀的文化体制改革不同程度地滞后于经济体制改革，文化企事业单位占有非均等的资源和机会，待遇和政策不同，发展环境欠佳，区域文化竞争力难以形成合力。

从京津冀三地的发展基础看，北京市从规划到目标、从实践到成果，都可谓全国标杆，《"十四五"规划纲要（草案）》赋予北京城市发展新的使命——建设国际科技创意中心，突出强化科技北京战略，建设"两区"［即国家服务业扩大开放综合示范区、中国（北京）自由贸易试验区］、"三平台"［即服务贸易展会平台（中国国际服务贸易交易会）、高层级科技创新交流合作平台（中关村论坛）、高水平金融街论坛］。新的目标与使命的提出加快了首都经济圈的建设步伐，但是要营造三地统一的良好协同环境，方能形成区域合力，助力首都创新发展。

三 京津冀协同发展的对策建议

京津冀文化产业的协同发展是历史选择和国家决策，需要三地政府在执政能力、经济基础和文化资源等多方面进行整合与配合。应充分调研并厘清三地现状，进一步统筹设计文化产业的顶层架构，明确三地各自的发展重点，根据各自的比较优势，平衡各方利益，科学规划产业、企业及人才布局，完善相关政策，激活体制机制，保障京津冀协同发展全面有序进行。

（一）打造不同层级"都市圈"空间布局，分区缩小各方差距

在"十四五"时期实现区域组团式发展格局，突出各自优势，将京津冀城市空间划分成三级都市圈。第一级是近北京都市圈，包括北京以及廊坊、保定、张家口、承德等近京城市。以首都为核心的"1小时经济圈"城市群不断壮大，为文化产业协同发展、服务首都经济提供直接便利。第二级是以天津为核心，配合沧州、秦皇岛等城市形成沿海都市圈，其最大特点是以制造业，特别是钢铁、水泥、建材等重型工业为主体的区域，同时为文化产业制造、周边配套设施建设以及滨海相关产业发展提供有力支撑。第三级是河北省形成以南部石家庄为核心的文化产业发展中心，包括邢台、邯郸等都市圈，发挥其辅助优势，大力开发本地文化资源特色，与以首都为核心的都市圈形成文化协同发展态势。确定不同层级都市圈发展规划，能够对优化京津冀城市群空间结构、缩小城市差距、发挥三地三中心的产业优势以及逐步形成协同态势起到较大作用。[1] 同时，还要依据空间特点更加有序地布局公共服务设施，修建大规模、同一标准且渗透能力强的文化基础设施，为文化产业发展打好基础。

---

[1] 北京大学首都发展研究院：《"十四五"首都与京津冀协同发展》，2021年1月。

（二）形成资源微集聚，探索"求同存异"式的矩阵发展模式

文化要素有效集聚、文化资源优化配置是京津冀三地文化产业下一步协同发展的首要考虑。京津冀三地的资源各具特色，为了实现区域不同规模的微经济圈，需要探索"求同存异"式的文化产业项目协同模式。在文化产业品牌打造上，要挖掘三地知名度高、易融合的文化资源，分批分类地进行开发打造，整合相邻、相近、相似或互补的优质文化资源，形成资源微集聚，缩小发展鸿沟，集中优势面对不同消费市场打造不同矩阵的影响力品牌，同时推进协会、博览会、展销会等形式的平台建设，不断造势，形成"求同存异"式的矩阵发展模式。

（三）优化人才配置，培育和引进优秀人才

京津冀文化产业人才是产业一体化的内生要求，也是基础支撑和深度协同的有力保障。三地需要健全区域内文化产业人才资源的培育和引进，依据各地实际情况制定切实可行的专门产业人才战略规划，确立培育和引进优秀人才目标，健全区域内人才选拔、管理监测以及激励保障等相关机制和法律法规，最大限度地发挥人才效能，保障京津冀区域间文化产业的可持续与高质量发展。

北京市重在解决高端文化产业人才的安居落户问题；天津市要为满足其重点文化产业及项目发展需要而不断优化高端人才引进落户制度；河北省在引进、留用人才等方面的劣势大于其他两地，需要根据首都经济圈建设、协同发展目标以及文化产业发展总体布局，有针对性地引进高端人才，同时还应下大力气自主培育优秀产业人才。

（四）继续完善法律法规与体制机制，优化文化产业协同发展平台

健全相关法律法规、体制机制和标准规范，构建高效畅通的协调机制，克服融合体制机制障碍，实行特事特办、专项协调。由中央政府引导，多方出资，多元发展，避免各自为政。增强区域间的互动性、便捷性和融合性，

提升区域竞争力，力争建设以首都为核心的世界级城市群。

区域协同发展面临区域内外循环与全国内外循环四个循环的挑战。产业链条各环节需要捋顺，避免内部恶性竞争。京津冀文化产业协同发展要以远期目标为抓手，明确三地长期、中期、短期发展目标与配合重点，发挥各自优势，弥补河北省基础发展劣势，阶段性平衡各方利益，力求区域总体利益最大化，集中优势发展首都经济圈。

专题篇
Thematic Reports

B.19 文化艺术与数字科技推动数字中国建设

周城雄 洪志生 陈 芳*

摘 要： "十四五"规划提出要把文化产业数字化战略当成国家的重大发展战略，数字文化产业将迎来巨大的发展机遇，要将文化艺术与数字科技打造成为推动数字中国建设的重要引擎。本报告回顾了数字中国的发展历程，梳理了文化与科技融合中出现的数字化技术融合模式以及在"5G+AI"技术影响下出现的新融合模式等，剖析了融合中出现的内容供给短缺、核心技术缺乏、市场监管困难、数字鸿沟现象严重等问题，分析了文化艺术与数字科技融合未来的发展趋势和面临的机遇，以及在技术革新、国际竞争等方面存在的挑战。

---

* 周城雄，中国科学院科技战略咨询研究院研究员，主要研究方向为创新战略、新兴产业、文化科技；洪志生，中国科学院科技战略咨询研究院副研究员，主要研究方向为创新战略、新兴产业；陈芳，中国科学院科技战略咨询研究院副研究员，主要研究方向为创新战略、新兴产业。

关键词： 文化艺术　数字科技　融合发展

近年来，"数字科技"逐渐向人们生产和生活的各个层面渗透，在广度、深度和速度等维度上改变着人们赖以生存的世界。以大数据、人工智能、物联网、区块链等为代表的数字科技成为第四次产业革命的重要组成部分。

文化艺术承载着一个国家和民族的精神信仰与文化价值传承功能，是一个国家软实力最为直观的表现。

在2021年召开的全国两会上，"数字化"带动了一波新的讨论热潮，《中华人民共和国国民经济和社会发展第十四个五年规划和2035年远景目标纲要（草案）》中也提出把实施网络强国、加快建设"数字中国"当成举国发展的重大战略，该举措意义重大、影响深远。在信息化时代，科学技术发展突飞猛进，人们对文化艺术的需求日益增长，文化交流、文化输出的形式也越来越丰富，文化艺术和科技融合是时代发展的潮流，在这个背景下，把握文化艺术与数字科技两个重要引擎，使其推动数字中国建设，既充满机遇，也面临巨大的挑战。①

一　"数字中国"概念的起源和相关政策

（一）"数字中国"概念的起源

1994年，在《数字经济》一书中，"数字经济之父"唐·塔普斯科特曾预言信息技术的革新将推动世界进入数字经济时代。1998年，美国副总统戈尔在演讲中首次提出"数字地球"概念，引发了世界各地的广泛关注。1999年，中国科学院主办"首届国际数字地球会议"，会上发布了《数字地

---

① 杨涛：《发展数字经济需高度重视治理问题》，《21世纪经济报道》2021年3月15日，第4版。

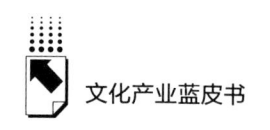

球北京宣言》。此后数年，数字北京、数字海南、数字新疆、数字重庆等概念相继问世，但这些并没有打破"数字地球"既定的格局，都仅仅将目光局限在地理信息测绘的问题上。

2000年12月23日，习近平同志提出"以应用为重点推进信息化"，对"数字福建"做出了明确的定位。同时，习近平同志指出，建设"数字福建"，攻占信息化的战略制高点，可以统揽福建省信息化全局，发挥后发优势，实现社会生产力的跨越式发展，意义十分重大。习近平同志具有前瞻性和创造性地做出的"数字福建"战略部署，成为后来数字中国发展所依循的内在逻辑，也是数字中国的思想源头和实践起点。

而"数字中国"这个概念首次被正式提出是在2015年12月16日第二届世界互联网大会开幕式上，习近平总书记提出要推进"数字中国"建设，开启了数字中国建设的新征程。2018年，"数字中国"被写入《政府工作报告》，确定了建设数字中国的基本路线和时间节点。[1]

从"数字地球"概念的提出，到"数字福建"的推动，再到今天的"数字中国"，"数字"的内涵不断丰富，其载体不断拓宽。数字化成为国家建设的重要抓手，推动中国从大国走向强国。

（二）国家关于数字中国建设的相关政策

2014年2月，习近平总书记主导成立中央网络安全和信息化领导小组并亲任组长，明确提出"建设网络强国"；2021年全国两会期间，国务院总理李克强重点谈及我国"十四五"时期经济社会发展的主要目标和重大任务，要求加快推进中国产业数字化和数字产业化。[2]

在数字中国发展环境优化的同时，战略规划的引领作用不断增强，相关政策正在逐步制定。国家多个部门以及广东、福建、浙江、河南、上海等20多个省份均制定并实施了大数据政策文件。《网络信息内容生态治理规定》等

---

[1] 闫德利：《数字中国的由来和内涵》，《互联网天地》2018年第10期。
[2] 温红彦、张毅、廖文根、徐隽：《习近平总书记关于网络安全和信息化工作重要论述综述》，《人民日报》2018年11月6日，第5版。

政策的相继出台，使网络综合治理更加完善；《数据安全管理办法（征求意见稿）》等向社会公开征求意见，数据安全保障不断得到强化；《中华人民共和国电子商务法》《区块链信息服务管理规定》发布实施，法治体系日益健全；《关于强化知识产权保护的意见》印发实施，智慧成果得到保障。

（三）数字中国建设的相关进展和成就

自数字中国被提出至今，信息技术进入前所未有的高速发展阶段，互联网用户量持续攀升，智能化生活走入寻常百姓家，数字中国建设为我国实现高质量发展注入了新动能。

1. 数字化指数高速增长

2020年9月10日，腾讯研究院联合腾讯云发布的《数字中国指数报告（2020）》显示，2019年数字中国指数继续保持高速增长，其中以珠三角为代表的11大城市群是推动我国数字化进程的中坚力量。此外，全国用云量实现了118%的增长，2019年上半年各月份的用云量均明显高于上年同期，并且在传统产业板块增速尤为明显。11大城市群数字化指数占比超70%，城市群成为增长新动能。[①] 中国是数据大国，人口基数众多，制造业基础庞大，凭借数字技术，抓住市场需求，人口红利正在转变为数据红利。

2. 数字化基础设施建设日益完善

在网络连接从人人互联向万物互联发展的同时，技术应用也从侧重消费环节转向更加侧重生产环节，这要求信息基础设施达到更高水平。2018年12月中央经济工作会议指出，要加快新型基础设施建设。北斗三号全球卫星导航系统开通后，全球范围定位精度优于10米，北斗三号卫星核心部件国产化率达100%。与2015年52.6%的固定宽带家庭普及率相比，2020年已经提升至96%，移动宽带普及率也从57.4%提升至108%。[②] 截至2021

---

① 《2020年中国展览经济的六个新机遇》，中国经济网，2020年1月19日，http://expo.ce.cn/gd/202001/19/t20200119_34153894.shtml。
② 《国家互联网信息办公室发布〈数字中国发展报告（2020）〉》，网信中国公众号，2021年7月2日，https://mp.weixin.qq.com/s/YH-S0DnqJw7Vn-9OIhpAYw。

年8月，我国累计建设5G基站103.7万个，实现了地市级城市的全面覆盖。① 这为数字中国建设注入了强劲的发展动能。

3. 数字技术创新不断取得突破

创新驱动发展战略深入实施，在世界知识产权组织公布的全球创新指数中，我国跃升至第14位，连续4年保持上升势头。在移动通信方面，实现了从2G、3G跟跑，到4G并跑、5G领跑的跨越发展，2019年中国正式迈入"5G元年"。在集成电路方面，华为海思发布了全球首款内置独立神经网络处理器的智能手机芯片——10纳米工艺的麒麟970。在平板显示方面，高世代液晶面板生产线建设取得重大进展，迈向10.5代线。在量子计算方面，我国成功研制出世界首台光量子计算机。中国制造业正在从中国制造向中国创造发展。

4. 数字化渗透领域逐渐扩大

数字技术的突破使得数字化在农业、工业、服务业等多个领域的应用发挥了重要作用。健康码在新冠肺炎疫情期间发挥的作用有目共睹，通过健康码进行溯源和相关人群排查，让疫情得到了有效的防控。通过数字防疫，改善了城市的安全力，为疫情防控提供了有力的保障。大数据和可视化技术成为疫情防控信息作战的"指挥舱"，全面统筹区域疫情防控工作，为满足民众出门出行和企业返岗复工等需求提供了高效保障。

2021年《政府工作报告》提出要发展新业态新模式，推进线上线下消费渠道深度融合，为消费者提供更为便捷舒心的产品和服务。要加强数字政府建设，建立全政务数据共享协调机制，实现政务服务事项网上办、掌上办、一次办，基本实现跨省通办。数字政务将更多的政府业务从线下办理搬到线上办理，实现了便民操作。城市网格化综合管理服务平台的稳定运行降低了社区基层工作强度，减少了媒介接触，降低了感染风险，安全又高效。《2020联合国电子政务调查报告》显示，截至2019年12月，国家政务服务

---

① 刘坤：《中国制造迈向"创造" 信息通信实现新跨越》，数字中国网站，2021年9月14日，http://digital.china.com.cn/2021-09/14/content_41673797.htm。

平台和32个省级网上政务服务平台中，个人用户注册数量为3.39亿人。数据医疗在健康检测、疾病预防、医药研发方面展示了不容小觑的力量，通过大数据分析，推动医疗资源合理分配，为解决"看病贵""看病难"问题提供了新的路径。通过抓取、分析、挖掘各类数据，可以掌握目标地区的用户特征，数据让城市规划变得更为明确。数字化正逐步向百姓生活的方方面面渗透，未来将有更多的可能。

二 文化艺术与数字科技融合现状

（一）数字科技的发展

数字科技是新一代信息技术的迭代升级，它利用物理世界的数据，构建与之映射的数字世界，借助算力、算法生产信息和知识，指导优化物理世界中的经济和社会运行，主要包含数字技术、数据科学及二者之间的相互转化三个方面。

以数字科技为支撑的"数字经济""数字中国"连续数年被写入《政府工作报告》，从促进到壮大，再到打造新优势，对其重视程度逐年升级。最开始的切入点是"互联网+政务"，后来逐步推广到医疗、养老、教育、文化、体育、农业、就业等多个领域，2019年专门提到"互联网+监管""互联网+教育""互联网+医疗健康""互联网+督查"。从制订计划到全面推进，"互联网+"行动已经进入深水区，并深刻影响着各行各业。"文化创意+大数据云计算"与文化产业的深度融合，催生了极具发展潜力的战略性新兴产业——数字文化产业。

（二）传统融合模式

党的十八大报告强调了科技与文化融合的重要性，指出要提升文化整体实力和竞争力，促进科技与文化融合。在文化产业中，新媒体产业是其重要的组成部分，数字出版、数字电视、数字电影应运而生并得到发展，成为当

今市场的主流。

所谓数字出版，是指依托互联网信息化技术，将一切信息内容进行数字化后通过网络传播数字内容产品的一种新型出版方式。数字出版凭借其丰富多样的形式，能够满足受众的个性化需求，对传统出版行业产生了巨大的冲击。2019年，国内数字出版产业整体收入规模为9881.43亿元，比上年增长11.16%，而传统书报刊数字化收入占比呈下降态势。[①]

电视在技术升级中经历了多次创新变革，20世纪后期网络和数字技术的快速发展使电视进入有线数字电视时代，拓宽了产业发展边界，转换了产业增长动力，开辟了广阔的市场空间，节目内容的传播也从供给主导向需求反哺转变、从单向推送向双向互动转变、从封闭系统向开放系统转变。

数字电影从2K走向4K，"数字"成为当代电影这一媒体制作的主导，是当代电影最重要的创作元素和美学构成之一。21世纪以来，计算机数字图像制作与合成新技术开启了数字视觉技术革命的新征程。数字技术能够辅助电影创作者获得超乎现实的想象力，并不断拓展电影的叙事边界和视觉表现。科技与艺术融合，给观众带来了想象与观看的无限可能。

可以说，在过去的数十年里，数字化技术的发展为传统文化注入了无限的活力，扩宽了数字化的应用渠道，科技创新与文化产业融合，实现了"1+1>2"的效果。随着科技的不断发展，以及文化需求的不断增长，新融合模式也逐渐形成。

（三）新融合模式

以"5G+AI"技术群为代表的现代科技牵引数字文化产业从高速度发展向高质量发展转变，以新业态创新提供更加优质的文化供给，从而满足人民日益增长的美好生活需要。数字文化产业的业态创新对传统文化产业进行了行业升维，推动新兴文化产业不断革新，呈现数据化与智能化的特点，引

[①] 《文化科技融合产业观察 | 2021将成为数字出版产业的爆发年？》，文化科技创新服务联盟微信公众号，2021年3月3日。

领了新一轮的文化消费。①

随着 5G 商用进程的加快,媒体深度融合的紧迫性日益增强,媒体加快融合发展步伐,以寻求自我变革路径。短短几十年,媒体经历了从 Web1.0、Web2.0 到 Web3.0 的三个时期,即从最初 Web 1.0 时期的传统媒体单向输出、以自身为基础创办新媒体,到 Web2.0 时期新旧媒体的多维互动,再到 Web 3.0 时期新旧媒体的深度融合。数字科技的发展,从内容和渠道多个角度影响了媒体的文化传播方式。

近年来,直播、电竞和短视频等产业蓬勃发展,尤其是在新冠肺炎疫情期间呈现爆发式增长态势,成为社会公众和经济领域关注的焦点。例如,2020 年 5 月,广东省人民政府发布《关于培育发展战略性支柱产业集群和战略性新兴产业集群的意见》。直播、电竞和短视频成为广东省重点发展的三大新兴业态。在此背景下,学术研究开始迅速关注直播带货、电竞新生态、短视频碎片化等问题。网络文学、网络视频、影视传媒、动漫网游等领域的领军企业逐步围绕优质内容创作开展跨界融合,进一步丰富和完善了数字内容生态系统。

如果说传统融合中数字技术给文化艺术带来的是形式和表现方式的多元化,那么在新融合时代,文化艺术各领域不再单行其道,开始相互渗透。同时,为开辟文化产业新的蓝海,文化产业自身也不断与其他行业进行融合。跨要素的"对内融合",是产业要素的创新、融合与集聚。文化产品生产和流通的各个环节已经开始应用信息、创意、文化等要素叠加的融合发展模式。

(四)融合中出现的问题

1. 内容供给短缺

在数字内容方面,虽然网络内容输出量巨大,但是内容质量不高,原创内容占比较低,影响力较弱,远远落后于发达国家相应产业的发展水平。在

---

① 解学芳、陈思函:《"5G+AI"技术群赋能数字文化产业:行业升维与高质量跃迁》,《出版广角》2021 年第 3 期。

创造性转化方面,虽然近年来涌现了《中国诗词大会》《国家宝藏》《上新了·故宫》等传统文化新业态,但与国际成熟的文化模式相比还存在较大差距。国内游戏研发平台乏善可陈,基于传统文化的游戏开发相较于国际成熟市场仍存在巨大的空白地带。① 在内容上,动漫与游戏产业的融合度较低,缺乏针对不同年龄段和不同行业的游戏,也存在大量低品质游戏。

2. 核心技术缺乏

在产业链构建方面,我国数字文化产业链条存在不足,技术创新和数字文化产品的重工业体系支撑问题尤为突出。由于缺乏技术和生产体系支撑,部分数字文化创意只能依托国外团队完成。此外,商业应用模式与文化产业的协同处理明显不足。近年来国内涌现了诸如《哪吒》《大圣归来》《大鱼海棠》等基于中国传统文化而开发的优秀动漫IP,并收获了骄人的票房成绩,但后期进一步依托IP进行产业开发则显现出疲软之态。

3. 市场监管困难

中国数字文化产业发展势头迅猛,但是内容低质化、版权意识模糊化,以及舆论散布、公众隐私等方面的问题日益凸显。互联网文化娱乐产品具有传播速度快、覆盖范围广的特点,极易形成舆论漩涡。同时,智慧成果恣意散布,知识产权和版权意识依旧淡薄,法治建设尚不完善,相关劳动者成果得不到保护。②

4. 数字鸿沟问题严重

数字鸿沟是我国数字文化发展历程中一直存在的现象,现阶段我国东部、中部、西部地区之间以及城市和农村之间的数字鸿沟问题依然没有得到解决。中国互联网络信息中心发布的第48次《中国互联网络发展状况统计报告》数据显示,截至2021年6月,我国农村地区网民规模已达到2.97亿人,占网民总数的29.4%;农村地区互联网普及率为59.2%,相较于2020年12月,城乡地区互联网普及率差异虽缩小4.8个百分点,但是仍然存在

---

① 于晓鹏:《网综时代下〈明星大侦探〉引发的社会思考》,《北方传媒研究》2020年第6期。
② 张珂:《科技创新对文化产业发展的影响研究》,《科教导刊》2020年第5期。

较大的差距，中国所面对的数字鸿沟问题依旧严峻。如何开发下沉市场是数字文化产业发展亟待突破的瓶颈问题。

三 我国关于数字文化方面的相关政策

（一）中央相关规划文件

近年来，我国出台了《关于推动我国动漫产业发展的若干意见》《关于推进文化创意和设计服务与相关产业融合发展的若干意见》《关于推动文化文物单位文化创意产品开发的若干意见》《关于推动数字文化产业创新发展的指导意见》等一系列政策，并在《"十三五"国家战略性新兴产业发展规划》中把数字文化产业列为五大新兴战略支柱产业之一。这些政策为数字文化产业的发展指明了方向，同时对数字文化产业与相关产业的融合发展起到了推动作用。2018年全国两会期间，《关于推动"科技+文化"融合创新打造数字文化中国的建议》指出，要通过文化与科技的融合创新打造中国特色文化IP。2019年8月，国务院办公厅发布《关于促进平台经济规范健康发展的指导意见》，针对平台经济发展提出了一系列政策和措施，其中包括提升信息基础设施建设的速度以及大力推进互联网技术运用于实体经济等具体措施。2020年6月，国务院印发《公共文化领域中央与地方财政事权和支出责任划分改革方案》，明确支持全社会力量参与公共文化服务。

《中共中央关于制定国民经济和社会发展第十四个五年规划和二〇三五年远景目标的建议》高度重视文化建设，指出要繁荣发展文化事业与文化产业，加快数字化建设，描绘了我国未来5年乃至15年的文化发展新蓝图。

（二）文化和旅游部等部门文件

2017年4月，文化和旅游部等六部门联合发布《关于推动数字文化产业创新发展的指导意见》，提出要深入推进文化领域供给侧结构性改革，培育文化产业发展新动能，推动数字文化产业创新发展。2019年8月，科技部等六部门联

合发布《关于促进文化和科技深度融合的指导意见》，明确提出文化和科技融合创新体系将在2025年基本形成，这将推动中国文化科技产业进入新的阶段。

2020年11月，文化和旅游部发布《关于推动数字文化产业高质量发展的意见》，指出文化产业要线上线下融合发展，形成涵盖国内外的新发展格局，从推动传统线下业态的数字化改造与转型升级、提升数字化服务、运用数字化思维等方面阐述了如何实现数字文化产业的高质量发展。

（三）其他相关政策

除港澳台地区外，我国境内已有29个省份相继发布了各自的数字文化产业未来规划和发展路线。2020年5月，广东省人民政府出台《关于培育发展战略性支柱产业集群和战略性新兴产业集群的指导意见》，提出要加快文化科技创新体系建设速度，同时要顺应产业数字化和数字产业化的发展趋势，大力培育数字创意产业集群。2020年4月，北京市人民政府发布《北京市推进全国文化中心建设中长期规划（2019年~2035年）》，提出到2035年，实现数字图书馆、数字文化馆、数字博物馆各区全覆盖，充分发挥数字文化服务在公共文化服务体系建设中的重要作用。北京市海淀区发布了以电竞产业为重点，针对推动游戏研发和内容创作、集聚游戏企业及电竞俱乐部、支持电竞场馆建设和赛事举办、支持开展游戏电竞交流活动、强化人才支撑、优化营商环境六个方面的支持政策，发挥海淀科技创新优势，强化研发投入和人才支撑，推动数字文化产业高质量发展。各地要为数字文化的融合和高质量发展提供政策支持，同时也要让数字文化的成果更好地服务民众、惠及民众。

四 未来文化艺术与数字科技融合面临的机遇和挑战

（一）主要的发展趋势和机遇

1.数字文化消费市场需求量巨大

中国互联网络信息中心发布的第46次《中国互联网络发展状况统计报

告》显示，截至 2020 年 6 月，中国互联网普及率达 67.0%，网民规模达 9.40 亿人。在疫情防控常态化背景下，数字文化产业更是异军突起，2020 年移动游戏市场实际销售收入达 2096.76 亿元，移动游戏用户规模达 6.54 亿人。短视频成为时下热点，截至 2020 年 12 月，短视频行业两大巨头——抖音和快手的用户规模分别达 5.36 亿人和 4.42 亿人。在线教育迎来前所未有的流量潮，2020 年中国在线教育用户估计有 3.51 亿人。数字文化产业也成为疫情冲击下为数不多的经济增长点。

2. 国家政策鼓励数字文化产业发展

如何提高我国数字文化产业在全球的竞争力是有关部门重要的研究课题。2016 年 12 月，数字创意产业首次被纳入国家战略性新兴产业。2017 年 4 月，文化和旅游部等六部门联合发布《关于推动数字文化产业创新发展的指导意见》，这是在国家层面发布的首份针对数字文化产业的政策文件，提出了推动数字文化产业发展的相关政策。面对当前数字文化产业发展的新情况，2020 年 11 月，文化和旅游部发布《关于推动数字文化产业高质量发展的意见》，明确了数字文化产业发展的主要任务、思路和目标。

3. 数字文化产业链条基本构建

在我国，数字文化产业开始崛起，已初步构建了较为完备的产业链条，处于爆发式增长的前夜。文化产业的商业模式正在沿智能化、数字化的路径进行深刻变革。云游戏、云直播、云带货等新业态新模式不断涌现，文化产品扎根于广大用户的日常生活，成为我国产业竞争的特殊优势，这为我国在全球化竞争中取得优势地位奠定了重要基础。

数字文化产业的高速发展对政策监管提出了更高的要求，传统的政策监管手段在实际应用过程中矛盾凸显。首先，法治化困难，各类互联网文化产品的经营都需要面对相关政府部门设置的限制条件，这与互联网文化企业自身的特性不相适应。其次，不同管理部门之间存在职责划分模糊、多头管理等问题。同时，监管方式落后，审批时间过长。强时效性互联网文化产品的上线周期被大大延长，给相关企业带来了负担。最后，互联网文化产品数量大、种类多、增长速度快，海量内容审核难度大。

总体来看，我国互联网文化产业自身特性鲜明，传统的政府监管方式在实际应用时矛盾突出、问题明显。随着5G时代的到来，网络将呈现更高速率、高流动性的特点，这就要求完善监管制度，紧跟互联网文化产业高速发展的步伐。

（二）技术方面的挑战

数字文化产业以数字技术为依托，对文化进行创作和传播。数字文化产业的高质量发展是实现文化强国目标的必然选择，同时也对数字技术提出了更高的要求。

1. 新兴文化资源的创新

传统的文化创意产业是链状的，数字技术的介入使创意者、文化机构、用户三者之间的界限变得模糊，通过构建网状结构，为UGC（用户生成内容）模式带来无限可能，也为PGC（专业生产内容）提供了大量灵感。新兴技术能够促进传播形态的形成，数字文化产业与时俱进，将新兴技术与文化艺术相融合，突破文化产业之间、线上与线下之间的边界约束，实现新的飞跃。而文化娱乐市场的用户是多元的，其需求是多样的，如何在现有的基础上寻求突破以解决数字文化产业发展面临的创新能力不足问题，如何采用数字技术对中国文化进行深度挖掘以实现数字文化产业从数量到质量的增长，对数字技术的开发和应用提出了新的挑战。

2. 信息传播生态的治理

保护知识产权能够极大地激发文化创作和技术开发的活力。在我国现有制度中，网络文化内容版权保护方面缺乏完善的数字版权保护机制，各种文化版权保护办法对标的是以影像和书籍作品为主的文化内容。同时，侵害知识产权、贩卖私人信息已形成非法产业链和获利群体，这对知识产权和私人信息造成了极大的负面影响。此外，监管对象日趋复杂化和多样化，要从根源上解决这些问题，截断其传播路径，同样离不开技术的开发与支持。

3. 数字化资源的普及

在新冠肺炎疫情防控常态化背景下，我们见证了互联网的潜力，很多行业通过布局电子书、网课、多媒体等优质文化产品和服务，实现了数字化转型。同时，范围更广、渗透更深的集中下沉正在整个互联网生态中发生。数字文化产业的输出需要数字化资源的普及做支撑，应将发展目光放在技术改进、完善数字化操作流程、降低数字化资源使用门槛上，使数字化更接地气，使文化成果的渗透程度更深、辐射范围更广。

（三）国际方面的挑战

1. 数字化文化贸易领域的国际竞争愈加激烈

数字化文化贸易领域的国际竞争因全球互联网巨头的涉入而不断加剧。掌控关键数据和技术的企业在全球价值链中处于核心地位，形成了"强者愈强、弱者愈弱"的局面。而我国互联网技术发展相对滞后，数字文化相关法律体系尚未形成，同时与之匹配的重工业技术也与发达国家存在一定的差距。

2. 在数字贸易国际治理中的话语权较弱

从内容上看，世界各国的文化存在差异，文化的传播和输出存在不同程度的沟通障碍。从产业链上看，目前我国网络与数字文化出海的产业链发展尚待成熟，在内容生产、渠道触达、商业变现等环节均存在一定障碍。从制度上看，我国在文化类数字产品准入、数字存储本地化、互联网安全审查及跨境数据流动等方面都有严格的限制。我国在数字贸易规则上尚未形成完善的制度体系，在数字贸易国际治理中的话语权较弱。我国需要立足自身文化，全面打造优质内容和优秀文化的输出产品，积累口碑并抢占用户心理位置，沉淀海外用户群体，在国际竞争中凸显自身优势，赢得一定的话语权。

五　结语

数字文化产业是文化产业发展的重点领域，也是数字经济的重要组成部分。要把握互联网高速发展的契机，大力推进"数字+文化"，打造中国特色文化，切实提高民众的幸福感，同时让中国文化"走出去"，成为数字中国建设的强力引擎。

B.20
新国际格局下的国家软实力提升*
——基于城市群视角

花 建**

摘　要： 文化软实力是指一个国家以核心价值观念为引领,进行文化传承、文化创造、文化生产、文化贸易、文化传播等的整体能力,它在历史传承、现实开发、引导未来的多个维度上展开。世界百年未有之大变局最根本的动力是科技产业革命与大国兴衰的加速。在这一背景下,一个国家文化软实力战略的成功与否,与其能否应对世界百年未有之大变局密切相关。城市群不仅是国家科技、经济实力的集中体现者,而且是文化软实力的主要创造者和推动者,它们在激发创新活力、焕发创新文化、推动创意和创造方面成为提升文化软实力的强大引擎。在中国全面建设社会主义现代化国家的新征程上,城市群应成为传承和开发中华文化遗产的基地、汇聚创新资源和焕发创新动力的高地、配置国内外文化资源的枢纽、推动中华文化走向世界的引擎。

关键词： 国家软实力　文化软实力　文化产业　城市群

---

* 本报告系深圳市建设中国特色社会主义先行示范区研究中心2021年重大课题"社会主义现代化强国城市文明典范研究"成果。
** 花建,上海社会科学院文化产业研究中心主任、研究员,北京大学文化产业研究院研究员,主要研究方向为文化产业、文化软实力和区域文化发展。

新国际格局下的国家软实力提升

一 国家软实力研究的多维视角

在历史上,很少有一个概念像"软实力"(Soft Power)那样,一经提出就备受瞩目,被视为提升综合国力的重大问题进行研究;也很少有一个概念像"软实力"那样,吸引了一代又一代的有识之士,投入了大量的资源和智慧,从理念和战略层面做了大量的探索,并且据此对国家、城市和集团的发展提出对策建议。

软实力的理论和实践是一个逐步积累和更新的过程,软实力的客观存在属性是不可忽视的。在20世纪末以来综合国力竞争的大背景下,软实力的作用显得更加突出。从经典的现实主义国际关系理论,到20世纪90年代美国学者约瑟夫·奈提出的软实力理论,再到21世纪全球范围内对软实力的多元解释和应用,以及主要国家制定的软实力战略,国际上有关软实力的理论建设和实践正在不断深化,形成一条前后呼应、传递更新的理论脉络和战略线索。

所谓文化软实力,是指一个国家以核心价值观念为引领,进行文化传承、文化创造、文化生产、文化贸易、文化传播等的整体能力。美国学者约瑟夫·奈指出,可以把文化理解成"是为社会创造意义的一系列价值观和实践的总和"。[①] 从历史、现实和未来三个维度能够较恰当地理解和把握文化软实力的意义。从历史维度而言,文化软实力是国家传承和开发历史文化遗产能力的展现,也是积累文化资源的深度和规模的体现。从现实维度而言,文化软实力是国家进行文化传承、文化创造、文化生产、文化贸易、文化传播等的能力展现,是公共文化产品规模和对外输出文化商品的体现。从未来维度而言,文化软实力对国家文化建设的未来发展具有前瞻性的指导意义,文化软实力能够从内生意义上塑造国民品格和精神,且有利于促进人类文明潮流的发展。全球文化软实力的竞争在21世纪呈现四大特点。

---

① 〔美〕约瑟夫·奈:《软力量:世界政坛成功之道》,吴晓辉、钱程译,东方出版社,2005。

第一,号召力和凝聚力是文化软实力的核心。人文理想追求是文化软实力的导向,基础在于广大国民的精神认同,核心在于人文价值的表达,要以先进思想的创造为重点,将多数国民的向往和人类对共同愿景的追求作为方向。

第二,参与力和创新力是文化软实力的来源。面对科技、产业和社会的快速变化,文化软实力必须以激励创新为根本动力、以多样包容为深厚基础、以民主参与为活力之源、以制度建设为基本保障,国民的创造性和积极性才能最大限度地被调动起来。

第三,贸易力和生产力是文化软实力的优势。文化软实力的文化产品和价值观在境内外流通的规模以及传播的广度都取决于国家的文化产业能级。国际文化贸易已经成为国际贸易的重要领域,其主流的文化创意产品和服务不仅创造了大量经济价值,而且满足了人们对真善美的向往和对文化消费的需求。

第四,亲和力和传播力是文化软实力的路径。即时性、双向性和全域性是文化软实力在数字经济和信息化时代传播的三个主要特征。强势群体的文化会辐射弱势群体的文化,弱势群体的文化也会反射强势群体的文化,文化的影响范围将不断扩大。

二 世界百年未有之大变局下的软实力竞争态势

从动力意义上来说,国家之间的文化软实力之争就是国家能否从最深层的文化意义上做出前瞻性的引领和设计,形成文化创新制度和文化创新能力。正如英国学者马丁·雅克所指出的,历史上的世界强国,最主要的基础是它们创造一整套世界性体系的能力,而这种体系将被新兴大国用全新的方式所创造和推广。[①]

[①] 〔英〕马丁·雅克:《当中国统治世界:中国的崛起和西方世界的衰落》,张莉、刘曲译,中信出版社,2010,第209页。

近代以来的历史表明，一个大国唯有以前瞻性的视野破解面对的挑战，保持创新的活力，才能形成强大的经济和军事实力，对人类文明产生深远的影响，而所有这些都需要一个富有远见卓识的文化战略。

进入 21 世纪，在科技引领下，产业转型、全球产业结构不断重组成为大趋势，面对非西方大国的全面崛起，在文明多样性基础上，针对如何重塑世界治理格局的重大课题，许多有识之士提出了"大国之问"——什么样的软实力可以让大国在世界变局中形成强大竞争力和可持续发展的活力？[①]从历史的角度看，这种软实力战略的成功与否与大国能否应对世界变局密切相关。

21 世纪以来，中国领导人高度关注世界格局变化。习近平主席做出了"世界百年未有之大变局"的战略判断，指出世界正处于深刻变革和调整之中，需要密切关注全球变革对中国的影响，以此为重要外部条件来调整国家前进的方向。

世界百年未有之大变局最根本的动力是科技产业革命与大国兴衰的加速。以互联网等科技为代表的新科技革命正在全面酝酿，创新型的人才成为推动生产力增长的第一资源和核心要素，促进了新产业、新业态、新模式的蓬勃发展。在数字经济的基础上，国际贸易的结构发生了深刻变化，数字化趋势要求贸易方式和贸易对象相应发生转变。在数字数据的应用下，供需双方交易对接的精准性和时效性大大提升，传统实物贸易流通中的许多限制都实现了突破。从世界范围来看，服务贸易的增长速度超过了货物贸易，而数字贸易又成为其中增长最快的部分。

21 世纪以来，世界经济增长的增量部分主要来自发展中国家。这一现象促使世界政治和经济的中心从西方转向非西方、从单极化走向多极化。研究软实力的美国著名学者约瑟夫·奈在谈及他的著作《21 世纪的权力展望》时指出，21 世纪我们将见证两种权力的转移。一是从国家到国家的权力转移，即从传统的西方大国转移到东方国家，其主要标志是以中国、印度以及

---

① 〔美〕尼古拉·兹洛宾：《世界寻求有吸引力的新模式》，《参考消息》2011 年 7 月 25 日。

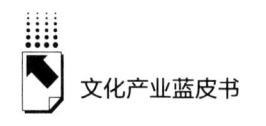

东亚和南亚国家为代表的亚洲崛起。二是权力从国家政府层面扩散到更多的非政府层面。① 全球贸易、技术进步大大推动了这种权力转移。越来越多的企业、院校、非政府机构、民间组织和个人成为活跃的国家文化软实力的推动者。

在世界百年未有之大变局的背景下，文化创新力成为文化软实力的重要组成部分。在创新力大系统中，文化创新理念是人才最宝贵的动能和基因，是创新驱动阶段的核心要素之一，从而成为世界百年未有之大变局下国家软实力的核心要素。

三 城市群焕发创新动力的文化意义

新国际格局下的文化软实力竞争，对城市群发展战略和规划产生了深远的影响。20世纪中叶欧美学者率先开始进行有关城市群发展规律和文化创意产业的研究。1957年，法国学者戈德曼率先提出了城市群（Megalopolis）的研究范畴，各国学者对城市群作用的研究给予了高度重视。② 城市群和城市文化产业的研究也随着创意经济和数字经济的发展得到了不同程度的推进。英国学者查尔斯·兰德利提出要打造都市创意生活圈，从文化的意义上连接过去、现在和未来，开发创意经济的新资产。③ 从这个意义上说，大城市和城市群不仅是国家科技、经济实力的集中体现者，而且是文化软实力的主要创造者和推动者，它们在激发创新活力、焕发创新文化、推动创意和创造方面成为提升文化软实力的强大引擎。

2010年以来，世界范围内的城市群及核心城市先后颁布了面向未来的发展规划。它们在因地制宜的同时，表现出综合创新引领等一些共同的目

---

① 《约瑟夫·奈：请不要误解和滥用"软实力"》，《文汇报》2010年12月7日。
② Gottmann, J., *Megalopolis: The Urbanized Northeastern Seaboard of the United States*, The MIT Press, 1961.
③ 〔英〕查尔斯·兰德利：《创意城市：如何打造都市创意生活圈》，杨幼兰译，清华大学出版社，2010，第343页。

标，它们对城市资源的综合开发十分重视，力图让所有市民都可以享受文化遗产丰富的文化资源，注重人文内涵提升与生态保护相结合等方面。

在城市创新竞争的大背景下，澳大利亚咨询机构 2thinknow 提出创新城市评估指标，即将全球近 500 个城市根据创新能力划分为创新枢纽、创新节点、创新启动者、创新核心、创新受影响者等多个等级。在 2021 年 2thinknow 创新城市排行榜的最高等级"创新核心"中，有 38 个城市入选。其中，前 15 位分别为东京、波士顿、纽约、悉尼、新加坡、达拉斯、首尔、休斯敦、芝加哥、巴黎、伦敦、旧金山、亚特兰大、西雅图、上海。在入选的其他中国城市中，北京居第 19 位，台北居第 23 位，深圳居第 26 位，香港居第 49 位。中国城市的整体排名较前几年呈现明显的上升趋势，这一方面说明主要发达国家的中心城市在创新能力上仍然居于领先地位；另一方面也说明中国的主要大城市正在奋起直追，不断攀登创新城市的更高阶梯。

有关研究发现，当今世界的城市竞争力并不完全依赖于城市人口规模以及自然资源，而是更加依赖于创新生态。许多创新型城市的人口规模不大，但是形成了适合创新的生态系统，也能焕发出蓬勃的创新活力。例如，苏黎世的规模并不大，却能够形成优良的创新生态，在 2thinknow 等世界创新城市排行榜上进入第二等级。

四　中国城市群对国家软实力提升的作用

中国政府庄严地向全球宣布，中国开启了全面建设社会主义现代化国家的新征程。这是一条和平发展的道路，也是一条创新、绿色、和谐、共赢之路。中国的大国崛起之路，需要更坚定的文化自觉性、更澎湃的创新活力、更普遍和更广泛的感染力以及包容多元的凝聚力，才能给全人类带来更大的发展机遇。正是从这个意义上说，中国文化软实力建设要求大城市和城市群做出更加积极的贡献，这已经在京津冀、长三角、粤港澳大湾区、成渝地区双城经济圈等城市群的战略规划和发展实践中得到了越来越深刻的印证。

第一，中国以传承与开放为发展路径，高度重视对中华文明智慧与优秀

文化遗产的吸取和开发，这就要求大城市和城市群成为传承和开发中华文化基因的基地、传播和推广中国文化成果的枢纽。

中国疆域辽阔、历史悠久、人口众多、区域资源多样，同时区域发展不平衡。中国必须形成文化软实力的地缘新布局，包括以大城市和城市群为传承和开发中华文化基因的基地、传播和推广中国文化成果的枢纽，发展多样化的区域文化产业模式。

大量实践证明，一个地区在历史上留存的文化遗产不会自然而然地获得良好的传承和开发，必须以城市为重要的基地，进行大量的研究、传承、开发、传播和交流，才能让古老的文脉开出灿烂的花朵。迄今为止，中国共有15个城市被联合国教科文组织认定为"全球创意城市"，这些城市主要分布在长江经济带和沿海经济带，其中长三角地区就有6个，占总数的40%（见表1）。这与长江经济带和沿海经济带的城市群充分发育具有密切联系。

表1 被联合国教科文组织认定为"全球创意城市"的中国城市一览

类　别	城市	获评年份
设计之都	深圳	2008
	上海	2010
	北京	2012
	武汉	2017
美食之都	成都	2010
	顺德	2014
	澳门	2017
	扬州	2019
	淮安	2021
手工业和民间艺术之都	杭州	2012
	苏州	2014
	景德镇	2014
媒体艺术之都	长沙	2017
电影之都	青岛	2017
文学之都	南京	2019

资料来源：根据联合国教科文组织官方网站（www.unesco.org）资料整理。

"全球创意城市"的获评，代表着这些城市在科技、经济、外贸、文化等综合优势的基础上，可以在与国际接轨的层面深入研究和挖掘本土文化遗产，解读其中的中华智慧密码，并且把它们提炼成优质的文化产品和文化服务。成都作为全球"美食之都"，注重对巴蜀文化、天府文化、川菜文化等资源的深入挖掘，已经成为连接历史与未来的重要枢纽；而南京作为全球"文学之都"，积极贯彻南京市委和市政府关于建设"创新高地、美丽古都"的战略定位与部署，打造把中国丰富的文学文化宝库向世界推介的重要窗口。

第二，中国以创新与改革为强大引擎，这就要求城市群必须把创新作为核心驱动力，成为汇聚创新资源的高地、焕发创新动力的引擎、放大创新效应的增长极。习近平主席指出，要向以创新驱动发展为主进行转变。[①] 这不仅是全球主要国家在转型发展过程中的共同选择，而且是中国进入新时代必须激活的可持续发展新动能，是中国城市群在新的国际格局下推动文化建设的核心任务之一。

在国家大力推动长江三角洲区域一体化、粤港澳大湾区建设、京津冀协同发展等新的区域发展战略背景下，这些区域的核心城市、重点城市成为提升文化软实力的强大引擎。进入21世纪以来，腾讯、华强方特、雅昌、环球数码、A8新媒体等一大批文化产业的领军企业和重点企业在深圳迅速崛起，发挥了排头兵的作用。深圳正在贯彻国家战略，培育了越来越多文化贸易和产业的主力军团，这有利于促进国家文化软实力的提升。

2020年，一场突如其来的新冠肺炎疫情对全世界的文化创意产业造成了强烈的冲击。而长三角、粤港澳大湾区、京津冀等区域的核心城市和重点城市坚持文化产业高质量发展的主线，开发"文化+旅游""文化+科技""文化+商贸"等跨界联动的新领域，积极发展数字化、网络化的文化产业新业态，表现出了应对疫情、重启繁荣的坚强实力。例如，广州不断优化创

---

① 《习近平主席在中国科学院第十七次院士大会、中国工程院第十二次院士大会上的讲话》，中国共产党新闻网，2014年6月9日，http://cpc.people.com.cn/n/2014/0609/c64094 - 25125270.html。

新生态，积极培育创新型文化产业主体，2020年广州市互联网特征较明显的16个文化产业行业小类共有法人单位598家，与上年持平；实现营业收入1711.57亿元，同比增长16.4%；互联网游戏服务，多媒体、游戏动漫和数字出版软件开发等数字内容服务领域，以及互联网文化娱乐平台等的营业收入均超百亿元，同比增长20%以上。① 2020年，在新冠肺炎疫情冲击之下，上海的数字化、网络化文化产业新业态表现出强劲的韧性，凸显了创新驱动增长的引擎作用。2020年，上海网络游戏国内及海外总销售收入达1206亿元，占全国的1/3，同比增长近50%。上海自主研发的网络游戏销售收入达823.8亿元，增量超过120亿元；电竞游戏市场规模为201.8亿元，增幅高达20.7%。②

第三，中国以开放与合作为活力源泉，这就要求中国的城市群面向国内和国际两个市场，成为配置与整合国内外文化资源的枢纽，以及推动中华文化走向世界的关键节点。改革开放以来，中国通过深度融入全球化，与世界上绝大多数国家逐步形成了广泛的互利关系和依赖关系，特别是中国旗帜鲜明地提出建设"人类命运共同体"，为共建"一带一路"国家乃至世界上大多数国家和人民创造了合作共赢的机会。

美国著名学者丝奇雅·沙森在其《全球城市：纽约 伦敦 东京》一书中谈到全球城市是一个极端空间，它既能够生产，也能够执行多样化与复杂化的中介功能。而提供面向全球的专业化服务，是全球城市最重要的功能。全球城市的专业化服务一方面促进了公司和市场的全球化，另一方面把所有面向消费者的公司都纳入麾下。③ 它需要围绕不同全球经济回路的节点，也需要来自不同国家、拥有不同文化和知识背景的专业人士及经理集中在一个空间里互相学习，哪怕这种学习是无意的。这种过程构成独特

---

① 《2020年广州市文化产业大数据权威发布》，《广州日报》2021年3月1日。
② 宣晶：《2020年网络游戏总销售收入1206亿元！ 这就是上海建设"全球电竞之都"的底气》，文汇网，2021年6月17日，https://wenhui.whb.cn/third/baidu/202106/17/409889.html。
③ 〔美〕丝奇雅·沙森：《全球城市：纽约 伦敦 东京》，周振华等译·校，上海社会科学院出版社，2001。

的"城市知识资本",这种资本只能在具有多样化知识和体验的城市中产生。① 这一论断用来分析中国城市群面向世界的开放服务功能也应该是恰如其分的。

2019年12月,中共中央、国务院印发《长江三角洲区域一体化发展规划纲要》,对长三角一体化发展提出了两大阶段性目标:到2025年,长三角一体化发展取得六个方面的重大进展——城乡区域协调发展、科创产业融合发展、基础设施互联互通、生态环境共保联治、公共服务便利共享、一体化体制机制更加有效;到2035年,成为全国区域一体化发展的示范。这一重大任务与长三角在文化上的高质量一体化发展密切相关。长三角共有的文化基因是江南文化,而海派文化是江南文化的现代版。有关专家指出,在中华文化的各个流派中,江南文化最注重诗性的审美精神和拥抱世界的开放精神。它真正体现出1000多年来江南人对中国文化最独特、最重要的创造,开辟出精致、清新、儒雅、流变、更富有细腻情趣与高雅美感的新体系。江南文化是中国本土比较符合"人的全面发展"和"按照美的规律来建造"的思想文化谱系。② 江南文化也是中国本土最富有开放活力的文化流派。

在改革开放新的历史时期,长三角城市群正在实践打造人类命运共同体的理念,努力连接并沟通境内外的艺术成果和文化产业,在全球产生了广泛影响。长三角的对外开放活力,与其拥有强大的经济、科技和文化实力密切相关。长三角的陆域面积占全国的3%,而近年来的GDP约占全国的23%;长三角文化产业增加值约占全国的31%;长三角在连续十二届评选的"全国文化企业30强"共360家企业中入选124家,占比高达34.4%,在2009年以来连续颁布的国家对外文化出口重点企业和重点项目总量中约占1/3,在中国对外文化开放和参与国际文化贸易的大格局中占有举足轻重的地位(见图1)。

---

① Sassen, S., "The Global City: Enabling Economic Intermediation and Bearing Its Costs, City & Community", http://saskiasassen.com/PDFs/publications.
② 刘士林:《江南文化助力长三角打造"不一样"的世界级城市群》,上海市社会科学界联合会网站,2018年11月5日。

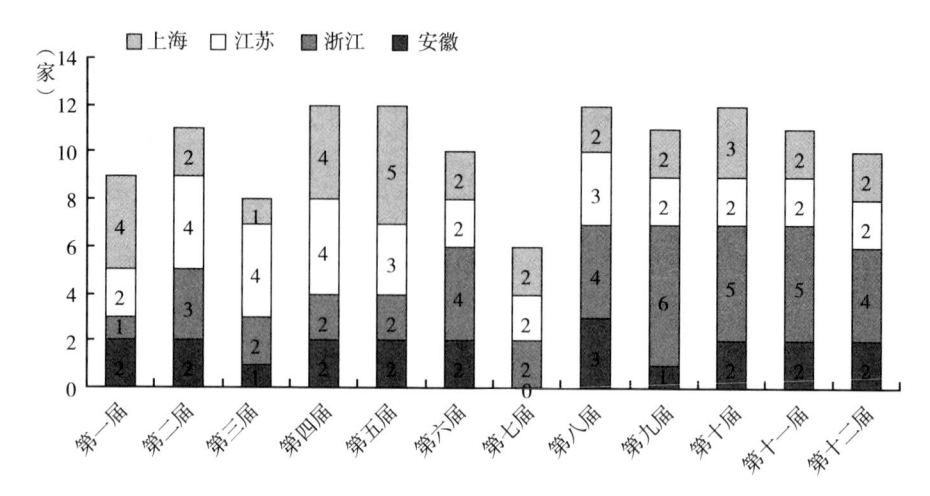

图 1 长三角在连续十二届"全国文化企业 30 强"中入选企业数量

资料来源：历届"全国文化企业 30 强"数据。

长三角为中国的对外文化开放贡献了一系列"首创""首发""首用"的开创性成果。例如，中国上海国际艺术节开展的"扶持青年艺术家计划"活动，让一大批青年艺术人才在国际舞台上"被看见"。又如，中国第一个国家级对外文化贸易基地（上海）自 2011 年正式挂牌，目前已集聚 1300 多家文化及相关产业的企业，吸引投资超过 470 亿元，年贸易规模超过 350 亿元，为外向型文化企业的创意设计、生产制作、仓储物流、展示交易、版权服务、金融服务提供全产业链服务，成为推动国内外文化资源双向流通与优化整合的重要枢纽。在世界百年未有之大变局的背景下，这些蓬勃发展的创新基地、国际联盟、合作网络等，正在充分发挥配置国际资源的战略作用，为推动更高水平的对外文化开放做出积极的贡献。

Abstract

Annual Report on Development of China's Cultural Industries (2021 – 2022) is a phased achievement of the major project of the National Social Science Fund: A Study on win-win Cooperation Modes and Paths of Cultural Industries in Countries along the Silk Road Economic Belt (17ZD043). This report summarizes and sorts out the characteristics and trends of China's cultural industries in 2021 – 2022, and combines the development status and relevant experience of 13 industries and 2 hot topics, discussing the hot spots, core features and future trend of China's cultural industries development, to provide think tank support for promoting the sustainable development of China's cultural industries. This report is divided into four parts: general report, industries sections, districts sections and special topic sections.

The report pointed out that the overall development of China's cultural industries has recovered steadily in recent years, as the overall promotion of social and economic development has achieved remarkable results. In 2020, enterprises in cultural and related industries above the designated size in China achieved operations revenue of 9851. 4 billion yuan, an increase of 2. 2% compared with 2019. In the first half of 2021, 63 thousand enterprises in cultural and related industries above the designated size in China achieved operations revenue of 5438 billion yuan, an increase of 30. 4% compared with the same period in 2020. It is 22. 4 percent higher than the first half of 2019 and the two-year average increase was 10. 6 percent. By different industries, news and information services will see an average growth of 20. 3 percent and content creation and production 11. 8 percent by the first half of 2021. Creative design services grew by an average of 17. 4% , cultural communication channels grew by an average of 3. 8% . Cultural investment and operation grew by an average of 8.6%. Cultural entertainment and leisure services fell by an average of 4.3%. Cultural auxiliary production and intermediary services grew by an average of 4.4%, and cultural equipment production grew by an average of 6.4%. Production of cultural consumption terminals grew by an average of 11.5%.

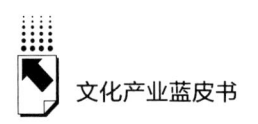

In general, the overall development of China's cultural industries shows a steady recovery, but it still needs high-quality development. The deep integration of digital technology and cultural industries has profoundly changed the industrial structure and the relationship between production and consumption. The development of cultural industries is coordinated with the strategy of many countries, reflecting the platform-driven effect of cultural industries, and cultural consumption has become a new engine to expand domestic demand. The development of cultural industries is oriented to the cultural needs of the people, and further seeks the unity of social benefits and economic benefits.

In 2021–2022, the development of China's cultural industries is characterized by closer linkage between the industries as a whole and the national strategic direction, showing the benefits of multiple aspects. It presented many new characteristics in cultural digitization, culture consumption, integration of tourism and cultural industries, cultural inheritance, culture's going abroad and other fields. First of all, cultural digitalization is developing rapidly. Traditional cultural industries are actively seeking digital transformation, to achieve the new forms of cultural science and technology flourishing, and investment and financing in the field of cultural digitalization active. Secondly, the overall scale of China's cultural consumption market has obvious advantages. "Live streaming + Culture" "Popular Play Culture" and "Co-branded culture" continue to spawn new market hotspots and phenomenal cultural consumption booms. Broken circle works have attracted more attention from groups, and the value demand of cultural consumption has increased, and the scale effect of cultural market forms to promote both quantity and quality of the industry. Thirdly, integration of tourism and cultural industries promotes comprehensive rural revitalization. The development of rural cultural tourism has become vital to rural industries, and the construction of rural culture has become an important driving force of rural cultural revitalization. Fourthly,

Abstract

traditional cultural resources rely on the combination of the active inheritance of daily life and creative protection of "Intangible Cultural Heritage +", reflecting their value of creative activation in multiple fields. Finally, under the influence of the epidemic and international relations, the signing of the Regional Comprehensive Economic Partnership agreement (RCEP) has brought opportunities for cultural going abroad, and the digital cultural industries has become a flagship industry of cultural going abroad, comprehensively boosting international cultural exchanges.

The report suggested that high-quality development should be the focus of China's cultural industries during the 14th Five-Year Plan period. We need to use innovation and integration to drive industrial development, to meet diverse demands for cultural consumption, and accelerate the cycle of domestic cultural consumption; and we also deepen supply-side structural reform, energizing cultural production, and promote comprehensive industrial transformation and upgrading. China's cultural industries will continue to promote social, economic and cultural development to a new situation, and reflect a stronger competitiveness in international competition and cooperation.

Keywords: Cultural Industries; Cultural Digitization; Integration of Tourism and Cultural Industries; Cultural Inheritance; Culture Going Abroad

Contents

I General Report

B.1 Report of China's Cultural Industries in 2021

Xiang Yong, Yan Chu / 001

Abstract: During the 13th Five-Year Plan period, our country's cultural industries achieved an accelerated development and promoted cultural prosperity. Standing at the historical intersection of the "two centenary" goals, our country makes the "14th Five-Year Plan" to put forward a "timetable" for the long-term goal of a culturally powerful country, guiding the direction of industrial development. This article first reviews the macro environment for the development of our country's cultural industries from 2020 to 2021: our country's cultural industries is recovering steadily, and high-quality development needs to be strengthened; digital technology and cultural industries are deeply integrated, profoundly changing the industrial structure and the relationship between production and consumption; the development of the cultural industries is coordinated with multiple national strategies, reflecting the platform-driven effect of the cultural industries; cultural consumption has become a new engine for expanding domestic demand; and the development of cultural industries is geared to the cultural needs of the people, further seeking to unify social and economic benefits. Secondly, in recent years, the characteristics of the development of our country's cultural industries are mainly reflected in the following: cultural digitization has promoted industrial transformation, and new business forms have frequently emerged; and the scale of the cultural consumer market has begun to take shape, which reversely promotes the improvement of the "quantity" and "quality" of the industries; and the cultural industries has played a greater role in poverty alleviation and the revitalization of rural industries; cultural inheritance will achieve value regeneration through multiple activation paths; cultural unearthed overseas and crisis coexist, and the industries seeks development in a rational response. Finally, this article proposes cultural industries development suggestions from the perspectives of integration and innovation, cultural consumption, deepening reforms, cultural supply, and international cooperation and etc. .

Keywords: Cultural Industries; Cultural Digitization; Cultural Consumption; Industrial Transformation

Ⅱ Industry Reports

B.2 Development Report of Publishing and Distribution Industries

Chen Yonghua / 018

Abstract: As of the first half of 2021, the publishing and distribution industries as a whole has shown a downward trend due to the impact of COVID - 19, and offline sales institutions such as physical bookstores have been severely impacted. With the help of Internet platforms, the publishing and distribution industries is recovering. Under the support of policy dividend in recent years, publishing and distribution industries has picked up the trend. However, the huge difference between online and offline makes publishing and distribution industries appear huge fragmentation, which is not conducive to its own sustainable development. The new generation of information technology has promoted the coordinated development of online and offline publishing and distribution industries, and strengthened the legal construction of publishing and distribution industries. With the opportunities and challenges brought by the epidemic, the publishing and distribution industries to achieve the overall digital transformation is imperative.

Keywords: Publishing and Distribution Industries; Digital Publishing; Integrated Development

B.3 Development Report of Radio and Television Industries

Zheng Yuqi / 033

Abstract: Since 2020, affected by the COVID-19 epidemic, the development of China's radio and television industries has been challenged to some extent and ushered in an opportunity for reform. At the same time, the state has issued a number of policy documents to promote the steady development of radio and television to a good and orderly direction from various aspects, such as tackling poverty in an all-round way, completing the building of a well-off society, actively responding to public emergencies such as the epidemic, and realizing the construction of a cultural power under the goals of the 14th Five-Year Plan. Overall, radio and television give full play to the education guidance during the epidemic prevention and control and the function of public opinion to control, not only actively respond to the changing situation and plays an effective role in public service, but also further adopts adaptive adjustment which produces and broadcasts realistic and thematic content, and promotes the integration and development with new media. Although there are still practical problems in the radio and TV industries, such as the difficulties in the transformation of traditional industries, the lack of impetus for the development of local TV stations and the increasing difficulty in obtaining commercial advertisements, it is still necessary to actively utilize high and new technology conditions to achieve further in-depth integration and promote the high-quality and sustainable development of the radio and television industries in the future development process.

Keywords: Radio and Television Industries; Media Industries; Media Integration

B.4 Development Report of Film Industries

Li Mengnan, Yu Wen / 057

Abstract: In 2020, under the impact of COVID-19, China's film industries defied the odds and surpassed the North American market in recovery, becoming the world's largest ticket market for the first time, and the quality of domestic films has improved. The state and local governments have issued a series of policies to escort the development of the film industries, actively helping the film industries to resume production and rescue the film industries from the development dilemma. In the first half of 2021, the film industries continued to show positive momentum. Looking to the future, the industries needs to achieve high-quality new development through further enriching themes, concentrating capital, innovative management and other measures.

Keywords: Film Industries; Film Market; Cinema Network Integration

B.5 Development Report of Performing Arts Industries

Yu Youyou / 079

Abstract: The years 2020-2021 are special and difficult for the whole society and mankind as a whole. It was also the most traumatic year for the cultural market. The whole industries and performing art ecosystem was facing a severe dilemma. In the process of exploring the survival path, the performing arts industries has achieved multiple breakthroughs, and tried to transform the ecological pattern of performing arts in multiple dimensions and self-rescue, opening up four major performing arts space as the development path of the performing arts industries under normalized situation of epidemic prevention and control, and working together to walk out of the cold winter and revive the performing arts market.

Keywords: Performing Arts Industries; Tourism Performance; Cloud Performing Arts; Cloud Theater

B.6 Development Report of Cultural Tourism

Zhao Chenxiao, Zhu Can / 099

Abstract: The outbreak of COVID-19 epidemic in 2020 brought a great impact on China and the global cultural tourism industries. The suspension of activities, isolation measures and other measures exacerbated the shutdown of tourism at home and abroad. Compared with international consumption, China's domestic cultural tourism market has taken the lead in recovery, which is conducive to the formation of a new pattern of cultural tourism. At the same time, China's cultural tourism industries is also actively carrying out self-help in the crisis, giving birth to a new opportunity. The deep excavation of local tourism and peripheral tourism, as well as the application of digital technology, have promoted the new formats of cultural tourism industries, further activated the potential of China's cultural tourism market and broadened the market space.

Keywords: Cultural Tourism; Digitization; New Formats

B.7 Development Report of Art Industries *He Lingyun* / 112

Abstract: Affected by the COVID-19 epidemic in 2020, the offline activities and traditional modes of the art industries encountered frequent challenges, it kept seeking opportunities to complete industrial transformation in the difficult situation. In the traditional auction industries, the number of offline auctions and the amount of transactions have shrunk significantly, while online auctions have become a rising force, and there is still a long way to go for art e-commerce. In the primary market of artworks, galleries and art fairs are also striving to expand online channels while refining offline scenes. Southern cities such as Guangzhou and Haikou have gradually grown into important art centers by relying on the emerging art exhibition brands. Among artists and their artistic creations, trending culture and art healing have become important themes, and the interaction between art and real life and social issues has become more extensive and profound. The whole art industries is getting more advanced on the road of digitalization and Internet with the growth of millennials.

Keywords: Art Industries; Auction; Digital Art

B.8 Development Report of Festivals and Exhibitions Industries

Huang Biling / 127

Abstract: At present, China has become the world's largest exhibition country. The exhibition industries plays an important role in expanding domestic demand, strengthening cooperation and exchanges, promoting foreign trade development, and accelerating the formation of a new dual-cycle development pattern. How to promote its transformation, upgrading and innovation development has become a topic of long-term concern in the industries. In 2020, affected by the new coronavirus pneumonia epidemic, offline exhibitions were basically stagnant in the first half of the year, which had a huge negative impact on the development of the entire industries. In April 2020, the General Office of the Ministry of Commerce issued the "Notice on Innovating Exhibition Service Models and Cultivating New Momentum for the Development of the Exhibition Industries", which is an important guide to lead the festival and exhibition industries to make breakthroughs during the epidemic. Under the guidance of the policy, the cloud exhibition presents the phenomenon of blooming everywhere: the old exhibition Canton Fair meets "Cloud", the China Sports Culture Expo and the China Sports Tourism Expo open online, and the China Trade Promotion Association holds more than 300 online exhibitions. Cloud exhibition is an important emerging industries that supports the rapid recovery of the exhibition industries under the normalization of epidemic prevention and control. With the improvement of the epidemic, in 2021, the festival exhibition industries began to show a good momentum of recovery and structural optimization and upgrading. The report reviews and summarizes the festival exhibition industries in 2020 and the first half of 2021 from the policy environment, development overview, industries problems, countermeasures and development trends. The outbreak of the epidemic has accelerated the development of the new format of "cloud exhibition" and deepened the industries's thinking on the dual development of the exhibition. The diversified development of exhibition mode, digital transformation, green development, brand and international development will be the key direction of the future development of festival exhibition industries.

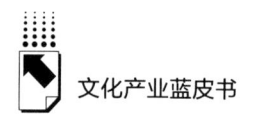

Keywords: Festival and Exhibition Industries; Green Exhibition; Cloud Exhibition

B.9 Development Report of Creative Design Service Industries

Chen Shuping / 139

Abstract: The COVID-19 epidemic in 2020 will have a great impact on the national economic development, industrial income and residents' consumption. In 2020, the growth rate of revenue of creative design service industries is basically the same as that of previous years, higher than the average growth rate of cultural industries, and the industrial development recovers rapidly. The development level of creative design service industries in different regions is coordinated with the economic level. The development speed of the eastern region is much higher than that of the central, western and northeastern regions. In order to stimulate residents' cultural and entertainment consumption, the state policy encourages the cooperation between creative design products and other industries. The policy promotes the innovative development of cultural and tourism, digital cultural industries, traditional crafts, museums and other fields through brand design. Museum cultural creative products, trendy toys and online advertising services have become the hot industries in the creative design service industries. The trendy toys sold in the form of blind boxes will become a trend in 2020. Museums cultural creative products and other creative products will use the form of blind boxes to innovate marketing methods. The epidemic has promoted the sales, and publicity has transferred from offline to online, and the Internet advertising service industries will develop rapidly in 2020.

Keywords: Creative Design Service Industries; Culture and Creation; Trendy Toys

B.10 Development Report of Network Culture Industries

Zhang Yixuan / 156

Abstract: In 2020, with the help of the Internet, the network culture industries were bred in science and technology, integrated in culture, spawned in crisis, and grew in exploration, realizing the leapfrog development from the narrow digital content industries to the broad digital culture industries. This report analyzes and judges the key industries of network literature, network music and network audio-visual from the aspects of macro environment, industries policy, market data, technological progress and international communication, and puts forward the development trend of network culture industries in 2021. The development trend is platform upgrading, long and short video competition and development, value regression, continuous development of pan-knowledge content, and cultural cloud, online and offline integration.

Keywords: Network Culture Industries; Audio-Visual Network; Cultural Cloud; Short Video

B.11 Development Report of Comic and Animation Industries

Li Jinsha / 180

Abstract: From 2020 and 2021, the comic and animation industriesindustries represented by network comic and animation ushered in precious development opportunities. The important part of the digital culture industries, the comic and animation industries has been constantly clarifying its significance for the growth of young people and international cultural cooperation in the guidance of government policies. At present the overall development of China's animation industries is good, and the status of domestic original content is constantly improving. The Internet platform has boosted the development of original animation content, and also promoted animation to become an important link of high-quality IP cross-media narrative. The adult oriented animation continue to explore the market, the market scale is gradually expanding. In the development of comic and animation industries, and dynamic cartoon and short video animation, as the emerging industrial forms in the past years, have enriched the forms of expression and themes for the industries. In order to develop the animation industries, we need to pay attention to the cultivation of professional talents, strengthen the design of rules and regulations, and enhance the ability to handle the whole industrial chain from a variety of perspectives.

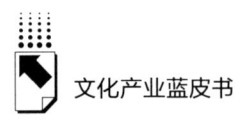

Keywords: Comic and Animation Industries; Digital Culture Industries; Animation Industries; Comic Industries

B.12   Development Report of Game Industries   *Li Dianfeng* / 197

Abstract: The year 2020 is the final year for completing the building of a moderately prosperous society in all respects and the 13th Five-Year Plan. It is also a crucial year for the 14th Five-Year Plan. As an important part of the socialist cultural cause, the video game industries have withstood the impact of the epidemic under the support and guidance of a series of industrial policies this year, and has been rising steadily, laying a solid foundation for high-quality development in the new era. Entering 2021, China's game industries actively responds to the requirements of "Qinglang Action", adheres to the correct view of history, nationality and culture while reshuffling the industries, and maintain the original source and innovation. Among them, key areas such as game competition performance activities, game product export, game research and game media extension have further development, and will further play the role of "gamification" in the future; Pay attention to the integration of military and civil development of high-quality e-sports content, to match dividends to enable urban development.

Keywords: Game Industries; Video Games; Electronic Sports

B.13 Development Report of Art Training Industries *Qin Qing* / 213

Abstract: The arts training industries was hit hard in 2020 by the COVID - 19 pandemic. As the epidemic eases, the art training market situation has improved in the second half of 2020. Driven by policy dividend, consumption upgrading, technological guarantees, and consumers' growing learning needs, the market is showing a steady growth and online trend. In the future, the trends of art training industries will show the diversified development of profit models for art training companies, the continuous emergence of art education brands, the continuous investment of financial capital into the art education market, and the increasingly obvious characteristics of technology empowered art education.

Keywords: Art Training Industries; Online Education; Art Education

B.14 Development Report of Sports Leisure Industries
Zhao Jianyuan / 223

Abstract: The COVID -19 has brought many challenges to the development of global sports: large-scale international sports events have been cancelled or postponed, and the development of the global sports industries has been hindered. This report summarizes the three major countermeasures for the sports leisure industries: first, the introduction of epidemic prevention and control, measures to minimize the impact on the preparation for the Tokyo Olympic Games and ensure the acceleration of the preparation for the Beijing Winter Olympic Games; second, it's to promote the resumption of events, the opening of venues and the development of mass sports, etc., to promote the resumption of work and production in the sports industries; third, publishing important policies such as ice and snow tourism, sports and education integration, and national fitness venues to optimize the sports leisure consumption scene. The areas analyzed in this report include: sports competition and performance activities, sports fitness and physical education, sports training and domestic sports brands. The sports leisure industries will continue to have a good development prospect and unremitting development opportunities during the "fourteenth five year plan" period, sports leisure industries will continue to have a good development prospect and unremitting development opportunities, and sports competition and performance industries will have a bright future, the superimposed innovation prospect of intelligent sports will be broad, the application of sports finance industries will be more frequent, and the national sports consumption pilot will drive the continuous growth of sports consumption scale.

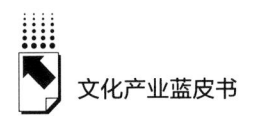

Keywords: Sports Leisure Industries; Olympic Games; Sports Policy; Sports Leisure; Sports Consumption

Ⅲ Regional Reports

B.15 Development Report of Chengdu-Chongqing
Twin-city Economic Circle's Cultural Industries

Wang Lixin, Wang Luheng / 241

Abstract: As an important economic center in southwest China, the cultural industries of Chengdu-Chongqing economic zone connects the industrial markets all over southwest China. As the added value of the cultural industry increases year by year, chengdu and Chongqing, the two leading cities, play a significant radiating role to the surrounding cities, and the overall quality of the cultural industry in the region keeps improving. In October 2020, the Political Bureau of the CPC Central Committee held a meeting to review the Outline of the Construction Plan of Chengdu-Chongqing Twin Cities Economic Circle. The meeting called for highlighting the synergic driving role of chongqing and Chengdu to make the Chengdu-Chongqing region an important economic center with national influence, a center of scientific and technological innovation, a new highland of reform and opening up, and a livable place for high-quality living, so as to create an important growth pole and a new driving force for high-quality development across the country. With the support of national policies, the cultural industry in Chengdu-Chongqing economic Belt is about to face new changes and challenges, but the overall situation is still developing in the direction of transformation and upgrading, structural renewal and innovation.

Keywords: Chengdu-Chongqing Twin-city Economic Circle; Cultural Industries; Digital Cultural Industries; Cultural Tourism Integration

B.16 Development Report of Cultural Industries in the Guangdong-Hong Kong-Macao Greater Bay Area

Zong Zupan, Wang Huibing / 256

Abstract: The development of cultural industries is an important part of the national cultural and economic development strategy, and a key area for the development of new industries, new business forms and new modes in the Guangdong-Hong Kong-Macao Greater Bay Area. The Guangdong-Hong Kong-Macao Greater Bay Area enjoys favorable geographical conditions, a prosperous cultural market, a strong industrial foundation and comprehensive policy support. However, with an eye to the development goal of the world Bay Area, the future development of the Guangdong-Hong Kong-Macao Greater Bay Area still faces problems and dilemmas such as the imperfect coordination mechanism of the three local governments, the lack of world-class industrial clusters, the lack of prominent industrial highlights and the impact of COVID - 19 in 2020. In the future development, the Guangdong-Hong Kong-Macao Greater Bay Area needs to coordinate its overall layout, build distinctive cultural brands, promote innovative development of new business forms, and promote digital upgrading of cultural industries.

Keywords: Guangdong-Hong Kong-Macao Greater Bay Area; Cultural Industries; World Bay Area

B.17 Development Report of Yangtze River Delta's Cultural Industries *Xie Xuefang, Gao Jiaqi* / 272

Abstract: Yangtze River Delta has been at the forefront of world-class city clusters by virtue of its geography, population, education, economy and culture, and already become one of the core regions of China's cultural industries. In 2020, the COVID-19 swept the world, under the influence of which, the cultural industries of Yangtze Delta had undergone structural adjustments. Especially empowered by high-tech like AI, 5G and influenced by social distancing proposal, the cultural industries of the Yangtze River Delta presents a situation of deepening digitalization, strengthening policy support, improving innovation ability, and a high integration between the traditional and modern, which leads to the overall influence of the industries increasing. In the next stage, under the support of national strategy and the opportunity of new economic development, the construction of new business community of network culture, the creation of new business community of experience culture, the creation of new business community of intelligent culture, and the optimization of the internal and external circulation community of cultural consumption have become important paths to maintain the vitality of the cultural industries in the Yangtze River Delta.

Keywords: Yangtze River Delta Region; Cultural Industries; New Cultural Format

B.18 Development Report of the Beijing-Tianjin-Hebei Urban

Agglomeration's Cultural Industries

Song Fei, Li Wanchun / 291

Abstract: In the draft of the "The Fourteenth Five-Year Plan", "Coordinated Development of the Beijing-Tianjin-Hebei Urban Agglomeration" was written separately for the first time. As the core area of cultural and economic development in Bohai Rim region, the Beijing-Tianjin-Hebei Urban Agglomeration are aiming at the development of world-class urban agglomeration. The Beijing-Tianjin-Hebei Urban Agglomeration has a profound cultural heritage and a good economic foundation. With the implementation of the strategic goal of integration, the coordinated development of cultural industries has been put on the agenda and initial results have been achieved. Three depends on the culture industry development pattern to take shape, and highlight with Beijing as the core of culture, talents science and technology elements as driving force, work with cultural resources and industrial advantages of Tianjin and Hebei to form a cluster effect, promote regional cultural industries core competitiveness, to better help the whole development of the capital economic circle. In the next step, in response to the problems existing in the coordinated development of the Beijing-Tianjin-Hebei Urban Agglomeration, we will continue to improve laws and regulations, further create the spatial layout of "metropolitan circles" at different levels, form micro-aggregation of resources, and optimize the allocation of talents, to realize the coordinated development of the Beijing-Tianjin-Hebei Urban Agglomeration.

Keywords: Coordinated Development of the Beijing-Tianjin-Hebei Urban Agglomeration; Cultural Industries; Capital Economic Circle

IV Thematic Reports

B.19 Culture, Art and Digital Technology Promote
the Construction of Digital China
Zhou Chengxiong, Hong Zhisheng and Chen Fang / 308

Abstract: China's "The Fourteenth Five-Year Plan" puts forward that the digitalization strategy of cultural industries should be regarded as a major development strategy of the country. Digital cultural industries will usher in huge development opportunities, and culture, art and digital technology will become an important engine to promote the construction of digital China. On the basis of reviewing the development history of digital China and the traditional integration of digital technology in the integration of cultural industries and technology, the new mode integration under the influence of "5G + AI" technology. The page analyzes the shortage of content supply, lack of core technologies, difficulties in market supervision and huge digital gap. The page also analyzes the development trend and opportunities which culture, art and digital technologies will face in the future integration, and challenges such as technological innovation and international pressure.

Keywords: Culture and Art; Digital Technologies; Integrated Development

B.20 The Enhancement of National Soft Power under the
New International Pattern
—*From the Perspective of Urban Agglomeration*   *Hua Jian* / 322

Abstract: Cultural soft power refers to the overall ability of a country to carry out cultural inheritance, cultural creation, cultural production, cultural trade, and cultural communication guided by core values, etc. It unfolds in multiple dimensions of historical inheritance, realistic development, and guidance of the future. The most fundamental driving force of the world's century-long change is the scientific and technological industrial revolution and the acceleration of the rise and fall of great power. In this context, the success of a country's cultural soft power strategy is closely related to its ability to cope with the world's great changes. Urban agglomerations are not only the central embodiment of national technological and economic strength, but also the main creators and promoters of cultural soft power. They have become powerful engines of cultural soft power in the sense of stimulating innovative vitality, radiating innovative culture, and promoting creativity and creation. On the new journey of China's comprehensive construction of a modern socialist state, urban agglomerations must become bases for inheriting and developing Chinese cultural heritage, highlands for gathering innovative resources and renewing innovative impetus, hubs for allocating domestic and foreign cultural resources, and engines for promoting Chinese culture to the world.

Keywords: National Soft Power; Cultural Soft Power; Cultural Industries; Urban Agglomeration

社会科学文献出版社

皮 书

智库成果出版与传播平台

❖ 皮书定义 ❖

皮书是对中国与世界发展状况和热点问题进行年度监测,以专业的角度、专家的视野和实证研究方法,针对某一领域或区域现状与发展态势展开分析和预测,具备前沿性、原创性、实证性、连续性、时效性等特点的公开出版物,由一系列权威研究报告组成。

❖ 皮书作者 ❖

皮书系列报告作者以国内外一流研究机构、知名高校等重点智库的研究人员为主,多为相关领域一流专家学者,他们的观点代表了当下学界对中国与世界的现实和未来最高水平的解读与分析。截至2021年底,皮书研创机构逾千家,报告作者累计超过10万人。

❖ 皮书荣誉 ❖

皮书作为中国社会科学院基础理论研究与应用对策研究融合发展的代表性成果,不仅是哲学社会科学工作者服务中国特色社会主义现代化建设的重要成果,更是助力中国特色新型智库建设、构建中国特色哲学社会科学"三大体系"的重要平台。皮书系列先后被列入"十二五""十三五""十四五"时期国家重点出版物出版专项规划项目;2013~2022年,重点皮书列入中国社会科学院国家哲学社会科学创新工程项目。

皮书网

（网址：www.pishu.cn）

发布皮书研创资讯，传播皮书精彩内容
引领皮书出版潮流，打造皮书服务平台

栏目设置

◆ 关于皮书
何谓皮书、皮书分类、皮书大事记、
皮书荣誉、皮书出版第一人、皮书编辑部

◆ 最新资讯
通知公告、新闻动态、媒体聚焦、
网站专题、视频直播、下载专区

◆ 皮书研创
皮书规范、皮书选题、皮书出版、
皮书研究、研创团队

◆ 皮书评奖评价
指标体系、皮书评价、皮书评奖

◆ 皮书研究院理事会
理事会章程、理事单位、个人理事、高级
研究员、理事会秘书处、入会指南

所获荣誉

◆ 2008年、2011年、2014年，皮书网均在全国新闻出版业网站荣誉评选中获得"最具商业价值网站"称号；

◆ 2012年，获得"出版业网站百强"称号。

网库合一

2014年，皮书网与皮书数据库端口合一，实现资源共享，搭建智库成果融合创新平台。

皮书网　　"皮书说"微信公众号　　皮书微博

权威报告·连续出版·独家资源

皮书数据库
ANNUAL REPORT(YEARBOOK) DATABASE

分析解读当下中国发展变迁的高端智库平台

所获荣誉

- 2020年，入选全国新闻出版深度融合发展创新案例
- 2019年，入选国家新闻出版署数字出版精品遴选推荐计划
- 2016年，入选"十三五"国家重点电子出版物出版规划骨干工程
- 2013年，荣获"中国出版政府奖·网络出版物奖"提名奖
- 连续多年荣获中国数字出版博览会"数字出版·优秀品牌"奖

成为会员

登录网址www.pishu.com.cn访问皮书数据库网站或下载皮书数据库APP，通过手机号码验证或邮箱验证即可成为皮书数据库会员。

会员福利

- 已注册用户购书后可免费获赠100元皮书数据库充值卡。刮开充值卡涂层获取充值密码，登录并进入"会员中心"—"在线充值"—"充值卡充值"，充值成功即可购买和查看数据库内容。
- 会员福利最终解释权归社会科学文献出版社所有。

卡号：613783256167

数据库服务热线：400-008-6695
数据库服务QQ：2475522410
数据库服务邮箱：database@ssap.cn
图书销售热线：010-59367070/7028
图书服务QQ：1265056568
图书服务邮箱：duzhe@ssap.cn

S 基本子库
SUB DATABASE

中国社会发展数据库（下设12个专题子库）

紧扣人口、政治、外交、法律、教育、医疗卫生、资源环境等12个社会发展领域的前沿和热点，全面整合专业著作、智库报告、学术资讯、调研数据等类型资源，帮助用户追踪中国社会发展动态、研究社会发展战略与政策、了解社会热点问题、分析社会发展趋势。

中国经济发展数据库（下设12专题子库）

内容涵盖宏观经济、产业经济、工业经济、农业经济、财政金融、房地产经济、城市经济、商业贸易等12个重点经济领域，为把握经济运行态势、洞察经济发展规律、研判经济发展趋势、进行经济调控决策提供参考和依据。

中国行业发展数据库（下设17个专题子库）

以中国国民经济行业分类为依据，覆盖金融业、旅游业、交通运输业、能源矿产业、制造业等100多个行业，跟踪分析国民经济相关行业市场运行状况和政策导向，汇集行业发展前沿资讯，为投资、从业及各种经济决策提供理论支撑和实践指导。

中国区域发展数据库（下设4个专题子库）

对中国特定区域内的经济、社会、文化等领域现状与发展情况进行深度分析和预测，涉及省级行政区、城市群、城市、农村等不同维度，研究层级至县及县以下行政区，为学者研究地方经济社会宏观态势、经验模式、发展案例提供支撑，为地方政府决策提供参考。

中国文化传媒数据库（下设18个专题子库）

内容覆盖文化产业、新闻传播、电影娱乐、文学艺术、群众文化、图书情报等18个重点研究领域，聚焦文化传媒领域发展前沿、热点话题、行业实践，服务用户的教学科研、文化投资、企业规划等需要。

世界经济与国际关系数据库（下设6个专题子库）

整合世界经济、国际政治、世界文化与科技、全球性问题、国际组织与国际法、区域研究6大领域研究成果，对世界经济形势、国际形势进行连续性深度分析，对年度热点问题进行专题解读，为研判全球发展趋势提供事实和数据支持。

法律声明

"皮书系列"(含蓝皮书、绿皮书、黄皮书)之品牌由社会科学文献出版社最早使用并持续至今,现已被中国图书行业所熟知。"皮书系列"的相关商标已在国家商标管理部门商标局注册,包括但不限于LOGO( )、皮书、Pishu、经济蓝皮书、社会蓝皮书等。"皮书系列"图书的注册商标专用权及封面设计、版式设计的著作权均为社会科学文献出版社所有。未经社会科学文献出版社书面授权许可,任何使用与"皮书系列"图书注册商标、封面设计、版式设计相同或者近似的文字、图形或其组合的行为均系侵权行为。

经作者授权,本书的专有出版权及信息网络传播权等为社会科学文献出版社享有。未经社会科学文献出版社书面授权许可,任何就本书内容的复制、发行或以数字形式进行网络传播的行为均系侵权行为。

社会科学文献出版社将通过法律途径追究上述侵权行为的法律责任,维护自身合法权益。

欢迎社会各界人士对侵犯社会科学文献出版社上述权利的侵权行为进行举报。电话:010-59367121,电子邮箱:fawubu@ssap.cn。

社会科学文献出版社